MATEUS COSTA PEREIRA

# INTRODUÇÃO AO ESTUDO DO PROCESSO

FUNDAMENTOS DO GARANTISMO
PROCESSUAL BRASILEIRO

*coleção*
*devido processo legal*

coordenação
ANTÔNIO CARVALHO FILHO
EDUARDO JOSÉ DA FONSECA COSTA

Copyright © 2020 by Editora Letramento

DIRETOR EDITORIAL | Gustavo Abreu
DIRETOR ADMINISTRATIVO | Júnior Gaudereto
DIRETOR FINANCEIRO | Cláudio Macedo
LOGÍSTICA | Vinícius Santiago
COMUNICAÇÃO E MARKETING | Giulia Staar
EDITORA | Laura Brand
ASSISTENTE EDITORIAL | Carolina Fonseca
DESIGNER EDITORIAL | Gustavo Zeferino e Luís Otávio Ferreira

COLEÇÃO DEVIDO PROCESSO LEGAL
COORDENAÇÃO
Antônio Carvalho Filho
Eduardo José Da Fonseca Costa

CONSELHO EDITORIAL | Alessandra Mara de Freitas Silva; Alexandre Morais da Rosa; Bruno Miragem; Carlos María Cárcova; Cássio Augusto de Barros Brant; Cristian Kiefer da Silva; Cristiane Dupret; Edson Nakata Jr; Georges Abboud; Henderson Fürst; Henrique Garbellini Carnio; Henrique Júdice Magalhães; Leonardo Isaac Yarochewsky; Lucas Moraes Martins; Luiz Fernando do Vale de Almeida Guilherme; Nuno Miguel Branco de Sá Viana Rebelo; Renata de Lima Rodrigues; Rubens Casara; Salah H. Khaled Jr; Willis Santiago Guerra Filho.

Todos os direitos reservados.
Não é permitida a reprodução desta obra sem aprovação do Grupo Editorial Letramento.

**Dados Internacionais de Catalogação na Publicação (CIP) de acordo com ISBD**

| | |
|---|---|
| P436i | Pereira, Mateus Costa |
| | Introdução ao estudo do processo: fundamentos do garantismo processual brasileiro / Mateus Costa Pereira ; coordenação da coleção por Antônio Carvalho Filho, Eduardo José Da Fonseca Costa. - Belo Horizonte : Letramento ; Casa do Direito, 2020. |
| | 378 p. ; 15,5cm x 22,5cm. - (Devido Processo Legal) |
| | Inclui bibliografia. |
| | ISBN: 978-65-86025-13-2 |
| | 1. Direito. 2. Direito civil. 3. Direito processual. I. Carvalho Filho, Antônio. II. Costa, Eduardo José Da Fonseca. III. Título. IV. Série. |
| 2020-878 | CDD 347 |
| | CDU 347 |

**Elaborado por Odilio Hilario Moreira Junior - CRB-8/9949**

Índice para catálogo sistemático:
1. Direito civil 347
2. Direito civil 347

**Belo Horizonte - MG**
Rua Magnólia, 1086
Bairro Caiçara
CEP 30770-020
Fone 31 3327-5771
contato@editoraletramento.com.br
editoraletramento.com.br
casadodireito.com

Casa do Direito é o selo jurídico do
Grupo Editorial Letramento

Aos meus amores, *Roberta* e *Valentina*, a quem, tanto quanto dedico este trabalho, rogo perdão pelos sacrifícios reclamados à sua elaboração.

# AGRADECIMENTOS

Direta ou indiretamente, em maior ou menor medida, várias pessoas concorreram ao desenvolvimento e conclusão desta obra, que marca o encerramento de um ciclo (e a abertura de tantos outros). Nomino as principais adiante. Em ordem alfabética: Alexandre Freire Pimentel, Alexandre Saldanha, André Maluf, Andrea Meroi, Antônio Carvalho Filho, Diego Crevelin de Sousa, Eduardo J. da Fonseca Costa, Georges Abboud, Glauco Gumerato Ramos, Glauco Salomão Leite, Gustavo Calvinho, Gustavo Ferreira Santos, Igor Raatz, José Elias Dubard de Moura Rocha, Lúcio Delfino, Lúcio Grassi de Gouveia, José Mário W. Gomes Neto, Juan Montero Aroca, Nelson Nery Jr., Pedro Spíndola B. Alves, Rafael Alves de Luna, Renzo Cavani, Roberto Campos Gouveia Filho, Roberto Wanderley Nogueira, Sérgio Torres Teixeira e Virginia Pardo Iranzo. A todos, meu afetuoso abraço e sincero agradecimento.

Os sistemas de ideias protegem os erros e ilusões nele inscritos. Na lógica organizadora de qualquer sistema está a resistência à informação que não lhe convém ou que não pode assimilar. (**MORIN, Edgar. Os sete saberes necessários à educação do futuro... p. 22**).

Assim, não é somente a intrusão de um componente afetivo ou mágico que nos pode enganar nas nossas percepções, é também o funcionamento de um componente aparentemente lógico e racional. Em outras palavras, devemos desconfiar, na nossa percepção, não somente daquilo que nos parece absurdo, mas também do que parece evidente, porque lógico e racional. [...]. (**MORIN, Edgar. Para sair do século XX... p. 25**).

E de mim só aparece o aparente. Não revelo como sou um doido, como qualquer um da espécie homo sapiens demens. Não entrego minhas zonas de sombra. Mesmo se quisesse me conhecer totalmente, eu sei, em virtude do princípio de Tarsky, segundo o qual nenhum sistema pode dar de si mesmo uma explicação exaustiva, que há de mim uma parte de inexplicável a mim mesmo. (**MORIN, Edgar. Meus demônios...p. 09**).

El fenómeno de la publicización del proceso civil, propio del siglo XX, ha pertenecido a la mítica jurídica. Ahora se trata de volver a la realidad. Esta puede ser matizadamente distinta en cada país, como es obvio, y precisará de medidas adecuadas a cada caso, pero en todos ellos se trata de mantener la existencia de un proceso civil que siga siendo una drama que se desarrolla entre dos partes parciales, en contradicción e iguales ante un tercero imparcial. (**MONTERO AROCA, Los principios... , p. 190.**).

Es, finalmente, una absurda distorsión construir el proceso en función del juez considerando, explícita o implícitamente, a las partes y a sus abogados como si fueran unos reos a someter a un control paternalístico y a vincular a la observancia de un abstracto y genérico deber de lealtad y probidad. Las partes y los abogados no son seres malignos y diabólicos, que van a juicio para engañar a los magistrados y al adversario, sino los titulares de las posiciones jurídicas sustanciales de las cuales piden su declaración y aspiran, como todos, a la justicia.

Por tanto, ha sido observado exactamente que construir el proceso en función del juez y/o Estado, no del ciudadano que pide justicia, es como construir un hospital no para curar a los enfermos sino en función del médico y de su personal interés. (**MONTELEONE, Girolamo. Proceso Civil e Ideología... p. 192**).

**13** APRESENTAÇÃO DA COLEÇÃO

**15** PREFÁCIO

**27** INTRODUÇÃO

**33** **PARTE I** **O MODERNO DIREITO PROCESSUAL E A PRESSUPOSIÇÃO DO *HOMO SAPIENS SAPIENS***

**35** 1 MODERNIDADE E O *HOMO SAPIENS SAPIENS*

**35** 1.1. CONSIDERAÇÕES PREAMBULARES

**41** 1.2. PROCESSO E IDEOLOGIA: EM SENTIDO AMPLO E ESTRITO

**41** 1.2.1. A "instituição técnica" como subterfúgio não ideológico

**45** 1.2.2. Processo e Ideologia: de Ovídio A. Baptista da Silva a Juan Montero Aroca

**52** 2 O MANTRA PUBLICÍSTICO DO PROCESSO COMO INSTRUMENTO DO ESTADO

**52** 2.1. ITINERÁRIOS DA MODERNIDADE DO DIREITO PROCESSUAL

**52** 2.1.1. O mito da publicização e o "paradoxo de Bülow"

**64** 2.1.2. A "socialização" do direito processual: consolidação do mito e antecipações da instrumentalidade

**72** 2.1.3. Franz Klein e o advento do "formalismo moderno"

**80** 2.1.4. O "formalismo moderno" e a Escola Sistemática Italiana

**89** 2.1.5. Do instrumentalismo à "fase da instrumentalidade": notas sobre a terceira fase metodológica do direito processual

**99** 2.1.6. Instrumentalismo e "publicização": notas conceituais

**101** 2.2. A ODE INSTRUMENTALISTA NO BRASIL

**101** 2.2.1. O instrumentalismo pós unificação do processo civil brasileiro

**115** 2.2.2. "A Instrumentalidade do Processo"

**124** 2.2.3. Análise crítica

**136  3 CORRENTES ENGENDRADAS À SOMBRA DO INSTRUMENTALISMO**

**136  3.1. AS "NOVAS" ONDAS INSTRUMENTALISTAS**

136  3.1.1. Formalismo-valorativo

146  3.1.2. Cooperação processual

146  3.1.2.1. Advertências iniciais

148  3.1.2.2. A visão de Lúcio Grassi de Gouveia

153  3.1.2.3. O pensamento de Daniel Mitidiero

155  3.1.2.4. A doutrina de Fredie Didier Jr.

160  3.1.3. Análise crítica

173  3.1.4. Processualismo jurisdicional democrático

173  3.1.4.1. Comparticipação e policentrismo na óptica de Dierle Nunes

178  3.1.4.2. Análise crítica: uma virada (in)conclusa

**183  PARTE II  O FENÔMENO PROCESSUAL E A ASSUNÇÃO DO *HOMO SAPIENS-DEMENS***

**185  4 "PARADIGMA DA COMPLEXIDADE" E O *HOMO SAPIENS-DEMENS***

**185  4.1. HORIZONTE DA CRÍTICA: FUNDAMENTOS EPISTÊMICOS E DOGMÁTICOS ADOTADOS NESTE TRABALHO**

185  4.1.1. Ideologia em sentido amplo: paradigma da complexidade

193  4.1.2. Da dualidade (sujeito-objeto) à intersubjetividade da experiência cognitiva

198  4.1.3. Ideologia em sentido estrito: garantismo processual

**201  5 TRÊS MITOS PROCESSUAIS E SUA DERROCADA**

**201  5.1. BREVE CONTEXTUALIZAÇÃO DO MÉTODO NÃO UTILIZADO**

**206  5.2. O MITO DA ORALIDADE**

206  5.2.1. Aspectos gerais

209  5.2.2. Chiovenda e a invenção do mito

212  5.2.3. Consectários da oralidade: promessa (in)cumprida

**216**    5.2.4.    O "triste" fim do mito no CPC/15?

**222**    **5.3. O MITO DOS PODERES INSTRUTÓRIOS ESPONTÂNEOS**

**222**    5.3.1.    A assepsia ideológica dos poderes instrutórios: formulação enquanto técnica processual

**226**    5.3.2.    Sobre a naturalização do princípio inquisitivo e a desnaturação do dispositivo

**234**    5.3.3.    O sistema de justiça civil em Taruffo

**234**    5.3.3.1. A dimensão epistêmica do processo

**237**    5.3.3.2. Uma, não tão simples, verdade

**248**    5.3.3.3. Contraponto com Susan Haack, Juan Montero Aroca e Lenio Streck

**255**    **5.4. O MITO DO LIVRE CONVENCIMENTO MOTIVADO**

**255**    5.4.1.    Um bosquejo dos modelos – "ocidentais" – de valoração da prova

**255**    5.4.1.1. Esclarecimentos terminológicos

**256**    5.4.1.2. Ordálios ou juízos de Deus

**257**    5.4.1.3. Prova tarifada ou "modelo aritmético"

**261**    5.4.1.4. Íntima convicção

**262**    5.4.1.5. Livre convencimento motivado

**267**    5.4.2.    Escrutínio dos modelos de valoração a partir da crítica ao esquema sujeito-objeto

**272**    **5.5. UM PARADOXO PROCESSUAL: AS REVIRAVOLTAS DO PROTAGONISMO JUDICIAL NOS PROCESSOS PENAL E CIVIL NO FINAL DOS SÉCS. XIX E XX**

**283**    **6 A VIRADA GARANTISTA DO DIREITO PROCESSUAL BRASILEIRO**

**283**    6.1. NOTAS SOBRE A CONSTITUCIONALIZAÇÃO DO PROCESSO

**283**    6.1.1.    Estado moderno (estágios) e garantias: a tensão entre o modelo político e o processual

**295**    6.2. GARANTISMO

**295**    6.2.1.    Breve paralelo com o pensamento de Luigi Ferrajoli

**297**    6.2.2.    Garantismo processual

**297**    6.2.2.1. Noções preambulares (com ares de advertência)

**302** 6.2.2.2. Processo como "instituição de garantia contrajurisdicional" e os principais aportes deste trabalho

**311** 6.2.2.2.1. Releitura da oralidade (alijada do mito)

**314** 6.2.2.2.2. O despertar ao fim do "livre convencimento motivado": em defesa da intersubjetividade na reconstrução fático-jurídica

**319** 6.2.2.2.3. Repartição de funções, imparcialidade e imparcialidade: reavivando os lindes do modelo processual

**325** 6.2.2.2.4. A missão constitucional do magistrado e a (im)possibilidade do "juiz contraditor"

**331** CONSIDERAÇÕES FINAIS

**333** A HISTÓRIA DE UM LIVRO – UM LIVRO PARA A HISTÓRIA – À GUISA DE POSFÁCIO

**333** 1. INTRÓITO

**335** 2. A HISTÓRIA DE UM LIVRO

**339** 3. UM LIVRO PARA A HISTÓRIA

**344** 4. FECHAMENTO

**345** REFERÊNCIAS BIBLIOGRÁFICAS

# APRESENTAÇÃO DA COLEÇÃO

Nenhuma cláusula constitucional foi tão falsificada quanto o "devido processo legal" [CF/1988, art. 5º, LIV]. Pudera: ela é "o" fundamento do direito processual; logo, adulterando-a, adultera-se toda a disciplina. Em última instância, a desnaturação do processo de garantia-de-liberdade em instrumento-de-poder parte fundamentalmente da corrupção do "devido processo legal".

Se "ninguém pode ser privado da liberdade ou de seus bens sem o devido processo legal" [texto], se esse dispositivo está inserto no rol de direitos individuais [contexto], então ao menos quatro conclusões são inevitáveis: i) o processo é devido (ou seja, é elo de comunicação obrigatório entre a jurisdição e os jurisdicionados); ii) o processo é legal (ou seja, é regulado exclusivamente em lei); iii) o processo limita a jurisdição (ou seja, institui ao jurisdicionado uma garantia de liberdade); iv) o processo não tem adjetivo (ou seja, é garantia de liberdade tanto no âmbito penal quanto no âmbito civil). Dessas quatro conclusões primárias se podem extrair várias conclusões secundárias. Exemplos: a) o juiz não pode conceder tutela jurisdicional sem processo; b) o juiz não pode conceder tutela jurisdicional de ofício; c) o juiz não pode flexibilizar nem substituir o procedimento fixado pela lei; d) não se pode inovar em matéria procedimental nem por ato do Poder Judiciário [ex.: regimento interno de tribunal], nem por ato do Poder Executivo [ex.: decreto, resolução, portaria]; e) o processo não é instrumento da jurisdição à realização do direito material, mas garantia do jurisdicionado para que essa realização não seja arbitrária; f) a ciência do processo se faz *ex parte civium*, não *ex parte principis*; g) garantir liberdade significa garantir às partes a autonomia de manejar fatos, fundamentos jurídicos, argumentos, pedidos e provas [*freedom*], e garantir-lhes a não interferência pelo juiz no exercício dessa autonomia [*liberty*]; h) embora seja uma unidade constitucional de garantia, o processo se desdobra em múltiplos procedimentos instituídos infraconstitucionalmente em função dos diferentes ramos do direito material aplicável [procedimentos civil, penal comum, penal militar, trabalhista, eleitoral, administrativo, tributário etc.]; i) não pode haver distinção metodológica entre o direito procedimental penal e o direito procedimental cível ou extrapenal; j) a Constituição é o autêntico código de processo; diplomas como o CPC e o CPP são, na verdade, códigos de procedimentos; k) códigos procedimentais são estatutos de proteção e defesa do cidadão em juízo.

Como se vê, esses raciocínios simples destruiriam por completo a quase totalidade da processualística brasileira. Todavia, uma carapaça ideológica foi lançada sobre o inciso LIV do artigo 5º da CF/1988. Bloqueando-se as conclusões acima explanadas, implantou-se o conseguinte primado da autoridade sobre a liberdade, do Estado sobre o cidadão, da jurisdição sobre o jurisdicionado, da ciência jurisdicional sobre a ciência processual.

Paulatinamente, porém, tem se formado no Brasil um grupo de juristas que, libertos da carapaça, tem ajudado outros a também se libertarem. A esses juristas - os garantistas - é reservada pela Casa do Direito a Coleção Devido Processo Legal. Melhor conjugação não haveria.

Por meio dela se pretende divulgar o pensamento garantista e, assim, refundar a processualística brasileira sobre "novas" bases, as quais desde sempre estiveram - tão claras quanto ignoradas - na Constituição Cidadã. Porque processo é isto: garantia de cidadania ativa em juízo.

### EDUARDO JOSÉ DA FONSECA COSTA

Pós-doutor em Direito pela Unisinos, Doutor e Mestre em Direito pela PUC-SP, membro fundador e ex-presidente da ABDPro (2016-2019), Juiz Federal (TRF 3ª Região) e Coordenador da Coleção Devido Processo Legal.

### ANTÔNIO CARVALHO FILHO

Doutorando em Direito pela PUC-SP, Mestre em Direito pela Universidade de Coimbra, membro fundador e vice-presidente da ABDPro (2019-2022), Juiz de Direito (TJPR) e Coordenador da Coleção Devido Processo Legal.

# PREFÁCIO

Os prefácios devem consistir, apenas, num esclarecimento sobre o escopo que o autor da obra apresentada se propõe, limitando-se às suas circunstâncias e às relações encontradas com obras anteriores e atuais sobre o mesmo tema, diz Hegel em prefácio à sua clássica *Fenomenologia do espírito*. O fundador do movimento do idealismo alemão ainda acrescenta que, do ponto de vista fenomenológico, as coisas podem ser definidas não apenas pelo que são, mas, também, pelo que não são. Assim, embarcando nessa mesma senda, cônscios de que os prefácios não devem possuir vida própria ou autônoma, acrescentamos que hão de limitar-se a tentar incutir no leitor uma percepção sintética acerca do conteúdo textual prefaciado a partir de "olhos de terceiro", no sentido de Saramago. Talvez apenas Nietzsche tenha logrado a proeza de escrever prefácios independentes dos livros que deveriam apresentar, e, ainda, de ter alcançado o êxito de reuni-los e transformá-los num livro insolitamente intitulado *Cinco prefácios para cinco livros não escritos*. Os prefácios, enfim, não devem assemelhar-se ao mito do Golem, retratado por Wiener, isto é, como a criatura que, uma vez concebida, intentara tomar o lugar do criador. Não é este o nosso desiderato!

As breves linhas traçadas a seguir tencionam, apenas, ociosamente, exprimir uma resenha ou uma recensão, em homenagem à alteridade, sobre uma bela pesquisa acadêmica que se transformou em livro. Não se confunde, portanto, com a introdução, à medida que esta é redigida pelo próprio autor e tem o propósito de resumir o trabalho acadêmico por meio de uma retrovisão endógena. Noutra ponta, constitui tarefa incompleta prefaciar uma obra intelectual sem, antes, apresentar o seu respectivo autor, ainda quando este não careça de apresentação.

Dessarte, antes de iniciar o prefácio do livro de Mateus Costa Pereira, importa tecer algumas breves considerações sobre o autor e sua trajetória acadêmica.

O autor traz em seu DNA acadêmico o gene da Universidade Católica de Pernambuco, pois aqui cursou a graduação em Direito, depois o Mestrado e, por último, o Doutorado. Tive a felicidade de participar da banca examinadora da sua dissertação de Mestrado, intitulada "O paradigma racionalista e sua repercussão no processo civil", a qual, mais tarde, deu origem ao livro "A teoria geral do processo e seu tripé fundamental: racionalismo, pensamento sistemático e conceitualismo", lançado pela Editora Tirant lo Blanch, em 2018. Esse trabalho, por si só, já denunciava que Mateus não se limitaria a ser um processualista estritamente dogmático, preso e adstrito a uma cognição de comentários sobre comentários de dispositivos legais, pretorianos ou doutrinários, ou, no dizer de Eduardo Gianetti, que não seria um replicante de ideias replicadas e ecoadas a partir do frágil método bibliográfico. Aliás, tanto essa dissertação quanto este livro escapam ao tipo de crítica que Alan Sokal e Jean Bricmont denominam de 'imposturas intelectuais', já que consistem em trabalhos inéditos cujos resultados foram encontrados através de pesquisa séria e rigorosa, caracterizada por um rico diálogo com as fontes literárias estudadas e que apresentam uma diagnose crítica e independente acerca dos objetos respectivos; portanto, sem qualquer excesso de pensamento pós-modernista tão cintilado pelos físicos em questão.

Sua vocação processual-jusfilosófica foi estimulada no curso de Mestrado pelo seu então orientador, o Professor José Elias Dubard de Moura Rocha, cuja influência se refletiu não apenas na escolha do tema da dissertação, mas, sobretudo, no rico conteúdo textual que antecipava uma vocação para investigação científica aprofundada que, sem desprezar o domínio da técnica (da dogmática) enriquecia-se ao associá-lo às indagações zetéticas, máxime de índole jusfilosóficas. Esta asserção veio a ser confirmada pelo Grande e saudoso Nelson Saldanha, que, ao participar da banca do mestrado, realçou as qualidades da pesquisa sobre o racionalismo europeu, centrada em Newton, Descartes, Kant, Vico, Hegel e Dilthey e que permitiu a construção de uma bem abalizada crítica ao modelo teórico do direito que desaguou num *standard* de processo civil cientificista, a-histórico, publicista e individualista.

Foi com essa base que Mateus Costa Pereira iniciou sua docência na graduação do Curso de Direito da Universidade Católica de

Pernambuco e, logo em seguida, já com a experiência da Cátedra, imergiu no Curso de Doutorado da mesma Universidade grifando sua instância doutoral com um intercâmbio na Faculdade de Direito da Universidade de Valência, Espanha, na qual contou com a orientação da Professora Virgínia Pardo Iranzo e, mormente, com a do Catedrático, da mesma Universidade Espanhola, Juan Montero Aroca, de quem sorveu uma influência garantista que se refletiria, em sucessivo, de forma indelével na sua tese. *Pari passu*, sua filiação na Associação Brasileira de Direito Processual (ABDPro) estimulou, ainda mais, sua vocação para a investigação acadêmica e sua inclinação para os debates sobre os grandes temas do direito processual civil.

Do ponto de vista histórico, este livro representa mais do que um mero marco pessoal do autor, dado que, igualmente, constitui a demarcação de uma fronteira institucional de consolidação do Curso de Doutorado do PPGD (Programa de Pós-Graduação em Direito) da UNICAP (Universidade Católica de Pernambuco), à medida que representa tanto a conclusão de um projeto pessoal, aprovado na primeira turma do Curso, quanto por ter sido a primeira Tese defendida no Programa. E o foi, registre-se, com a devida maestria perante uma banca examinadora integrada pelos Professores-Doutores Nelson Nery Júnior, Eduardo José da Fonseca Costa (avaliadores externos), Sergio Torres Teixeira, Lúcio Grassi de Gouveia e por mim, que atuei na condição de orientador.

Sobre o livro propriamente dito, pode-se dizer que ele retrata a maturidade acadêmica de um professor-pesquisador, bem como que remata um ciclo iniciado no Mestrado cuja apoteose traduziu-se com a outorga do Título de Doutor em Direito Processual Civil, Predicado esse decorrente não apenas da conclusão dos créditos e defesa em banca prévia e em banca pública definitiva, mas do preclaro domínio demonstrado no tratamento do conteúdo textual respectivo, o qual induziu à banca, à unanimidade, a estimular a publicação da pesquisa sob o formato de livro.

Pois bem, através de um aporte crítico-historicista, o livro tem início com o tratamento da temática da Ideologia. A Ideologia, revisitada a partir de uma perspectiva histórica, permitiu que o autor procedesse ao que Nelson Saldanha considerava como o maior mérito decorrente do estudo do historiador, o qual consiste em tornar o passado contemporâneo e diagnosticar a evolução e a adequação dos institutos estudados à hodiernidade. E a primeira retrospecção crítica que o autor nos oferece recai sobre a ideologia que orienta a escola do instrumentalismo processual, a qual se revela logo no capítulo primeiro, quando ele descortina a fragilidade da tese da pretensa neutralidade do operador do direito através da "instituição da técnica".

Nesse contexto, encontramos uma lúcida e bem fundamentada crítica ao pensamento de Buzaid, porquanto a "técnica", que é apontada por este autor como uma forma de tratamento asséptico do processo civil, revela-se num subterfúgio pretensamente não ideológico que toma os sujeitos cognoscente-judicantes do processo como "neutros", como se pudessem ser neutros, no sentido de isentos ou indiferentes no pertinente ao conteúdo do objeto litigioso do processo (expressão que, no contexto, aplica-se tanto à concepção de Friedrich Lent quanto à de Leo Rosenberg). Enxergamos, através das lentes de Mateus, que o tecnicismo, em verdade, representa um atrelamento a uma ideia representativa de um modelo de estado eivado pela ideologia dominante; que designa um *establishment* de preservação da ordem, sempre maculado por uma hermenêutica frisada pela predominância dos princípios e valores estampados pelo que, em retórica, se denomina 'relato vencedor' (inclusive no significado retórico-analítico ensinado por Adeodato), o qual, no debate processual, reflete-se sobremaneira no *modus operandi* do exercício do poder.

A exegese instrumentalista nodoou-se pela concentração excessiva de poderes judiciais, valor que possibilitaria ou deveria ensejar um procedimento mais célere e eficiente. Nesse toar, sobressai-se deveras eloquente, a conclusão, no sentido de que o conhecimento está mergulhado na ideologia e é por ela condicionado; com outras palavras, podemos dizer que não se pode separar o *anthropos* do *ethos* que lhe contamina e condiciona, para volver a Saldanha, ou que não é compossível desumanizar o que por essência é sempre humano, demasiado humano, para remeter uma vez mais a Nietzsche. Ademais, a concentração de poderes no magistrado, como opção ou virtude para se alcançar um procedimento mais célere, na prática, nunca conquistou tal desiderato. Prova disso foram as três grandes ondas de reformas do CPC/1973, todas justificadas na busca pela celeridade – mote que, por si só, denuncia o fracasso da tese – e que nunca alcançaram seus objetivos, tanto que redundaram num outro código, cuja exposição de motivos insiste em proclamar que a celeridade processual ainda é um valor a ser alcançado.

Ao adentrar na questão da ideologia, o livro oferece uma clara distinção entre as posições de Ovídio Baptista da Silva e Juan Montero Aroca, ou seja, que o primeiro desvinculou o processo civil do *standard* racionalista representado pelos valores científicos trazidos pelo Renascimento e pelo Iluminismo; e que o segundo, em apertada síntese, concebe o direito, qualquer que seja o seu conteúdo, enquanto expressão ideológica da sociedade que o gera e na qual é professado pelos detentores do poder como um mecanismo de sua própria preservação. Apesar de serem autores de obras sobre ideologia e processo, cujos títulos confundem-se ou se assemelham, Mateus diferencia os respectivos pensamentos apontando que enquanto Ovídio Baptista trata da ideologia em sentido amplo, Montero Aroca a aborda sob um enfoque mais estrito, cujos detalhes o leitor merece o convite à apreciação com a leitura das palavras do próprio autor, o qual, aliás, retoma essa temática na segunda parte do livro de forma mais aprofundada.

No segundo capítulo encontramos uma excelente análise crítica sobre o papel e a função do instrumentalismo procedida a partir do que o autor considera como o mito da publicização do direito processual, o qual é enfocado através da ótica de um farto referencial teórico que perpassa por Bülow, Saldanha, Kant, Alvaro de Oliveira, Rosemiro Leal, André Leal, Fazallari, Cappelletti dentre vários outros autores, por meio de quem o autor recompõe a trajetória histórica da modernidade processual sob um olhar crítico que atrela o cientificismo processual ao reconhecimento de sua publicização, isto é, do afastamento do direito processual do direito privado através do uso da teoria da relação jurídica. Nesse cenário são destacadas as atuações de Klein e de Chiovenda numa paisagem que estampa o processo como um instrumento do próprio Estado e que remanesce, igualmente, na fase de sua socialização, a qual tencionou corrigir a disparidade entre os sujeitos processuais e, em paralelo, manteve a moção da afluência das prerrogativas judicantes, em especial no pertinente aos poderes oficiosos em matéria probatória.

Como pontua o autor "… a guinada científica também foi política" e o evoluir metodológico publicista escoou do instrumentalismo à fase da instrumentalidade, ou seja, numa terceira fase metodológica do direito processual, que, sob a visão de Mauro Cappelletti, um de seus maiores cultores, deveria representar a 'pedra fundamental' da pedagogia do direito processual. A era da instrumentalidade marca a história do direito processual, sobretudo, por conceber o processo como uma ferramenta destinada a tutelar o direito substancial, afastando-se, definitivamente, da ideia de que o processo poderia ser um fim em si mesmo, porquanto sempre deveria estar a serviço do direito material, tendo como principal escopo a sua proteção, a qual se evidencia pela sua efetividade, ou pela sua observância ou através de sua restauração da ordem violada. Nesse contexto, a metodologia processual queda-se marcada pela obediência a uma técnica procedimental dúctil, isto é, adaptável às particularidades do direito material sob apreciação em determinado caso concreto. Nesse passo, observa-se uma aproximação ao pensamento de Gustavo Zagrebelsky, que defende a tese do direito dúctil.

O livro tem, ainda, o mérito de evidenciar o eco que a teoria da instrumentalidade do processo logrou no Brasil, sobretudo a partir de 1987, quando emergiu a tese de Cândido Rangel Dinamarco intitulada "A Instrumentalidade do Processo', a qual representou a conclusão de um ciclo de estudos procedidos pelo professor da USP na Itália, marcado pela influência de Mauro Cappelletti e Vittorio Denti, e que irradiou a difusão da concepção processual publicística e socializante, bem como pelo influxo de Elio Fazzalari, de quem Dinamarco acatou a ideia de que o processo é o próprio procedimento em contraditório, conceito esse que teria enriquecido deveras a ciência processual e que seria patível com a tese da teoria da relação jurídica de Bülow, aspectos que são deveras dardejados pelo autor deste livro.

Uma das passagens mais marcantes do livro de Mateus Pereira consiste, precisamente, na crítica sagaz, procedida com recorrência a uma indisfarçável maiêutica socrática, à teoria da instrumentalidade, pela qual o autor exalta os paradoxos que ela representa, os quais podem ser resumidos nas seguintes indagações: como explicar o fato de a teoria da instrumentalidade exaltar a presença panóptica do interesse público, mas, paradoxalmente, o universo de causas nas quais a intervenção do Ministério Público deve ocorrer é bastante reduzido? Provoca, ainda, ao questionar se a participação popular poderia ser um termômetro confiável à legitimidade das decisões judiciais; se os desígnios de justiça autorizariam o magistrado a decidir antes de fundamentar; e, ainda, incita ao consignar a inexistência de pesquisa empírica a demonstrar que o aumento dos poderes judiciais probatórios (espontâneos) guardaria relação com a justiça das decisões.

Aborda, outrossim, a evolução do pensamento publicista no Brasil, por meio da exposição pontuada da proposta do 'formalismo valorativo', desenvolvida por Carlos Alberto Alvaro de Oliveira em sua abalizada tese, a qual veio a ser publicada em formato de livro intitulado 'Do formalismo no processo civil', e que é apresentada por alguns como uma fase metodológico-processual subsequente à era da instrumentalidade. O livro detalha como o formalismo valorativo aborda a instrumentalidade sob o aspecto intrínseco do fenômeno processual, sobretudo no tocante a uma percepção teleológica ou eficientista.

Seguindo o eito evolutivo da doutrina processual, Mateus Pereira esquadrinha o advento e o percurso da escola de processo cooperativo, da Europa aos Trópicos, destacando o pioneirismo temático, na doutrina nacional, de Lúcio Grassi de Gouveia, Daniel Mitidiero e Fredie Didier Júnior. A cooperação processual, por sua vez, é analisada sob a consideração de uma escola que se apresenta como uma evolução ou modernização do publicismo, caracterizada pela adoção dos princípios da dialogicidade, vedação às decisões-surpresa, boa-fé e lealdade processual, bem como pelos deveres processuais: de esclarecimento, segundo o qual o juiz deve dirimir dúvidas sobre os requerimentos e pedidos das partes; de consulta, pelo qual o órgão jurisdicional deve oportunizar às partes o pronunciamento relativo a pontos de fato ou de direito não invocados; de prevenção, ou seja, que o julgador deve alertar as partes sobre omissões ou imperfeições de seus atos postulatórios com o escopo de promover o aperfeiçoamento postulacional; de auxílio, que imputa ao agente jurisdicional o dever de assistir as partes através da remoção de obstáculos ao exercício de seus direitos, faculdades, ônus ou deveres.

Mateus Pereira, no entanto, dispõe-se a comprovar que o modelo de processo cooperativo é indissociável da escola do formalismo valorativo, para ele: "o formalismo-valorativo é o marco teórico, em cujo pálio se arquitetaria o modelo cooperativo. Uma espécie de paradigma à (re) construção do modelo processual...". Numa nítida postura derridiana, Mateus demonstra, através de Lúcio Delfino, que várias das premissas dessa escola têm, na verdade, um *locus* antecedente na doutrina socialista do processo civil, a qual defendia que o procedimento judicial não deveria ser um espaço de contenda entre sujeitos processuais parciais, centrando-se na busca da verdade material como ideia e meta a ser atingida, através da colaboração de todos que intervêm no processo. De fato, Pashukanis chegou a prenunciar a extinção do direito como uma meta do estado comunista, o qual seria apenas uma etapa de passagem ao "direito do comum", que seria guiado pela cooperação social.

A primeira parte do livro é encerrada com uma exposição e crítica à tese "Comparticipação e policentrismo", defendida por Dierle Nunes, que concebe um modelo de sistema processual cuja base firma-se nos princípios processuais constitucionais e que apresenta o contraditório numa dinâmica que pressupõe o direito de as partes poderem influenciar as decisões judiciais e de vedação às decisões-surpresa. O equívoco dessa tese, segundo Mateus, pode ser resumido no aspecto de a aposta no contraditório e na participação da fundamentação das decisões judiciais relevar o fenômeno da imparcialidade e das propensões cognitivas do agente judicial, ou seja, "A excessiva fidúcia no contraditório despreza os problemas anteriores a ele, aos quais ele chega tarde".

A segunda parte do livro de Mateus inicia-se no quarto capítulo, no qual ele retoma o tema da ideologia, desta feita a partir da perspectiva de Morin, Ciurana e Motta. Sem defender uma assepsia do conhecimento, como se este pudesse ser algo estritamente racional ou ideologicamente indiferente, o autor fulcra-se na premissa de que o pensamento complexo pressupõe a intersubjetividade. Nesse contexto, são aprofundados os aspectos amplo e restrito da ideologia (antecipados acima) por meio de uma taxonomia do próprio autor.

O núcleo da tese, porém, emerge no capítulo quinto quando o autor inicia a desconstrução de alguns mitos processuais que embasaram a fase cientificista e instrumentalista do processo, como a oralidade, a concentração de poderes no juiz e o "livre" convencimento motivado, fenômenos que, aliás, foram atrelados por Luiz Machado Guimarães, em artigo publicado na Revista Forense em 1938, como caracterizadores do publicismo cientificista. Mateus, contudo, através de uma notável revisão de literatura jurídico-processual e filosófica, labora uma desconstrução derridiana, no sentido estrito do termo, como preconizada por Jacques Derrida, considerando que destrói os alicerces das escolas publicistas, para, no mesmo eito, soerguer uma tese incompatível com elas e que, alfim, concebe o processo enquanto uma instituição de garantia.

A supressão do princípio da identidade física do juiz no CPC de 2015 é questionada num contexto recoberto por uma rica bibliografia nacional e estrangeira, sobretudo norteamericana, italiana, espanhola e brasileira, representada, dentre outros, por Susan Haack, Juan Montero Aroca e Lenio Streck. Mateus promove um interessante diálogo entre os autores citados e põe em conflito a questão da 'naturalização do princípio inquisitivo e a desnaturação do dispositivo' e com mais uma inteligente provocação, propõe que a atribuição de poderes probatórios ao magistrado na reconstrução dos fatos relevantes da causa em busca da verdade seria "Uma, não tão simples, verdade", para parodiar e proceder a um juízo crítico sobre conhecido trabalho de Michele Taruffo. Aliás, a verdade, em verdade, é sempre um vir-a-ser de si mesmo, para volver à Fenomenologia do espírito, de Hegel.

O capítulo sexto propõe-se a esquadrinhar uma 'virada garantista do direito processual brasileiro' a partir da análise do fenômeno da constitucionalização do processo. O autor respalda-se no pensamento de Nelson Nery Júnior para pontuar que a constitucionalização de vários ramos do direito enfraqueceu os limites da clássica divisão do público e do privado, porquanto "a conformação constitucional se impôs a todos os ramos, fundamento último de validade e unidade da ordem jurídica". Posteriormente, utiliza-se de uma frase de Ada Pellegrini Grinover para referendar que a constitucionalização do processo na Carta da República de 1988, para além dos albores do processo penal, transmudou o processo, sobretudo o civil, da categoria de "simples instrumento de justiça, em garantia de liberdade".

O cerne da sua visão garantista constrói-se mediante o desenvolvimento do fenômeno da constitucionalização dos vários princípios processuais na Constituição Federal atrelado à base e fundamentos políticos e filosóficos, cuja estação de partida é localizada em Luigi Ferrajoli, ou seja, a partir da reconstrução da premissa de que o garantismo é um modelo teórico de limitação do poder estatal. O pensamento de Ferrajoli é enfocado para além do sítio do direito penal, sendo incluído no âmbito da era do neopositivismo, com um triplo enfoque: normativo; da teoria do Direito; e da filosofia política. Mateus, no entanto, ressalva que não endossa todas as premissas de Ferrajoli. O autor peninsular é trabalhado no livro apenas com o desiderato de delinear as origens dessa escola do pensamento garantista e o seu núcleo fundamental, já que as suas bases teóricas são distintas do ponto de chegada de Mateus.

Para Mateus, o garantismo há de conceber o processo enquanto uma garantia de limitação do poder estatal, sendo apresentado como uma garantia "contrajurisdicional". Comprovando o acerto de Oscar Wilde, que dizia que para afirmarmos algo em que acreditamos verdadeiramente é necessário falar através de lábios alheios, Mateus enverada pela mesma senda de Eduardo Costa para expor o processo como uma instituição dotada de uma substantividade constitucional específica, própria, como uma verdadeira "instituição de garantia", como antecipei alhures. Mateus adota essa premissa, no entanto, trilha por vereda iluminada pela sua própria luz, para concluir que o processo é uma garantia em si mesmo e, sincronicamente, é uma garantia de outras garantias que encontra nas linhas do texto constitucional a sua região ôntica.

A perspectiva deste leitor sobre a perspectiva do autor (metaperspectiva) força a conclusão (para este prefaciador) de que o processo é considerado neste livro como um verdadeiro 'ente', isto é, como algo real e factual desassociado da percepção endógena, típica do formalismo valorativo, mas que, sob outro ângulo, distingue-se do 'ser'. Nesse ponto, a visão de Mateus parece aproximar-se da óptica heideggeriana, que criticava a ontologia a ela antecedente, precisamente, por restringir o campo do ôntico ao do ente, sem enfrentar o problema de sua distinção com o ser. O processo é um 'ente', ou seja, algo preso ao plano da existência, cujo *locus* principal reside na Constituição Federal, mas sem deixar de ser 'ser', de modo que a visão ôntica sobre o processo não exclui outras ópticas, inclusive ontológicas, sobre o processo enquanto ser, já que o ser (*Sein*, para Heidegger) antecede o próprio ente (*Seienden*).

Essa impressão se extrai e parece se confirmar, primeiramente, do fato de o autor admitir que o texto constitucional não é a única região ôntica do processo, conquanto seja o seu *locus* principal, na medida em que o processo pode ser "... tematizado a partir de outras "regiões ônticas"" e, em segundo, sob outros olhares, o que fica claro quando o processo é explicado através do prisma de seu uso, não de sua região ôntica, em suma, a consideração de processo-garantia enquanto ente não exclui a sua ideia enquanto ser: a percepção ôntica sobre o predicado 'garantia' não elimina a ontológica, embora permita proceder a uma clara distinção entre ambas, mas sem permitir antagonismos.

Disso deflui uma ruptura de pensamento com as escolas: cientificista; da instrumentalidade; do instrumentalismo; e do formalismo valorativo, pois, segundo Mateus, se o processo é uma "garantia" ele não pode ser concebido como um "instrumento", seja do ponto de vista técnico (processualismo científico), ou político (instrumentalismo), ou, ainda, ético (formalismo-valorativo/colaboração). Admitir o contrário importaria em consentir que a visão ontológica pudesse sobrepor-se à ôntica.

Podemos concluir esse prefácio insculpindo que a visão garantista apresentada por Mateus estatui que o processo conforma, já que é em essência uma garantia, e, por isso mesmo, ele deixa de ser forma ou instrumento, sobretudo do estado, e, por ter substantividade constitucional própria, não é susceptível de conformação. Conquanto não deixe de ser uma 'garantia de outras garantias', o devido processo detém uma base conteudística autônoma a qual lhe atribui uma respectiva substantividade constitucional exclusiva. Em suma, a tese em si, pode ser sintetizada através: da concepção de processo como uma instituição de garantia, a qual o autor alcança por meio de uma releitura da oralidade; da ultrapassagem da era da permissão do livre convencimento motivado do juiz; na repartição das funções processuais mediante a distinção entre imparcialidade e impartialidade e; pela atribuição de uma missão constitucional ao magistrado que consiste na da (im)possibilidade de ser contraditor.

Recife, 12 de abril de 2019.

## ALEXANDRE FREIRE PIMENTEL

Professor do PPGD da UNICAP. Professor da FDR-UFPE. Magistrado do TJPE.

# INTRODUÇÃO

Em crítica ao paradigma "ocidentalocêntrico", Nelson Saldanha aludia à vocação do "homem ocidental" ao pensar dual. Próprio da disjunção e da simplificação do conhecimento em nível paradigmático (razão/imaginação, sujeito/objeto, liberdade/determinismo, sensível/inteligível etc.), o sujeito ocidental abusa de dualismos que dificilmente reconhecem dialógicas. Ao revés, o pensar dual pretende estatuir fronteiras; esmera-se em separar e compartimentar, silenciando ou evitando diálogos. Dualismos que não escondem, antes revelam, arquétipos (e preferências) do espírito humano.[1]

Modelos duais costumam incorrer em simplificações. Não só. Também em artificialismos. Conquanto não se sugira o abandono deles, pois seu contato inicial pode ter utilidade pedagógica, há modelos mais simplificadores que outros, os quais longe de contribuir, inibem a futura compreensão do tema. No âmbito processual é o que sucede quando se contrapõe "privatismo x publicismo", "verdade real x verdade formal" ou "questão de fato x questão de direito", para ficarmos com alguns exemplos marcantes.[2] Além dessas contraposições não favorecerem a compreensão de diferentes posturas teóricas da processualística, são remissivas a maniqueísmo digno de repulsa,[3] obnubilan-

---

**1** SALDANHA, Nelson Nogueira. Do maniqueísmo à tipologia: observações sobre atitudes metodológicas e ideológicas no pensamento social moderno. *Revista da Faculdade de Direito da Universidade Federal de Minas Gerais*. Belo Horizonte, v. 28, n. 23-25, 1982. Disponível em: <https://bit.ly/2DTxkUy>. Acesso em: 20. fev. 2016.

**2** Em posição similar à adotada neste trabalho, recriminando os dualismos, ver: HOMMERDING, Adalberto Narciso. *Fundamentos para uma compreensão hermenêutica do processo civil*. Porto Alegre: Livraria do Advogado, 2007, p. 111-115.

**3** Com crítica similar: GODINHO, Robson Renault. Reflexões sobre os poderes instrutórios do juiz: o processo não cabe no "Leito de Procusto". *Revista de Processo*, São Paulo, RT, v. 235, p. 85-117, set. 2014. Observando que o autor realiza associação que nos afigura indevida entre garantismo e privatismo.

do a seriedade dos debates.[4] Assim, do emprego do prefixo "neo" para reavivar polêmicas, sugerindo-se um "neoprivatismo",[5] não se colhem frutos, tão somente o desserviço.[6]

A mesma censura alcança "individualismo x solidarismo", em que a discussão é poluída por utopias e outros argumentos não mensuráveis e, pois, refutáveis. Muito embora seja inegável a existência de temáticas de interesse generalizado, isso jamais afastará o reconhecimento de assuntos marcadamente individuais. Sem embargo, desde a emancipação científica do direito processual parcela da doutrina externa a preocupação em sobrepor interesses públicos ou sociais aos particulares.

Por outro lado, quem contrapõe "ativismo x garantismo processual" compara "grandezas" diversas, já que no âmbito processual o ativismo vem consorciado a alguma corrente ou fase metodológica e o respectivo modelo processual sugestionado –[7] aliás, já foi dito que o ativismo é judicial e o garantismo processual.[8] Diferente se passa quando da análise da "instrumentalidade", "cooperação", "comparticipação" e do "garantismo processual", os quais, em nível discursivo, oferecem (pre-

---

**4** Aqui e acolá rotulados de privatistas, os garantistas não negam que a natureza pública do processo, o que está claro no reconhecimento da presença de uma autoridade (magistrado), tampouco pretendem despir o julgador de poderes. Isso, por si só, já deveria ser suficiente para afastar o rótulo simplista. Nesse sentido, ver: CIPRIANI, Franco. "El proceso civil entre viejas ideologías y nuevos eslóganes". In: *Proceso civil e ideología:* un prefacio, una sentencia, dos cartas y quince ensayos. Juan Montero Aroca (coord.). Valencia: Tirant lo Blanch, 2006, p. 91-95.

**5** O termo foi empregado por Barbosa Moreira no seguinte ensaio: "El neoprivatismo en el proceso civil." In: *Proceso civil e ideología:* un prefacio, una sentencia, dos cartas y quince ensayos. Juan Montero Aroca (coord.). Valencia: Tirant lo Blanch, 2006, p. 199-216.

**6** Também recriminando a posição de Barbosa Moreira, imersa na questão ideológica, mas sem a mesma preocupação sobre o papel (e importância) das partes no procedimento: GODINHO, Robson Renault. *Negócios processuais sobre o ônus da prova no novo Código de Processo Civil (e-book)*. São Paulo: RT, 2015, p. 37-38.

**7** Esse deslize é praticado mesmo por alguns adeptos do garantismo processual latino-americano. A título de exemplo: CROSKEY, Sebastián Irún. *Derecho procesal e ideología:* Hegel y el origen de la escuela "moderna" de derecho procesal (o del "activismo judicial"). Neuquén: Fundación para el desarollo de la Ciencias Jurídicas, 2013, p. 09-10.

**8** COSTA, Eduardo J. da Fonseca. Processo como instituição de garantia. *Revista Consultor Jurídico*, 16 nov. 2016. Disponível em: <https://bit.ly/2LA5K0n>. Acesso em: 20 nov. 2016.

tendem) um modelo de conformação do processo estribado em bases epistêmicas e/ou normativas, eventualmente, fomentando ou retraindo o ativismo.

A par das considerações anteriores, necessário reconduzir o debate sobre "modelos processuais" à plataforma adequada para que as divergências sejam identificadas e potenciais inconsistências colocadas em destaque. O "garantismo processual" deve ser confrontado à "instrumentalidade", ao "formalismo-valorativo" ("cooperação") ou à "comparticipação", se é que as últimas correntes superam o núcleo do projeto instrumentalista. Por ser a polarização adequada ao debate, será observada ao longo de todo o trabalho, mesmo sob os riscos do dualismo.

A excessiva simplificação operada com o pensar dual pode ser ilustrada pelos negócios processuais. Não tanto pela permissividade ao acordo sobre situações jurídicas procedimentais, senão pela circunstância de alguns de seus principais entusiastas serem fautores do "publicismo" processual. Posto que fosse legítimo, não estamos a cobrar coerência deles, percebendo que a redução do processo a "instrumento" facilita o trânsito de uma perspectiva negocial à social, sem que isso desperte preocupações quanto à correção do raciocínio. Todavia, causa estranheza a mesma doutrina que reduz o processo a instrumento da jurisdição, sustentar que os negócios processuais teriam grande valia em circunscrever ("diminuir ou eliminar") o poder dos juízes.[9] Os negócios jurídicos processuais foram invocados apenas à exemplificação, não constituindo objeto do presente estudo.

Neste trabalho faremos o percurso histórico por "modelos processuais" desde o momento em que o direito processual alcançou sua dignidade científica, no diálogo com Barbosa Moreira, entendendo que o "núcleo característico de um sistema processual reside fundamentalmente na relação entre os papéis atribuídos ao juiz e às partes".[10] Com esse propósito será realizado um escorço do "formalismo processual" moderno – na expressão de Alvaro de Oliveira –, em sua formação e desenvolvimento ulterior (contemporâneo). Em síntese, desnudando a influência do publicismo e alguns de seus mitos ao longo da história "moderna" do processo.

---

**9** Assim: DIDIER JR., Fredie; BRAGA, Paula Sarno; OLIVEIRA, Rafael de Alexandria. *Curso de direito processual civil.* 10. ed. Salvador: JusPodivm, 2015, v. 2, p. 521.

**10** MOREIRA, José Carlos Barbosa. "O processo civil brasileiro entre dois mundos". In: *Temas de direito processual (oitava série)*. São Paulo: Saraiva, 2004, p. 48.

Com o cuidado em evitar abstrações sistemáticas descontextualizadas do modelo político,[11-12] o trabalho não defende soluções "quimicamente puras" na conformação ou divisão de trabalhos (funções) no ambiente processual.[13] Em contraste, visando a determinar o modelo processual brasileiro e alguns de seus desdobramentos, a normatividade é tomada como referente – logo, fator de "constrangimento" do intérprete/estudioso. Antes de chegar a essa parte do estudo, teremos o cuidado de examinar as principais construções doutrinárias no tocante ao modelo processual brasileiro, o que será obrado sob a égide do "pensamento complexo" de Edgar Morin, em sua crítica ao "paradigma da simplificação" (modernidade) e ao *homo sapiens sapiens*.

Ao desenvolvimento da crítica filosófico-epistemológica,[14] o trabalho foi organizado em duas partes, ambas com 3 capítulos. A primeira delas se destina ao exame de construções teóricas (hipótese) aferradas ao paradigma hegemônico (modernidade), a partir dos princípios supralógicos da ciência moderna, com especial atenção ao modelo de sujeito (racionalidade) que nelas está pressuposto: o *homo sapiens sapiens*. Já a segunda parte tem a "epistemologia da complexidade" como horizonte de trabalho; motivo da alusão a *homo sapiens-demens* e do

---

**11** Sobre a influência do modelo político sobre o processual: MOREIRA, José Carlos Barbosa."Reformas processuais e poderes do juiz". In: *Temas de direito processual (oitava série)*. São Paulo: Saraiva, 2004, p. 54; SILVA, Carlos Augusto. *O Processo Civil como Estratégia de Poder*: reflexo da judicialização da política no Brasil. Rio de Janeiro: Renovar, 2004, p. 07-38; MITIDIERO, Daniel Francisco. *Colaboração no processo civil*. São Paulo: RT, 2009, p. 18; GODINHO, Robson Renault. *Negócios processuais sobre o ônus da prova no novo Código de Processo Civil (e-book)*. São Paulo: RT, 2015, p. 39 e ss.; RAATZ, Igor. *Autonomia privada e processo civil*: negócios jurídicos processuais, flexibilização procedimental e o direito à participação na construção do caso concreto. Salvador: JusPodivm, 2017, p. 20.

**12** A influência não se restringe ao modelo político; outros fatores, que não serão analisados na espécie, também repercutem no modelo processual. José Ovalle Favela produziu interessante trabalho conectando tradições jurídicas (sistemas ou famílias) a modelos processuais: Sistemas jurídicos y políticos, proceso y sociedad. *Boletín Mexicano de Derecho Comparado*, [S.l.], jan. 1978. ISSN 2448-4873. Disponível em: <https://bit.ly/2Ly6raE>. Acesso em: 26 mar. 2018.

**13** A expressão é de Barbosa Moreira: "O problema da 'divisão do trabalho' entre juiz e partes: aspectos terminológicos." In: *Temas de direito processual (quarta série)*. São Paulo: Saraiva, 1989, p. 35.

**14** No pensamento complexo a discussão científica não é insulada da reflexão filosófica.

rechaço à simplificação do conhecimento que conduziu à segmentação do próprio ser humano, como se pudesse ser estritamente racional. Como sói, também explorando outras repercussões epistemológicas no direito processual. As duas partes são conduzidas aos auspícios da historicidade, sob criteriosa revisão de literatura.

No primeiro capítulo, após tecer breves considerações sobre a ciência moderna, partindo da preleção de Nelson Saldanha acerca da ideologia em sentido amplo e estrito, confrontaremos as linhas gerais do pensamento de Ovídio A. Baptista da Silva com as de Juan Montero Aroca, utilizando ensaios constantes de obras quase homônimas (*Processo e Ideologia; Proceso Civil e Ideología*). O objetivo é o de demonstrar como a doutrina de cada um deles está mais comprometida a uma das dimensões ideológicas indicadas, no que vários problemas são alumiados e, em simultâneo, tantos outros ocultados. Em suma, também um fator de simplificação. Observando que não há essa explicação da ideologia pelos autores, haja vista a falta de consciência das duas dimensões – a subdivisão capitaneada por Saldanha é adotada como uma abordagem menos redutora do tema.

No segundo capítulo será delineada a formação do "mito da publicização" ao longo da evolução do direito processual por suas fases metodológicas, com destaque à sua emancipação científica, seguida do movimento de socialização e moralização; será resgatada a ambiência publicística em que o processo foi transformado em instrumento do Estado, enfocando o pensamento de Oskar Bülow e Franz Klein. No mesmo capítulo será analisada a influência do publicismo e a sistematização da instrumentalidade no Brasil, suas premissas metodológicas e principais linhas argumentativas.

O último capítulo da primeira parte é reservado ao exame de correntes teóricas – potencialmente – engendradas à sombra do projeto instrumentalista, quais sejam, formalismo-valorativo, cooperação e comparticipação. Para tanto, partimos da hipótese de que essas correntes aperfeiçoaram a compreensão do procedimento judicial, mas persistiram em problemas carreados pelo instrumentalismo, seja por encarar o processo como instrumento ou ferramenta do Estado, seja por sua oposição à repartição de funções. Não bastasse, e esta é nossa segunda hipótese, correntes que não transcenderam o paradigma da ciência moderna, visto que subjacente ao modelo de processo preconizado em cada uma delas é possível identificar o mesmo sujeito estritamente racional entronizado pela modernidade (*homo sapiens sapiens*).

Ao longo de toda a primeira parte e dos capítulos quarto e quinto, o emprego dos termos "processo" e "procedimento" será realizado sem a precisão técnica que entendemos indispensáveis. Procederemos dessa maneira por duas razões: i) manter fidelidade às posições doutrinárias que estiverem sendo analisadas, nas quais os termos são utilizados sem rigor e, não raro, com equivalência semântica; ii) facilitar a compreensão do leitor antes de introduzirmos em quais bases os institutos podem ser discernidos. A mesma falta de reparo não será observada no capítulo 6, momento em que será apresentada nossa perspectiva acerca do assunto.

Iniciando a segunda parte da obra, o quarto capítulo enuncia as bases filosóficas do "pensamento complexo", explicando como a superação do paradigma da ciência moderna passa, entre outros, pela assunção do *homo sapiens-demens*, em repulsa da disjunção e da simplificação do próprio sujeito e, pois, do conhecimento. Por conseguinte, com o cuidado em não separar o que fora tecido conjunto (*complexus*). A despeito da dialógica processual, não é possível tratar as partes dos procedimento judicial como *homo sapiens-demens* e o juiz como *homo sapiens sapiens*. O capítulo esclarece nossa postura em cada dimensão ideológica (Nelson Saldanha); partimos da hipótese de que o garantismo processual é o modelo (constitucional) adotado pelo Brasil, resistente ao escrutínio do pensamento complexo; logo, alinhado ao novo paradigma científico.

No quinto capítulo serão investigados três mitos processuais sensíveis ao modelo processual e às dimensões ideológicas (sentido amplo e estrito): oralidade, iniciativa probatória do magistrado e livre convencimento motivado. Temas que costumam ser objeto de análise isolada pela processualística (atomismo), em prejuízo de sua compreensão, máxime de sua função na ordem processual. Além do cuidado em avivar a solidariedade entre esses institutos (*complexus*), pois todos se atraem à sobrevalorização da função judicante, o capítulo também se presta a desvelar seu caráter mítico.

O capítulo derradeiro foi reservado ao estudo do modelo processual brasileiro. Em vista da consagração constitucional do processo como garantia, longe de ser instrumento a serviço do Estado, percebe-se que ele é uma garantia fundamental do cidadão ("garantia contrajurisdicional de liberdade"). Reconhecendo a opção (constitucional) brasileira pelo garantismo, apontaremos alguns dos desdobramentos imediatos da perspectiva (alinhados aos temas estudados no momento), sem prejuízo de tantos outros que serão desenvolvidos pela doutrina com o amadurecer do tema. O sexto capítulo aprofunda nossa posição quanto à ideologia em sentido estrito, sob o "olhar" atento da ideologia em sentido amplo.

# PARTE I
# O MODERNO DIREITO PROCESSUAL E A PRESSUPOSIÇÃO DO *HOMO SAPIENS SAPIENS*

# 1
# MODERNIDADE E O *HOMO SAPIENS SAPIENS*

## 1.1. CONSIDERAÇÕES PREAMBULARES

"O médico que só sabe medicina, nem medicina sabe." (Letamendi).

Independentemente do ramo ou área a que se dedique, as primeiras reflexões do estudioso deveriam ter o intuito de compreender seu(s) paradigma(s); em despertar aos princípios ocultos que lhe governam a visão de mundo, superando o estado de inconsciência.[15] Eventual inquietação conduzirá o pesquisador por linhas de filosofia e de epistemologia, a suplantar o estudo "suspenso" em algum campo do saber (ex. medicina, direito etc.) ou, pior, "insulado" em algum ramo ou especialidade (ex. direito civil, penal etc.).[16] Foi remontando ao nível paradigmático que em paralelo aos múltiplos paradigmas possíveis, estudiosos detectaram a configuração de um paradigma conformador do que se entende por modernidade ("supraparadigma").[17]

---

**15** MORIN, Edgar. *Introdução ao pensamento complexo.* Trad. Eliane Lisboa. 4. ed. Porto Alegre: Sulina, 2011, p. 10.

**16** Ainda sobre a influência dos paradigmas em nossa visão de mundo, contextualizando as rupturas paradigmáticas ao direito: STRECK, Lenio. "Hermenêutica e decisão jurídica: questões epistemológicas." In: *Hermenêutica e Epistemologia:* 50 anos de verdade e método. Ernildo Stein e Lenio Streck (orgs.). Porto Alegre: Livraria do Advogado, 2011, p. 153-172.

**17** O termo é empregado por Ricardo Borgatti Neto em referência ao paradigma da ciência moderna, por ele chamado de supraparadigma mecanicista. *Paradigma mecanicista:* origem e fundamentos. São Paulo: Leopardo Editora, 2012, p. 34-35.

Estudo anterior nos guiou à reflexão do paradigma da ciência moderna,[18] por meio do exame de seus pressupostos epistemológicos ("simplicidade", "estabilidade" e "objetividade", se quisermos falar com Vasconcellos).[19-20] Imbuído desse objetivo, a pesquisa daquela outra oportunidade delineou os principais pensadores (filósofos e/ou cientistas) que concorreram à formação do paradigma científico hegemônico (moderno) ainda "vigente". Foi quando aprendemos que o "paradigma é inconsciente, mas irriga o pensamento consciente, controla-o e, neste sentido, é também supraconsciente."[21] Também foi o momento para ter contato com as principais objeções endereçadas a esse supraparadigma, enveredando pelo "pensamento complexo" capitaneado por Edgar Morin.

A despeito do esforço à compreensão dos mais significativos reflexos da modernidade no direito em geral, e na teoria do processo em particular, por um corte metodológico alinhado aos fins de uma dissertação de mestrado, a pesquisa não pôde mergulhar no "pensamento complexo". A complexidade ainda não era o lugar de fala, pois a necessidade de compreender (e assumir) outro paradigma não era contrabalançada pela maturidade reclamada à empresa.

A proposta anterior alumiou alguns dos tentáculos da modernidade (paradigma) na processualística. Vimos que o direito processual segue imerso em crenças difundidas pela ciência moderna, com destaque à objetividade e à simplificação, presentes na limitação do estudo à dogmática processual – mormente com a redução do processo à mera técnica. Sendo certo que o princípio da simplificação fomentou descobertas científicas admiráveis (ex. molécula, átomo, partículas etc.), não menos acertada é a assertiva de que essas descobertas revelaram a

---

**18** PEREIRA, Mateus Costa. *A teoria geral do processo e seu tripé fundamental:* racionalismo, pensamento sistemático e conceitualismo. Florianópolis: Tirant Lo Blanch, 2018.

**19** Cf. VASCONCELLOS, Maria José Esteves de. *Pensamento sistêmico:* o novo paradigma da ciência. Campinas: Papirus, 2002, *passim*.

**20** Criticando a pretensão de objetividade da ciência moderna: GADAMER, Hans-Georg. *Verdad y metodo.* 4. ed. Trad. Ana Agud Aparicio e Rafael de Agapito. Salamanca: Ediciones Sígueme, 1991, v. I, p. 550.

**21** MORIN, Edgar. *Os sete saberes necessários à educação do futuro.* 6. ed. São Paulo: Cortez, 2002, p. 27.

inaudita complexidade.[22] Por outro lado, o pressuposto da objetividade negligenciou a contribuição do sujeito, tanto quanto favorece a crença de uma verdade que seria encontrada pelo labor isolado do julgador.

Em linhas gerais, o exame da objetividade, simplicidade e a estabilidade fornece o substrato necessário à compreensão da ciência moderna. Assim, um saber infenso ao sujeito (objetivo); um mundo governado pela causalidade, em que os fenômenos se repetiriam e, descobertas suas causas, poderiam ser manipulados (estável); recomendação de que o conhecimento passaria pelo sucessivo fracionamento do objeto à eliminação das dificuldades, subentendendo-se que o caos, além de antagônico ao conhecimento, seria uma condição passageira de dados carentes do trabalho intelectual (simplicidade).

De tudo isso, desponta o ideal de racionalização contido no projeto da modernidade, é dizer, a incapacidade do conhecimento assumir limites;[23] a ciência moderna se alicerça em um modelo de racionalidade instrumental.[24] Nesse sentido, a busca do conhecimento à dominação e transformação da realidade pelo homem (*homo sapiens sapiens*); a premissa de que subjacente ao caos estaria a ordem, espécie de selvagem à espera de ser subjugado pelo projeto eurocêntrico de modernização (colonizador-colonização). Entre tantos nomes, ressai a influência cartesiana, pois desde o filósofo francês "pensamos contra natura, seguros de que nuestra misión consiste en dominarla, someterla y conquistarla."[25]

A leitura de Maria José Esteves de Vasconcellos foi fundamental à compreensão do paradigma da modernidade. No momento, sua crítica é adensada com a doutrina de Edgar Morin, reconhecendo o esforço de uma vida à derrocada do paradigma hegemônico. O pensador francês identifica os princípios supralógicos de organização do pensamento moderno em "disjunção", "redução" e "abstração", os quais se conjugam à formação do que alcunhou como "paradigma da sim-

---

**22** MORIN, Edgar. *Ciência com consciência*. Trad. Maria D. Alexandre. 8. ed. Rio de Janeiro: Bertrand Brasil, 2005, p. 27-28.

**23** MORIN, Edgar. *O método 5*: a humanidade da humanidade. Trad. Juremir Machado da Silva. 3. ed. Porto Alegre: Sulina, 2005, p. 300.

**24** SANTOS, Boaventura de Sousa. *Introdução a uma ciência pós-moderna*. Rio de Janeiro: Graal, 1989, p. 43.

**25** MORIN, Edgar. *El paradigma perdido*: ensayo de bioantropologia. 7. ed. Trad. Doménec Bergada. Barcelona: Editorial Kairós, 2005, p. 10.

plificação".[26] Em contraste à simplificação, ele propõe e desenvolve os lineamentos do paradigma da complexidade; para superar o "modo de pensar" capitaneado pelo homem moderno, desenvolveu a "epistemologia da complexidade". Em sentido similar, como afirmado por Boaventura de Sousa Santos há alguns anos, vivemos em uma época de transição de paradigmas; na falta de melhor designação, esse autor entende que a ciência moderna deve ser suplantada pela "ciência pós-moderna" –[27] o "paradigma da complexidade" se confunde ao da "ciência pós-moderna".

O "pensamento complexo" recrimina a herança cartesiana consubstanciada no *cogito, ergo sum*, segundo Morin, conducente ao rompimento dentre *ego cogitans* (sujeito pensante) e a *res extensa* (coisa entendida) e, pois, à separação entre ciência e filosofia, restando à primeira o estudo do objeto, ao passo que a segunda ficou responsável pelo exame do sujeito; daí porque, pouco a pouco, o pensador francês aduz que a autocrítica científica foi se arrefecendo –[28] sem negligenciar o contributo cartesiano ao surgimento da "filosofia da consciência".[29] A crítica de Edgar Morin não para aí.

O pensador francês também se preocupou em demonstrar como, no seio da própria ciência, após a disjunção entre ciência e filosofia, uma primeira especialização do conhecimento levou à segmentação entre ciências naturais e humanas, seguida de uma "hiperespecialização" conducente à ramificação científica por campos cognitivos que, a pretexto de se desenvolverem, isolaram-se no estudo de seus objetos – organiza(ra)m-se em compartimentos não-comunicantes,[30] fragmentando o saber. Conseguintemente, produzindo resultados que enunciam apenas o conhecimento unidimensional dos objetos, os quais

---

**26** MORIN, Edgar. *Introdução ao pensamento complexo.* Trad. Eliane Lisboa. 4. ed. Porto Alegre: Sulina, 2011, p. 11 e ss.

**27** SANTOS, Boaventura de Sousa. *Introdução a uma ciência pós-moderna.* Rio de Janeiro: Graal, 1989, p. 11.

**28** MORIN, Edgar. *Introdução ao pensamento complexo.* Trad. Eliane Lisboa. 4. ed. Porto Alegre: Sulina, 2011, p. 11.

**29** STRECK, Lenio. *Dicionário de Hermenêutica:* quarenta temas fundamentais da Teoria do Direito à luz da Crítica Hermenêutica do Direito. Belo Horizonte: Letramento, 2017, p. 73-76.

**30** CARVALHO, Edgard de Assis. Edgar Morin, a dialogia de um Sapiens-demens. *Margem,* São Paulo, nº 16, p. 167-170, dez. 2002 (versão digital). Disponível em: <https://bit.ly/2IRuC5o>. Acesso em: 22 out. 2017.

não são totalmente corrigidos pela interdisciplinaridade.[31] O paradigma assentou um mundo organizado em três estratos ou domínios do saber superpostos e isolados entre si: Homem-Cultura, Vida-Natureza e Física-Química. Essa separação reforçou a ideia de ramos do conhecimento com seus respectivos objetos.[32]

Além de retirar o objeto de seu ambiente, dissociando de seu contexto e desprezando seus vínculos, o paradigma da simplificação relegou o próprio papel do sujeito, visto que em um primeiro momento, o primado científico impedia que lhe fosse reconhecida qualquer contribuição, senão enxergado – deveria se comportar – como um pretenso sujeito neutral (objetivismo). Em seguida, a aposta no método, como se o observador não interferisse de algum modo no conhecimento, pois situado em um metaponto observacional.[33] Crentes que o real estava à espera do domínio humano, as teorias científicas deveriam espelhar a realidade, pregando-se a coincidência da verdade à própria imagem refletida.[34] Conquanto essa perspectiva tenha impulsionado o conhecimento desde o séc. XVII, produzindo avanços no campo científico e tecnológico,[35] a emergência de seus efeitos nocivos no séc. XX "convidaria" à reflexão (ex. superpopulação, degradação ecológica, acentuação das desigualdades no mundo, ameaça termonuclear).[36] Segundo Morin, a inconsciência dos cientistas do que seja e faz a ciên-

---

**31** MORIN, Edgar. *O método 3*: o conhecimento do conhecimento. Trad. Juremir Machado da Silva. 3. ed. Porto Alegre: Sulina, 2005, p. 20.

**32** MORIN, Edgar. *El paradigma perdido*: ensayo de bioantropologia. 7. ed. Trad. Doménec Bergada. Barcelona: Editorial Kairós, 2005, p. 14.

**33** O intérprete sempre atribui sentido, o que deve ser entendido na fusão de horizontes, jamais arbitrariamente. GADAMER, Hans-Georg. *Verdad y metodo*. 4. ed. Trad. Ana Agud Aparicio e Rafael de Agapito. Salamanca: Ediciones Sígueme, 1991, v. I, p. 542-543; STRECK, Lenio. Bases para a compreensão da hermenêutica jurídica em tempos de superação do esquema sujeito-objeto. *Sequência*, Universidade Federal de Santa Catarina, Florianópolis, n. 54, p. 29-46, jul. 2007.

**34** MORIN, Edgar. *Ciência com consciência*. Trad. Maria D. Alexandre. 8. ed. Rio de Janeiro: Bertrand Brasil, 2005, p. 58.

**35** No mesmo sentido: SANTOS, Boaventura de Sousa. *Introdução a uma ciência pós-moderna*. Rio de Janeiro: Graal, 1989, p. 17 e ss.

**36** MORIN, Edgar. *Introdução ao pensamento complexo*. Trad. Eliane Lisboa. 4. ed. Porto Alegre: Sulina, 2011, p. 11.

cia, leva à sua incapacidade de controle dos "poderes escravizadores ou destrutores gerados pelo saber".[37]

Já há algum tempo, fala-se que vivemos em uma época de transição; que a crise vivenciada em nível científico não se restringe à matriz disciplinar, cuidando-se de verdadeira "crise de degenerescência" por afetar a própria inteligibilidade do real, leia-se, o paradigma.[38] Como dito em outra oportunidade, a crise alcançou nível elevado de saturação, colocando a própria visão da realidade proporcionada pelo paradigma em xeque –[39] na linha de Kuhn, há uma revolução científica em curso.[40]

A ciência moderna pretendeu a superação do obscurantismo medieval. Sucede que os ganhos hauridos com o conhecimento disjuntor foram pagos com o inusitado ganho de ignorância,[41] dando azo a um "neo-obscurantismo". Como sói, a disjunção do saber atingiria o sujeito; um sujeito que, à luz de compartimentos estanques, seria biológico *ou* psicológico *ou* social. As disjunções e separações no campo das ciências fizeram com que não possamos compreender a nós mesmos, visto que o olhar unidimensional não "capta" o sujeito enquanto ser cultural, psicológico, biológico e físico.[42] Tudo isso levou ao entendimento do sujeito como *homo sapiens sapiens*; sujeito estritamente

---

**37** MORIN, Edgar. *O método 3:* o conhecimento do conhecimento. Trad. Juremir Machado da Silva. 3. ed. Porto Alegre: Sulina, 2005, p. 20.

**38** A distinção foi entabulada por Thomas Kuhn: *A estrutura das revoluções científicas.* Trad. Beatriz Vianna Boeira e Nelson Boeira. São Paulo: Perspectiva, 2007, p. 105.

**39** PEREIRA, Mateus Costa; SPÍNDOLA, Pedro B. Alves. "Racionalismo e direito processual civil: do (curto)circuito formalista à circularidade hermenêutica; as sementes lançadas por Ovídio A. Baptista da Silva." In: *Processo, Hermenêutica e Efetividade dos Direitos I.* Alexandre Freire Pimentel, Fábio Túlio Barroso e Lúcio Grassi de Gouveia (orgs.). Recife: Appodi, 2015, p. 88-110.

**40** Apresentando um breve relato sobre essa crise à luz do pensamento de Kuhn, ver: MOREIRA, Marclin Feliz. A crise dos paradigmas e a solução da Antropologia. *Revista Sinais,* Universidade Federal do Espírito Santo, v. 1, n. 01, abr. 2007. Disponível em: <https://bit.ly/2xFrHFf>. Acesso em: 17 mai. 2018.

**41** MORIN, Edgar. *O método 3:* o conhecimento do conhecimento. Trad. Juremir Machado da Silva. 3. ed. Porto Alegre: Sulina, 2005, p. 20; CARVALHO, Edgard de Assis. Edgar Morin, a dialogia de um Sapiens-demens. *Margem,* São Paulo, nº 16, p. 167-170, dez. 2002 (versão digital). Disponível em: <https://bit.ly/2IRuC5o>. Acesso em: 22 out. 2017.

**42** MORIN, Edgar. *Ciência com consciência.* Trad. Maria D. Alexandre. 8. ed. Rio de Janeiro: Bertrand Brasil, 2005, p. 27-28.

racional que aos auspícios dos princípios supralógicos acima descritos seria capaz de conhecer (e dominar) o real. Por supor um modelo de sujeito imaginário, e não apenas por esse motivo, a pertinácia no "paradigma da simplificação" não passa de teimosia.

O modelo de sujeito em questão "atravessou" a matriz científica como um todo, fazendo escola no direito e, como sói, no processo. Cuida-se do sujeito que radica nas entrelinhas (não-dito, paradigma) da processualística, ressaindo no estudo de modelos de conformação da atividade desempenhada por cada um dos sujeitos processuais, ora centrados no magistrado (assimétrico), ora desejoso da ruptura de protagonismos (isonômico). Observe-se que a crítica diz respeito ao compromisso ideológico de teorias e doutrinas com esse super paradigma, conformador de outros paradigmas. É necessário assimilar essas críticas (nível filosófico-epistemológico) ao estudo do processo.

Feitas essas considerações preliminares, com ênfase na dimensão ideológica em sentido amplo (explicamos a diferenciação com a ideologia em sentido estrito no item 1.2.1), os olhos se voltam à processualística, desta feita, introduzindo o debate nas duas dimensões.

## 1.2. PROCESSO E IDEOLOGIA: EM SENTIDO AMPLO E ESTRITO

### 1.2.1. A "INSTITUIÇÃO TÉCNICA" COMO SUBTERFÚGIO NÃO IDEOLÓGICO

> [...]. Tomar os modelos seguros e perfilhar as melhores soluções construídas pela doutrina não constituem mero espírito de mimetismo, que se compraz antes em repetir do que criar. É diversamente uma atitude inteligente do homem, que sabe que o *processo civil é uma instituição técnica. E a técnica* não é apanágio de um povo senão *conquista de validade universal*.[43] (grifamos).

Da autoria de Buzaid, a nota anterior está alinhada com o paradigma da ciência moderna; um produto dele. Nela o autor trata o processo civil assepticamente; como se não fosse obra cultural ou estivesse sujeito a diferentes condicionamentos;[44] é dizer, como se pudesse ser

---

**43** BUZAID, Alfredo. *Estudos e Pareceres de Direito Processual Civil*. São Paulo: RT, 2002, p. 34.

**44** Sobre a relação entre processo e cultura, ver: TARUFFO, Michele. "Cultura y Proceso." In: *Páginas sobre justicia civil*. Trad. Maximiliano Aramburo Calle. Madrid: Marcial Pons, 2009, p. 189-212; GODINHO, Robson Renault. *Negócios processuais sobre o ônus da prova no novo Código de Processo Civil (e-book)*. São Paulo: RT, 2015, p. 35 e ss.

ideologicamente indiferente ou uma "técnica neutral" de aplicação infensa ao contexto.[45] E que não passe despercebida a pretensão de validez universal do conhecimento científico (moderno), sob a roupagem de "instituição técnica". Crença similar esteve (ou está) presente em diferentes doutrinadores ao longo da história. A esse "neutralismo", remontaremos sucessivas vezes no curso do trabalho.

De há muito superado, o anacronismo e teimosia de um direito natural captado pela razão, em contrapartida assumindo-se que o direito é expressão da cultura,[46] não é possível alimentar outra tese igualmente anacrônica (e teimosa) quanto a ser produto estrito da técnica. O conhecimento como um todo está mergulhado na ideologia,[47] sofrendo variados condicionamentos (históricos, filosóficos etc.); mesmo porque, o sujeito está "inserto" em uma tradição –[48] não significa que ao sair do "neutralismo" o caminho natural seja o seu antípoda, a "ciência partidária".[49]

Nada obstante, grassam estudos jurídicos que pretendem ocultar a ideologia de seu autor, não havendo "cuidado" em identificar o lugar de fala ao auditório. Pior. Nalguns casos, segue-se a inusitada tentativa de negação ou indiferença ideológica, supostamente, viabilizada por "instituições técnicas" pensadas em laboratório e por sujeitos sitos em metapontos observacionais.[50] Inclusive, como se essas técnicas fossem

---

**45** TARUFFO, Michele. Ideologie e teorie della giustizia civile. *Revista de Processo Comparado,* São Paulo, RT, v. 1, p. 293-304, jan.-jun. 2015.

**46** Tema que foi objeto da censura de, entre outros, Tobias Barreto. cf. *Questões vigentes de philosofia e de direito.* Pernambuco: Liv. Fluminense, 1888, p. 132-133. Superado, ao menos na perspectiva de que seria um direito captado pela razão (Hugo Grotius), visão que Victor Sales Pinheiro considera fruto de interpretação deturpada da obra de São Tomás de Aquino e de outros pensadores clássicos que cuidaram do tema.

**47** MORIN, Edgar. *Meus demônios.* Trad. Leneide Duarte e Clarisse Meireles. 2. ed. Rio de Janeiro: Bertrand Brasil, 2000, p. 214.

**48** GADAMER, Hans-Georg. *Verdad y metodo.* Trad. Manuel Olasagasti. Salamanca: Ediciones Sígueme, 1992, v. II, p. 65-69.

**49** SALDANHA, Nelson Nogueira. Do maniqueísmo à tipologia: observações sobre atitudes metodológicas e ideológicas no pensamento social moderno. *Revista da Faculdade de Direito da Universidade Federal de Minas Gerais.* Belo Horizonte, v. 28, n. 23-25, 1982. Disponível em: <https://bit.ly/2DTxkUy>. Acesso em: 20. fev. 2016.

**50** Com ensina Morin, a ideologia (ou "contraideologia") blinda o autor contra informações que a desmentem: "...uma convicção bem arraigada destrói a informa-

idealizadas por *homo sapiens sapiens*, sujeito estritamente racional ou dotado de pura razão ("razão pura") que, desinteressado, limitar-se-ia à descrição do objeto estudado. Em suma, sujeito que conquanto *sapiens*, não seria *demens* (*homo sapiens-demens*).[51] Adicionalmente, a depender do enfoque da pesquisa, sem descurar o constrangimento interpretativo fomentado pela dogmática jurídica (suficiente pensar em estudo que pretenda apurar o modelo normativo de processo em um dado país), nem sempre tomada em consideração pelo doutrinador.

No Brasil, quando mereceu alentada investigação dos compromissos ideológicos no direito em geral, e no processo em particular – suficiente pensar na *opus magnum* ovidiana (*Processo e Ideologia*) –, houve nítida ênfase nos laços desenvolvidos e herdados pela ciência jurídica no plano filosófico-epistemológico (ideologia em sentido amplo). Laços ou tentáculos que se formaram gradualmente na linha da historicidade, face ao contributo de diferentes pensadores e cientistas ao longo de séculos,[52] sem que o mesmo esforço intelectual fosse direcionado ao campo político-normativo (afeito à ideologia em sentido estrito). No ponto, registramos que a classificação da ideologia em sentido amplo e estrito foi extraída da obra de Nelson Saldanha, o qual considerava a presença da primeira em quase toda manifestação cultural ("sobre todas ou quase todas as atividades e expressões intelectuais"), ao passo que a segunda era reservada para as representações afinadas à luta ou compromisso com o poder.[53]

Se Ovídio Baptista da Silva se esmerou em contextualizar a ideologia em sentido amplo, Barbosa Moreira, para citar outro grande expoente de nossas letras processuais, deteve-se na ideologia em sentido estrito – aliás, responsável por número considerável de ensaios na matéria,

---

ção que a desmente." MORIN, Edgar. *Para sair do século XX*. Trad. Vera de Azambuja Harvey. Rio de Janeiro: Nova Fronteira, 1986, p. 44.

**51** MORIN, Edgar. *Amor, poesia, sabedoria*. Trad. Edgar de Assis Carvalho. 7. ed. Rio de Janeiro: Bertrand Brasil, 2005, p. 07-11.

**52** Sobre o tema, ver a pesquisa que realizamos em: PEREIRA, Mateus Costa. *A teoria geral do processo e seu tripé fundamental:* racionalismo, pensamento sistemático e conceitualismo. Florianópolis: Tirant Lo Blanch, 2018.

**53** SALDANHA, Nelson Nogueira. *Da teologia à metodologia:* secularização e crise no pensamento jurídico. Belo Horizonte: Del Rey, 1993, p. 81.

avaliados ao longo da presente obra.[54] De tudo isso, o estudioso do direito processual brasileiro segue órfão de estudos em que, a um só tempo, as pretensas "instituições técnicas" (processuais) sejam escrutinadas e problematizadas nas duas dimensões ideológicas.

A falta de trabalhos imbuídos dessa reflexão empobrece o debate, dado que uma importante faceta do "objeto" é deixada à sombra. A título de ilustração, foi o que ocorreu com a instrumentalidade (fase metodológica), não refletindo (conscientemente) o processo em qualquer das dimensões ideológicas suso descritas, a despeito de seu nítido compromisso com o poder ("seiva" de todos os ramos processuais, tal como defendido por Dinamarco). Aliás, aqui e acolá a "técnica" é utilizada como sentinela avançada do discurso contra-ideológico. Em certa medida, também foi o que sucedeu com o formalismo-valorativo (cooperação) e a comparticipação, cujos modelos "processuais",[55] na esteira do paradigma científico hegemônico, reclamam o *homo sapiens sapiens*.

---

**54** Direta ou indiretamente, a temática esteve presente nos seguintes trabalhos do autor, todos analisados nesta tese: "Breves observaciones sobre algunas tendencias contemporáneas del proceso penal". In: *Temas de direito processual (sétima série)*. São Paulo: Saraiva, 2001; "Breves reflexiones sobre la iniciativa oficial en materia de prueba." In: *Temas de direito processual (terceira série)*. São Paulo: Saraiva, 1984; "Dimensiones sociales del proceso civil." In: *Temas de direito processual (quarta série)*. São Paulo: Saraiva, 1989; "Duelo e processo". In: *Temas de direito processual (oitava série)*. São Paulo: Saraiva, 2004; "Efetividade do processo e técnica processual." In: *Temas de direito processual (sexta série)*. São Paulo: Saraiva, 1997; "Julgamento e ônus da prova." In: *Temas de direito processual (segunda série)*. 2. ed. São Paulo: Saraiva, 1988; "O problema da 'divisão do trabalho' entre juiz e partes: aspectos terminológicos." In: *Temas de direito processual (quarta série)*. São Paulo: Saraiva, 1989; "O processo civil brasileiro entre dois mundos". In: *Temas de direito processual (oitava série)*. São Paulo: Saraiva, 2004; "O processo, as partes e a sociedade." In: *Temas de direito processual (oitava série)*. São Paulo: Saraiva, 2004; "Os poderes do juiz na direção e na instrução do processo." In: *Temas de direito processual (quarta série)*. São Paulo: Saraiva, 1989; Por um processo socialmente efetivo. *Revista de Processo*, São Paulo, RT, vol. 105, jan.-mar. 2002, p. 181-190; "Privatização do processo?". In: *Temas de direito processual (sétima série)*. São Paulo: Saraiva, 2001; "Processo civil e processo penal: mão e contramão?". In: *Temas de direito processual (sétima série)*. São Paulo: Saraiva, 2001; "Reflexões sobre a imparcialidade do juiz." In: *Temas de direito processual (sétima série)*. São Paulo: Saraiva, 2001; "Reformas processuais e poderes do juiz". In: *Temas de direito processual (oitava série)*. São Paulo: Saraiva, 2004; "Sobre a multiplicidade de perspectivas no estudo do processo." In: *Temas de direito processual (quarta série)*. São Paulo: Saraiva, 1989.

**55** As aspas são necessárias, já que seus caudatários negam a "repartição de funções" entre os sujeitos processuais, noção ínsita ao processo, tal como veremos adiante.

Em verdade, não apenas faltam estudos, como sequer se instala o diálogo entre os cultores de meditações unidimensionais, consoante será analisado a seguir.

## 1.2.2. PROCESSO E IDEOLOGIA: DE OVÍDIO A. BAPTISTA DA SILVA A JUAN MONTERO AROCA

Posto seja reconhecido por sua profícua análise da ação cautelar, logrando elevá-la a notável patamar de refinamento teórico – preparando o terreno a novos escrutínios, inclusive, de seu pensamento –,[56] Ovídio Baptista da Silva não se furtou de examinar outros espinhosos temas de processo civil, a exemplo da jurisdição, cargas eficaciais da sentença, coisa julgada, cognição, fundamentação etc. Sobre a ação cautelar, alguns pontos de sua doutrina são dignos de nota: a censura ao legislador do CPC/73 por não ter reconhecido sua autonomia, salvo a procedimental (art. 796); a depuração conceitual do perigo de dano iminente (requisito à tutela cautelar) do perigo da demora; as reflexões em torno da responsabilidade objetiva, posteriormente aprofundadas por Fábio Luis Gomes em tese de doutorado; o desenvolvimento da temporariedade como apanágio das cautelares; o reconhecimento de um direito substancial de cautela etc. Ainda na seara das "tutelas de urgência", notabilizou-se pela generalização da tutela antecipada satisfativa (art. 273, CPC/73),[57] fruto de sugestão realizada em colóquio comemorativo aos dez anos de vigência do código (1º Congresso Nacional de Direito Processual Civil, sediado em Porto Alegre, em julho/1983).[58] Múltiplos temas foram objeto de seu rigoroso exame, a despeito de sua

---

**56** Suficiente pensar no trabalho de Eduardo José da Fonseca Costa sobre a formação de coisa julgada nas ações cautelares: Sentença cautelar, cognição e coisa julgada: reflexões em homenagem à memória de Ovídio Baptista. *Revista de Processo*. São Paulo, RT, v. 36, n. 191, p. 357-376, jan. 2011.

**57** O tema foi analisado naquele que talvez seja um dos seus primeiros trabalhos publicados sobre o tema após a reforma processual de 1994: A "antecipação" da tutela na recente reforma processual. In: *Reforma do código de processo civil*. Sálvio de Figueiredo Teixeira (coord.). São Paulo: Saraiva, 1996, p. 129-142.

**58** Nesse sentido: WATANABE, Kazuo. Tutela antecipatória e tutela específica das obrigações de fazer e não fazer - arts. 273 e 461, CPC. *Revista de Direito do Consumidor*. São Paulo, RT, v. 19, p. 77-101, jul.-set. 1996; FIGUEIRA JR., Joel Dias. *Comentários ao código de processo civil (arts. 270 a 281)*. 2. ed. São Paulo: RT, 2007, v. 4, t. I, p. 122.

predileção pelas cautelares, sensível reflexo da apreensão ovidiana com a tutela dos direitos em sociedades complexas.

Sem embargo, uma inquietação especial sobressai de seu pensamento, atravessando-lhe a obra como um todo: a influência do racionalismo sobre a teoria do direito e do processo; os reflexos da ideologia em "sentido amplo" no fenômeno jurídico. A preocupação em desnudar os tentáculos do racionalismo é transversal em sua doutrina, sendo culminante na já mencionada *Processo e Ideologia*, obra que reúne ensaios conectados pelo fio da crítica ao cientificismo e à racionalização. Nessa obra são condensadas as principais críticas ao ideal sistemático e ao pensamento matematizante ("more geometrico" ou não histórico) que marcou a ciência moderna; com sua vocação ao abstrato (rumo a um paraíso de conceitos...),[59] em vista da recusa de contingências, pois o elemento empírico contrastava à necessidade ("científica") de teorias gerais, vale dizer, teorias alimentadas pela universalidade do conhecimento; com a marcante presença da objetividade em repulsa à interpretação, recriminando-se os pré-juízos etc.[60] Durante sua vida profissional, Ovídio Baptista se dedicou à empresa de alforriar o direito processual civil daquilo que entendia como "ordinariedade", leia-se, os reflexos da razão científica (moderna) no direito processual civil.[61]

Antes de prosseguir, registre-se que Ovídio era contrário à "racionalização", crença moderna sobre a possibilidade irrestrita do domínio (conhecimento) humano sobre o real – o modelo de "racionalidade instrumental" mencionado alhures; crença originária da dessacralização, secularização ou "desmagicização" do conhecimento operada ao

---

**59** Pode-se dizer, com Richard Palmer, que a ciência moderna abraçou o "mito de um conhecimento puramente conceptual e verificável." *Hermenêutica*. Trad. Maria Luisa Ribeiro Ferreira. Lisboa: Edições 70, 1999, p. 197.

**60** Entre nós, Lenio Streck pode ser reputado em um dos principais censores ao paradigma racionalista. Entre outros trabalhos citados ao longo desta tese, ver: "Hermenêutica e decisão jurídica: questões epistemológicas." In: *Hermenêutica e Epistemologia:* 50 anos de verdade e método. Ernildo Stein e Lenio Streck (orgs.). Porto Alegre: Livraria do Advogado, 2011, p. 153-172.

**61** SILVA, Ovídio A. Baptista da. *Processo e ideologia:* o paradigma racionalista. 2. ed. Rio de Janeiro: Forense, 2006. Sobre essa nota característica do pensamento ovidiano: COSTA, Alexandre Araújo; COSTA, Henrique Araújo. Os testamentos ignorados de Ovídio Baptista e Calmon de Passos. *Revista de Processo*, São Paulo, RT, v. 192, p. 419-437, fev. 2011.

tempo do Renascimento,[62] com a *exacerbação da razão* por ocasião do Iluminismo. Para além de *Processo e Ideologia*, a racionalização também foi enfrentada com detença em *Jurisdição e Execução na tradição romano-canônica* e, na postremeira, *Epistemologia das ciências culturais* (obra que marcou sua despedida).[63]

Malgrado tenha se dedicado ao estudo e contextualização da ideologia em "sentido amplo", as repercussões do chamado "paradigma racionalista" (paradigma da ciência moderna), o processualista não dedicou o mesmo esforço intelectual para tratar da ideologia em "sentido estrito", é dizer, da luta ou compromisso de teorias e/ou doutrinas com o poder. Assim, reservou um dos capítulos de sua principal obra para recriminar o neoliberalismo, censurando o "ataque impiedoso" ao Estado que tencionaria privatizá-lo, calcado no individualismo que foi um dos pilares da modernidade.[64] Sucede que em outra passagem da obra, o processualista rio-grandense aludia ao *imperium* estatal para criticar a "dominação" das elites econômicas, incorrendo em um paradoxo: "*com mais Estado*, Ovídio enxerga[va] dominação econômica; *com menos Estado*, idem."[65]

Não bastasse isso, atribuindo ao paradigma racionalista a pretensão de controle da judicatura, associada à desconfiança nos magistrados – crença própria da Revolução Francesa em sua pugna ao *ancien régime*,[66] mas que também esteve presente em outras ordens jurídicas, tal como sucedeu com a ZPO austríaca de 1895 (Código Klein) –,[67] e recriminando o dogmatismo, Ovídio preconizava a "discricionariedade"

---

**62** "Desmagicização" foi um temo utilizado por Max Weber, conforme lembrava Nelson Saldanha ao explicar a secularização da cultura. O poder judiciário e a interpretação do Direito. *Revista da Faculdade de Direito da Universidade Federal de Minas Gerais*. Belo Horizonte, v. 31 (30/31), p. 47-59, 1987-1988.

**63** SILVA, Ovídio A. Baptista da. *Epistemologia das ciências culturais*. Porto Alegre: Verbo Jurídico, 2009.

**64** *Processo e ideologia...*, *passim*.

**65** O ponto foi percebido por Marcelo Pichioli da Silveira: Processo e ideologia, de Ovídio Araújo Baptista da Silva. *Empório do Direito*, Florianópolis. Disponível em: <https://bit.ly/2k8l3B9>. Acesso em: 15 nov. 2017.

**66** CAPPELLETTI, Mauro. Constitucionalismo moderno e o papel do Poder Judiciário na sociedade contemporânea. *Revista de Processo*, São Paulo, RT, v. 60, p. 110-117, out.-dez., 1990.

**67** A despeito do aumento dos poderes dos juízes, os magistrados foram reduzidos a uma condição servil frente ao Estado.

como um dos caminhos a ser trilhado.[68-69] Sem uma clara percepção das diferentes facetas da ideologia (em sentido amplo e estrito), o doutrinador apostava que a superação do racionalismo (sentido amplo) seria factível pela majoração dos poderes dos juízes (sentido estrito); suficiente lembrar sua cruzada à caracterização dos recursos como o viés autoritário da jurisdição.[70]

Sendo difícil crer que a ideologia em sentido estrito fosse tema alheio às suas meditações, vale a constatação de que ela não esteve tão intensamente presente em suas obras (explicitada). Por tudo isso, apesar do inegável contributo em todos os assuntos em que se debruçou, salta aos olhos a limitação de suas reflexões naqueles em que a relação ou exercício do poder é ostensivo (*v.g.*, oralidade, poderes de instrução autônomos e sistemas de valoração da prova). Nesse sentido, seu viés também foi *reducionista* ou *disjuntivo*, transformando-o em vítima do paradigma que tanto condenava.

Mas a crítica não é leviana, pois a superação da abordagem reducionista é um desafio enfrentado diuturnamente por todos nós, tal como pontuado por Edgar Morin. Crítico voraz do pensamento moderno, decerto que Ovídio também tinha essa consciência. Lado outro, à vista da necessidade de um corte epistemológico, podemos estar incorrendo em problema similar neste trabalho, pois o "erro é o risco permanente do conhecimento e do pensamento".[71] Ninguém está infenso a ele.

De seu turno, Juan Montero Aroca é um dos nomes mais conhecidos por tensionar a análise da ideologia em sentido estrito no fenômeno processual, notabilizando-se pela defesa irrestrita da liberdade dos su-

---

**68** *Processo e ideologia:* o paradigma racionalista. 2. ed. Rio de Janeiro: Forense, 2006, p. 114.

**69** Em profundo estudo da discricionariedade, imperiosa a consulta da tese de Georges Abboud. Para ele, o controle da discricionariedade retira fundamento do próprio constitucionalismo, na busca de limitação do exercício do poder. Antecipando-se às críticas, o autor rechaça a ideia de que a tentativa de eliminação da discricionariedade e do subjetivismo seriam formas de matematização do direito. Nessa pugna, em defesa da resposta correta (metáfora), entende que se a serventia do direito ficar restrita à enunciação de decisões incorretas ou absurdas, então ele "fracassou". *Discricionariedade administrativa e judicial:* o ato administrativo e a decisão judicial. São Paulo: RT, 2014, p. 28-43.

**70** SILVA, Ovídio A. Baptista da. *Processo e ideologia...* p. 239-264.

**71** MORIN, Edgar. *Meus demônios.* Trad. Leneide Duarte e Clarisse Meireles. 2. ed. Rio de Janeiro: Bertrand Brasil, 2000, p. 216.

jeitos parciais no procedimento, em contraposição ao protagonismo judicial que outorgou "faculdades materiais" aos magistrados (poderes probatórios autônomos), com o condão para interferir no resultado da demanda. Conforme será analisado neste trabalho, Montero Aroca enaltece o papel de "garante" dos magistrados, o que densifica ("amarra") com as exigências de imparcialidade e de terceiridade ("incompatibilidade de funções"), a última alicerce da repartição de funções, garantia consubstancial ao processo.[72]

Em um primeiro contato, a amplitude da obra de Juan Montero Aroca pode estranhar o pesquisador. O processualista espanhol enveredou pelo direito processual civil, processual penal e do trabalho, sem perder de vista as variadas monografias sobre o fenômeno processual em geral.[73] Sem embargo, isso não inviabiliza a detecção de características marcantes em seu pensamento. Por ora, destacamos duas delas: o cuidado com a historicidade no trato dos temas processuais, com singular domínio da doutrina italiana, mormente dos representantes da Escola Sistemática; e a preocupação em contextualizar a ideologia em sentido estrito, originando a obra *Los principios políticos de la nueva Ley de Enjuiciamiento Civil: los poderes del juez y la oralidad*, um dos seus principais trabalhos. Nessa obra se propôs a desnudar as bases ideológicas da *Ley de Enjuiciamiento Civil* (LEC) de 2000 (por ele qualificada de "predominantemente liberal"), assim como traçou panorama das ideologias que enfeixaram a disciplina do processo civil no século XX.[74] Vertida ao italiano e publicada em 2002 (*Il principi politici del nuovo processo civile spagnolo*), a monografia constituiu o fio con-

---

**72** AROCA, Juan Montero. *Sobre la imparcialidad del Juez y la incompatibilidad de funciones procesales:* el sentido de las reglas de que *quien instruye no puede luego juzgar y de que quien ha resuelto en la instancia no puede luego conocer del recurso.*Valencia: Tirant lo Blanch, 1999, p. 247.

**73** Contendo breve panorama da obra de Juan Montero Aroca, ver: GIMÉNEZ, Ignacio Díez-Picazo. "Con motivo de la traducción al italiano de la obra del profesor Juan Montero Aroca sobre los principios políticos del proceso civil español." In: *Proceso civil e ideología:* un prefacio, una sentencia, dos cartas y quince ensayos. Juan Montero Aroca (coord.). Valencia: Tirant lo Blanch, 2006, p. 29-50.

**74** Com essas palavras Juan Montero Aroca descreveu a conferência por ele ministrada aos 20 de outubro de 2000, em San José, Costa Rica, cujo texto base fora ampliado para se transformar no referido livro. El proceso civil llamado "social" como instrumento de "justicia" autoritaria. In: *Proceso civil e ideología:* un prefacio, una sentencia, dos cartas y quince ensayos. Juan Montero Aroca (coord.). Valencia: Tirant lo Blanch, 2006, p. 130-166.

dutor à polêmica presente em outro trabalho, *Proceso Civil e Ideología*. Nas obras quase homônimas de Montero Aroca e Ovídio Baptista que nos detemos.

Coordenada por Juan Montero Aroca, em *Proceso Civil e Ideología* estão reunidos trabalhos de processualistas ibero-americanos em torno da mesma temática: o peso da ideologia (em sentido estrito) sobre legislações e institutos processuais. O processualista espanhol toma como premissa metodológica a circunstância de que a lei, independentemente da matéria regulada, constitui expressão ideológica da sociedade em que modelada, sendo professada por responsáveis pelo poder. Resgatando diferentes legislações, defende o status de "máxima da experiência" dessa premissa. Logo, ainda se valendo do linguajar procedimental, aduz que o ônus probatório recairia sobre quem busque demonstrar o contrário, jamais sobre os ombros daqueles escudados pela referida máxima.[75]

A quase homonímia das obras de Ovídio Baptista da Silva e Juan Montero Aroca não significou proximidade ou diálogo; o primeiro a tratar, quase com exclusividade, da ideologia em sentido amplo, e o segundo enveredando pela ideologia em sentido estrito. O dado não pode passar despercebido. Como dito, o apego a qualquer dessas visões ilumina parcialmente os problemas de conformação do processo civil (modelo processual), relegando outros pontos sensíveis ao obscurantismo paradigmático. No ponto, um dado "curioso" merece relevo, sendo ilustrativo dessas colocações.

De seu tempo, vimos que Ovídio se dedicou a despir o processo civil do novelo racionalista no direito processual, por ele sintetizado em "ordinariedade", consubstanciado no apego aos valores científicos carreados pelo Renascimento e lapidados pelo Iluminismo.[76] Período marcado pela exacerbação da razão e universalização do modo de pen-

---

**75** AROCA, Juan Montero. El proceso civil llamado "social" como instrumento de "justicia" autoritaria. In: *Proceso civil e ideología:* un prefacio, una sentencia, dos cartas y quince ensayos. Juan Montero Aroca (coord.). Valencia: Tirant lo Blanch, 2006, p. 130-166.

**76** Tivemos a oportunidade de abordar alguns aspectos do tema em: PEREIRA, Mateus Costa; FELICIANO, Ivna Cavalcanti; PINHEIRO, Larissa. Processo x Ideologia: um ensaio sobre os compromissos ideológicos do direito processual civil em memória de Ovídio A. Baptista da Silva. *Revista de Processo*, São Paulo, RT, v. 246, p. 581- 603, ago. 2015.

sar "ocidentalocêntrico";[77] em especial, com o signo do universalismo cultural "europocentrista".[78] É importante reter essas considerações.

Ao longo de nossa pesquisa, constatamos variadas menções ao "moderno" (e congêneres) para justificar a incorporação de modelos, institutos, regras etc. – menções que aparentam carregar consigo a mesmíssima crença na primazia da razão iluminista (ideologia em sentido amplo), malgrado exploradas para justificar *formas* ou *tipos* marcados pela seiva ou compromisso com o poder (ideologia em sentido estrito). Dessas variadas alusões, ressai a busca de associação de institutos processuais à modernidade (ao moderno processo civil), eliminando-se barreiras culturais ou geográficas (sob essa óptica, o que é moderno na Áustria, Alemanha ou Itália, por exemplo, também deveria ser adotado pela legislação brasileira e por outras, dada a *exemplaridade* conquistada por esses países). Como sói, para angariar adeptos, o pensamento contrário é rotulado de anacrônico.

Não é incomum a referência ao modelo de processo escrito vigente em alguns países da Europa do séc. XIX como ultrapassado; e como esse modelo era orientado pelo "princípio dispositivo" – em sua dupla faceta ou conteúdo, a saber, início do procedimento subordinado à demanda e limitação do material de conhecimento (cognição judicial restrita aos enunciados de fato subministrados pelas partes) –,[79] é compaginado ao arcaísmo.

Há uma espécie de intersecção discursiva entre as "dimensões" ideológicas analisadas neste trabalho, nem sempre percebida. Aos olhares ingênuos, a ideologia em sentido amplo acaba se prestando como uma espécie de capa ou biombo à naturalização de posições ideológicas em sentido estrito (o "moderno" ou a "modernização" constituiriam fundamentos "técnicos" à assunção de posições políticas). Aos críticos do pensamento moderno, a pretensa tentativa de naturalização não deveria passar despercebida. Sucede que ela passa. E passou. Inclusive, ao magistério de Ovídio A. Baptista da Silva, a ser demonstrado adiante.

---

**77** Problemas de uma epistemologia complexa. *In: O problema epistemológico da complexidade*. Portugal: Publicações Europa América, 2002, *passim*.

**78** Palavras de Nelson Saldanha em remissão ao pensamento de Oswald Spengler: *O estado moderno e a separação de poderes*. São Paulo: Saraiva, 1987, p. 04-05 e 102.

**79** COUTURE, Eduardo. *Trayectoria y destino del derecho procesal civil hispanoamericano*. Buenos Aires: Depalma, 1999, p. 41-42. Couture também assentava o modelo escrito no princípio da igualdade formal e na autonomia da vontade. *Idem, ibidem*, p. 56.

# 2
# O MANTRA PUBLICÍSTICO DO PROCESSO COMO INSTRUMENTO DO ESTADO

## 2.1. ITINERÁRIOS DA MODERNIDADE DO DIREITO PROCESSUAL

### 2.1.1. O MITO DA PUBLICIZAÇÃO E O "PARADOXO DE BÜLOW"

> Somente com a ênfase emprestada aos fins sociais do processo civil, verificada na passagem do século XIX para o século XX, altera-se de modo decisivo o foco de atenção para a importância pública do fenômeno processual, e começam a aparecer os primeiros reflexos concretos de novos estudos propugnando a renovação do método científico e um enfoque mais afim com a idéia de soberania estatal.[80]

A passagem anterior descortina a apropriação do processo pelo direito público – emancipação do direito privado, quando então ocorreu sua guinada científica –, bem como dela se extrai seu "envernizamento" social posterior com o reforço do "princípio da autoridade". Mas o excerto de Carlos A. Alvaro de Oliveira (acima) vai além disso. Também é ilustrativo do que foi chamado de "mito da publicização", ainda hoje dominante no imaginário da processualística, consistente na amálgama público-científico-poderes do juiz (*grosso modo*). À desmistificação, indispensável o escorço histórico da conformação da atividade dos sujeitos processuais ao longo das fases metodológicas e do "formalismo processual" em sentido amplo (disciplina das funções), tal como propugnava Alvaro de Oliveira.

À guisa de um corte, o estudo será delimitado pelo que se tem entendido por curso histórico da "modernidade" do direito processual, valendo a advertência que em exames que tais "há fronteiras onde o

---

**80** OLIVEIRA, Carlos Alberto Alvaro de. *Do formalismo no processo civil.* 2. ed. São Paulo: Saraiva, 2003, p. 48.

objeto estudado não era ainda mas já era, tal como em outras já não é mas é ainda."[81] Aqui e acolá, faremos menções a antecipações do formalismo processual moderno, com o cuidado para não nos desviarmos do objeto traçado. Remontemos aos oitocentos.

O modelo de processo prevalente em países da Europa e da América Latina na primeira metade do século XIX foi caracterizado pela doutrina como escrito, formal e lento. Em razão de sua marcha ter ficado à inteira sorte das partes – os magistrados eram destituídos de poderes formais (condução do procedimento e conhecimento oficioso de algumas matérias) –, sobre ter sido condenado pela morosidade, também foi rotulado de "coisa das partes" (*Sache der Parteien*), espécie de "duelo privado", atribuindo-se-lhe a pecha de modelo "liberal-individualista".[82]

Aos litigantes cabia dar o primeiro passo e marcar – todo – o compasso.[83] Às partes competia apresentar os enunciados de fato e de direi-

---

**81** SALDANHA, Nelson. *O estado moderno e o constitucionalismo*. São Paulo: José Bushatsky, 1976, p. 09.

**82** Há inúmeros trabalhos versando o tema. Entre outros, ver: CAPPELLETTI, Mauro. *El proceso civil en el derecho comparado*. Trad. Santiago Sentís Melendo. Buenos Aires: Ediciones Jurídicas Europa-America, 1973, p. 46-52; CAPPELLETTI, Mauro. *Proceso, Ideologias, Sociedad*. Trad. Santiago Sentís Melendo e Tomás A. Banzhaf. Buenos Aires: Ediciones Juridicas Europa-America, 1974, p. 16-17 e 35-44; ALVIM, José Manoel Arruda. Anotações sobre as perplexidades e os caminhos do processo civil contemporâneo – sua evolução ao lado do direito material. *Rev. Ciên. Jur. e Soc. da Unipar*, Umuarama. v. 11, n. 2, p. 521-543, jul./dez. 2008; GÁLVEZ, Juan F. Monroy. *Teoría general del proceso*. 3. ed. Lima: Comunitas, 2009, p. 155-160; CARRATA, Antonio. *Funzione sociale e processo civile fra XX e XXI secolo*. Disponível em: <https://bit.ly/2GAVj9c>. Acesso em: 03 dez. 2017. Como exemplo de legislações processuais marcadas por essa perspectiva, suficiente pensar no Código napoleônico de 1806 (de especial relevo, em vista de sua exemplaridade), no Código italiano de 1865 e na ZPO (CPC alemão) de 1877. Nesse sentido: RAATZ, Igor. *Autonomia privada e processo civil:* negócios jurídicos processuais, flexibilização procedimental e o direito à participação na construção do caso concreto. Salvador: JusPodivm, 2017, p. 61-62.

**83** Calamandrei noticiava esse poder das partes ao tempo do CPC italiano de 1865, registrando que a lei permitia que o procedimento ficasse parado por anos em razão de sua inércia, sem que o magistrado pudesse fazer qualquer coisa. Para impedir que o procedimento ficasse paralisado por tempo indeterminado, a lei fixava o período limite de três anos; a ausência de qualquer movimentação nesse prazo levava à sua extinção. Entretanto, anotava o mesmo autor, suficiente que qualquer das partes praticasse um ato processual no último dia do terceiro ano para assegurar a

to (*thema decidendum*), aportar os meios de prova (*thema probandum*) e impulsionar o desenvolvimento do procedimento. Já o julgador, que sequer tinha contato com a produção probatória, estava adscrito ao julgamento (em apreciar todo o material reduzido a termo);[84] um reles "espectador do drama judiciário".[85] Em geral, as irregularidades formais não podiam ser conhecidas de ofício pelo magistrado, restando subordinadas à provocação do interessado.[86] O juiz não era munido de poderes espontâneos; donas do objeto do processo, as partes ainda retinham domínio sobre ele próprio.[87] Paulatinamente, formou-se o conhecido brocardo *iudex iudicare debet secundum allegata et probata a partibus*.[88] O rígido figurino da atividade judicial fora empregado visan-

---

sobrevivência do procedimento por outros três. *Instituciones de derecho procesal civil: segun el nuevo codigo.* Trad. Santiago Sentis Melendo. Buenos Aires: Ediciones Juridicas Europa-America, 1973, v. I, p. 397-403.

**84** BARBI, Celso Agrícola. Os poderes do juiz e a reforma do Código do Processo Civil. *Revista da Faculdade de Direito da Universidade Federal de Minas Gerais.* Belo Horizonte, n. 5, p. 169-179, 1965. Disponível em: <https://bit.ly/2J5R3Rj>. Acesso em: 12. fev. 2018; COUTURE, Eduardo. *Trayectoria y destino del derecho procesal civil hispanoamericano.* Buenos Aires: Depalma, 1999, p. 35-38; MOREIRA, José Carlos Barbosa. "Processo civil e processo penal: mão e contramão?". In: *Temas de direito processual (sétima série).* São Paulo: Saraiva, 2001, p. 202.

**85** ESTELLITA, Guilherme. O processo oral e sua adoção no Brasil. *Revista Forense,* Rio de Janeiro, v. LXXIV, ano XXXV, fascículo 419, maio, p. 245-246, 1938.

**86** CAPPELLETTI, Mauro. *El proceso civil en el derecho comparado.* Trad. Santiago Sentís Melendo. Buenos Aires: Ediciones Jurídicas Europa-America, 1973, p. 47.

**87** CAPPELLETTI, Mauro. *El proceso civil en el derecho comparado.* Trad. Santiago Sentís Melendo. Buenos Aires: Ediciones Jurídicas Europa-America, 1973, p. 46-52; RAATZ, Igor. *Autonomia privada e processo civil:* negócios jurídicos processuais, flexibilização procedimental e o direito à participação na construção do caso concreto. Salvador: JusPodivm, 2017, p. 62-63.

**88** De acordo com Joan Picó I Junoy, sequer o aforisma originário seria esse. Para o autor, teria havido a indevida inclusão do termo "partium" ou "partibus", além de se ter omitido a expressão "et non secundum conscientiam". Conseguintemente, continua ele, um aforisma sem relação com a maior ou menor possibilidade da iniciativa probatória do magistrado (dizia respeito tão somente à congruência e à impossibilidade do julgamento com base em conhecimento privado), passou a tê-lo. O assunto é investigado com profundidade em: *O juiz e a prova:* estudo da errônea recepção do brocardo *iudex iudicare debet secundum allegata et probata, non secundum conscientiam* e sua repercussão atual. Trad. Darci Guimarães Ribeiro. 2. ed. Porto Alegre: Livraria do Advogado, 2017, p. 31 e ss.

do à condição de terceiro e à imparcialidade do julgador; daí porque lhe era vedado conhecer de fatos (enunciados) não alegados ou determinar a produção de provas independentemente de requerimento.[89] Sob semelhante diretiva ideológica, há relatos de procedimentos que se alongaram por gerações.[90]

Então sob a hegemonia da visão "privatista", não é ocioso recordar que o direito processual carecia de um estatuto científico, à época visto como mero apêndice do direito material ("vergado ao pêso do civilismo avassalador") e necessitando de sistematização.[91] Outrossim, a então vigência do Estado liberal ("Estado legislativo"), cujo sustentáculo no princípio da legalidade (expressão da soberania popular) assegurava a primazia do "parlamento", assim como um judiciário canhestro (poder nulo, boca que pronunciava as palavras da lei etc.). A atividade judicial era bitolada pela lei; nela tinha seu fundamento e estrito limite. Era praticamente vedada a intervenção nas relações particulares,[92] cujas cercanias se erigiam da autonomia da vontade e, em última instância, da liberdade. Impunha-se o absenteísmo estatal. Tomando a França em consideração – e a alusão à experiência francesa não é gratuita, dada a exemplaridade assumida por esse país no cenário europeu e fora dele –, sabe-se que diferentes fatores históricos, políticos e sociais culminantes na Revolução Francesa concorreram à vigência

---

**89** AROCA, Juan Montero. *La paradoja procesal del siglo XXI: los poderes del juez penal (libertad) frente a los poderes del juez civil (dinero)*. Valencia: Tirant lo Blanch, 2014, p. 26.

**90** TARUFFO, Michele. *La giustizia civile in Italia dal '700 a oggi*. Bologna: Società editrice il Mulino, 1980, p. 10.

**91** ALVIM NETTO, José Manoel de Arruda. Revisão dogmática do direito processual civil. Alguns aspectos decorrentes dessa reelaboração. *Revista do Instituto de Pesquisas e Estudos*, n. 3, jan.-mar. 1967. Disponível em: <https://bit.ly/2FtuuGa.> Acesso em: 10 set. 2018.

**92** Acerca da influência do Estado Liberal na compreensão da judicatura da época, assim como a pressuposição do dano como fator legitimante à intervenção na esfera particular, ver: MARINONI, Luiz Guilherme. *Teoria geral do processo*. 2. ed. São Paulo: RT, 2007, v. 1, p. 23 e ss.

desse pensamento e à preeminência do legislativo.[93] Analisamo-los em outro estudo.[94]

Na esteira de esforços presentes no direito romano,[95] mas já sob a égide do Estado moderno, Oskar Bülow é festejado – pela doutrina majoritária – como um dos principais artífices da dignidade científica do direito processual.[96] Enquanto franceses e italianos se preocupavam em comentar seus códigos, os alemães se dedicaram à construção das bases científicas à sua codificação processual.[97] Em 1868, com a publicação de *La teoría de las excepciones procesales y los presupuestos*

---

**93** Sobre o tema: AROCA, Juan Montero. *El derecho procesal en el siglo XX*. Valencia: Tirant lo Blanch, 2000, p. 45 e ss. Com a preocupação de delinear seus reflexos no modelo de direito processual, ver: RAATZ, Igor. *Autonomia privada e processo civil:* negócios jurídicos processuais, flexibilização procedimental e o direito à participação na construção do caso concreto. Salvador: JusPodivm, 2017, p. 50 e ss.

**94** PEREIRA, Mateus Costa. *A teoria geral do processo e seu tripé fundamental:* racionalismo, pensamento sistemático e conceitualismo. Florianópolis: Tirant Lo Blanch, 2018.

**95** Observando que o movimento de publicização é anterior ao pensamento de Bülow; com ele o direito processual civil ganha apelo sistemático na esteira do reconhecimento de uma relação jurídica pública e autônoma em relação aos direitos materiais nela discutidos. Sobre os passos iniciais de acentuação do caráter público remissíveis ao direito romano no período da *extraordinaria cognitio,* operando-se a paulatina transformação da justiça civil em pública: CASTRO, Leonardo Prieto. *Derecho Procesal Civil*. Zaragoza: Librería General, 1949, t. I, p. 28; ECHANDÍA, Hernando Devis. *Teoria general de la prueba judicial*. Buenos Aires: Victor P. de Zavalía Editor, 1970, t. I, p. 57; SIDOU, J. M. Othon. *Processo civil comparado (histórico e contemporâneo):* à luz do Código de Processo civil brasileiro, modificado até 1996. Rio de Janeiro: Forense Universitária, 1997, p. 45; SILVA, Carlos Augusto. *O Processo Civil como Estratégia de Poder:* reflexo da judicialização da política no Brasil. Rio de Janeiro: Renovar, 2004, p. 29 e ss.

**96** André Cordeiro Leal posiciona-se em sentido contrário. Para ele, Bülow teorizou sobre uma tecnologia da jurisdição, e não uma ciência processual, o que somente foi lograda por Fazzalari. A crítica do autor será analisada em outra passagem deste livro. *Instrumentalidade do processo em crise*. Belo Horizonte: Mandamentos, 2008, p. 64-65; p. 110-118; p. 130-136.

**97** AROCA, Juan Montero. *El derecho procesal en el siglo XX*. Valencia: Tirant lo Blanch, 2000, p. 26; PIMENTEL, Alexandre Freire. "Notas sobre a evolução da técnica e da teoria processual: das origens gregas ao advento do processo civil liberal." In: *História do processo*. Alexandre Freire Pimentel, Eduardo José da Fonseca Costa, Jaldemiro Rodrigues Ataide Jr. e Venceslau Tavares Costa Filho (coords.). São Paulo: Exegese, 2018, p. 54.

*procesales*, o doutrinador alemão logrou apartar o direito processual do direito material, assentando a autonomia do primeiro ao demonstrar a configuração da relação jurídica processual em vista de requisitos próprios (os "pressupostos processuais"), passando a constituir o objeto da ciência processual;[98] outrossim, relação com a peculiaridade do desenvolvimento gradual, diferente da relação de direito privado quando apresentada em juízo.[99] Em síntese, por percepcionar o processo como continente da relação de direito material nele deduzida (conteúdo),[100] firmando a independência entre ambos. Ladeando a preocupação acadêmica, importa registrar, essa obra guardava pretensões políticas, visto que o autor tencionava a influenciar comissão responsável pela elaboração do projeto de CPC da Prússia.[101-102]

A presença do Estado-juiz ditava o caráter público da "relação processual", além de fazê-la triádica (autor-juiz-réu).[103] De conseguinte, não devia ser encarada como espécie derivada de relações jurídicas contratuais,[104] caracterizada por Lourival Vilanova (e a "teoria geral das relações") de bimembres.[105] Mas não apenas por isso. Além dos

---

**98** AROCA, Juan Montero. *El derecho procesal…,* p. 27 e 60.

**99** Bülow, Oskar Von. *A teoria das exceções processuais e dos pressupostos processuais.* Trad. Ricardo Rodrigues Gama. Campinas: LZN Editora, 2005, p. 06 e ss.; DIDIER JR., Fredie; NOGUEIRA, Pedro H. P. *Teoria dos fatos jurídicos processuais.* Salvador: JusPodivm, 2011, p. 129. Para aprofundar a temática em questão, impende a consulta da seguinte monografia: GOMES, Danilo Heber. *Ato processual (in)existente.* Curitiba: Juruá, 2013.

**100** GUILLÉN, Víctor Fairén. *Teoría general del derecho procesal.* México: Universidad Nacional Autónoma de México, 1992, p. 39.

**101** LEAL, André Cordeiro. *Instrumentalidade do processo em crise.* Belo Horizonte: Mandamentos, 2008, p. 44-45.

**102** Não é ocioso recordar que o território alemão ainda estava fragmentado à época, e que sua unificação somente ocorreu no terceiro quartel daquele século. REALE, Miguel. *Filosofia do direito.* 20 ed. São Paulo: Saraiva, 2002, p. 423.

**103** VILANOVA, Lourival. *Causalidade e relação no direito.* 5. ed. São Paulo: Noeses, 2015, p. 154 e ss.

**104** SILVA, Ovídio A. Baptista da. *Curso de processo civil.* 8. ed. Rio de Janeiro: Forense, 2008, v. 1, t. I, p. 04-11; RAATZ, Igor. Desvelando as bases do processualismo científico: ou de como a teoria do processo nasceu comprometida com o protagonismo judicial. *Empório do Direito,* Florianópolis, Coluna ABDPro. Disponível em: <https://bit.ly/2k5biU7>. Acesso em: 08 nov. 2017.

**105** VILANOVA, Lourival, *op. cit.,* p. 154 e ss.

sujeitos, a relação processual também podia ser discernida quanto ao conteúdo, causas de nascimento, de desenvolvimento e de término.[106] Desde então, à obra de Bülow é tributada a certidão de nascimento do direito processual – marco do "processualismo científico", fase conceitualista ou autonomista –,[107-108] tendo sedimentado o terreno às

---

**106** WACH, Adolf. *Manual de derecho procesal civil*. Trad. Tomás A. Banzhaf. Buenos Aires: Ediciones Juridicas Europa-America, 1977, v. I, p. 67-68.

**107** Nesse sentido: GOLDSCHMIDT, James. *Principios generales del proceso*. Buenos Aires: Ediciones Juridicas Europa-America, 1961, p. 16; MARQUES, José Frederico. *Instituições de direito processual civil*. 2. ed. Rio de Janeiro: Forense, 1966, v. 1, p. 108 e ss.; VIDIGAL, Luis Eulálio de Bueno. Pressupostos processuais e condições da ação. *Revista Da Faculdade de Direito da Universidade de São Paulo*. São Paulo, v. 62, n. 2, p. 63-72, 1966. Disponível em: <https://bit.ly/39rPFVb>. Acesso em: 28 ago. 2015; ALVIM NETTO, José Manoel de Arruda. Revisão dogmática do direito processual civil. Alguns aspectos decorrentes dessa reelaboração. *Revista do Instituto de Pesquisas e Estudos*, n. 3, jan.-mar. 1967. Disponível em: <https://bit.ly/2Ftuu-Ga.> Acesso em: 10 set. 2018; ROCHA, José de Moura. *Estudos sôbre o processo civil*. Recife, Universidade Federal de Pernambuco, 1969, v. I, p. 322; ROCHA, José de Moura. Notas sobre a fixação da natureza da relação processual. *Revista de Processo*, São Paulo, RT, v. 46, p. 29-38, abr.-jun. 1987; PRATA, Edson. *História do processo civil e sua projeção no direito moderno*. Rio de Janeiro: Forense, 1987, p. 175; SIERRA, Humberto Briseño. *Compendio de Derecho Procesal*. México: Humanitas, 1989, p. 119; GOMES, Fábio Luiz; SILVA, Ovídio A. Baptista. *Teoria geral do processo civil*. São Paulo: Revista dos Tribunais, 1997, p. 34; BUZAID, Alfredo. *Estudos e Pareceres de Direito Processual Civil*. São Paulo: RT, 2002, p. 33; FERNANDES, Antonio Scarance. *Teoria geral do procedimento e o procedimento no processo penal*. São Paulo: Revista dos Tribunais, 2005, p. 23; DINAMARCO, Cândido Rangel. *Instituições de Direito Processual Civil*. 5. ed. São Paulo: Malheiros, 2005, v. 1, p. 277; MITIDIERO, Daniel Francisco. *Elementos para uma Teoria Contemporânea do Processo Civil Brasileiro*. Porto Alegre: Livraria do Advogado, 2005, p. 139; MITIDIERO, Daniel Francisco. *Colaboração no processo civil*. São Paulo: RT, 2009, p. 32; MITIDIERO, Daniel Francisco. O processualismo e a formação do Código Buzaid. *Revista de Processo,* São Paulo, RT, Ano XXXV, n. 183, mai. 2010, p. 165-194. Em sentido contrário, por entender que o processo em si não é uma ciência, senão objeto de esclarecimento da Ciência do Processo, restringindo a contribuição do processualista alemão à autonomia teórica do processo, mas não à ciência: LEAL, Rosemiro Pereira. *Teoria geral do processo:* primeiros estudos. 2. ed. Porto Alegre: Síntese, 1999, p. 70.

**108** Em parcial divergência, Cruz e Tucci anota que os alicerces científicos do direito processual seriam anteriores à notável colaboração de Bülow, dado que presentes "nas obras de Grolman, Gonner e Almendingen", também na Alemanha, quando da elaboração de uma "'teoria geral do procedimento' com a enunciação de *Prozessmaximen*." Todavia, o doutrinador anota que a abertura científica do processo ocorreu, propriamente, com a obra de Bülow. TUCCI, José Rogério Cruz e. Espírito

construções abstrato-conceituais da processualística. Desse contexto, avulta outro ponto digno de nota. Sob a égide do monopólio da administração da justiça pelo Estado moderno, a aplicação da ideia de "relação jurídica ao processo civil" teria permitido seu reconhecimento como "instrumento" posto pelo Estado à disposição dos litigantes.[109] Mesmo porque, o processo passou a existir, com seus "pressupostos", em virtude de situações e conflitos perspectivados à luz de um ordenamento demarcado pelo Estado, reclamando-lhe (processo) a existência.[110] O processo era instrumento, não uma garantia.

Não é ocioso registrar o desenvolvimento de determinados ramos do direito "público", supervenientemente, ao estudo de cada "poder" ou da análise de aspectos relacionados a cada função.[111] E lembremos que a doutrina pós advento do Estado moderno se deparava com séculos de domínio do direito "privado",[112] contemporizada por teorias "explicativas" da natureza do processo como contrato ou quase-contrato.[113] No curso da Idade Média, não se apresentava a contraposição entre

---

do processo civil moderno na obra de Rudolf Von Ihering. *Revista da Faculdade de Direito da Universidade de São Paulo*. São Paulo, v. 87, p. 23-36, 1992. Em sentido próximo, Vittorio Denti assinalava que foi a afirmação da autonomia conceitual do procedimento que embasou a posterior visão publicista do processo pela doutrina germânica da segunda metade dos Oitocentos conducente à dignidade científica. *La giustizia civile*. Bologna: Il Mulino, 2004, p. 23. Já Nicola Picardi registra a contribuição de Althusio, identificando nela a gênese da ideia moderna de processo. *Jurisdição e processo*. Org. e Rev. Técnico Trad. Carlos Alberto Alvaro de Oliveira. Rio de Janeiro: Forense, 2008, p. 47. Por fim, José Antonio Silva Vallejo alude a obra de Gönner e ao surgimento do princípio dispositivo como ponto de arranque à ciência processual: Los fundamentos científicos del Derecho Procesal. *Themis: Revista de Derecho*, Peru, n. 58, p. 24-35, 1989. Disponível em: <https://bit.ly/2y7yOHn>. Acesso em: 06 jan. 2016.

**109** BUZAID, Alfredo. *Estudos e Pareceres de Direito Processual Civil*. São Paulo: RT, 2002, p. 33.

**110** SALDANHA, Nelson Nogueira. Estado, Jurisdição e Garantias: um capítulo de história constitucional. *Revista da Faculdade de Direito da Universidade de São Paulo*. São Paulo, v. 74, p. 139-152, 1979.

**111** SALDANHA, Nelson Nogueira. *O estado moderno e a separação de poderes*. São Paulo: Saraiva, 1987, p. 102.

**112** SALDANHA, Nelson Nogueira. *Estudos de teoria do direito*. Belo Horizonte: Del Rey, 1994, p. 39-51.

**113** LEAL, Rosemiro Pereira. *Teoria geral do processo:* primeiros estudos. 2. ed. Porto Alegre: Síntese, 1999, p. 75-76.

privatistas e publicistas no âmbito do direito.[114] O histórico é sugestivo de fração das críticas endereçadas à teoria de Bülow, haja vista ter adotado "categorias" do direito material à compreensão do processo;[115] apenas fração, porque há um "núcleo judicialista" em seu pensamento que, ainda hoje, costuma ser negligenciado pela doutrina.[116]

De acordo com pesquisas realizadas em outra oportunidade,[117] sob a perspectiva filosófica, a exigência de sistematização do conhecimento precede o gênio de Kant. Todavia, a partir desse filósofo, mormente da *Crítica da Razão Pura* (1781), a organização do saber em sistema (unidade sistemática) se tornou imperativo científico, condição indispensável a que um dado conhecimento vulgar galgasse o status de ciência.[118-119] A ênfase na sistematização foi tamanha que Mario Losano apontou a confusão dentre sistema e ciência no pensamento kantiano.[120] O aparte é fundamental à compreensão do esforço de Bülow e de tantos outros estudiosos na segunda metade do séc. XIX e início do

---

**114** À época, predominantemente, os juristas se perfilavam em civilistas e canonistas. Assim: SALDANHA, Nelson Nogueira. "As ideias constitucionais em perspectiva histórica." In: *História do Direito e do Pensamento Jurídico em perspectiva.* Cláudio Brandão, Nelson Saldanha e Ricardo Freitas (orgs.). São Paulo: Atlas, 2012, p. 219-225. Na mesma obra, cf. outro ensaio dessa autor: "Sobre a teoria geral do direito civil.", p. 485-489.

**115** GUILLÉN, Víctor Fairén. *Teoría general del derecho procesal.* México: Universidad Nacional Autónoma de México, 1992, p. 40; LEAL, André Cordeiro. *Instrumentalidade do processo em crise.* Belo Horizonte: Mandamentos, 2008, p. 28.

**116** LEAL, André Cordeiro. *Instrumentalidade do processo em crise...,* p. 130.

**117** PEREIRA, Mateus Costa. *A teoria geral do processo e seu tripé fundamental:* racionalismo, pensamento sistemático e conceitualismo. Florianópolis: Tirant Lo Blanch, 2018.

**118** KANT, Immanuel. *Crítica da razão pura.* 5. ed. Trad. Manuela Pinto dos Santos e Alexandre Alfradique Morujão. Lisboa: Fundação Calouste Gulbenkian, 2001, p. 657.

**119** Analisamos o tema com profundidade na seguinte obra: PEREIRA, Mateus Costa. *A teoria geral do processo e seu tripé fundamental:* racionalismo, pensamento sistemático e conceitualismo. Florianópolis: Tirant Lo Blanch, 2018.

**120** LOSANO, Mario G. *Sistema e estrutura do direito:* das origens à escola histórica. Trad. Carlos Alberto Dastoli. São Paulo: Martins Fontes, 2008, v. 1, p. 131.

século seguinte –[121] na esteira dos valores carreados pelo iluminismo –,[122] malgrado os propósitos do autor alemão fossem além disso.

Contextualizando ao direito processual, a obra de Bülow conduziu à superação do empirismo outrora reinante – as contingências eram repudiadas pelo paradigma científico –, tendo galgado os passos decisivos à construção de uma base dogmática sistematizadora da qual o processo civil era então carente. Tudo isso sem negligenciar os frutos hauridos da polêmica Windscheid x Müther (1856-1857).[123] E alguns ainda apontam a consolidação das bases científicas pela pena de Adolf Wach (1888), mediante a publicação de *A pretensão de declaração: um aporte para a teoria da pretensão e da proteção do direito*.[124] Sobre ter sido decisiva,[125] a contribuição alemã à modernização do direito processual foi redimensionada pelos fautores da Escola Sistemática italiana, cuja doutrina alcançou notoriedade na América Latina.[126]

---

**121** Juan Montero Aroca destaca como uma das marcas dos processualistas da época de construção de sistemas científicos: *El derecho procesal en el siglo XX*. Valencia: Tirant lo Blanch, 2000, p. 29-30.

**122** Em crítica à pretensa "neutralidade" científica do pensamento de Bülow, ver: MITIDIERO, Daniel Francisco. *Elementos para uma Teoria Contemporânea do Processo Civil Brasileiro*. Porto Alegre: Livraria do Advogado, 2005, p. 141-143.

**123** Polêmica explicada amiúde nos seguintes trabalhos: DINAMARCO, Cândido Rangel. "Polêmicas do processo civil." In: *Doutrinas Essenciais de Processo Civil*. São Paulo: RT, 2011, v. 1, p. 523-542; PIMENTEL, Alexandre Freire. "Notas sobre a evolução da técnica e da teoria processual: das origens gregas ao advento do processo civil liberal." In: *História do processo*. Alexandre Freire Pimentel, Eduardo José da Fonseca Costa, Jaldemiro Rodrigues Ataide Jr. e Venceslau Tavares Costa Filho (coords.). São Paulo: Exegese, 2018, p. 54. Outrossim, cf. SICA, Heitor Vitor Mendonça. *Direito de Defesa e Tutela Jurisdicional:* estudo sobre a posição do réu no processo civil brasileiro (Tese de Doutorado). São Paulo: Faculdade de Direito da Universidade de São Paulo, 2008, 356 p.

**124** Nessa linha: AROCA, Juan Montero. *El derecho procesal en el siglo XX*. Valencia: Tirant lo Blanch, 2000, p. 27; RAATZ, Igor. Desvelando as bases do processualismo científico: ou de como a teoria do processo nasceu comprometida com o protagonismo judicial. *Empório do Direito,* Florianópolis, Coluna ABDPro. Disponível em: <https://bit.ly/2k5biU7>. Acesso em: 08 nov. 2017.

**125** CASTILLO, Niceto Alcalá-Zamora Y. *Estudios de Teoría General e Historia del Proceso (1945-1972)*. México: Universidad Nacional Autónoma de México, 1992, t. II, p. 564-565.

**126** MELENDO, Santiago Sentis. Couture y su obra procesal. *Revista de la Facultad de Derecho,* n. 16, p. 43-70, 1957. Disponível em: <https://bit.ly/2GWEzJB>. Acesso em: 25 mar. 2018.

Tendo em mente os diferentes percalços do modelo processual escrito (séc. XIX), simbolizado negativamente por sua influência liberal e individualista; e considerando que o direito processual carecia de plataforma científica, não é difícil compreender a associação entre a fase científica e o publicismo de um lado, o procedimentalismo e o privatismo de outro.[127] Conquanto acertada em alguma dose, porquanto a assunção do direito processual enquanto ramo do direito público foi uma conquista histórica, a associação público-científica é deveras perigosa, acaso o aperfeiçoamento do direito processual seja atrelado à intensificação da presença estatal, ao reforço dos poderes do juiz ("princípio da autoridade") ou à sobreposição dos interesses discutidos em juízo por suposta utilidade ou interesse público. É o que já se manifesta em Müther e Bülow, mas se desenvolve por outros autores na Alemanha, como Ihering,[128] difundindo-se para além das fronteiras germânicas.

Ainda na segunda metade do séc. XIX, Bülow fundou o "Movimento do Direito Livre" com a obra *Lei e Magistratura* (1885), muito embora a expressão movimento ou "doutrina do direito livre" somente tenha surgido em 1903, em conferência realizada por Ehrlich.[129] Na obra em questão, Oskar Bülow preconizou a concessão de amplos poderes aos magistrados à construção das decisões, inclusive, contrárias à lei. Combativo da "Jurisprudência dos Conceitos" e da "Escola Histórica", na proposta carreada no trabalho de 1885, o juiz atuaria como "porta-voz avançado do sentimento jurídico do povo" alemão – conforme determinado setor da doutrina, antecipando o pensamento da chamada "Escola Paulista de

---

**127** Assim, por exemplo, ver: GÁLVEZ, Juan F. Monroy. *Teoría general del proceso.* 3. ed. Lima: Comunitas, 2009, p. 159.

**128** É certo que Bülow defendia o incremento dos poderes do juiz ao conhecimento dos pressupostos processuais. De toda sorte, tal como assinalado por Raatz, tanto ele quanto Müther, em busca da autonomia da ação e do processo, tencionavam priorizar os interesses do Estado em detrimento dos interesses particulares. Futuramente, na obra "O Fim do Direito", Ihering defenderia a subordinação das partes ao juiz, visualizando na jurisdição a manifestação da soberania estatal. Sobre o tema, ver: RAATZ, Igor. Desvelando as bases do processualismo científico: ou de como a teoria do processo nasceu comprometida com o protagonismo judicial. *Empório do Direito,* Florianópolis, Coluna ABDPro. Disponível em: <https://bit.ly/2k5biU7>. Acesso em: 08 nov. 2017.

**129** LARENZ, Karl. *Metodología de la ciencia del derecho.* 2. ed. Trad. Marcelino Rodríguez Molinero. Barcelona: Editorial Ariel, 1980, p. 82.

Processo" em alguns decênios –,[130] sendo compreensível a autorização aos pronunciamentos judiciais *contra legem*. Esse estímulo ao decisionismo foi rotulado de "compromisso bülowiano com a exceção".[131]

Posto que as linhas iniciais do projeto bülowiano tivessem sido divulgadas em 1868, André Cordeiro Leal anota que foram necessários dezessete anos à apresentação sistemática de sua doutrina,[132] quando então veio a público *Lei e Magistratura* enfocando o papel dos magistrados ao resgate da nação alemã. Forte nas mesmas razões, assevera que o processo já surge como instrumento da jurisdição em Bülow, "entendida como atividade do juiz na criação do direito em nome do Estado com a contribuição do sentimento do juiz e da experiência do julgador".[133] Não que o processualista alemão tenha explicado como isso seria operacionalizado. No projeto bülowiano as partes foram relegadas a plano secundário, sobressaindo a figura do magistrado. É o que assere Raatz em alusão a uma terceira obra do doutrinador alemão, publicada em 1903, na qual os juízes eram incumbidos de "produzir de forma complementar o direito objetivo, ao invés de tutelar o direito subjetivo ou aplicar a lei."[134]

Ainda que delicadas, as questões mencionadas acima não entraram no radar da processualística brasileira. Pouquíssimos autores se debruçaram sobre elas, com destaque ao estudo de André Cordeiro Leal. Incisivo, sequer considera Oskar Bülow fundador da ciência processual, já que, para ele, a teoria da relação jurídica teria se limitado a delinear uma "tecnologia da jurisdição". A censura do processualista mineiro retira fundamento da ausência de controle da atividade judicial no pensamento bülowiano, inviabilizando sua adoção fora do

---

**130** A observação é de Dierle Nunes. *Comparticipação e policentrismo:* horizontes para a democratização processual civil (tese de doutorado). Belo Horizonte: PUC-MG, 2008, p. 66.

**131** LEAL, André Cordeiro; THIBAU, Vinícius Lott. A dogmática processual e a exceção cotidiana. *Revista Brasileira de Direito Processual – RBDPro*, Belo Horizonte, ano 23, n. 92, p. 13-29, out./dez. 2015.

**132** LEAL, André Cordeiro. *Instrumentalidade do processo em crise*. Belo Horizonte: Mandamentos, 2008, p. 59.

**133** *Idem, ibidem,* p. 60.

**134** RAATZ, Igor. Desvelando as bases do processualismo científico: ou de como a teoria do processo nasceu comprometida com o protagonismo judicial. *Empório do Direito,* Florianópolis, Coluna ABDPro. Disponível em: <https://bit.ly/2k5biU7>. Acesso em: 08 nov. 2017.

paradigma do Estado social. Por esse motivo, toda construção teórica intencionada a limitar o poder, que tenha a teoria da relação jurídica como "pedra fundamental", estaria fadada ao fracasso; reflexões em derredor da legitimidade das decisões ou do controle do poder em geral não tinham relevância no pensamento do processualista alemão. Cordeiro Leal designou essa problemática de "paradoxo de Bülow", desnudando a impossibilidade do processo ser instrumento da jurisdição (viés da teoria da relação jurídica) e, em simultâneo, instituto eficaz ao seu controle. Na esteira de Rosemiro Pereira Leal, entende que a ciência do processo somente desabrocharia com Fazzalari.[135]

Sobre ser categórica, a crítica de Cordeiro Leal procede. Em parte. Pensamos que ela incorre em problema há muito denunciado por Nelson Saldanha, no sentido de não ser possível projetar a sombra de nossos óculos sobre paisagens antigas, é dizer, constranger o passado com as lentes do presente.[136] O processualista alemão concorreu à construção da ciência (processual) à luz do repertório teórico da época, compromissado com o poder do juiz (relação assimétrica). Sendo certo que a construção teórica de Bülow é imprestável à compreensão do processo e da jurisdição na atualidade, do distanciamento histórico, vê-lo como um dos principais fautores da ciência do processo não é uma posição irrefletida.[137] A se pensar o contrário, todo avanço (científico) colocaria em xeque a cientificidade anterior, independentemente da seara do conhecimento. Todavia, eis o acerto da crítica, a ciência processual contemporânea já não se sustenta (não pode) sobre as mesmas bases.

### 2.1.2. A "SOCIALIZAÇÃO" DO DIREITO PROCESSUAL: CONSOLIDAÇÃO DO MITO E ANTECIPAÇÕES DA INSTRUMENTALIDADE

A história – científica – do direito processual se confunde à chamada publicização: ao seu reconhecimento enquanto ramo de direito público (emancipação ou "desprivatização"),[138] bem assim à percepção do

---

**135** LEAL, André Cordeiro. *Instrumentalidade do processo em crise*. Belo Horizonte: Mandamentos, 2008, p. 64-65; p. 110-118; p. 130-136.

**136** SALDANHA, Nelson. *Velha e nova ciência do direito*: e outros estudos de teoria jurídica. Recife: Editora Universitária, 1974, p. 22.

**137** LEAL, André Cordeiro. *Instrumentalidade do processo em crise...*, p. 136.

**138** VALLEJO, José Antonio da Silva. Los fundamentos científicos del Derecho Procesal. *Themis: Revista de Derecho,* Peru, n. 58, p. 24-35, 1989. Disponível em: <https://bit.ly/2y7yOHn>. Acesso em: 06 jan. 2016.

juiz enquanto legítimo representante (*rectius*: presentante) do Estado na "relação processual", o chamado "princípio da autoridade". Os primeiros capítulos da autonomia do processo foram escritos pela processualística antenada com sua dignidade científica, em simultâneo ao fortalecimento do Estado. Essa conexão transparece em Oskar Bülow, predicando o processo como instrumento do Estado e um direito livre da lei, se bem que redimensionada por Franz Klein e Giuseppe Chiovenda com a prédica da "socialização" (também faceta do publicismo). O primeiro no plano legislativo com a edição da Ordenança Processual Civil (ZPO/1895), marco da socialização e da moralização processual (assunto aprofundado no item 2.1.3). O segundo, no plano doutrinário e "legislativo", haja vista a importância alcançada por seu projeto de código. A "socialização" mirou a correção da disparidade entre os sujeitos processuais (rumo à "efetiva igualdade"), encetando com Klein,[139] mas requintada e difundida por Chiovenda, quando ganhou parte do "mundo ocidental".[140] Inclusive, à obra chiovendiana foi tributada a fundação da ciência processual na Itália,[141] vale dizer, a passagem definitiva do método exegético ao científico; do procedimentalismo à ciência do direito processual civil,[142] conduzindo à própria

---

**139** CAPPELLETTI, Mauro. *El proceso civil en el derecho comparado.* Trad. Santiago Sentís Melendo. Buenos Aires: Ediciones Jurídicas Europa-America, 1973, p. 70 e 75.

**140** Para Niceto Alcalá-Zamora y Castillo, o pensamento de Chiovenda emergiu da fusão de Wach e Klein: o primeiro como investigador e o segundo como codificador; a concepção liberal do primeiro à autoritária do segundo. Por óbvio, sem se restringir aos doutrinadores alemão e austríaco. CASTILLO, Niceto Alcalá-Zamora Y. *Estudios de Teoría General e Historia del Proceso (1945-1972).* México: Universidad Nacional Autónoma de México, 1992, t. II, p. 553. Registrando que o próprio Chiovenda havia reconhecido em Wach seu "segundo formador": AROCA, Juan Montero. *El derecho procesal en el siglo XX.* Valencia: Tirant lo Blanch, 2000, p. 28.

**141** GRANDI, Dino. Exposición a la majestad del Rey Emperador del Ministro Guardasellos (Grandi). Presentada en la audiencia del 28 de octubre de 1940-XVIII para la aprobación del tecto del Código de procedimiento civil. Trad. Aixa Zlatar. In: *Códice de procedura civile con la relazione al Re:* a cura de Franco Cipriani, Daniele D'Delia e Gianpaolo Impagnatiello. Bari: Cacucci Editore, 1997.

**142** CALAMANDREI, Piero. *Instituciones de derecho procesal civil:* segun el nuevo codigo. Trad. Santiago Sentis Melendo. Buenos Aires: Ediciones Juridicas Europa-America, 1973, v. I, p. 85-86; CASTILLO, Niceto Alcalá-Zamora Y. *Estudios de Teoría General e Historia del Proceso (1945-1972).* México: Universidad Nacional Autónoma de México, 1992, t. II, p. 549; MECCARELLI, Massimo. "Chiovenda, Giuseppe." In: *Il Contributo italiano alla storia del Pensiero – Diritto (2012).*

renomeação da disciplina na Itália (de *Procedura civile* a *Diritto processuale civile*).[143] Seu pensamento também forjou as bases à "Teoria Geral do Processo",[144] nada obstante, no quesito, seja criticado pelo insulamento no processo civil, perdendo de vista o "continente" do direito processual; e fê-lo mesmo ao tratar de conceitos ou instituições que seriam atinentes à Teoria do Processo.[145] A originalidade de sua contribuição foi afiançada pela doutrina, mesmo naqueles temas que os alemães já pareciam ter esgotado:[146] diz-se que, antes de Chiovenda, a "ciência italiana do processo" era muito pouco ciência e muito pouco italiana.[147]

Enquanto o processualismo científico alemão e austríaco propugnavam o resgate das raízes romanas, Chiovenda lamentava a imersão do direito processual italiano na tradição essencialmente germânica.[148] Por isso nos referimos aos esforços já verificáveis no direito romano, com apoio em Echandía, o qual caracterizava o procedimento romano

---

Disponível em: <https://bit.ly/2IrLYq6>. Acesso em: 03 dez. 2017; DINAMARCO, Cândido Rangel. Liebman e a cultura processual brasileira. *Revista de Processo,* São Paulo, RT, vol. 119, jan. 2005.

**143** AROCA, Juan Montero. *El derecho procesal en el siglo XX.* Valencia: Tirant lo Blanch, 2000, p. 29 e ss.

**144** RAATZ, Igor. Desvelando as bases do processualismo científico: ou de como a teoria do processo nasceu comprometida com o protagonismo judicial. *Empório do Direito,* Florianópolis, Coluna ABDPro. Disponível em: <https://bit.ly/2k5biU7>. Acesso em: 08 nov. 2017.

**145** É o que apontava Niceto Alcalá-Zamora y Castillo, aduzindo que mesmo tratando da ação ou da natureza do processo, Chiovenda teria desenvolvido seu raciocínio sob a óptica (exclusiva) do processo civil. CASTILLO, Niceto Alcalá-Zamora Y. *Estudios de Teoría General e Historia del Proceso (1945-1972).* México: Universidad Nacional Autónoma de México, 1992, t. II, p. 558.

**146** Por todos, cf. BUZAID, Alfredo. *Grandes processualistas.* São Paulo: Saraiva, 1982, p. 03-04.

**147** DINAMARCO, Cândido Rangel. "Polêmicas do processo civil." In: *Doutrinas Essenciais de Processo Civil.* São Paulo: RT, 2011, v. 1, p. 523-542.

**148** CHIOVENDA, Giuseppe. Procedimento oral. Trad. Olvaldo Magon. *Revista Forense,* Rio de Janeiro, v. LXXIV, ano XXXV, fascículo 419, p. 171-194, 1938. Também sobre o tema: CALAMANDREI, Piero. *Instituciones de derecho procesal civil: segun el nuevo codigo.* Trad. Santiago Sentis Melendo. Buenos Aires: Ediciones Juridicas Europa-America, 1973, v. I, p. 82; CASTILLO, Niceto Alcalá-Zamora Y. *Estudios de Teoría General e Historia del Proceso (1945-1972).* México: Universidad Nacional Autónoma de México, 1992, t. II, p. 563.

da *cognitio extra ordinem* por seu acento publicístico: fase em que o magistrado deixou de ser "árbitro" (concepção própria da *legis actiones* e do processo formular, períodos anteriores), transformando-se em representante do Estado na função de administrar justiça.[149-150]

Em resumo, a maturidade científica também foi política, difundindo-se as ideias forjadoras do mito: processo como instrumento (político) do Estado-jurisdição, remissível ao pensamento de Bülow, tendo enfeixado a ZPO/1895 e premissa expressamente adotada na Exposição de Motivos do CPC italiano de 1940; prevalência do interesse público sobre o particular (número expressivo de doutrinadores vislumbra interesses publicísticos em todos os procedimentos judiciais, concepção robustecida por Calamandrei e outros);[151] da oralidade e seus subprincípios como arquétipico de conformação do procedimento; recrudescimento da função judicial; busca da "verdade material" etc. No ensejo, a Exposição de Motivos da codificação italiana (1940) sinaliza ao fortalecimento da atividade judicial como "directiva fundamental de la reforma", cujo fundamento repousava no "renovado concepto de dignidade y autoridad del Estado fascista y de sus órganos".[152]

---

**149** Em sentido similar: OLIVEIRA, Carlos Alberto Alvaro de. *Do formalismo no processo civil*. 2. ed. São Paulo: Saraiva, 2003, p. 17-22; GRINOVER, Ada Pellegrini. "Direito de ação". In: *Doutrinas Essenciais de Processo Civil*. São Paulo: RT, 2011, v. 2, p. 45-57; PIMENTEL, Alexandre Freire. "Notas sobre a evolução da técnica e da teoria processual: das origens gregas ao advento do processo civil liberal." In: *História do processo*. Alexandre Freire Pimentel, Eduardo José da Fonseca Costa, Jaldemiro Rodrigues Ataide Jr. e Venceslau Tavares Costa Filho (coords.). São Paulo: Exegese, 2018, p. 47.

**150** Cruz e Tucci observa a mesma concepção no pensamento de Ihering, antecipando ideias que seriam amplamente adotadas pela processualística posteriormente. TUCCI, José Rogério Cruz e. Espírito do processo civil moderno na obra de Rudolf Von Ihering. *Revista da Faculdade de Direito da Universidade de São Paulo*. São Paulo, v. 87, p. 23-36, 1992.

**151** CALAMANDREI, Piero. *Instituciones de derecho procesal civil*: segun el nuevo codigo. Trad. Santiago Sentis Melendo. Buenos Aires: Ediciones Juridicas Europa-America, 1973, v. I, p. 86. Dizia Barbosa Moreira: "... a rigor, não há processo que interesse exclusivamente às partes e não ecoe na paisagem da sociedade." ("O processo, as partes e a sociedade." In: *Temas de direito processual (oitava série)*. São Paulo: Saraiva, 2004, p. 30 e ss.).

**152** GRANDI, Dino. Exposición a la majestad del Rey Emperador del Ministro Guardasellos (Grandi). Presentada en la audiencia del 28 de octubre de 1940-XVIII para la aprobación del tecto del Código de procedimiento civil. Trad. Aixa Zlatar.

A guinada científica teve em mira o passado. Buscava a superação do legado francês do Código de Processo Civil de 1806 em que, diferente do processo penal da época, já "renovado" pelo interesse público, no processo civil ainda radicaria o interesse privado e individualista.[153] Mesmo que o código pudesse ser considerado avançado em outros aspectos – assim, a diminuição de "formalidades inúteis herdadas do processo civil comum medieval", a adoção mitigada do princípio dispositivo, da oralidade e da publicidade –,[154] a compreensão da "paridade de armas" da França dos oitocentos pressupunha litigantes de mesmo patamar sócio-econômico.[155] E, posto que o código de processo civil fosse "liberal", não deixemos de registrar que por força da edição de lei sobre a organização judiciária e administração da justiça em 1810, Napoleão se "apoderou" do judiciário, arrogando-se a prerrogativa de nomear os magistrados.[156]

Com o mote da igualdade efetiva entre os sujeitos processuais, o incremento da função judicial foi recebido com ares de imprescindibilidade. Acreditava-se no necessário alinhamento dos procedimentos civil e penal rumo à percepção do interesse público (ou geral) em ambos.[157] Sob nuvem mística, difundiu-se a crença de proporcionalidade entre os poderes do juiz e a "justiça": quanto mais poderes tanto

In: *Códice de procedura civile con la relazione al Re:* a cura de Franco Cipriani, Daniele D'Delia e Gianpaolo Impagnatiello. Bari: Cacucci Editore, 1997.

**153** ECHANDÍA, Hernando Devis. Liberalización y socialización del proceso civil. *Revista Facultad de Derecho y Ciencias políticas,* Colômbia, Universidad Pontifícia Bolivariana, n. 46, p. 43-53, 1972.

**154** PIMENTEL, Alexandre Freire. "Notas sobre a evolução da técnica e da teoria processual: das origens gregas ao advento do processo civil liberal." In: *História do processo.* Alexandre Freire Pimentel, Eduardo José da Fonseca Costa, Jaldemiro Rodrigues Ataide Jr. e Venceslau Tavares Costa Filho (coords.). São Paulo: Exegese, 2018, p. 49.

**155** A observação crítica foi feita por Vittorio Denti. O mesmo autor destacava que esse código introduziu a oralidade no debate, a obrigação de motivação da sentença e o livre convencimento (= íntima convicção). *La giustizia civile.* Bologna: Il Mulino, 2004, p. 20. Em sentido similar: FENOLL, Jordi Nieva. Los problemas de la oralidad. *Justicia: revista de derecho procesal,* n. 1-2, p. 101-130, 2007.

**156** AROCA, Juan Montero. *El derecho procesal en el siglo XX.* Valencia: Tirant lo Blanch, 2000, p. 46.

**157** ECHANDÍA, Hernando Devis. Liberalización y socialización del proceso civil. *Revista Facultad de Derecho y Ciencias políticas,* Colômbia, Universidad Pontifícia Bolivariana, n. 46, p. 43-53, 1972.

maiores as chances de se obtê-la,[158] nada obstante seja desconhecido estudo confirmatório da hipótese e não se saiba se a "justiça" em questão é aquela propugnada por Calamandrei e Grandi como objetivo da Revolução fascista (Exposição de Motivos, CPC/1940); eventualmente, se é aquela preconizada pelo socialismo consentânea às Bases do Processo Civil de la URSS de 1961 e do Código de 1964.[159] Esse fenômeno foi rotulado de *"publicización del proceso"*, capitaneando a função supletiva (ocasionalmente, contrária à vontade das partes) e de direção formal do procedimento pelo magistrado, correlata à instituição de deveres de lealdade, probidade e veracidade aos sujeitos parciais.[160] A publicização levou a excessos (mitos) que serão escrutinados neste trabalho.

Ainda hoje, a processualística reluta em perceber que, conquanto sociais, os avanços não foram democráticos. Que os excessos causados pela reviravolta no modelo processual (de escrito para oral; de privado para público) foram originados pelo "vírus autoritário" – expressão de Correia de Mendonça – carreado pelo advento da "modernidade" do processo. Que a ideologia em sentido estrito foi camuflada pela ideologia em sentido amplo (universalização do modelo). Passado o momento de superar os ranços autoritários em prol da assunção do processo como "garantia", tal como capitaneado por um dos principais censores da *publicização*;[161] aliás, tal como reconhecido em nossa Constituição (v. Capítulo 6 desta obra). Não se trata de retomar o modelo escrito e duelístico outrora reinante, mas reconhecer que a

---

**158** Essa associação se manifesta em diferentes codificações engendradas sob a influência do publicismo e do reforço no princípio da autoridade. Correia de Mendonça destaca sua presença no Código Klein, no CPC português de 1939 e no CPC italiano de 1940. O pensamento de Franco Cipriani sobre a justiça civil. *Revista de Processo*, São Paulo, RT, v. 172, p. 55-120, jun. 2009.

**159** AROCA, Juan Montero. El proceso civil llamado "social" como instrumento de "justicia" autoritaria. In: *Proceso civil e ideología:* un prefacio, una sentencia, dos cartas y quince ensayos. Juan Montero Aroca (coord.). Valencia: Tirant lo Blanch, 2006, p. 130-166.

**160** Assim: CAPPELLETTI, Mauro. *Proceso, Ideologias, Sociedad.* Trad. Santiago Sentís Melendo e Tomás A. Banzhaf. Buenos Aires: Ediciones Juridicas Europa-America, 1974, p. 23.

**161** AROCA, Juan Montero. El proceso civil llamado "social" como instrumento de "justicia" autoritaria. In: *Proceso civil e ideología:* un prefacio, una sentencia, dos cartas y quince ensayos. Juan Montero Aroca (coord.). Valencia: Tirant lo Blanch, 2006, p. 130-166.

natureza pública não desfaz o processo como garantia, em observância ao texto constitucional!

A exacerbação do viés público forjou a concepção do processo como "instrumento da jurisdição"; por suposto, ferramenta predisposta (pelo Estado) à resolução de conflitos por meio da tutela do direito objetivo. Sendo inegável que o projeto instrumentalista se esboça no pensamento de Bülow, seus contornos definitivos se devem ao gênio de Franz Klein, responsável pelo que foi chamado de "formalismo processual" moderno. Tudo isso, antes da instrumentalidade se consolidar em "fase metodológica" – o instrumentalismo ou paradigma instrumentalista é anterior à fase da instrumentalidade, visto que em sua gênese científica o processo fora concebido como instrumento.

Tirante a constitucionalização do direito processual – discurso não exclusivo dos cultores da instrumentalidade –,[162] do pensamento de Franz Klein se extraem os escopos (metajurídicos), a tentativa de moralização da justiça, a preocupação com a efetividade (sugestiva de escopos) e o fortalecimento dos poderes dos juízes (amplos poderes espontâneos ou autônomos). Antecipações do projeto carreado por adeptos da instrumentalidade (fase seguinte ao processualismo científico) que não podem passar despercebidas ao estudioso.[163] A ideia nuclear do processo como ferramenta subserviente a fins meta-jurisdicionais precede e perpassa a fase da instrumentalidade,[164] alcançando intentos doutrinários que não logra(ra)m sair de sua sombra. O instrumentalismo passou por mutações, sem deixar de ser instrumentalismo.

Entre nós, além dos trabalhos embebidos no instrumentalismo a serem analisados à frente, merece especial atenção o pensamento de dou-

---

**162** PASSOS, José Joaquim Calmon de. "Instrumentalidade do processo e devido processo legal". *In: Ensaios e artigos.* Salvador: JusPodivm, 2014, v. I, p. 31-44; POSADA, Giovanni F. Priori. La constitucionalización del derecho procesal. *Revista Iberoamericana de Derecho Procesal,* São Paulo, RT, v. 3, jan.-jun., 2016.

**163** NUNES, Dierle. Reformas processuais: estatalismo ou privatismo? Por um modelo comparticipativo. *Revista Brasileira de Direito Processual – RBDPro,* Belo Horizonte, ano 23, n. 90, p. 145-152, abr./jun. 2015.

**164** Talvez Dierle Nunes tenha sido um dos autores brasileiros que mais se aproximou do problema; arranhou a superfície, sem lhe penetrar o âmago. Em verdade, conquanto tenha preparado os alicerces, não logrou extrair as conclusões corretas. Veremos isso com clareza ao tratar de sua proposta em item específico de nosso trabalho. *Comparticipação e policentrismo:* horizontes para a democratização processual civil (tese de doutorado). Belo Horizonte: PUC-MG, 2008.

trinadores consagrados na processualística (nacional e internacionalmente), tal como Barbosa Moreira. Em discurso a favor do processo de cunho social,[165] dizia que o eventual caráter privado de um litígio não significava que o procedimento a ele relativo também o fosse, premissa por ele tratada sob o signo da obviedade. Tanto à vista de um órgão "jurisdicional" incumbido de solucionar a "lide" quanto por se tratar de serviço custeado pela sociedade. A esses, o processualista acrescia a previsão normativa de intervenção do Ministério Público em determinados feitos; a forçosa colaboração de particulares com a justiça (ex. testemunha, exibição de documentos em face de terceiro etc.); além do papel jurisprudencial de regular casos vindouros, no que despontaria o interesse coletivo até mesmo em contendas particulares. Na esteira do publicismo e da modernidade do processo civil, Barbosa Moreira rechaçava o que descrevia como "privatização do processo".[166] Por ora, fiquemos apenas com suas palavras.

É preciso desmistificar o pensamento de Barbosa Moreira, dos que lhe antecederam ou lhe sucede(ra)m. A empresa reclama a desconstrução do *"mito da publicização"*, subjacente ao seu pensamento. Para tanto, não há caminho mais adequado que demonstrar a plataforma filosófico-epistemológica em que a publicização foi engendrada e, principalmente, universalizada. A identificação e crítica desse mito não pretende dissociar o fenômeno processual de suas bases no direito público, o que seria inapropriado. Todavia, imperioso refletir o aspecto ideológico da hipertrofia do Estado-juiz no fenômeno processual ("princípio da autoridade"), em detrimento da liberdade e participação dos sujeitos parciais. Mais. Em nossa realidade, é preciso devolver o processo ao direito constitucional, emancipando-o do "instrumentalismo".

---

**165** "Dimensiones sociales del proceso civil." In: *Temas de direito processual (quarta série)*. São Paulo: Saraiva, 1989, p. 31. Observando que Barbosa Moreira endossava a visão instrumentalista do processo. No ponto, a observação de Bedaque é irrepreensível. BEDAQUE, José Roberto dos Santos. "Instrumentalismo e garantismo: visões opostas do fenômeno processual? In: *Garantismo processual:* garantias constitucionais aplicadas ao processo. José Roberto dos Santos Bedaque, Lia Carolina Batista Cintra e Elie Pierre Eid (coords.). Brasília: Gazeta Jurídica, 2016, p. 18.

**166** MOREIRA, José Carlos Barbosa. "Privatização do processo?". In: *Temas de direito processual (sétima série)*. São Paulo: Saraiva, 2001, p. 13-18.

### 2.1.3. FRANZ KLEIN E O ADVENTO DO "FORMALISMO MODERNO"

Sob a mística da publicização, foi erigida a tese do processo como instrumento do Estado (Bülow), cuja paternidade da ciência processual foi atacada pelo engajamento de sua doutrina a uma "tecnologia da jurisdição", malgrado seja inegável que sua obra levou à emancipação do direito processual frente ao direito privado (ciência). Sem embargo, coube a Franz Klein, Ministro do Império Austro-Húngaro e principal responsável pela ZPO/1895 (Ordenança Processual Civil), consolidar a publicização do processo com a "onda" de socialização. Aliás, não apenas a "socialização", obrando o "desembaraço" da atuação jurisdicional à investigação dos fatos,[167] mas também o propósito de "moralização", outra reconhecida faceta da exacerbação do viés público.[168]

Klein enxergava o processo como um "mal social",[169] dado que, segundo pensava, conducente à perda de tempo e de dinheiro, responsável por fomentar o ódio e a ira entre os litigantes – reflexos e paixões fatais ao convívio social.[170] A pretexto de combatê-lo (processo), supondo o descompromisso dos envolvidos ao encerramento dos feitos com brevidade e justiça, o então ministro vislumbrou diferentes so-

---

**167** TROLLER, Alois. *Dos fundamentos do formalismo processual civil.* Trad. Carlos Alberto Alvaro de Oliveira. Porto Alegre: Safe, 2009, p. 55.

**168** O emprego do termo exacerbação é por nossa conta. Associando a socialização e a moralização ao publicismo: CAPPELLETTI, Mauro. *El proceso civil en el derecho comparado.* Trad. Santiago Sentís Melendo. Buenos Aires: Ediciones Jurídicas Europa-America, 1973, p. 43 e ss. CAPPELLETTI, Mauro. *Proceso, Ideologias, Sociedad.* Trad. Santiago Sentís Melendo e Tomás A. Banzhaf. Buenos Aires: Ediciones Juridicas Europa-America, 1974, p. 18.

**169** Não são poucos os autores que partem de premissa semelhante, considerando o conflito como uma chaga ou problema de interesse social, sustentando um interesse de toda a comunidade em sua solução, o que arrima a perspectiva publicista. Assim, ver: TROLLER, Alois. *Dos fundamentos do formalismo processual civil.* Trad. Carlos Alberto Alvaro de Oliveira. Porto Alegre: Safe, 2009, p. 94.

**170** CIPRIANI, Franco. En el centenario del reglamento de Klein: el proceso civil entre libertad y autoridad. *Academia de Derecho.* Disponível em: <https://bit.ly/2r-NMlRy>. Acesso em: 10 jan. 2017; AROCA, Juan Montero. *La paradoja procesal del siglo XXI: los poderes del juez penal (libertad) frente a los poderes del juez civil (dinero).* Valencia: Tirant lo Blanch, 2014, p. 41-44; MENDONÇA, Luís Correia de. O pensamento de Franco Cipriani sobre a justiça civil. *Revista de Processo*, São Paulo, RT, v. 172, p. 55-120, jun. 2009; MEROI, Andrea. Problemas y límites de la oralidad en el proceso civil. *Revista de la Maestría en Derecho Procesal,* Peru, Pontifícia Universidad Católica del Peru, v. 3, n. 1, 2009. Disponível em: <https://bit.ly/2sfEyft>. Acesso em: 10 nov. 2017; CARRATA, Antonio, *op. cit.*

luções, nomeadamente a reconfiguração da função judicial (papel do juiz). Sobre nutrir visão pessimista, saliente-se que na perspectiva kleiniana o processo devia se incorporar à engrenagem de concretização do "Welfare State", por isso concebido como instrumento político.[171]

A reformulação da atividade judicial era vista como desenlace do Estado de Bem-Estar Social; um Estado "ativo" exigia semelhante comprometimento (alinhamento) dos magistrados em nome da justiça e paz social. A ambiência nos remete ao que Mauro Cappelletti descreveu como agigantamento estatal por meio de leis (leis com finalidades sociais) e sua vocação, nas palavras dele, para reconfigurar as funções tradicionais do Estado: de proteção ou repressão para a "promocional". Para esse autor, o surgimento do *Welfare State* se devia, sobretudo, às sucessivas intervenções legislativas em numerosas áreas da atividade humana, concorrentes ao surgimento dos direitos sociais (direitos não satisfeitos pelo *non facere* estatal, cuja adjudicação reclama(va) ação prolongada no tempo). A nova conformação do Estado repercutiria na função judicial, pois em alguma medida seria difícil admitir que os juízes não contribuíssem à satisfação desses direitos.[172] Insistindo no diálogo com Cappelletti, com o cenário descrito em mente, dois caminhos se descortinariam ao Judiciário: permanecer fiel à concepção vigente no séc. XIX (às chamadas funções tradicionais) ou elevar-se ao nível dos demais "poderes" e ao seu agigantamento em nome de seu controle (com a assunção de novos poderes processuais e, para o autor, também criativos).[173] Ambas as escolhas com reflexos importan-

---

**171** GARTH, Bryant. Franz Klein, Mauro Cappelletti y la misión de los cultores del Derecho Procesal Comparado. *Revista de la Facultad de Derecho,* Peru, Pontificia Universidad Católica del Peru, n. 52, p. 555-563, 1999. Na mesma linha, tal como anotado por Carlos Alberto Alvaro de Oliveira, o processo é um "indispensável instituto de bem-estar social." *Do formalismo no processo civil.* 2. ed. São Paulo: Saraiva, 2003, p. 137.

**172** CAPPELLETTI, Mauro. *Juízes legisladores?* Trad. Carlos Alberto Alvaro de Oliveira. Porto Alegre: Safe, 1993, p. 43-49. Em sentido similar: MOREIRA, José Carlos Barbosa. A função social do processo civil moderno e o papel do juiz e das partes na direção e na instrução do processo. *Revista de Processo*, São Paulo, RT, v. 37, p. 140-150, jan.-mar. 1985; OTEIZA, Eduardo. El juez ante la tensión entre libertad e igualdad. *Revista de derecho procesal,* 2002, número extraordinario.

**173** CAPPELLETTI, Mauro. *Juízes legisladores...* p. 43-49 e 60. Nicola Picardi também se refere a esse incremento indesejado dos poderes judiciais, sucedâneo à multiplicação de tarefas do aparelho administrativo. *Jurisdição e processo.* Trad. Carlos Alberto Alvaro de Oliveira. Rio de Janeiro: Forense, 2008, p. 05.

tes: a sensível questão da "legitimação democrática"[174] e o complexo problema da harmonia/equilíbrio entre os "poderes".

Na ambiência austríaca prévia ao Código Klein, vigorava o Código Josefino (Código Geral dos Tribunais, *Prozess-Ordnung*, de 1781),[175] caracterizado pela escritura, sigilo e o sistema tarifário de provas; código que exibia "excesivo formalismo, sofisticadas disposiciones y un juez sin poderes".[176] Nesse período, em vista da paulatina industrialização, novas classes de litígios começaram a aportar no judiciário, em especial, disputas sobre a "propriedade, posse, contratos, família e sucessões (litígios bipolares)", impelindo os magistrados a conhecerem de matéria social, laboral e das incipientes relações de consumo.[177] Em 1874, a reforma do Código Josefino imprimiu mudanças (mínimas) no papel do juiz.[178] Sem embargo, para atender às emergências sociais e adequar os procedimentos judiciais ao Código Civil daquele país (1812), em publicações regulares de 1890 a 1891, um professor saiu em defesa de um novo sistema de justiça civil. Esse professor era

---

**174** CAPPELLETTI, Mauro. *Juízes legisladores...* p. 50.

**175** À análise mais detida do período histórico anterior, ver: FASCHING, Hans Walter. O desenvolvimento do código de processo civil austríaco nos últimos 75 anos. Trad. Luiz Kubinszky e José Manoel Arruda Alvim. *Revista de Processo,* São Paulo, RT, v. 5, p. 115-127, jan.-mar. 1977.

**176** Um juiz que sequer detinha poderes à coordenação de atividades procedimentais. Perscrutando o período de sua vigência, há quem afirme que os procedimentos judiciais da época eram marcados pelo êxito da parte economicamente mais forte. Nesse sentido: RAGONE, Álvaro Pérez. El revisionismo garantista en el proceso civil a través de las ideas de Franz Klein y Adolf Wach: precisiones sobre eficiencia y derechos procesales. *Revista de Derecho de la Pontificia Universidad Católica de Valparaíso*, Valparaíso, Chile, 1º Semestre, p. 527-528, 2014.

**177** NUNES, Dierle. Reformas processuais: estatalismo ou privatismo? Por um modelo comparticipativo. *Revista Brasileira de Direito Processual – RBDPro,* Belo Horizonte, ano 23, n. 90, p. 145-152, abr./jun. 2015.

**178** Allois Troller registra que Klein teve inspiração no processo sumário (Decreto de 1845) e no diploma sobre os procedimentos de pequeno valor (Lei de 1873), os quais estipulavam que o magistrado auxiliasse as partes por meio de instruções e permitiam a determinação de qualquer prova de ofício, mas sem seguir o modelo à risca. *Dos fundamentos do formalismo processual civil.* Trad. Carlos Alberto Alvaro de Oliveira. Porto Alegre: Safe, 2009, p. 60.

Franz Klein,[179] jurista que se imortalizou com a ZPO/1895,[180] reputada um divisor de águas ao "formalismo moderno",[181] um acontecimento "indelével na evolução legislativa do processo civil".[182]

Reconhecidamente, o símbolo do novo código foi o robustecimento dos juízes (não apenas pela quebra da passividade), mediante a outorga de poderes à condução formal e à busca da "verdade". Mesmo porque, aos olhos de seu principal idealizador, fruto da tese do "fenômeno social das massas",[183] o processo devia ser um "instituto per il benessere sociale"[184] – razão do modelo processual ter se pautado na colaboração entre os sujeitos processuais (*Kooperationsmaxima*), assumindo-se que todos partilhariam a missão de resolver o conflito aos auspícios da verdade e, pois, da justiça.[185]

Mirando a socialização – "sensível" à paridade de armas e a eventual desfecho injusto –, o código instituiu o "dever de auxílio" do magistrado, cabendo-lhe ajudar o sujeito parcial menos "astuto" (mesmo com

---

**179** RAGONE, Álvaro Pérez, *op. cit.*, p. 529.

**180** Assim: CASTILLO, Niceto Alcalá-Zamora Y. *Estudios de Teoría General e Historia del Proceso (1945-1972)*. México: Universidad Nacional Autónoma de México, 1992, t. II, p. 21; PRATA, Edson. *História do processo civil e sua projeção no direito moderno*. Rio de Janeiro: Forense, 1987, p. 177. Enaltecendo a ZPO/1895 como obra de um homem só: CALAMANDREI, Piero. *Chiovenda. Lembrança de juristas*. Trad. Karina Andrea Fumberg de Pauletto. Campinas: LZN Editora, 2003.

**181** OLIVEIRA, Carlos A. Alvaro de. *Do formalismo no processo civil*. 2. ed. São Paulo: Saraiva, 2003, p. 48-51. Em sentido similar, também destacando a ruptura paradigmática face ao advento da codificação austríaca: TARUFFO, Michele. Ideologie e teorie della giustizia civile. *Revista de Processo Comparado*, São Paulo, RT, v. 1, p. 293-304, jan.-jun. 2015.

**182** MOREIRA, José Carlos Barbosa. O futuro da justiça: alguns mitos. *Revista de Processo*, São Paulo, RT, v. 99, p. 141-150, jul.-set. 2000.

**183** FASCHING, Hans W.. Evolución de las tendencias en el proceso civil moderno. *Boletín Mexicano de Derecho Comparado*, [S.l.], jan. 1975. ISSN 2448-4873. Disponível em: <https://bit.ly/2IPsqrO>. Acesso em: 26 mar. 2018.

**184** PICARDI, Nicola. Le riformi processuali i sociali di Franz Klein. *Historia et ius*: rivista di storia giuridica dell'età medievale e moderna, n. 2, 2002. Disponível em: <www.historiaetius.eu>. Acesso em: 10 jun. 2017; TROLLER, Alois. *Dos fundamentos do formalismo processual civil*. Trad. Carlos Alberto Alvaro de Oliveira. Porto Alegre: Safe, 2009, p. 63.

**185** RAGONE, Álvaro Pérez, *op. cit.*

advogado constituído nos autos),[186] assim como se falava em poderes de esclarecimento do julgador (ex. interrogatório livre). Correlato ao poder de interrogar, para lhe imprimir efetividade, previa-se o dever das partes de falar a verdade (socialização e moralização).[187]

Ainda em decorrência do "auxílio", cabia aos juízes acorrer na modificação ou correção da demanda/defesa, advertindo os litigantes de eventuais irregularidades ou incompletudes nos seus pedidos e/ou alegações, em exercício de "verdadeira função supletiva e auxiliar, ultrapassando a posição de mero árbitro fiscalizador da observância das 'regras do jogo' para alcançar *status* de ativo participante"[188] – o poder-dever não era visto como quebra de imparcialidade,[189] não obstante o reconhecido impacto no princípio dispositivo.[190] Em busca de uma suposta verdade "objetiva" ou "material", do intento de socialização se desenvolveram os poderes instrutórios autônomos ou espontâneos; linha em que restou permitido o conhecimento de circunstâncias fáticas não alegadas (ex. inspeção judicial).

Em nome da "moralização" da conduta processual – a doutrina anota que a reflexão ética jazia em zona de penumbra até o advento da ZPO –[191] foi instituído o "dever de veracidade", consubstanciado na proibição das partes e defensores alegarem fatos (*rectius*: enunciados de fato) cônscias de sua falsidade, ou, em negar enunciados cientes de

---

**186** DENTI, Vittorio. *La giustizia civile*. Bologna: Il Mulino, 2004, p. 26.

**187** FASCHING, Hans Walter. Liberalización y socialización del proceso civil. *Boletín Mexicano de Derecho Comparado*, [S.l.], jan. 1972. ISSN 2448-4873. Disponível em: <https://bit.ly/2IRn0fL>. Acesso em: 26 mar. 2018.

**188** OLIVEIRA, Carlos Alberto Alvaro de. *Do formalismo no processo civil*. 2. ed. São Paulo: Saraiva, 2003, p. 137.

**189** CAPPELLETTI, Mauro. *Proceso, Ideologias, Sociedad*. Trad. Santiago Sentís Melendo e Tomás A. Banzhaf. Buenos Aires: Ediciones Juridicas Europa-America, 1974, p. 18. E sobre a imparcialidade: *Idem, ibidem,* p. 19.

**190** FASCHING, Hans Walter. Liberalización y socialización del proceso civil. *Boletín Mexicano de Derecho Comparado*, [S.l.], jan. 1972. ISSN 2448-4873. Disponível em: <https://bit.ly/2IRn0fL>. Acesso em: 26 mar. 2018.

**191** CASTILLO, Niceto Alcalá-Zamora y. *Estudios de Teoría General e Historia del Proceso (1945-1972)*. México: Universidad Nacional Autónoma de México, 1992, t. II, p. 139-140. Entre nós, na Exposição de Motivos do CPC/73, Buzaid apontou o art. 14 como uma das inovações do código, alinhado a razões ético-jurídicas, idôneo a reprimir condutas das partes acintosas ao "dever de verdade, agindo com deslealdade e empregando artifícios fraudulentos."

sua veracidade.[192-193] Esse dever coarctava os sujeitos parciais a aportarem tudo que soubessem nos autos, distanciando-se, porque mais "intenso", dos conhecidos deveres de lealdade e de probidade.[194] A moralização foi tida por ingrediente indispensável à própria socialização. O modelo preconizado sobrelevava a função judicial, em detrimento da atuação das partes, pois que, insista-se, "dirigido" à descoberta da "verdade material" – subentendendo-se que os sujeitos parciais não teriam esse compromisso. Daí, igualmente, a exaltação da imediação, oralidade, publicidade e livre apreciação da prova.[195]

Comentando essas mudanças, Fasching tomava por evidente a proporcionalidade entre o incremento da autoridade do juiz e a tendência social do processo civil,[196] sem perceber que a majoração de poderes é contrabalançada pela diminuição ou subtração de liberdade das partes.[197] Quiçá a premente necessidade de superação do modelo escrito,

---

**192** CAPPELLETTI, Mauro. *El proceso civil en el derecho comparado*. Trad. Santiago Sentís Melendo. Buenos Aires: Ediciones Jurídicas Europa-America, 1973, p. 80; PICARDI, Nicola. Le riformi processuali i sociali di Franz Klein. *Historia et ius*: rivista di storia giuridica dell'età medievale e moderna, n. 2, 2002. Disponível em: <www.historiaetius.eu>. Acesso em: 10 jun. 2017.

**193** O dever de veracidade nos remete ao "juramento de calúnia" presente nos romanos (pós-clássico e justinianeu), no direito intermédio e em nossas ordenações (Afonsinas, 1446; Manuelinas, 1521; Filipinas, 1603). Quem nos informa é Alfredo Buzaid, o qual enaltece a "excepcional importância" que o dever de veracidade alcançou no Direito contemporâneo, registrando o passo decisivo palmilhado pela codificação austríaca ao institucionalizá-lo, entre outras codificações lembradas pelo autor. BUZAID, Alfredo. Processo e verdade no direito brasileiro. *Revista de Processo*, São Paulo, RT, vol. 47, jul.-set. 1987, p. 92-99.

**194** AROCA, Juan Montero. Los modelos procesales civiles en el inicio del siglo XXI: entre el garantismo y el totalitarismo. *Revista Brasileira de Direito Processual – RBDPro*, Belo Horizonte, ano 25, n. 100, p. 191-211, out./dez. 2017.

**195** Sobre as reformas que operou no formalismo processual, ver: CASTILLO, Niceto Alcalá-Zamora Y. *Estudios de Teoría General e Historia del Proceso (1945-1972)*. México: Universidad Nacional Autónoma de México, 1992, t. II, p. 22; CARRATA, Antonio, *op. cit.*

**196** FASCHING, Hans Walter. Liberalización y socialización del proceso civil. *Boletín Mexicano de Derecho Comparado*, [S.l.], jan. 1972. ISSN 2448-4873. Disponível em: <https://bit.ly/2IRn0fL>. Aceso em: 26 mar. 2018.

**197** Posto que contestada ou não visualizada por alguns autores, a relação é inegável. Percebeu o ponto, Carlos Alberto Alvaro de Oliveira. *Do formalismo no processo civil*. 2. ed. São Paulo: Saraiva, 2003, p. 134.

repleto de excessos, possa explicar isso. Ocorre que a obra legislativa de Klein migrou entre extremos, ao ponto de assentir a tomada de fatos não alegados em consideração, mediante a inspeção judicial ou outros meios probatórios.[198] Não obstante, seu autor foi e continua sendo considerado um "revolucionário" do bem.[199]

Posto que a ideologia professada por Klein deite suas raízes na perspectiva do direito como instrumento de transformação social e a visão assistencialista conferida aos juízes,[200] o chamado "socialismo jurídico" capitaneado por Anton Menger, importante observar que não estava confinada ao pensamento dele. Na prédica do processo como "fenômeno social das massas",[201] Menger recomendava juízes ativos à promoção da efetiva igualdade aos mais pobres, censurando leis e estudos descompromissados com a "questão social", vale dizer, tão preocupados com tecnicalidades quanto divorciados da ética.[202] Ao passo que

---

**198** FASCHING, Hans Walter. Liberalización y socialización del proceso civil. *Boletín Mexicano de Derecho Comparado*, [S.l.], jan. 1972. ISSN 2448-4873. Disponível em: <https://bit.ly/2IRn0fL>. Acesso em: 26 mar. 2018.

**199** Sobre as bases do Código Klein, conferir o trabalho de autorizado comentador: SPRUNG, Rainer. Os fundamentos do direito processual civil austríaco. *Revista de Processo,* São Paulo, RT, v. 17, jan.-mar. 1980, p. 138-149. Em sentido similar: OLIVEIRA, Carlos Alberto Alvaro de. *Do formalismo no processo civil.* 2. ed. São Paulo: Saraiva, 2003, p. 136-137.

**200** MENGER, Anton. *El derecho civil y los pobres.* Madrid: Librería General de Victoriano Suárez, 1898; DENTI, Vittorio. *La giustizia civile.* Bologna: Il Mulino, 2004, p. 26; NUNES, Dierle. *Comparticipação e policentrismo:* horizontes para a democratização processual civil (tese de doutorado). Belo Horizonte: PUC-MG, 2008, p. 50.

**201** Sem ignorar outros "excessos" do pensamento de Menger. Tecendo breves comentários sobre seu pensamento, ver: CAPPELLETTI, Mauro. *Proceso, Ideologias, Sociedad.* Trad. Santiago Sentís Melendo e Tomás A. Banzhaf. Buenos Aires: Ediciones Juridicas Europa-America, 1974, p. 19-21.

**202** POSADA, Adolfo. "Estudio preliminar.". MENGER, Anton. *El derecho civil y los pobres.* Madrid: Librería General de Victoriano Suárez, 1898.

Klein acreditava no protagonismo judicial em caráter indistinto.[203-204] A maior ou menor amplitude das visões é patente.

Decerto que as doutrinas de Menger e Klein devem ser compreendidas no cenário de insatisfação com a sociedade industrial do séc. XIX, já permeada pela luta de classes, concebendo-se o direito como ferramenta à transformação social e,[205] quiçá, o Estado-juiz (processo) como sua sentinela avançada (observado o propósito de igualdade material). O pensamento desses autores – em especial o de Anton Menger, ao defender a transformação dos direitos privados em administrativos –,[206] forjou a base às codificações comunistas. Na síntese de Barbosa Moreira: "o lema do processo 'social' não é o de *contraposição* entre juiz e partes, e menos ainda o da *opressão* destas por aquele: apenas pode ser o da *colaboração* entre um e outras."[207]

---

**203** Sobre as bases ideológicas do CPC austríaco, ver: CIPRIANI, Franco. En el centenario del reglamento de Klein: el proceso civil entre libertad y autoridad. *Academia de Derecho.* Disponível em: <https://bit.ly/2rNMlRy>. Acesso em: 10 jan. 2017. Sobre o pensamento de Menger, ver: A organização do processo civil pela ótica da teoria do Estado a construção de um modelo de organização do processo para o Estado Democrático de Direito e o seu reflexo no projeto do CPC. *Revista Brasileira de Direito Processual–RBDPro*, Belo Horizonte, ano 19, n. 75, jul./set. 2011. Disponível em: Acesso em: 9 nov. 2017.

**204** Na distinção capitaneada por Carrata, dentre as variações semânticas de "funções sociais", em Klein seria possível identificar a primeira e a terceira, ao passo que o pensamento de Menger se acomodaria na segunda. CARRATA, Antonio, *op. cit.*

**205** DENTI, Vittorio. *La giustizia civile*. Bologna: Il Mulino, 2004, p. 26-28; NUNES, Dierle. *Comparticipação e policentrismo:* horizontes para a democratização processual civil (tese de doutorado). Belo Horizonte: PUC-MG, 2008, p. 47.

**206** Menger também foi o grande responsável pela tese da supressão dos direitos civis privados, os quais não passariam de meros direitos administrativos. Consectariamente, acreditava que os diferentes procedimentos (civil penal e administrativo) poderiam se fundir em um único, "consistente esencialmente en un instrucción de oficio." AROCA, Juan Montero. *La paradoja procesal del siglo XXI: los poderes del juez penal (libertad) frente a los poderes del juez civil (dinero).* Valencia: Tirant lo Blanch, 2014, p. 36. Também sobre o tema, ver: NUNES, Dierle. *Comparticipação e policentrismo:* horizontes para a democratização processual civil (tese de doutorado). Belo Horizonte: PUC-MG, 2008, p. 72.

**207** MOREIRA, José Carlos Barbosa. "Os poderes do juiz na direção e na instrução do processo." In: *Temas de direito processual (quarta série)*. São Paulo: Saraiva, 1989, p. 48-49.

Por todo o exposto, é possível começar a entender o ataque que Franco Cipriani fazia ao pensamento kleiniano, rotulando-o de "moralista" e "antiliberal".[208] Voz dissonante, Cipriani foi um dos poucos doutrinadores a condenar a ZPO/1895 por seu autoritarismo. Entretanto, sob o rótulo de "revisionista" (ou "nostálgico de antiguas disciplinas vetusto-liberales"), o processualista italiano não contou com o respeito de seus pares na Itália – segundo o próprio autor, foi solenemente ignorado –, assim como seu contributo crítico ainda não goza do reconhecimento merecido.[209-210]

### 2.1.4. O "FORMALISMO MODERNO" E A ESCOLA SISTEMÁTICA ITALIANA

Nominado de "vírus autoritário" por Correia de Mendonça, o contágio com as ideias kleinianas fazia com que as pessoas acreditassem que o processo não se prestaria à tutela de direitos subjetivos, senão de restaurar o direito material e o direito objetivo. O processo já não servia aos jurisdicionados; eles que lhe eram subservientes. De acordo com o autor português, o "vírus" desperta(va) a sede de justiça nos juízes, alastrando-se pela Europa, sendo reconhecida a influência preponderante da Ordenança Processual Civil (ZPO/1895) nas demais codificações europeias do séc. XX.[211] E após a Segunda Grande Guerra, ainda com Correia de Mendonça, reapareceria de forma "benigna" na

---

**208** CIPRIANI, Franco. En el centenario del reglamento de Klein: el proceso civil entre libertad y autoridad. *Academia de Derecho*. Disponível em: <https://bit.ly/2rN-MlRy>. Acesso em: 10 jan. 2017.

**209** CIPRIANI, Franco. "El proceso civil italiano entre revisionistas y negacionistas." In: *Proceso civil e ideología:* un prefacio, una sentencia, dos cartas y quince ensayos. Juan Montero Aroca (coord.). Valencia: Tirant lo Blanch, 2006, p. 51-66.

**210** Sobre a resistência de Cipriani na Itália e o rótulo de "revisionista" que lhe foi atribuído, ver dois importantes ensaios de Girolamo Monteleone: "Principios e ideologías del proceso civil: impresiones de un 'revisionista'." In: *Proceso civil e ideología:* un prefacio, una sentencia, dos cartas y quince ensayos. Juan Montero Aroca (coord.). Valencia: Tirant lo Blanch, 2006, p. 97-108; "El actual debate sobre las "orientaciones publicísticas" del proceso civil." In: *Proceso civil e ideología:* un prefacio, una sentencia, dos cartas y quince ensayos. Juan Montero Aroca (coord.). Valencia: Tirant lo Blanch, 2006, p. 173-198.

**211** FAVELA, José Ovalle. Sistemas jurídicos y políticos, proceso y sociedad. *Boletín Mexicano de Derecho Comparado*, [S.l.], jan. 1978. ISSN 2448-4873. Disponível em: <https://bit.ly/2Ly6raE>. Acesso em: 26 mar. 2018.

França (1975) e Inglaterra (1988).[212] Também "infectado", atenção especial deve ser dirigida ao CPC italiano de 1940.

Editado ao tempo do regime fascista de Mussolini, com o CPC/1940 a Itália também seria dominada pelo mito publicista. Em vigor desde 21 de abril de 1942, rompendo com o perfil "garantista" do código de 1865 (inspirado no código francês de 1806),[213] o CPC/1940 teve como premissa metodológica a diminuição da liberdade das partes e o aumento dos poderes dos juízes.[214] Foi o que expressamente constou da *Relazione al re* (Exposição de Motivos do CPC/1940), subscrita por Dino Grandi, então Ministro da Justiça, mas da pena de Piero Calamandrei, conforme mais tarde viria a lume. Compulsando a *Relazione*, nela foram apontados três fatores concorrentes à aprovação do código: técnico, científico e político; não convindo analisar cada um deles, sobreleva-se o político, porquanto reputado decisivo. Nesse orbe, diferente do paradigma liberal do Código de 1865, a novel codificação pretendia ser "expresión histórica del Estado fascista y corporativo." Para tanto, simetricamente ao "refuerzo del principio de

---

**212** Em 1975 a França colocou fim ao que restava do código napoleônico. Segundo Barbosa Moreira, a nova codificação foi editada sob outras coordenações teóricas, diversas do modelo liberal. MOREIRA, José Carlos Barbosa. "O processo, as partes e a sociedade." In: *Temas de direito processual (oitava série).* São Paulo: Saraiva, 2004, p. 35. O mesmo autor dá notícia de reforma posterior desse código, entre outras medidas, conferindo alguma dose de protagonismo ao juiz. MOREIRA, José Carlos Barbosa. Notas sobre as recentes reformas do processo civil francês. *Revista de Processo.* São Paulo, RT, v. 150, p. 59-69, ago. 2007.

**213** CALAMANDREI, Piero. *Instituciones de derecho procesal civil:* segun el nuevo codigo. Trad. Santiago Sentis Melendo. Buenos Aires: Ediciones Juridicas Europa-America, 1973, v. I, p. 82; DENTI, Vittorio. *La giustizia civile.* Bologna: Il Mulino, 2004, p. 30; PISANI, Andrea Proto. Público e Privado no Processo Civil na Itália. Trad. Myriam Filippis. *Revista da EMERJ,* v.4, n.16, p. 23-42, 2001. Disponível em: <https://bit.ly/2IAmrHh>. Acesso em: 20 jan. 2012; CIPRIANI, Franco. "El proceso civil italiano entre revisionistas y negacionistas." In: *Proceso civil e ideología:* un prefacio, una sentencia, dos cartas y quince ensayos. Juan Montero Aroca (coord.). Valencia: Tirant lo Blanch, 2006; MONTELEONE, Girolamo. "El actual debate sobre las "orientaciones publicísticas" del proceso civil." In: *Proceso civil e ideología:* un prefacio, una sentencia, dos cartas y quince ensayos. Juan Montero Aroca (coord.). Valencia: Tirant lo Blanch, 2006, p. 173-198.

**214** CIPRIANI, Franco. *Los orígenes del autoritarismo procesal:* el codice di procedura civile. Neuquén: Fundación para el desarollo de las Ciencias Jurídicas, 2013, *passim.*

autoridad en el Estado", projetava-se no processo o "reforço da autoridade do juiz".[215]

O código entronizou o caráter público da "relação processual" e a necessidade de reformulação do papel do juiz (premissas tratadas ao nível de dogmas pela Escola Sistemática), os quais encontraram "plena correspondencia en el clima del Estado autoritario, en el que la observancia de la ley es considerada como respeto al mandato del Estado."[216] Como visto, o reforço se amparava no "princípio de autoridade", sendo tratado como exigência processual de ordem técnica. Dizia-se, então, que a natureza pública da função jurisdicional reclamava juízes munidos de poderes para cooperar à satisfação do interesse público; outrossim, que seria possível equilibrar esses poderes com a liberdade das partes (mais ou menos ampla), a depender da natureza dos direitos discutidos.[217] O processo foi então considerado um instrumento à realização daquilo que o *Duce* havia indicado como meta da Revolução fascista: "una mayor justicia social."[218] Isso também explica o procedimento simplificado restrito a determinadas causas (valor de alçada), em que se outorgava ao "juiz único" amplos poderes de iniciativa, "destinados a colmar las lagunas de una defensa deficiente y dar sugerencias a la parte más débil y menos experta."[219] Ao lado dessas considerações do próprio Calamandrei, tanto em sua obra quanto na *Relazione al re*, há um dado histórico que costuma ser negligenciado pela processualística.

---

**215** GRANDI, Dino. Exposición a la majestad del Rey Emperador del Ministro Guardasellos (Grandi). Presentada en la audiencia del 28 de octubre de 1940-XVIII para la aprobación del tecto del Código de procedimiento civil. Trad. Aixa Zlatar. In: *Códice de procedura civile con la relazione al Re:* a cura de Franco Cipriani, Daniele D'Delia e Gianpaolo Impagnatiello. Bari: Cacucci Editore, 1997.

**216** CALAMANDREI, Piero. *Instituciones de derecho procesal civil:* segun el nuevo codigo. Trad. Santiago Sentis Melendo. Buenos Aires: Ediciones Juridicas Europa-America, 1973, v. I, p. 87-88.

**217** *Idem, ibidem,* p. 393-397.

**218** GRANDI, Dino. Exposición a la majestad del Rey Emperador del Ministro Guardasellos (Grandi). Presentada en la audiencia del 28 de octubre de 1940-XVIII para la aprobación del tecto del Código de procedimiento civil. Trad. Aixa Zlatar. In: *Códice de procedura civile con la relazione al Re:* a cura de Franco Cipriani, Daniele D'Delia e Gianpaolo Impagnatiello. Bari: Cacucci Editore, 1997.

**219** *Idem, ibidem.*

Para proteger a codificação processual (CPC/1940) do movimento de revogação dos códigos fascistas,[220] após a queda do regime, alguns doutrinadores se apressaram em atribuir sua paternidade científica ao gênio de Chiovenda. Forte nesse propósito, Calamandrei dizia que os princípios de ordem sistemática haviam sido construídos e aperfeiçoados nos trinta anos anteriores à sua edição; inclusive, que a doutrina desse período lhe constituía espécie de comentário antecipado.[221] Sobre ser discutível – que não porque o fundador da Escola Sistemática já estivesse falecido ao tempo da elaboração do projeto definitivo –, registre-se que a introdução da figura do "juiz instrutor" se apartou de um dos pilares chiovendianos em matéria de modelo oral (o tema será retomado no item 5.2).[222] À luz do código, a preparação e instrução da causa eram realizadas em presença de um juiz singular (instrutor), ao passo que o julgamento tocava ao órgão colegiado.[223] Tudo isso, sem perder de vista que o autogoverno do magistrado, aventado por Lodovico Mortara já em 1885, somente foi instituído no período do segundo pós guerra, quando então o judiciário logrou se desvencilhar do executivo.[224] No ensejo, importante tecer considerações adicionais em relação ao pensamento do suposto pai (científico) do código. Sempre na linha da historicidade.

---

**220** Não foram poucos os autores que condenaram a associação do CPC italiano ao regime fascista. Entre nós, por exemplo, Barbosa Moreira, de passagem em um determinado trabalho: MOREIRA, José Carlos Barbosa. "Sobre a multiplicidade de perspectivas no estudo do processo." In: *Temas de direito processual (quarta série)*. São Paulo: Saraiva, 1989, p. 19.

**221** CALAMANDREI, Piero. *Instituciones de derecho procesal civil:* segun el nuevo codigo. Trad. Santiago Sentis Melendo. Buenos Aires: Ediciones Juridicas Europa-America, 1973, v. I, p. 105.

**222** À compreensão desse ponto da reforma (a figura do juiz instrutor e do colegiado em um mesmo grau de jurisdição), suficiente a consulta da obra de Calamandrei. *Idem, ibidem,* p. 380-383.

**223** GRANDI, Dino. Exposición a la majestad del Rey Emperador del Ministro Guardasellos (Grandi). Presentada en la audiencia del 28 de octubre de 1940-XVIII para la aprobación del tecto del Código de procedimiento civil. Trad. Aixa Zlatar. In: *Códice de procedura civile con la relazione al Re:* a cura de Franco Cipriani, Daniele D'Delia e Gianpaolo Impagnatiello. Bari: Cacucci Editore, 1997.

**224** AROCA, Juan Montero. *El derecho procesal en el siglo XX.* Valencia: Tirant lo Blanch, 2000, p. 50-51.

Quando ainda jovem, Chiovenda não tinha se convencido da "revolução" (progresso) levada a efeito por Klein – inferência doutrinária de trabalho publicado pelo processualista italiano passados três anos de vigência da ZPO. Contudo, em sua maturidade, simpatizaria com o novel modelo austríaco.[225] Em uma primeira fase, o doutrinador externava seu receio com a hipertrofia da atividade judicial, por associar a outorga de poderes à existência de elevado conceito dos magistrados aos olhos do povo; adicionalmente, insuspeitos e com o especial apanágio de sublime cultura. Em fase seguinte, saiu em árdua defesa dos poderes judiciais de direção processual e à atividade probatória. Daí sua liderança na proposta de ruptura com o processo liberal napoleônico – manancial do CPC italiano de 1865 –, em prol de um diploma com o acento publicístico redimensionado pelo modelo austríaco,[226] dentre outros, o que é aferível de sua teoria do direito de ação;[227] outrossim, sem negligenciar as ideias hauridas de Bentham (cf. item 5.2.2).

A proposta chiovendiana se materializou no projeto de reforma do código então vigente (CPC/1865), modelado por comissão que presidiu – projeto com expressivo número de remissões à codificação austríaca –, enaltecendo a oralidade e os poderes judiciais conferir celeridade e eficiência aos procedimentos.[228] Aliás, pontos que foram retomados e reforçados por Calamandrei,[229] embebido pelo pensamento do mestre.

---

**225** CIPRIANI, Franco. *Los orígenes del autoritarismo procesal:* el codice di procedura civile. Neuquén: Fundación para el desarollo de las Ciencias Jurídicas, 2013, p. 17-18.

**226** Assim, ver: TARELLO, Giovanni. "Chiovenda, Giuseppe." In: *Dizionario Biografico degli Italiani - Volume 25 (1981)*. Disponível em: <https://bit.ly/2kb4YKE>. Acesso em: 02 dez. 2017; DENTI, Vittorio. *La giustizia civile*. Bologna: Il Mulino, 2004, p. 30-31.

**227** No ponto, ver: CALAMANDREI, Piero. "La relatività del concetto d'azione." *In: Studi sul processo civile*. Padova: Cedam, 1947, v. 5, p. 01-26.

**228** Sobre o tema, ver: RAATZ, Igor; SANTANNA, Gustavo da Silva. "Elementos da História do Processo Civil Brasileiro: do Código de 1939 ao Código de 1973." *Revista Justiça e História,* Tribunal de Justiça do Rio Grande do Sul - TJRS, v. 9. n. 17. Disponível em: <https://bit.ly/2wT4aDC>. Acesso em: 01 jul. 2017.

**229** Não por outro motivo, Tarello contesta a tese de Calamandrei no sentido de que Chiovenda seria avesso ao fascismo, já que a doutrina chiovendiana fora amplamente utilizada em preparação à reforma fascista do código. TARELLO, Giovanni. "Chiovenda, Giuseppe." In: *Dizionario Biografico degli Italiani - Volume 25 (1981)*. Disponível em: <https://bit.ly/2kb4YKE>. Acesso em: 02 dez. 2017.

Sobre Piero Calamandrei, lembremos a decisiva contribuição ao estudo dos "provimentos cautelares", notabilizando-se pela ideia de "instrumento do instrumento" (instrumentalidade ao quadrado),[230] assim como neles ("provimentos") entrevia a vocação de preservar a seriedade da jurisdição,[231] facultada a concessão oficiosa. Particularidades de sua doutrina comprometidas com o fortalecimento da judicatura, "driblando" o princípio dispositivo.[232] Com seu núcleo fundamental no projeto kleiniano e chiovendiano (publicismo), o instrumentalismo alcançaria a península ibérica antes de atravessar o atlântico e aportar no Brasil e países vizinhos.[233]

Na Espanha, Jaime Guasp se referia à mesma tendência de intensificação da atividade judicial como uma reforma de que carecia a justiça civil. Em acréscimo, condenava a conversão do aforisma *secundum allegata et probata partium, iudex iudicare debet* em dogma, suposto fruto da ascendência do sistema espanhol a práticas medievais.[234-235] Leonardo Prieto Castro enxergava o processo como desperdício de energia do Estado, pregando a revisão das amplíssimas faculdades reconhecidas às partes, contrabalançadas pela servitude do juiz (condição de sujeito passivo destituído de poderes).[236]

---

**230** CALAMANDREI, Piero. *Introduccion al estudio sistematico de las providencias cautelares.* Trad. Santiago Sentis Melendo. Buenos Aires: Editorial Bibliografica Argentina, 1945, p. 44.

**231** *Idem, ibidem,* p. 140.

**232** Comentando essa preocupação de Calamandrei: MARINONI, Luiz Guilherme; ARENHART, Sérgio Cruz. *Processo cautelar.* São Paulo: RT, 2008, v. 4, p. 104.

**233** MOREIRA, José Carlos Barbosa. "A influência do direito processual civil alemão em Portugal e no Brasil." In: *Temas de direito processual (quinta série).* São Paulo: Saraiva, 1994, p. 178.

**234** AROCA, Juan Montero. Los modelos procesales civiles en el inicio del siglo XXI: entre el garantismo y el totalitarismo. *Revista Brasileira de Direito Processual – RBDPro,* Belo Horizonte, ano 25, n. 100, p. 191-211, out./dez. 2017.

**235** Lembrando o estudo e crítica de Joan Picó I Junoy: *O juiz e a prova:* estudo da errônea recepção do brocardo *iudex iudicare debet secundum allegata et probata, non secundum conscientiam* e sua repercussão atual. Trad. Darci Guimarães Ribeiro. 2. ed. Porto Alegre: Livraria do Advogado, 2017.

**236** CASTRO, Leonardo Prieto. *Derecho Procesal Civil.* Zaragoza: Librería General, 1949, t. I, p. 38-39.

Em Portugal, José Alberto dos Reis encarava o "moderno" processo austríaco como o arquétipo em ordem a garantir brevidade no julgamento dos feitos judiciais.[237] Rompendo com o perfil liberal da codificação de 1876 (criticada por ser essencialmente escrita e por um modelo de magistrado "movido mecanicamente pela vontade das partes"),[238] o código por ele projetado (CPC/1939) traria a marca inquisitorial, mormente em matéria de poderes instrutórios.[239] Inclusive, com as reformas de 95/96, houve a acentuação do "princípio do inquisitório" – a expressão é de Lebre de Freitas –,[240] já influenciado por um dever de cooperação.[241]

Na Colômbia, Hernando Devis Echandía pregava o alinhamento entre processo penal e civil para que o último se conformasse à prevalência do interesse público ou social. De conseguinte, partilhariam os mesmos objetivos: assegurar a correta aplicação das leis substanciais aos casos concretos; defender a harmonia e paz sociais; concretizar a justiça individual e social mediante a resolução de conflitos, obtenção de certeza ou da resolução de problemas criados por ilícitos penais. No ponto, o autor enaltecia o Código de Procedimento Civil colombiano

---

**237** No magistério de Correia de Mendonça, Alberto dos Reis foi um dos principais difusores da doutrina de prevalência dos interesses estatais sobre os individuais e a liberdade dos jurisdicionados. Vírus autoritário e processo civil. *Julgar.* v.1. janeiro-abril, 2007. Disponível em: <https://bit.ly/2xuWWGa>. Acesso em 12 nov. 2017. Do mesmo autor, aprofundando a doutrina de Alberto dos Reis, ver: "80 anos de autoritarismo: uma leitura política do processo civil português". In: *Proceso civil e ideología:* un prefacio, una sentencia, dos cartas y quince ensayos. Juan Montero Aroca (coord.). Valencia: Tirant lo Blanch, 2006, p. 381-438. Também de Correia de Medonça, ver: José Alberto dos Reis: os primeiros anos de reacção contra o processo civil de inspiração individualista e liberal. *Revista da Ordem dos Advogados,* Portugal, v. III, ano 57, dez. 1997. Disponível em: <https://bit.ly/2La3BbB>. Acesso em: 22 jun. 2017.

**238** REIS, José Alberto dos. A oralidade no processo civil português. *Revista Forense,* Rio de Janeiro, v. LXXIV, ano XXXV, fascículo 419, p. 214-222, 1938.

**239** Os pilares desse código permaneceram incólumes com a reforma de 95/96, em vista de sua "teimosia" no paradigma autoritário – a censura é de Correia de Mendonça. Vírus autoritário e processo civil. *Julgar.* v.1. janeiro-abril, 2007. Disponível em: <https://bit.ly/2xuWWGa>. Acesso em 12 nov. 2017.

**240** FREITAS, José Lebre de. *Introdução ao processo civil:* conceito e princípios gerais à luz do novo código. 4. ed. Coimbra: Gestlegal, 2017, p. 179.

**241** MENDONÇA, Luís Correia de. Vírus autoritário e processo civil. *Julgar.* v.1. janeiro-abril, 2007. Disponível em: <https://bit.ly/2xuWWGa>. Acesso em 12 nov. 2017.

de 1970. Aliás, para ele, essa "afortunada evolução" do processo civil decorreria de uma tendência – "moderna" – infensa à disparidade de regimes e ideologias políticas, pois também se manifestava na Europa ocidental, América Latina e mesmo na Europa oriental (repise-se, as "instituições técnicas" tratadas no Capítulo 1).[242]

Sobre a realidade da Argentina, Sentís Melendo enalteceu a transformação da figura do juiz, de "espectador" a "diretor" do processo, arrolando diferentes códigos argentinos em que as outrora medidas para "mejor proveer" foram transformadas em faculdade (poder) de produção de provas em geral.[243] O mesmo autor registrou a difusão da Escola Sistemática italiana em terras argentinas por Tomás Jofré, seguido de Alsina, Lascano e Podetti – o tema do protagonismo judicial ainda ganharia mais força com o pensamento de Augusto Morello e seus discípulos a partir de 1960,[244] e o acento publicístico restou materializado no Código de Processo Civil e Comercial (1967). Já no Uruguai, por força do contributo de Eduardo Couture,[245] o mesmo acento enfeixou o projeto por ele redigido (1945).[246]

No Peru, Eugenia Ariano Deho relata a grita generalizada da doutrina pela derrogação do Código de Procedimentos Civis de 1912 – marcadamente liberal –, em prol de um diploma alinhado ao publicismo e à socialização processual; em peso, a doutrina acreditava que a incorporação da oralidade e a institucionalização do protagonismo judicial

---

**242** ECHANDÍA, Hernando Devis. Liberalización y socialización del proceso civil. *Revista Facultad de Derecho y Ciencias políticas,* Colômbia, Universidad Pontifícia Bolivariana, n. 46, p. 43-53, 1972.

**243** MELENDO, Santiago Sentís. *Teoría y práctica del proceso:* ensayos de derecho procesal. Buenos Aires: Ediciones Juridicas Europa-America, 1958, v. II, p. 68-70.

**244** Quanto ao assunto, ver os ensaios de Jorge W. Peyrano, o qual, não sem exagero, sustentou a mudança de paradigmas em prol do ativismo judicial, tanto quanto a mudança de orientação (compreensão) rumo a um direito processual pós-moderno: El derecho procesal postmoderno. *Revista de Processo,* São Paulo, RT, v. 81, p. 141-145, jan.-mar. 1996; El cambio de paradigmas en material procesal civil. *Revista de Processo,* São Paulo, RT, v. 184, p. 154-162, jun. 2010.

**245** MELENDO, Santiago Sentís. *Teoría y práctica del proceso:* ensayos de derecho procesal. Buenos Aires: Ediciones Juridicas Europa-America, 1959, v. I, p. 21-22.

**246** FAVELA, José Ovalle. Sistemas jurídicos y políticos, proceso y sociedad. *Boletín Mexicano de Derecho Comparado,* [S.l.], jan. 1978. ISSN 2448-4873. Disponível em: <https://bit.ly/2Ly6raE>. Acesso em: 26 mar. 2018 doi:http://dx.doi.org/10.22201/iij.24484873e.1978.33.1321.

resolveriam os problemas de morosidade e, pois, de injustiça, suportados naquele país. A insurgência doutrinária culminou no advento do CPC de 1993. No respeitante a esse código, mesmo tendo incorporado o "princípio da autoridade", entre outras regras/institutos de acentuados contornos publicísticos, aduz que somente gerou frustrações.[247]

No tocante à realidade brasileira, cuidaremos do apelo publicístico dos códigos unitários de processo civil adiante (item 2.2.1). Por ora, em breve alusão ao instrumentalismo ("carapuça" epistêmica do publicismo, com ares de "mantra" da processualística), Cândido Rangel Dinamarco publicaria sua conhecida monografia ao final dos 80, cujas linhas centrais constituem premissa metodológica de seu pensamento, tal e qual de outros estudiosos forjados na "Escola de São Paulo" – as aspas são mais que necessárias, uma vez que a instrumentalidade não é uma premissa comungada por outros processualistas que se formaram no mesmo Estado. Na qualidade de grande responsável por sistematizar a instrumentalidade entre nós, Dinamarco destacou a compreensão do processo como instrumento (político) de concretização de "escopos processuais". E se a jurisdição é qualificada por escopos (adjetos), a sinfonia clama por juízes "guarnecidos".

Historicamente, o apego a visões apequenadas do processo (instrumento, ferramenta, método...) tem concorrido à hipertrofia da jurisdição, impulsionando o aumento de poderes judiciais à concretização de fins que lhe são externos ("escopos metajurídicos"), mas que são ancorados ao processo ou à jurisdição ao sabor da ideologia de plantão (ideologia em sentido estrito). Nesse orbe, suficiente repisar a suposta "revolução copernicana" operada pela ZPO/1895, linde do "moderno" processo civil.[248] Consagrada internacionalmente pelo corte com o fi-

---

**247** DEHO, Eugenia Ariano. "En los abismos de la "cultura" del proceso autoritario." In: *Proceso civil e ideología:* un prefacio, una sentencia, dos cartas y quince ensayos. Juan Montero Aroca (coord.). Valencia: Tirant lo Blanch, 2006, p. 357-380.

**248** A expressão fora empregada por Carlos Alberto Alvaro de Oliveira, pois que, segundo ele, em sua renovada visão da administração civil, Klein teria se recusado a aderir tanto ao esquema autoritário quanto à visão puramente individualista; tanto ao processo romano-justinianeo, quanto ao processo comum e aos liberais do século XIX, respectivamente. *Do formalismo no processo civil.* 2. ed. São Paulo: Saraiva, 2003, p. 50. Como veremos ao longo do trabalho, não são poucos os doutrinadores brasileiros a destacar a importância da obra kleiniana. Enaltecendo a contribuição de Klein ao aumento dos poderes dos magistrados à condução dos procedimentos: BEDAQUE, José Roberto dos Santos. *Efetividade do processo e técnica processual.* São Paulo: Malheiros, 2006, p. 108.

gurino liberal-individualista outrora existente,[249-250] foi descrita como o "primeiro grande monumento legislativo inspirado numa concepção social."[251] Nela, já estava presente o ideal de "comunidade de trabalho", assim como alguns dos deveres (poderes) judiciais capitaneados pela processualística atual (especial menção aos cooperativistas). Tudo calcado na mentalidade do processo como "mal social" e de primazia do interesse público. Ideias que, quando não explícitas, subjazem nas entrelinhas do instrumentalismo.

## 2.1.5. DO INSTRUMENTALISMO À "FASE DA INSTRUMENTALIDADE": NOTAS SOBRE A TERCEIRA FASE METODOLÓGICA DO DIREITO PROCESSUAL

A ZPO austríaca foi inventiva por inaugurar o protagonismo judicial em todas as dimensões; em nome da ordem, da rapidez dos procedimentos e da busca da finalidade social de igualdade efetiva das partes e,[252] portanto, da verdade (pretensa busca da "verdade material"). Como dito, esses valores se alastraram por outras codificações, tendo alcançado a Hungria (1911), a Rússia (1923), a Alemanha nacional-socialista (a ZPO de 1877 seria reformada em 1909, 1924 e 1933, incorporando técnicas austríacas),[253] o Brasil (1939), além de ter se

---

**249** CAPPELLETTI, Mauro. *Proceso, Ideologias, Sociedad*. Trad. Santiago Sentís Melendo e Tomás A. Banzhaf. Buenos Aires: Ediciones Juridicas Europa-America, 1974, p. 44.

**250** Assim, Sálvio de Figueiredo Teixeira enaltecia a "revolução" por ele operada, rompendo com o figurino liberal-individualista. *A efetividade do processo e a reforma processual*. Conferência proferida no "II Congresso Nacional de Direito Processual Civil", em Porto Alegre, RS, aos 17.8.93, em comemoração aos 20 anos do Código de Processo Civil. Disponível em: <https://bit.ly/2svg5Sy>. Acesso em: 18 nov. 2017.

**251** MOREIRA, José Carlos Barbosa. "O processo, as partes e a sociedade." In: *Temas de direito processual (oitava série)*. São Paulo: Saraiva, 2004, p. 34.

**252** CAPPELLETTI, Mauro. *Proceso, Ideologias, Sociedad*. Trad. Santiago Sentís Melendo e Tomás A. Banzhaf. Buenos Aires: Ediciones Juridicas Europa-America, 1974, p. 44.

**253** DENTI, Vittorio. *La giustizia civile*. Bologna: Il Mulino, 2004, p. 35; OLIVEIRA, Carlos Alberto Alvaro de. *Do formalismo no processo civil*. 2. ed. São Paulo: Saraiva, 2003, p. 52; NUNES, Dierle. *Comparticipação e policentrismo*: horizontes para a democratização processual civil (tese de doutorado). Belo Horizonte: PUC-MG, 2008, p. 54.

disseminado na Itália fascista (1940),[254] Países Baixos, Escandinávia e Grécia.[255]

Dos países acima listados, nem todos estavam sob o domínio socialista ou influência de regimes ditatoriais quando da instituição ou alargamento do papel dos juízes. Todavia, a ambiência em que o protagonismo judicial emergiu e se consolidou na processualística moderna é digna de nota. Muito embora não haja relação de causalidade (natural) entre o regime político instalado em um país e as leis aprovadas sob sua égide, é impossível negligenciar a influição do modelo político sobre o processual. Situação no mínimo emblemática na Áustria da *Ordenanza* Processual Civil (1895), em que o Estado fiscalizava a atuação dos juízes quanto ao devido cumprimento da lei. No ensejo, a doutrina assinala que, por não se ajustarem ao novo modelo ("moderno"), muitos magistrados preferiram a aposentadoria, no que foram substituídos por profissionais mais jovens e sem "preconceitos" – fator que teria concorrido ao êxito da reforma.[256] O dado histórico costuma ser tratado com um quê de normalidade pela processualística, muito embora testifique (ou constitua indício) a assertiva de Montero Aroca sobre a ausência de independência judicial no período.

Fenômenos similares ao predito tiveram palco na Alemanha nacional-socialista, na URSS e na ditadura militar em Portugal, nos quais se tem notícia de interferência estatal na atuação dos magistrados.[257] É o que foi anotado por Juan Montero Aroca ao traçar a conexão entre códigos ou leis que aumentaram os poderes judiciais e a circunstância

---

**254** Sobre a codificação italiana, Cipriani afirmava que, não apenas seria autoritária, como a ideia de que Chiovenda seria seu mentor intelectual seria uma fábula, a despeito de ter sido a estratégia adotada à sua preservação após a queda do regime fascista. CIPRIANI, Franco. "El proceso civil entre viejas ideologías y nuevos eslóganes". In: *Proceso civil e ideología:* un prefacio, una sentencia, dos cartas y quince ensayos. Juan Montero Aroca (coord.). Valencia: Tirant lo Blanch, 2006, p. 81-96. CIPRIANI, Franco. "El proceso civil italiano entre eficiencia y garantías." In: *Batallas por la justicia civil:* ensayos. Trad. Eugenia Ariano Deho. Lima: Cultural Cuzco, 2003 (versão digital).

**255** CARRATA, Antonio, *op. cit.*

**256** CASTILLO, Niceto Alcalá-Zamora Y. *Estudios de Teoría General e Historia del Proceso (1945-1972).* México: Universidad Nacional Autónoma de México, 1992, t. II, p. 22.

**257** MENDONÇA, Luís Correia de. Vírus autoritário e processo civil. *Julgar.* v.1. janeiro-abril, 2007. Disponível em: <https://bit.ly/2xuWWGa>. Acesso em 12 nov. 2017.

(não incomum) de terem sido editados por regimes políticos autoritários (eventualmente, totalitários). Não bastasse isso, regimes em que a independência judicial fora surrupiada.[258]

Deitando o olhar pela história, não são poucos a questionar a preleção do processualista espanhol (conexão entre regimes autoritários e leis e/ou códigos que ampliaram os poderes jurisdicionais), mas que é reforçada por outros autores, tais como Eduardo Costa e Lenio Streck. Antagonizando essa visão, colhe-se a doutrina de Michele Taruffo, Nicola Picardi, José Rogério Cruz e Tucci, Álvaro Pérez Ragone, Barbosa Moreira, entre outros,[259-260] enumerando códigos aprovados em ambiências democráticas com traços similares ao austríaco. Por todos, Barbosa Moreira figurava o Código de Processo Civil suíço (1947), o francês (1975), o inglês (1998, sem os amplos poderes materiais dos anteriores, mas alargando a atuação do juiz em matéria de direito probatório, dando-lhe poderes de comando) e a ZPO alemã

---

**258** AROCA, Juan Montero. El proceso civil llamado "social" como instrumento de "justicia" autoritaria. In: *Proceso civil e ideología:* un prefacio, una sentencia, dos cartas y quince ensayos. Juan Montero Aroca (coord.). Valencia: Tirant lo Blanch, 2006, p. 130-166. Em sentido similar: COSTA, Eduardo José da Fonseca. "Uma espectografia ideológica do debate entre garantismo e ativismo." In: *Processo Civil nas tradições brasileira e iberoamericana.* Alexandre Freire, Lúcio Delfino, Pedro Miranda de Oliveira e Sérgio Luiz de Almeida Ribeiro (coords.). Florianópolis: Conceito, 2014, p. 173-181.

**259** TARUFFO, Michele. *Uma simples verdade:* o Juiz e a construção dos fatos. Trad. Vitor de Paula Ramos. São Paulo: Marcial Pons, 2012, p. 207; PICARDI, Nicola. Le riformi processuali i sociali di Franz Klein. *Historia et ius:* rivista di storia giuridica dell'età medievale e moderna, n. 2, 2002. Disponível em: <www.historiaetius.eu>. Acesso em: 10 jun. 2017; TUCCI, José Rogério Cruz e. "Contra o processo autoritário." In: *O novo código de processo civil:* questões controvertidas. São Paulo: Atlas, 2015, p. 267-282. Barbosa Moreira abordou a temática em mais de uma oportunidade. Assim, por exemplo, ao tratar da ascendência do CPC/39: "A influência do direito processual civil alemão em Portugal e no Brasil." In: *Temas de direito processual (quinta série).* São Paulo: Saraiva, 1994, p. 180 e "Reformas processuais e poderes do juiz". In: *Temas de direito processual (oitava série).* São Paulo: Saraiva, 2004, p. 54

**260** GRECO, Leonardo. Publicismo e privatismo no processo civil. *Revista de Processo,* São Paulo, RT, vol. 164, p. 29-56, out. 2008. Mais enfático, Didier Jr. chega a afirmar que a ilação seria um tanto quanto simplista. *Fundamentos do Princípio da Cooperação no Direito Processual Civil Português.* Coimbra: Coimbra Editora, 2010, p. 45. Também discordando da associação: GODINHO, Robson Renault. *Negócios processuais sobre o ônus da prova no novo Código de Processo Civil (e-book).* São Paulo: RT, 2015, p. 44.

(2001). Na mesma esteira, asseverava que ninguém em sã consciência vislumbraria autoritarismo nos regimes políticos desses países ao tempo das respectivas mudanças legislativas.[261-262]

De nossa parte, acreditamos que a fotografia de um dado contexto histórico-social seja insuficiente para desvelar potenciais características autoritárias da legislação, reconhecendo que essa abordagem pode subsidiar a pesquisa com indícios. Não é o caso de anunciar ordens jurídicas depositárias de "técnicas" modeladas pela codificação austríaca e/ou italiana, perdendo-se de vista a universalização de modelos hegemônicos própria ao paradigma da modernidade (à vista da *exemplaridade* assumida por alguns países...). Em outras palavras, resgatando lição de Edgar Morin, não é possível negligenciar a tentativa de exportação do pensamento "ocidentalocêntrico" e de seus *tipos* (modelos, institutos, conceitos etc.).[263] Caso a discussão persista nas pegadas de Taruffo, Picardi, Barbosa Moreira, Pérez Ragone e outros, a divergência será de cunho paradigmático e, portanto, o diálogo restará prejudicado (lembrando a advertência de Kuhn sobre a impossibilidade de pessoas sob paradigmas diversos se entenderem).

Se, conquanto destituídos de embasamento filosófico ou epistemológico, não forem vislumbrados ranços autoritários nos poderes materiais dos juízes (cf. item 5.3), quiçá a única maneira de solucionar o impasse seja meditar, cuidadosamente, os regimes políticos da Áustria e da Itália ao tempo em que foram atribuídos os contornos "modernos" à oralidade, aos poderes dos juízes e ao livre convencimento motivado, tanto quanto a independência dos juízes (presença ou ausência dela). Curiosamente, os doutrinadores contrários à preleção de Montero Aroca não estuda(ra)m o tema por esse ângulo, muito

---

**261** MOREIRA, José Carlos Barbosa. "El neoprivatismo en el proceso civil." In: *Proceso civil e ideología:* un prefacio, una sentencia, dos cartas y quince ensayos. Juan Montero Aroca (coord.). Valencia: Tirant lo Blanch, 2006, p. 199-216.

**262** Na mesma linha de Barbosa Moreira, citando Brasil, Itália e Alemanha, cujos códigos de processo, malgrado concebidos ao tempo de ditaduras, não mereceriam o rótulo de autoritários, cf.: BEDAQUE, José Roberto dos Santos. "Instrumentalismo e garantismo: visões opostas do fenômeno processual? In: *Garantismo processual:* garantias constitucionais aplicadas ao processo. José Roberto dos Santos Bedaque, Lia Carolina Batista Cintra e Elie Pierre Eid (coords.). Brasília: Gazeta Jurídica, 2016, p. 34.

**263** Em uníssono: SALDANHA, Nelson. *O estado moderno e o constitucionalismo.* São Paulo: José Bushatsky, 1976, p. 123 e ss.

embora o Império Austro-Húngaro fosse o mais "reacionário" dos sistemas políticos europeus da época[264] e a Itália de Mussolini destoasse sobremaneira de um Estado de Direito e do regime democrático. É-lhes mais fácil citar ordens jurídicas que, com um certo apelo paradigmático (modernidade), incorporaram esses institutos e modelos na vigência da democracia; mesmo porque, todos enquadráveis dentre as "instituições técnicas" (ver item 1.2.1).

Não acreditamos seja possível negar a historicidade do tema e olvidar o componente autoritário em alguns desses institutos, mormente quando combinados (oralidade, iniciativa probatória e livre convencimento motivado) – lembrando que o todo é maior que a soma das partes e que não devemos separar o que fora tecido conjunto (*complexus*). Adicionalmente, como pontuado por Streck, também é possível afirmar que tais "Estados e sistemas de justiça [países democráticos que incorporaram os poderes instrutórios autônomos em suas ordens jurídicas] poderiam estar melhores sem a ampliação desses poderes."[265] Noutros dizeres, o argumento veiculado por Taruffo (e perfilhado por outros estudiosos) não é conclusivo.

Sobre a realidade italiana dos quarenta, anos após a celeuma doutrinária concernente à pecha autoritária do código, importante dado histórico viria a lume; precisamente, em 1942, quando da publicação do *Diário de Calamandrei*. Comentado por Franco Cipriani, nele, Piero Calamandrei noticiou ter sido interpelado por Dino Grandi, então Ministro da Justiça, por ocasião da revisão final do texto do projeto; em *petit comité*, Grandi retransmitiu a Calamandrei indagação levantada por Mussolini, à qual o ministro não teve resposta: "¿cómo así el nuevo c.p.c. no establecía que el juez pudiera admitir de oficio todas las pruebas." Em refutação, Piero Calamandrei (um dos consultores à elaboração do projeto que deu origem ao código) esclareceu que o Ministério Público, à época dependente do Ministro da Justiça, estava legitimado a intervir em todas as causas e a requerer qualquer meio de

---

**264** AROCA, Juan Montero. *El derecho procesal en el siglo XX*. Valencia: Tirant lo Blanch, 2000, p. 74. Do mesmo autor, cuidando dessa temática: *La paradoja procesal del siglo XXI: los poderes del juez penal (libertad) frente a los poderes del juez civil (dinero)*. Valencia: Tirant lo Blanch, 2014, p. 41.

**265** STRECK, Lenio. Processo judicial como Espelho da Realidade? Notas Hermenêuticas à Teoria da Verdade de Michele Taruffo. *Sequência*, Universidade Federal de Santa Catarina, Florianópolis, v. 37, n. 74, p. 115-136, 2016.

prova; circunstância suficiente, retrucou, a contemplar o acento publicístico da legislação.[266]

Em nome do princípio inquisitivo, na *Relazione al re* ao CPC/1940, Grandi (leia-se, Calamandrei) teve o cuidado em apontar a ampliação do número de causas de intervenção obrigatória do *Parquet* e a majoração de seus poderes para ajuntar documentos ou provocar a realização de provas. Em resumo, o Estado fascista recostou-se no Ministério Público para integrar os poderes instrutórios, naquilo que não seria possível confiar no juiz, "sin desnaturalizar su función, basada sobre la necesaria distinción psicológica entre obrar y juzgar, entre la proposicón del tema a decidir y su decisión."[267]

Em suas *Instituições* – sem a alusão similar de seu Diário –, Calamandrei anotava que o CPC/40 estaria alicerçado no princípio dispositivo, incumbindo às partes alinhavar os enunciados de fato e os meios probatórios (*iudex secundum allegata et probata partium decidere debet*). Porém, com atenuações de ordem técnica. Não obstante a *allegata partium* restasse intacta, a *probata partium* havia sido derrogada por meio da atribuição de poderes materiais (autônomos) ao juiz. No particular, listava os seguintes: colaboração do experto; inspeção de pessoas e coisas ou a exibição das últimas em juízo; poder de ordenar reproduções mecânicas ou experimentos; de pedir informações à administração pública ou determinar o comparecimento pessoal de qualquer das partes para interrogá-las livremente quanto aos fatos da causa.[268] E isso porque considerava que determinadas classes de litígio deviam ser orientadas pelo princípio dispositivo, ao passo que naquelas versando interesses indisponíveis ou marcado interesse público, prevaleceria o inquisitivo.[269]

---

**266** CIPRIANI, Franco. "En los orígenes del *Codice di Procedura Civile.*" In: *Batallas por la justicia civil:* ensayos. Trad. Eugenia Ariano Deho. Lima: Cultural Cuzco, 2003, p. 19 (versão digital).

**267** GRANDI, Dino. Exposición a la majestad del Rey Emperador del Ministro Guardasellos (Grandi). Presentada en la audiencia del 28 de octubre de 1940-XVIII para la aprobación del tecto del Código de procedimiento civil. Trad. Aixa Zlatar. In: *Códice de procedura civile con la relazione al Re:* a cura de Franco Cipriani, Daniele D'Delia e Gianpaolo Impagnatiello. Bari: Cacucci Editore, 1997.

**268** CALAMANDREI, Piero. *Instituciones de derecho procesal civil:* segun el nuevo codigo. Trad. Santiago Sentis Melendo. Buenos Aires: Ediciones Juridicas Europa-America, 1973, v. I, p. 404-408.

**269** *Idem, ibidem,* p. 408-411.

Ainda sobre o código "fascista", o professor de Florença destacava a obrigatoriedade de terceiros colaborarem com a justiça, de um lado, tal como a necessidade das partes contribuírem, de outro. Quanto aos sujeitos parciais, o sentido não era impositivo, pois alcançados por deveres diversos – de lealdade e de probidade – e pesando sobre si apenas encargos probatórios. Sem embargo, tendo em vista que o juiz estava autorizado a deduzir elementos de prova de sua inércia (a exemplo da não comparência ao interrogatório) ou de outro comportamento não colaborativo, Calamandrei anotava a manutenção do espírito de "solidariedade" presente na legislação –[270] rigorosamente, a crítica é nossa, a "carga" era transformada em "dever", o que era (e é) camuflado pela colaboração. No ímpeto de moralizar a conduta das partes, o interrogatório era tratado como ferramenta de combate à má-fé processual. Mais uma vez, suficiente a consulta da *Relazione al re*, em que a determinação de comparecimento das partes em juízo é "complementada" pela autorização de serem extraídos "argumentos de carácter probatorio por su conducta procesal (art. 116)."[271] Adiante no texto da *Relazione*, o "legislador" sinalizava à confiança na sensibilidade do juiz, destacando a importância do contato direto entre os sujeitos processuais (imediatidade) para que o magistrado percebesse as "intenciones y psicología", assim como a franqueza ou eventuais esquivas na maneira com que as respostas eram apresentadas.[272-273]

Vívido entre os contemporâneos de Chiovenda (Betti, Carnelutti, Calamandrei, Segni e Calgano), tendo continuidade na segunda geração italiana de representantes da processualística moderna (Cristofolini, Liebman, Allorio, Andrioli e Garbagnati)[274] – apenas

---

**270** *Idem, ibidem,* p. 411-416.

**271** GRANDI, Dino. Exposición a la majestad del Rey Emperador del Ministro Guardasellos (Grandi). Presentada en la audiencia del 28 de octubre de 1940-XVIII para la aprobación del tecto del Código de procedimiento civil. Trad. Aixa Zlatar. In: *Códice de procedura civile con la relazione al Re:* a cura de Franco Cipriani, Daniele D'Delia e Gianpaolo Impagnatiello. Bari: Cacucci Editore, 1997.

**272** *Idem, ibidem.*

**273** Ideias que nos remetem à disciplina normativa do interrogatório dentre os poderes do juiz, tal como a defesa do livre convencimento motivado por alguns autores. Por todos, ver: GAJARDONI, Fernando da Fonseca. O livre convencimento motivado não acabou no novo CPC. *Jota,* Brasília, Coluna Novo CPC. Disponível em: <https://bit.ly/2wXnujb>. Acesso em: 19 mai. 2016.

**274** Quem traça o panorama é Antonio Carrata. *Op. cit.*

Salvatore Satta destoaria desse coro –,[275] o apelo publicístico fora acentuado por Vittorio Denti e Mauro Cappelletti, carreando o ideário de "função social" do processo.[276] Supostamente, iniciava a terceira fase metodológica do direito processual (eficientista, teleológica ou da instrumentalidade).

Ante sua reconhecida influência em nossa processualística, o itinerário do moderno processo civil italiano poderia merecer exame ainda mais acurado. Porém, aos fins deste livro, suficiente o panorama anterior, consignando que volveremos à doutrina chiovendiana no item dedicado à oralidade (5.2). Por ora, por ter sido um dos processualistas italianos mais cultuados entre nós,[277] são as principais linhas do pensamento de Cappelletti que reclamam a atenção no momento. Enquanto Chiovenda foi reconhecido pela modernização do fenômeno processual na Itália, teria introduzido o método apropriado para tanto, Cappelletti é lembrado por resgatar a dimensão prática do direito processual, assim como pela abordagem sociológica que alterou o foco de estudo da ciência do processo aos reclamos do jurisdicionado.[278-279]

---

**275** Coetâneo, após censurar o apelo publicístico, Satta propugnava a recondução do objeto do processo ao acertamento do direito das partes (CARRATA, Antonio, *op. cit.*). Ainda sobre o tema, aludindo à dissidência de Satta, ver: PISANI, Andrea Proto. Público e Privado no Processo Civil na Itália. Trad. Myriam Filippis. *Revista da EMERJ*, v.4, n.16, p. 23-42, 2001. Disponível em: <https://bit.ly/2IAmrHh>. Acesso em: 20 jan. 2012.

**276** Mais tarde a função social foi elevada à categoria de princípio. GÁLVEZ, Juan F. Monroy. *Teoría general del proceso*. 3. ed. Lima: Comunitas, 2009, p. 207-211.

**277** Segundo Barbosa Moreira, entre os estrangeiros, e não apenas entre os italianos. "O processo civil brasileiro entre dois mundos". In: *Temas de direito processual (oitava série)*. São Paulo: Saraiva, 2004, p. 45.

**278** OLIVEIRA, Carlos Alberto Alvaro de. *Mauro Cappelletti and the brazilian procedural law*. Disponível em: <https://bit.ly/2S7mxhA>. Acesso em: 03 dez. 2017.

**279** As linhas gerais do pensamento de Cappelletti são bem sintetizadas por Jefferson Carús Guedes, o qual, na esteira da socialização, sistematiza o direito processual em variadas subáreas, aduzindo a existência de um "direito processual social" no Brasil. Direito processual social no Brasil: primeiras linhas. *Revista Latinoamericana de Derecho Social,* n. 2, enero-junio, 2006, p. 55-91. Em perspectiva mais restrita, no tocante ao surgimento do "direito social" (rompendo com a *summa divisio* público e privado), consultar: ALVIM, José Manoel Arruda. Anotações sobre as perplexidades e os caminhos do processo civil contemporâneo – sua evolução ao lado do direito material. *Rev. Ciên. Jur. e Soc. da Unipar,* Umuarama. v. 11, n. 2, p. 521-543, jul./dez. 2008.

Sob o panorama das tutelas jurisdicionais diferenciadas (conformadas às peculiaridades das situações jurídicas de direito material) e do acesso à justiça,[280] Denti e Cappelletti são apontados como os grandes responsáveis pela conexão desses temas ao da igualdade substancial. Quanto ao último, repise-se a obra *Acesso à Justiça*, escrita em coautoria com Bryant Garth, um dos produtos do "Projeto florentino sobre o acesso à justiça". Nela, preocupados em conferir efetividade aos direitos, após alçarem o direito de ação ao mais básico dos direitos humanos (= pretensão à tutela jurídica, mas sob o *slogan* de "direito de acesso à justiça"),[281] Cappelletti e Garth sustentaram que as técnicas processuais serviriam a finalidades sociais, encarando o *acesso* como "direito social fundamental".[282]

Com anteparo no Estado Protetivo e de Bem-Estar Social, o "Projeto florentino sobre o acesso à justiça" foi considerado a culminância da socialização processual –[283] as reflexões em derredor do acesso à justiça conectaram ("tema-ponte") o processo civil à "justiça social".[284] Esse projeto deu origem às "ondas" reformistas que se espraiaram pelo ocidente, quando foi retomada a defesa dos procedimentos orais e incremento do papel do juiz,[285] agora sob os auspícios da "socialização".[286] As ideias alinhavadas nessa obra – não apenas nela – conta(ra)

---

**280** Na correção de Rosemiro Pereira Leal: "acesso à jurisdição". *Teoria geral do processo*: primeiros estudos. 2. ed. Porto Alegre: Síntese, 1999, p. 66-67.

**281** MARINONI, Luiz Guilherme. *Teoria geral do processo*. 2. ed. São Paulo: RT, 2007, v. 1, p. 188-189.

**282** CAPPELLETTI, Mauro; GARTH, Bryant. *Acesso à justiça*. Trad. Ellen Gracie Northfleet. Porto Alegre: Safe, 1988, p. 08-13.

**283** NUNES, Dierle. *Comparticipação e policentrismo*: horizontes para a democratização processual civil (tese de doutorado). Belo Horizonte: PUC-MG, 2008, p. 25 e 77.

**284** MARINONI, Luiz Guilherme. *Teoria geral do processo*. 2. ed. São Paulo: RT, 2007, v. 1, p. 189.

**285** NUNES, Dierle. *Comparticipação e policentrismo*: horizontes para a democratização processual civil (tese de doutorado). Belo Horizonte: PUC-MG, 2008, p. 77.

**286** PIMENTEL, Alexandre Freire. "Prefácio". GOMES NETO, José Mário Wanderley. *O acesso à justiça em Mauro Cappelletti*: análise teórica desta concepção como "movimento" de transformação das estruturas do processo civil brasileiro. Porto Alegre: Safe, 2005.

m com larga adesão da doutrina brasileira,[287] pautando diferentes movimentos de reforma que sucederam entre nós.[288]

Para Cappelletti, a instrumentalidade consistia em uma das noções mais elementares do processo civil, ao ponto de edificá-la em "pedra fundamental" ao seu ensino; o processo era um instrumento à tutela do direito substancial (público ou privado), jamais um fim em si mesmo. Logo, estando a serviço do direito material, a ele (processo) era confiada sua efetividade, observância ou restauração.[289] Fechando esse raciocínio, na medida do possível, processo e técnica processual deveriam se adaptar às particularidades do direito material e ao objetivo de tutelar esses direitos. Em síntese, instrumento ("dúctil") à composição da lide.[290-291]

Do pensamento de Cappelletti é possível extrair o discurso de efetividade – uma das principais bandeiras do instrumentalismo –,[292] aqui e acolá situado como fundamento do protagonismo judicial, mesmo não existindo demonstrações empíricas da celeridade dos procedimentos ("razoável duração") quando o fenômeno processual é centrado

---

**287** OLIVEIRA, Carlos Alberto Alvaro de. *Mauro Cappelletti and the brazilian procedural law.* Disponível em: <https://bit.ly/2S7mxhA>. Acesso em: 03 dez. 2017.

**288** Sobre o tema: GOMES NETO, José Mário Wanderley. *O acesso à justiça em Mauro Cappelletti:* análise teórica desta concepção como "movimento" de transformação das estruturas do processo civil brasileiro. Porto Alegre: Safe, 2005, *passim*; NUNES, Dierle. *Comparticipação e policentrismo:* horizontes para a democratização processual civil (tese de doutorado). Belo Horizonte: PUC-MG, 2008, p. 25.

**289** CAPPELLETTI, Mauro. *El proceso civil en el derecho comparado.* Trad. Santiago Sentís Melendo. Buenos Aires: Ediciones Jurídicas Europa-America, 1973, p. 17 e ss.

**290** *Idem, ibidem,* p. 17-18. CAPPELLETTI, Mauro. *Proceso, Ideologias, Sociedad.* Trad. Santiago Sentís Melendo e Tomás A. Banzhaf. Buenos Aires: Ediciones Juridicas Europa-America, 1974, p. 05 e ss.

**291** Premissas expressamente consagradas na *Relazione al re* do CPC/1940. GRANDI, Dino. Exposición a la majestad del Rey Emperador del Ministro Guardasellos (Grandi). Presentada en la audiencia del 28 de octubre de 1940-XVIII para la aprobación del tecto del Código de procedimiento civil. Trad. Aixa Zlatar. In: *Códice de procedura civile con la relazione al Re:* a cura de Franco Cipriani, Daniele D'Delia e Gianpaolo Impagnatiello. Bari: Cacucci Editore, 1997.

**292** CAPPELLETTI, Mauro. Algunas reflexiones sobre el rol de los estudios procesales en la actualidad. *Revista de Processo,* São Paulo, RT, v. 64, p. 145-157, out.--dez., 1991.

no Estado-jurisdição.[293] Daí porque essa concepção não passa de uma aposta; um primado hipotético. Tudo isso, sem negligenciar a associação da discricionariedade judicial à modernização do processo civil no pensamento do autor.[294]

A doutrina aponta o declínio ou crise – explícita – da socialização do processo na década de 1970, quando a necessidade de um novo paradigma teria se tornado mais intensa. Não logrando adjudicar as tantas promessas, a crise de eficiência que atingiu o Estado "provedor" também alcançou o procedimento judicial.[295] Sem colocar o acerto das afirmações à prova, a "função social" pode ter entrado em declínio, mas isso não levou ao abandono da concepção instrumentalista, tampouco da mentalidade de prevalência do interesse público sobre o privado; além disso, ao lado da sempre presente reflexão sobre a efetividade, às expensas da supressão ou diminuição de direitos (com a ajuda da tecnologia digital, diga-se de passagem), a visão eficientista originou princípio próprio ("princípio da eficiência").

### 2.1.6. INSTRUMENTALISMO E "PUBLICIZAÇÃO": NOTAS CONCEITUAIS

Conforme se extrai dos itens anteriores, o instrumentalismo consiste na visão teórica que reduz o processo a instrumento da jurisdição; perspectiva que busca compreender o processo, mas só enxerga a jurisdição. Não por outro motivo, incorre em problemas dogmáticos, filosóficos e epistêmicos, todos analisados ao longo do trabalho (cf. Capítulo 3, em especial item 2.2.3). Ciente dos variegados deslizes do instrumentalismo, uma indagação palpita: o que explica sua difusão

---

**293** Para ilustrar essas palavras, suficiente recorrer ao pensamento de Sálvio de Figueiredo Teixeira. Nele o discurso da efetividade é baralhado ao científico a tal ponto que o autor sustentou sua inerência ao instituto do processo e à ciência processual; como se a efetividade, a dogmática de resultados ou mesmo a eficiência, fosse primariamente galgada por reformas na legislação processual. Em âmbito internacional, Juan Montero Aroca pontua o Modelo de Stuttgart ao tratar do "êxito" da oralidade, aduzindo não haver notícia de "celeridade" em qualquer outra ordem jurídica. *El derecho procesal en el siglo XX*. Valencia: Tirant lo Blanch, 2000, p. 83.

**294** CAPPELLETTI, Mauro. *Juízes legisladores?* Trad. Carlos Alberto Alvaro de Oliveira. Porto Alegre: Safe, 1993, *passim*. OLIVEIRA, Carlos Alberto Alvaro de. *Mauro Cappelletti and the brazilian procedural law*. Disponível em: <https://bit.ly/2S-7mxhA>. Acesso em: 03 dez. 2017.

**295** NUNES, Dierle. *Comparticipação e policentrismo*: horizontes para a democratização processual civil (tese de doutorado). Belo Horizonte: PUC-MG, 2008, p. 93.

e, ademais, ter feito escola, tornando-se uma espécie de paradigma à compreensão do fenômeno processual? Uma possível resposta passa por reavivar sua ligação ao "publicismo".

Vimos que o surgimento do instrumentalismo coincide à gênese da ciência processual, desenvolvendo-se com o "formalismo moderno", tudo na <u>segunda</u> metade do séc. XIX. Essa perspectiva teórica foi impulsionada pela nova conformação da atividade judicial mediante o resgate do "princípio da autoridade". Em linhas gerais, pretendia-se superar o imobilismo judicial característico do modelo processual escrito que prevalecia em países da Europa e América Latina da <u>primeira</u> metade do séc. XIX; época do *procedimentalismo*, fase em que o conceito de processo estava sufocado no de procedimento e as contendas judiciais eram inteiramente regidas pela vontade dos sujeitos parciais. Simbolizado como um "duelo privado" e censurado pela morosidade e burocratização, compreensível a alusão a liberal-individualista e ao "privatismo" como emblemas desse modelo.

Contra essa concepção de processo/procedimento dominado pelas partes, se ergueu uma ideologia em defesa da concessão de amplos poderes judiciais: para impulsionar o procedimento por suas fases e conhecer de algumas matérias oficiosamente (formais); e para determinar a produção de provas independentemente de requerimento das partes (materiais), nesse caso, com suposta vocação ao conhecimento da verdade e à realização da justiça. Em resumo, ideologia que se prestou ao recrudescimento do Estado-juiz, conquanto naturalizada pelo discurso científico, em nítido exagero ou deturpação da natureza pública do direito processual – houve uma espécie de simbiose entre o público e o científico que chamamos em outro ensaio de "publicientificização".[296] Essa ideologia ficou conhecida por "publicismo", estando subjacente ao instrumentalismo.

Logo, o "publicismo" pode ser entendido como a ideologia (em sentido estrito)[297] que sustenta a "epistemologia" instrumentalista; lançando um véu sobre suas inconsistências, permitiu-lhe a difusão. Repisando que nessa ambiência de exacerbação da natureza pública

---

**296** PEREIRA, Mateus Costa. A jurisdição no divã: sessão do dia 29 de novembro de 2017. *Empório do Direito,* Florianópolis, Coluna ABDPro, 29 nov. 2017. Disponível em: <https://bit.ly/2O2QMnD>. Acesso em: 29 nov. 2017.

**297** Ideologia em sentido estrito, na esteira da classificação sugerida por Nelson Saldanha, isto é, comprometida com o poder ou sua luta: *Da teologia à metodologia: secularização e crise no pensamento jurídico.* Belo Horizonte: Del Rey, 1993, p. 81.

estão inseridas as ondas de "socialização" e "moralização" já estudadas; e que o instrumentalismo ou paradigma instrumentalista não se confunde à instrumentalidade enquanto fase.

## 2.2. A ODE INSTRUMENTALISTA NO BRASIL

### 2.2.1. O INSTRUMENTALISMO PÓS UNIFICAÇÃO DO PROCESSO CIVIL BRASILEIRO

> [...]. O núcleo característico de um sistema processual reside fundamentalmente na relação entre os papéis atribuídos ao juiz e às partes, em si mesmas ou enquanto representadas por seus advogados. Cada sistema, em função das premissas ideológicas em que assente e dos fins primordiais que pretenda atingir, opta por um modo de equilibrar os movimentos dessas peças; e o tipo de equilíbrio adotado define o sistema.[298]

Forte na passagem de Barbosa Moreira, podemos iniciar o estudo da modernidade do direito processual brasileiro, com o cuidado em resgatar as principais mudanças de nosso "núcleo característico" ou "formalismo processual" em sentido amplo.[299] Outrossim, com a consciência, nem sempre verificável na processualística, de que essa divisão mais ou menos equilibrada de funções processuais é um dos elementos essenciais para se precisar a ideologia de um código de processo civil.[300]

De largada, muito embora seja apontado como legítimo "ponto de passagem" ao formalismo moderno, tendo apresentado sensível progresso no tocante às *Ordenações*, releva notar que o Regulamento nº 737/1850 ainda estava imbuído da "concepção de processo como coisa privada das partes, usual no processo europeu-continental da época". Esse diploma ganhou acentuada importância na história processual brasileira face à sua posterior extensão às causas cíveis (levada a efeito pelo Decreto nº 763, de 19 de setembro de 1890) e por ter vigorado em muitos Estados que, por opção, não elaboraram código próprio após a Constituição Republicana de 1891. Ademais, o Regulamento nº

---

**298** MOREIRA, José Carlos Barbosa. "O processo civil brasileiro entre dois mundos". In: *Temas de direito processual (oitava série)*. São Paulo: Saraiva, 2004, p. 48.

**299** No sentido preconizado por Carlos A. Alvaro de Oliveira: *Do formalismo no processo civil*. 2. ed. São Paulo: Saraiva, 2003, p. 07.

**300** AROCA, Juan Montero. *La paradoja procesal del siglo XXI: los poderes del juez penal (libertad) frente a los poderes del juez civil (dinero)*. Valencia: Tirant lo Blanch, 2014, p. 49.

737/1850 se prestou como modelo e fonte a diplomas estaduais[301] – o ponto será retomado ao analisarmos a monografia de Carlos Alberto Alvaro de Oliveira (item 3.1.1).

Antes de avançar, sob a vigência do Regulamento nº 737, que não passe despercebida a opulenta obra de Paula Baptista, seu mais autorizado intérprete, cujo *Compendio de theoria e prática do processo civil* teria gravado o surgimento da ciência processual brasileira.[302] Aliás, estudioso equiparado por Buzaid aos europeus de meados do séc. XIX, entre outros, por antever a autonomia do direito de ação processual e por situar o processo como ramo do direito público; sem descurar sua prédica em favor da ampliação dos poderes judiciais em vista de interesses de "ordem pública".[303]

Nossa primeira Constituição Republicana admitiu a dualidade de competência em matéria de direito processual (União e Estados-membros). Do cenário em que ainda existiam códigos estaduais, apenas dois deles costumam ser lembrados pela doutrina, quais sejam, o Código do Estado da Bahia e o Código de São Paulo, a despeito das críticas de outros estudiosos.[304] Projetado por Eduardo Espínola,

---

**301** OLIVEIRA, Carlos A. Alvaro de. *Do formalismo no processo civil.* 2. ed. São Paulo: Saraiva, 2003, p. 46-47; THEODORO JR., Humberto. *Curso de direito processual civil.* 59. ed. Rio de Janeiro: Forense, v. 1, p. 18-19.

**302** Destacando algumas características e pioneirismos de Paula Baptista: BUZAID, Alfredo. *Grandes processualistas.* São Paulo: Saraiva, 1982, p. 53 e ss.; ZUFELATO, Camilo. "Algumas reflexões acerca do compêndio de Paula Baptista com vistas ao CPC/2015." In: *História do processo.* Alexandre Freire Pimentel, Eduardo José da Fonseca Costa, Jaldemiro Rodrigues Ataide Jr. e Venceslau Tavares Costa Filho (coords.). São Paulo: Exegese, 2018, p. 91-93. Ainda sobre o pensamento do professor da Escola do Recife, detalhando a ambiência brasileiro ao tempo do surgimento de sua obra: ZARONI, Bruno Marzullo. A cultura jurídica processual civil na segunda metade do séc. XIX: uma análise à luz das obras de Francisco de Paula Baptista e Joaquim Ignácio de Ramalho. *Revista da Faculdade de Direito da UFG.* Goiânia, v. 38, n. 2, p. 13-40, jul.-dez. 2014. Disponível em: <https://bit.ly/2AeKi-fV>. Acesso em: 26 jul. 2018.

**303** Poder para adotar as diligências necessárias antes de julgar e para abreviar as demandas evitando malícias, dilações indevidas etc. BUZAID, Alfredo, *op. ult. cit.,* p. 61-64; p. 89.

**304** Assim, na oportunidade de arguição de defesa da tese que originou este trabalho, censurando a doutrina brasileira, o Prof. Nelson Nery Jr. fez menção ao Código de Processo Civil de Minas Gerais e ao de Pernambuco, como duas outras codificações a merecer destaque por sua técnica e importância.

no primeiro era possível detectar a influência do Código do Império alemão (1877), do CPC austríaco (1895) e do Código Húngaro (1911). Naquilo de interesse, o art. 127 do código baiano albergava a ampla iniciativa probatória dos magistrados, fruto da influência austríaca (§ 183) e húngara (§ 288).[305] Por tais motivos, teria caminhado rumo à modernidade. A despeito dos passos ensaiados na direção "correta" (= moderna), a ele foi atribuída a pecha de fidelidade à "cartilha liberal"; setor doutrinário assinalou seu apego ao tradicional procedimento escrito e indiferença às técnicas da concentração e da oralidade.[306] Em crítica ao princípio dispositivo e ao processo de fisionomia individualista, Machado Guimarães anotava o código baiano como exemplo "claro e convincente da marcha para o processo autoritário em Estados de regime liberal".[307] Da marcha, não da consolidação. E autoritário no sentido de prestigioso da autoridade.[308] O CPC do Estado de São Paulo seguiria a mesma toada científica e semelhante "espírito renovador".[309]

O ano de 1939 marcou a história de nossas legislações processuais. Não apenas por ser o ano de concretização da unificação do direito processual prescrita pela Constituição Federal de 1934 (mantida em todos os textos constitucionais subsequentes), cuja marcha fora iniciada pela Lei nº 319, de 25 de novembro de 1936.[310] Em 1939, o Brasil teria dado

---

**305** REZENDE FILHO, Gabriel de. O novo código de processo civil. *Revista da Faculdade de Direito da Universidade de São Paulo*. São Paulo, v. 35, n. 3, p. 639-655, 1940; MOREIRA, José Carlos Barbosa. "A influência do direito processual civil alemão em Portugal e no Brasil." In: *Temas de direito processual (quinta série)*. São Paulo: Saraiva, 1994, p. 180. Em sentido similar: OLIVEIRA, Carlos A. Alvaro de. *Do formalismo no processo civil*. 2. ed. São Paulo: Saraiva, 2003, p. 47.

**306** OLIVEIRA, Carlos Alberto Alvaro de. *Do formalismo no processo civil*. 2. ed. São Paulo: Saraiva, 2003, p. 47.

**307** GUIMARÃES, Luiz Machado. "Processo autoritário e regime liberal." In: *Estudos de direito processual civil*. Rio de Janeiro: Jurídica e Universitária, 1969, p. 129.

**308** Moacyr Amaral Santos produziu interessante trabalho criticando a associação entre processo autoritário ("princípio da autoridade") e publicismo, resgatando sua origem no Projeto Solmi. Contra o processo autoritário. *Revista da Faculdade de Direito da Universidade de São Paulo*. São Paulo, v. 54, n. 2, p. 212-229, 1959.

**309** CINTRA, Antonio Carlos de Araújo; DINAMARCO, Cândido Rangel; GRINOVER, Ada Pellegrini. *Teoria geral do processo*. 24. ed. São Paulo: Malheiros, 2008, p. 114.

**310** Lei responsável pela uniformização do sistema recursal em todo o território brasileiro. GAJARDONI, Fernando da Fonseca. *Flexibilização procedimental: um novo enfoque para o estudo do procedimento em matéria processual*. São Paulo: Atlas, 2008, p. 27.

seu "passo decisivo" à modernidade em matéria de direito processual,[311] implantando a oralidade e seus consectários.[312] Comentando essa mudança, Machado Guimarães via na "introdução do processo oral" sua principal característica;[313] e como a oralidade não era o objetivo visado por lei, senão meio ou expediente técnico à atuação do "princípio da autoridade",[314-315] aquela legislação teve o cuidado de incrementar os poderes dos juízes na dimensão formal e material.[316-317] No último caso, com a mitigação do princípio dispositivo, visto que a imposição da decisão calcada no "alegado e provado pelas partes" foi transformada em vinculação a decidir em consonância às alegações.[318] Por esse motivo,

---

**311** No que respeita ao pensamento científico que regeu a edição do CPC/39, ver o ensaio citado acima de Moacyr Amaral Santos: Contra o processo autoritário. *Revista da Faculdade de Direito da Universidade de São Paulo.* São Paulo, v. 54, n. 2, p. 212-229, 1959.

**312** MARTINS, Pedro Batista. Sôbre o Projéto de Codificação do Processo Civil e Comercial. *Revista Forense,* Rio de Janeiro, v. LXXIV, ano XXXV, fascículo 419, p. 168-170, 1938; GUIMARÃES, Luiz Machado. "Processo autoritário e regime liberal." In: *Estudos de direito processual civil.* Rio de Janeiro: Jurídica e Universitária, 1969, p. 130-131; PRATA, Edson. *História do processo civil e sua projeção no direito moderno.* Rio de Janeiro: Forense, 1987, p. 187.

**313** GUIMARÃES, Luiz Machado. "A revisão do código de processo civil." In: *Estudos de direito processual civil.* Rio de Janeiro: Jurídica e Universitária, 1969, p. 152.

**314** *Idem, ibidem,* p. 152.

**315** Em sentido próximo, também em comentário ao CPC/39, Liebman concebia a oralidade como instrumento à concretização de outros "intuitos" do legislador, a saber: concentração das atividades instrutórias, o contato imediato do juiz com os meios de provas, a livre convicção do juiz na apreciação das provas, a direção do processo nas mãos do órgão jurisdicional e, acima de tudo, a concepção do processo como instrumento público de administração da justiça. LIEBMAN, Enrico Tullio. "O despacho saneador e o julgamento do mérito." In: *Estudos sobre o processo civil brasileiro.* São Paulo: José Bushatsky, 1976, p. 109.

**316** MOREIRA, José Carlos Barbosa. "A influência do direito processual civil alemão em Portugal e no Brasil." In: *Temas de direito processual (quinta série).* São Paulo: Saraiva, 1994, p. 180; BEDAQUE, José Roberto dos Santos. *Poderes instrutórios do juiz.* 2. ed. São Paulo: RT, 1994, p. 58-60.

**317** Formal (impulso oficial e conhecimento oficioso de determinadas matérias) e material (iniciativa probatória).

**318** BARBI, Celso Agrícola. Os poderes do juiz e a reforma do Código do Processo Civil. *Revista da Faculdade de Direito da Universidade Federal de Minas Gerais.* Belo Horizonte, n. 5, p. 169-179, 1965. Disponível em: <https://bit.ly/2J5R3Rj>. Acesso em: 12. fev. 2018.

Machado Guimarães anotava a derrocada do "processo de tipo dispositivo" até então vigente;[319] inclusive, preferia a denominação "processo autoritário" a processo oral, porque mais expressiva (denotativa da valorização da autoridade, tal como expostos alhures).[320]

O Código de 1939 foi depositário dos valores albergados pelos Códigos de Processo Civil alemão, austríaco e português, sem olvidar a processualística italiana e a influência dos projetos de reforma que ecoaram na multicitada codificação de 1940.[321] Rompendo com o "privatismo", nosso primeiro código nacional de processo civil teve por premissa a concentração de poderes em mãos do Estado,[322] conformando nosso direito aos assuntos "publicísticos" também dedutíveis no processo civil brasileiro.[323-324] A afirmação anterior é da pena de Barbosa Moreira, em alusão à ausência do modelo francês de contencioso administrativo entre nós —[325] como se a ordem jurídica brasileira,

---

**319** GUIMARÃES, Luiz Machado. "A revisão do código de processo civil." In: *Estudos de direito processual civil.* Rio de Janeiro: Jurídica e Universitária, 1969, p. 152.

**320** Conquanto reconhecesse que a expressão poderia despertar antipatia e que, inclusive, seria suspeita dada a possível associação ao Estado autoritário, Machado Guimarães complementava afirmando que o eventual baralhamento seria perdoável apenas quando oriundo do leigo. *Idem, ibidem,* p. 152-153.

**321** MOREIRA, José Carlos Barbosa. "O processo civil brasileiro entre dois mundos". In: *Temas de direito processual (oitava série).* São Paulo: Saraiva, 2004, p. 43.

**322** GUIMARÃES, Luiz Machado. "Processo autoritário e regime liberal." In: *Estudos de direito processual civil.* Rio de Janeiro: Jurídica e Universitária, 1969, p. 128; LOPES, José Reinaldo de Lima. *História da Justiça e do Processo no Brasil do Século XIX.* Curitiba: Juruá Editora, 2017, p. 104.

**323** MOREIRA, José Carlos Barbosa. "O processo, as partes e a sociedade." In: *Temas de direito processual (oitava série).* São Paulo: Saraiva, 2004, p. 35.

**324** Em sentido próximo, Cappelletti afirmava que o papel do magistrado era matizado pela natureza do direito discutido em juízo. Nesse sentido, se fosse direito público, tão mais "penetrantes" seriam os poderes do juiz. CAPPELLETTI, Mauro. *El proceso civil en el derecho comparado.* Trad. Santiago Sentís Melendo. Buenos Aires: Ediciones Jurídicas Europa-America, 1973, p. 21.

**325** É importante registrar que, ao tempo do Império, vigorava o sistema da jurisdição dúplice entre nós, com a adoção do contencioso administrativo por influência francesa, abolido com o advento da Constituição de 1891, quanto então o modelo foi unificado, permitindo-se a sindicância jurisdicional sobre vasta matéria. Sobre o tema: WATANABE, Kazuo. *Controle jurisdicional:* princípio da inafastabilidade do controle jurisdicional no sistema jurídico brasileiro e Mandado de Segurança contra ato judicial. São Paulo: RT, 1980, p. 23-27.

por adotar o "sistema uno de jurisdição", fosse destituída de mecanismos para garantir que o "interesse público primário" seja fielmente tutelado (*v.g.*, intervenção do Ministério Público,[326] reexame necessário etc.) e todas as soluções devessem recair sobre os magistrados. E o que é isso senão uma visão arvorada (centrada) no Estado-juiz?

Na perspectiva material, dizia-se que o procedimento havia sido preordenado ao encontro da verdade (*rectius:* busca), consectário dos poderes instrutórios. Nas palavras de Pedro Baptista Martins, tendo a "verdade substancial" como desiderato, seria inconcebível a legislação desautorizar a iniciativa dos juízes.[327] Autor do anteprojeto, o advogado mineiro (Pedro Martins) aduzia que o código de 1939 havia subvertido o vetusto sistema em que se apoiava o processo escrito e liberal, em que eventual atuação *ex officio* estava condicionada à expressa autorização legal. Daí porque, asseverava, a atuação do juiz ao esclarecimento dos enunciados fáticos não poderia se subordinar ao consentimento das partes (sugestivo dos poderes autônomos ou espontâneos). Somente as raias legais constituiriam limite à atividade judicial.[328] Calcado em "noticiário da imprensa" da época, arrematava dizendo que o tempo médio de duração dos procedimentos em primeira instância – "sem prejuízo do direito substancial" – teria diminuído de um ano para 30 dias.[329] Calcado em noticiário da imprensa, insista-se, sem declinar dados empíricos. Aliás, a afirmação do advogado e doutrinador contrasta com a censura doutrinária às práticas engendradas sob a vigência do CPC/39 (e também do CPC/73) por sua suposta fidelidade ao modelo escrito, uma vez que os juízes daque-

---

**326** Instituição que não é um mero "adorno", como bem pontuado por Robson Godinho em censura ao protagonismo judicial. *Negócios processuais sobre o ônus da prova no novo Código de Processo Civil (e-book).* São Paulo: RT, 2015, p. 12.

**327** MARTINS, Pedro Baptista. "Prefácio". *Comentários ao código de processo civil (Decreto-lei nº 1.608, de 18 de setembro de 1939).* Rio de Janeiro: Forense, 1960, v. 1, p. 10.

**328** *Idem, ibidem,* p. 08-11. No segundo volume de seus comentários, ao tratar do texto concernente aos poderes instrutórios, Pedro Martins reforçava a ideia de que o direito das partes em produzir provas não excluiria o poder do juiz em ordenar as diligências necessárias ao esclarecimento dos enunciados de fato. *Comentários ao código de processo civil (Decreto-lei nº 1.608, de 18 de setembro de 1939).* Rio de Janeiro: Forense, 1960, v. 2, p. 54.

**329** MARTINS, Pedro Baptista. "Prefácio". *Comentários ao código de processo civil (Decreto-lei nº 1.608, de 18 de setembro de 1939).* Rio de Janeiro: Forense, 1960, v. 1, p. 11.

le período teriam mantido o "costume" de valorização da argumentação escrita, inteirando-se do caso tão somente na fase decisória.[330] Transitando por outra linha, que não a pragmática, Ovídio condenava a autoproclamação da oralidade, sem que o código abandonasse a escritura (modelo).[331]

Analisando a ambiência de formação do CPC/39, Rezende Filho ponderava a bifurcação da estrada à frente do legislador da época, qual seja: efetuar simples trabalho de revisão, mantendo a técnica tradicional, ou partir à reforma na estrutura (substancial) do processo visando a alinhar nossa legislação a dos países mais adiantados; acenava, então, à adoção da segunda via no código unitário. Entre outras mudanças, o autor destacava a institucionalização da oralidade e consectários ("ponto alto do código"), tingindo o processo de feição publicística (confiando sua direção ao magistrado) – divórcio do privatismo.[332] Com perspectiva semelhante, referindo-se ao impulso oficial, mas sem limitá-lo à condução formal – entendido como a efetiva participação do magistrado no procedimento –, destacando o controle de admissibilidade das provas e a participação do juiz na pesquisa da verdade real, Moura Rocha situava o código na onda da publicização.[333]

Sob as mesmas premissas, Dinamarco entende que o CPC/39 repeliu a concepção "duelística", passando a tratar o processo como "instrumento estatal voltado para a administração da justiça.". Eis o motivo do reforço no papel judicial (responsável pela condução das atividades processuais). Em uníssono, após se referir ao poder de direção formal naquele código, Greco também registra que o magistrado não se satisfazia "com a iniciativa probatória das partes", senão que "de modo

---

**330** NUNES, Dierle. *Comparticipação e policentrismo:* horizontes para a democratização processual civil (tese de doutorado). Belo Horizonte: PUC-MG, 2008, p. 123.

**331** O autor aludia à desvalorização dos juízos de primeiro grau, em prestígio das decisões dos tribunais, cujo conhecimento dos fatos e provas seria apenas mediato. SILVA, Ovídio A. Baptista da. *Curso de processo civil.* 6. ed. Rio de Janeiro: Forense, 2008, v. 1, t. II, p. 269 e 280.

**332** REZENDE FILHO, Gabriel de. O novo código de processo civil. *Revista da Faculdade de Direito da Universidade de São Paulo.* São Paulo, v. 35, n. 3, p. 639-655, 1940.

**333** ROCHA, José de Moura. *Estudos sobre processo civil.* Recife: Editora Universitária (UFPE), 1982, v. III, p. 204-214.

paternalista" saía em busca "da verdade e da realização do seu ideal de justiça, com ou sem a colaboração das partes."[334]

Ainda em consulta de nosso primeiro código de processo unitário, afere-se o eco do apostolado chiovendiano da oralidade, o que não passa despercebido ao leitor da Exposição de Motivos.[335-336] Já em tom de crítica, nada obstante a instituição do "despacho saneador" – contribuição luso-brasileira –,[337] foi acusado de ter permanecido imerso no formalismo cultuado pelo sistema das Ordenações do Reino, sobrevivo pelo Regulamento 737/1850, Consolidação Ribas (1876), assim como aos códigos estaduais.[338]

Diferente não ocorreu com o CPC/73, sob influência direta de Liebman e dos prosélitos da Escola Sistemática italiana;[339] fruto de

---

**334** GRECO, Leonardo. Publicismo e privatismo no processo civil. *Revista de Processo,* São Paulo, RT, vol. 164, p. 29-56, out. 2008.

**335** DINAMARCO, Cândido Rangel. Sobre o desenvolvimento da doutrina brasileira no processo civil. *Revista de Processo,* São Paulo, RT, vol. 27, jul. -set. 1982, p. 27-31. Repisando as raízes no pensamento de Klein. cf. NUNES, Dierle. *Comparticipação e policentrismo:* horizontes para a democratização processual civil (tese de doutorado). Belo Horizonte: PUC-MG, 2008, p. 27 e 63.

**336** Deitando raízes no pensamento de Klein.

**337** LIEBMAN, Enrico Tullio. "O despacho saneador e o julgamento do mérito." In: *Estudos sobre o processo civil brasileiro.* São Paulo: José Bushatsky, 1976, p. 98; BARBI, Celso Agrícola. Despacho saneador e julgamento do mérito. *Revista da Faculdade de Direito da Universidade Federal de Minas Gerais.* Belo Horizonte, n. 8-11, p. 148-158, 1971. Disponível em: <https://bit.ly/2QUzaL0>. Acesso em: 05 jan. 2017. Enfocando a evolução da fase de saneamento ao longo de nossas codificações e censurando a disciplina atual à luz da oralidade, ver: SICA, Heitor Vitor Mendonça. Evolução legislativa da fase de saneamento e organização do processo. *Revista de Processo,* São Paulo, RT, v. 255, p. 435-460, mai. 2016.

**338** DINAMARCO, Cândido Rangel. Liebman e a cultura processual brasileira. *Revista de Processo,* São Paulo, RT, vol. 119, jan. 2005, p. 259-284.

**339** Também sobre a influência de Liebman no Brasil, mas que aparenta declinar ressalvas à ideia de fundação de uma escola (no sentido de não haver unidade de pensamento); reconhecendo a importância do pensamento de Liebman e a introdução de um novo método ao estudo e compreensão do processo civil, ver: VIDIGAL, Luís Eulálio de Bueno. Enrico Tullio Liebman e a processualística brasileira. *Revista de Processo,* São Paulo, RT, vol. 43, jul.-set. 1986, p. 178-185. Também no sentido de que Liebman teria sido o responsável por introduzir o método científico entre nós: BUZAID, Alfredo. A influência de Liebman no direito processual civil brasileiro. *Revista de Processo,* São Paulo, RT, n. 27, jul.-set. 1982, p. 12-26.

tons e sobre tons "modernos-publicísticos". Seu ecletismo combinava características italianas e portuguesas; em menor dose, alemãs; também sofreu influência do Código de Processo Civil do Vaticano editado em 1946, o qual, a seu turno, teve inspiração no projeto carneluttiano do segundo decênio do mesmo século.[340] Conquanto não ratifique todas as premissas, a consulta da Exposição de Motivos assevera as influências mais emblemáticas no "processo de conhecimento".[341] Em trabalho publicado na aurora da vigência do código e versando suas inovações, Sálvio de Figueiredo Teixeira destacava as mais afinadas ao publicismo, ilustrando com os arts. 125, 599, 600 e 601, por haverem incrementado os poderes de direção.[342] Tal como consignado por voz autorizada, algumas delas com estreita correspondência à "política de moralização do processo civil".[343]

Então projetado por Alfredo Buzaid – na voz corrente, um dos melhores e mais fiéis alunos de Enrico Tulio Liebman –,[344] o CPC/73 renovou a ideia do processo enquanto instrumento estatal ("instrumento público de administração da justiça"),[345] tendo sido dotado de invejável arquitetônica espelhando a perspectiva científica da época,

---

**340** MOREIRA, José Carlos Barbosa. "O processo civil brasileiro entre dois mundos". In: *Temas de direito processual (oitava série)*. São Paulo: Saraiva, 2004, p. 43; MOREIRA, José Carlos Barbosa. O futuro da justiça: alguns mitos. *Revista de Processo,* São Paulo, RT, v. 99, p. 141-150, jul.-set. 2000.

**341** Com sua vala comum no então procedimento ordinário. No ponto, ver: PACHECO, José da Silva. *Evolução do processo civil brasileiro:* desde as origens até o advento do novo milênio. 2. ed. Rio de Janeiro: Renovar, 1999, p. 270.

**342** TEIXEIRA, Sálvio de Figueiredo. O código de processo civil brasileiro: origens, inovação e crítica. *Revista da Faculdade de Direito da Universidade Federal de Minas Gerais*. Belo Horizonte, n. 17, p. 127-140, 1976. Disponível em: <https://bit.ly/2ND1Xjy>. Acesso em: 13 fev. 2018.

**343** BUZAID, Alfredo. *Estudos e Pareceres de Direito Processual Civil.* São Paulo: RT, 2002, p. 38.

**344** DINAMARCO, Cândido Rangel. Sobre o desenvolvimento da doutrina brasileira no processo civil. *Revista de Processo,* São Paulo, RT, vol. 27, jul. -set. 1982, p. 27-31. Contendo brevíssima biografia do autor, ao ensejo de um panegírico: FIGUEIRA JR., Joel Dias. Homenagem póstuma a Alfredo Buzaid. *Revista de Processo*, São Paulo, RT, v. 71, p. 372-376, jul.-set. 1993.

**345** LIEBMAN, Enrico Tullio. "O despacho saneador e o julgamento do mérito." In: *Estudos sobre o processo civil brasileiro*. São Paulo: José Bushatsky, 1976, p. 109.

em reparo de defeitos técnicos existentes no anterior.[346] Esse código operou sob a conhecida tríade conhecimento-execução-cautelar,[347-348] organizados em três compartimentos estanques que, em apelo sistemático digno do positivismo oitocentista, a rigor não se intercambiavam à prestação da tutela;[349] nela (tríade), os dois primeiros eram instrumentos e a última, não por coincidência, instrumento do instrumento. Registrando que o anteprojeto do CPC fora finalizado ainda em 1964, contendo apenas três livros (Processo de Conhecimento, Processo de Execução e Processo Cautelar);[350] os dois livros faltantes foram redigidos em 1972, quando Buzaid já ocupava a pasta do Ministério da Justiça. Não sem algum exagero, a doutrina assinala que o advento do CPC/73 posicionaria o Brasil no rol das legislações "modernas" e mais avançadas do mundo.[351] Os motivos para tanto são conhecidos à sacie-

---

**346** Sobre alguns desses pontos, a sistematização dos procedimentos em comum e especial, bem assim a ênfase na primeira classe, foi tratada com percuciência por Adroaldo Furtado Fabrício: Justificação teórica dos procedimentos especiais. *Academia Brasileira de Direito Processual Civil*. Porto Alegre. Disponível em: <https://bit.ly/2PKWJmi>. Acesso em: 20 jan. 2015.

**347** BARBI, Celso Agrícola. O processo cautelar no anteprojeto de Código de Processo Civil do Prof. Alfredo Buzaid. *Revista da Faculdade de Direito da Universidade Federal de Minas Gerais*. Belo Horizonte, n. 12, p. 32-45, 1972. Disponível em: <https://bit.ly/3dG87wM>. Acesso em: 30 mar. 2015; OLIVEIRA, Eduardo Andrade Ribeiro de. O novo Código de Processo Civil. *Revista de informação legislativa*, v. 10, n. 40, p. 57-64, out./dez. 1973.

**348** Para fins informativos, essa tríade foi largamente condenada por Ovídio Baptista da Silva, o qual situava a cautelar dentro da cognição (*A ação cautelar inominada no direito brasileiro*. Rio de Janeiro: Forense, 1991, p. 172-174). Sobre o tema, manifestando entusiasmo com a criação de um livro próprio às Cautelares, ver: MOREIRA, José Carlos Barbosa. *Estudos sobre o novo código de processo civil*. Rio de Janeiro: Liber Juris, 1974, p. 26 e 54.

**349** OLIVEIRA, Carlos A. Alvaro de. Processo civil brasileiro e codificação. *Revista de Processo,* São Paulo, v. 179, p. 261-272, jan. 2010; OLIVEIRA, Carlos A. Alvaro de; MITIDIERO, Daniel Francisco. *Teoria geral do processo civil e parte geral do direito processual civil*. São Paulo: Atlas, 2010, p. 107-109.

**350** TEIXEIRA, Sálvio de Figueiredo. O código de processo civil brasileiro: origens, inovação e crítica. *Revista da Faculdade de Direito da Universidade Federal de Minas Gerais*. Belo Horizonte, n. 17, p. 127-140, 1976. Disponível em: <https://bit.ly/2N-D1Xjy>. Acesso em: 13 fev. 2018.

**351** GRINOVER, Ada Pellegrini. Modernidade do direito processual brasileiro. *Revista da Faculdade de Direito da Universidade de São Paulo*. São Paulo, v. 88, p. 273-298, 1993; GRINOVER, Ada Pellegrini. Deformalização do processo e defor-

dade. Em nosso segundo código nacional reservado aos procedimentos civis, Buzaid entreviu um monumento imperecível em memória de Liebman;[352] supostamente, o grande responsável pela introdução do método científico na processualística brasileira.[353]

É importante destacar que a premissa metodológica de instrumento do Estado foi haurida da Escola Sistemática italiana, entre outros, de Carnelutti, Carnacini, Calamandrei e Liebman (antes deles, Bülow e Klein), para quem o sistema processual não estava a serviço dos jurisdicionados, senão constituindo função pública exercitada à satisfação do interesse coletivo – entre nós, Bueno Vidigal chegou a sustentar que o direito de ação não seria de titularidade do jurisdicionado, mas uma situação jurídica do Estado.[354] Com apoio em Dinamarco, a "novel" perspectiva ensejou o reconhecimento da centralidade da jurisdição no sistema processual, além de ter sido o mote ao reforço da autoridade no direito brasileiro.[355] No particular, ressalvando que, mesmo adepto de visão estatalista do processo, Liebman era contrário à iniciativa judicial probatória, embasando o princípio dispositivo na exigência constitucional de imparcialidade.[356]

Ao tratar de nossa ascendência no direito processual, Dinamarco atribui mais peso aos italianos. Inclusive, para ele, teríamos herdado a porção "privatista" do processo civil peninsular, uma vez que a estruturação do contencioso administrativo na Itália reservou à competência de justiça específica a apreciação e julgamento de causas versando

---

malização das controvérsias. *Revista de informação legislativa,* v. 25, n. 97, jan./mar. 1998. Disponível em: <https://bit.ly/2MMLdFu>. Acesso em: 17 jan. 2016.

**352** BUZAID, Alfredo. A influência de Liebman no direito processual civil brasileiro. *Revista de Processo,* São Paulo, Ano VII, n. 27, jul.-set. 1982. p. 12-26.

**353** GRINOVER, A. P. O magistério de Enrico Tullio Liebman no Brasil. *Revista da Faculdade de Direito, Universidade de São Paulo.* São Paulo, v. 81, p. 98-102, jan. 1986. Disponível em: <https://bit.ly/2KvzOtR>. Acesso em: 25. set. 2018.

**354** VIDIGAL, Luís Eulálio de Bueno. Existe o direito de ação? *Revista da Faculdade de Direito da Universidade de São Paulo.* São Paulo,v. 62, n. 2, p. 73-80, 1967. Disponível em: <https://bit.ly/2S28s20>. Acesso em: 19 set. 2015.

**355** DINAMARCO, Cândido Rangel. Liebman e a cultura processual brasileira. *Revista de Processo,* São Paulo, RT, vol. 119, jan. 2005.

**356** *Idem, ibidem.* Também tratando do pensamento de Liebman sobre a matéria: RAATZ, Igor. *Autonomia privada e processo civil:* negócios jurídicos processuais, flexibilização procedimental e o direito à participação na construção do caso concreto. Salvador: JusPodivm, 2017, p. 148-151.

interesse público. Ao processo civil ("jurisdição propriamente dita"), sobrou a análise dos conflitos marcadamente privados. Por essas razões, pregava a cuidadosa releitura da doutrina daquele país.[357] Muito embora seja reconhecido por seu trânsito na doutrina peninsular, sob a égide do CPC/73 – adicionalmente, sob o pálio do código em vigor –, a tese de Dinamarco afigura-se-nos de difícil adesão; não tanto pela preponderância do pensamento italiano, mas pelo suposto legado privatista. Em sentido antagônico a ele, colhe-se opinião mencionando o apego "estatalista, autocrático, anacrônico e pretoriano" do CPC/73,[358] sem olvidar as diferentes reformas pelas quais passou, em que foi sendo colorido por "tonalidades inquisitórias"[359] e embebido pelo "eficientismo".[360] Se na redação originária esse código poderia ser considerado um monumento ao processualismo científico, os sucessivos movimentos reformistas guiados pela efetividade fizeram com que ele espelhasse alguns dos ideais caros à instrumentalidade. De instrumento técnico, foi se consolidando como instrumento político. E todo esse caldo ganharia tempero adicional com a estruturação e desenvolvimento do processo coletivo.[361]

Persistindo na instrumentalidade, o CPC/15 também foi deveras influenciado pela "ideologia da eficiência".[362] No diálogo com Dierle

---

**357** ALVES, Rafael Francisco *et. al.* Cândido Rangel Dinamarco e a instrumentalidade do processo: uma entrevista. *Cadernos Direito GV,* São Paulo, Direito GV, v. 7, n. 4, jul. 2010.

**358** LEAL, Rosemiro Pereira. *Teoria geral do processo:* primeiros estudos. 2. ed. Porto Alegre: Síntese, 1999, p. 85-86.

**359** A expressão foi empregada por Barbosa Moreira para caracterizar o aumento dos poderes judiciais com a reforma de 1994, em alusão ao componente publicístico e à redução dos espaços de poder (dispositivo) das partes. Miradas sobre o processo civil contemporâneo. *Revista de Processo,* São Paulo, RT, v. 79, p. 142-153, jul.-set. 1995.

**360** Sobre o tema, ver as críticas de Júlio Rossi, sobretudo pela adoção das técnicas de julgamento de demandas repetitivas: *Precedente à brasileira:* a jurisprudência vinculante no CPC e no Novo CPC. São Paulo: Atlas, 2015.

**361** Assim: FABRÍCIO, Adroaldo Furtado. As novas necessidades do processo civil e os poderes do juiz. *Revista de Direito do Consumidor,* São Paulo, RT, v. 7, p. 30-36, jul.-set 1993.

**362** Nesse sentido: GRECO, Leonardo. Contraditório efetivo (art. 7º). *Revista Eletrônica de Direito Processual - REDP,* Rio de Janeiro, v. 15, jan.-jun. 2015, p. 299-310; DUARTE, Zulmar. O pragmatismo como ideologia do Novo CPC: ausência de norte do código na sua estruturação aumenta o grau de incerteza na sua com-

Nunes, talvez se pudesse afirmar que o código não apenas manteve, como redimensionou a influência "neoliberal" de produtividade.[363] Sob a "renovada" tese de cooperação, positivada no art. 6º, o art. 139 cuidou de estabelecer rol mais "generoso" de poderes aos juízes (art. 139).[364] Insistiu-se na técnica da oralidade, mas divorciada da identidade física. Outrossim, a despeito da manutenção da iniciativa judicial probatória, filiamo-nos ao entendimento doutrinário da proscrição do livre convencimento motivado do texto normativo do código (ver item 5.4). Posto que tenha "valorizado" a autonomia da vontade, o código perfilhou a tendência moderna tratada amiúde neste capítulo (= publicística). Código que deve ser interpretado ao abrigo dos "valores constitucionais" (art. 1º), como se isso não fosse um problema por si só.[365-366] Aliás, que teve por propósito resgatar a "natureza fundamental [do processo] de método resolução de conflitos, por meio do qual se realizam **valores constitucionais.**" (Exposição de Motivos).

---

preensão. *Jota,* Brasília, Coluna Novo CPC. Disponível em: <https://bit.ly/2k59Kth>. Acesso em: 04 mai. 2018.

**363** Dierle aludia aos arts. 285-A, 543-B e 543-C como exemplos de dispositivos alinhados à perspectiva neoliberal.

**364** Também aludindo à ampliação dos poderes do juiz: DUARTE, Zulmar. O pragmatismo como ideologia do Novo CPC: ausência de norte do código na sua estruturação aumenta o grau de incerteza na sua compreensão. *Jota,* Brasília, Coluna Novo CPC. Disponível em: <https://bit.ly/2k59Kth>. Acesso em: 04 mai. 2018.

**365** De seu tempo, prédica similar era defendida por Sydney Sanches, aduzindo a interpretação moral do direito, antenada ao interesse público e a paz social, cuja independência do magistrado seria mensurada pelos "ditames de sua consciência jurídica." O juiz e os valores dominantes - o desempenho da função da jurisdicional em face dos anseios sociais por justiça. *Revista dos Tribunais*, São Paulo, RT, v. 669, p. 238-243, jul. 1991.

**366** Como pontuado por Streck e Motta, com apoio em Habermas e Müller, além de se pressupor um (artificial) compartilhamento de valores na sociedade, e de contrariar o código do direito (lícito/ilícito), a prédica dos valores descamba no decisionismo, pois que eventuais decisões que neles sejam pautadas abrem as portas ao subjetivismo e preconceitos (inautênticos) do julgador. STRECK, Lenio; MOTTA, Francisco José Borges. Um debate com (e sobre) o formalismo-valorativo de Daniel Mitidiero, ou "colaboração no processo civil" é um princípio? *Revista de Processo,* São Paulo, RT, v. 213, p. 13-34, nov. 2012. Na mesma linha: DELFINO, Lúcio; LOBÃO, Amanda; RAMOS, Glauco Gumerato. "Comentários ao art. 1º." In: *Novo Código de Processo Civil comentado.* Izabel Cristina Pinheiro Cardoso Pantaleão, Lúcio Grassi de Gouveia, Roberto P. C. Gouveia Filho e Sérgio Luiz de Almeida Ribeiro (coords.). São Paulo: Lualri Editora, 2017, t. I, p. 22.

É oportuno registrar que as sucessivas ondas "eficientistas" que impulsionaram códigos e reformas setoriais da legislação procedimental civil seguem divorciadas de dados empíricos. Todas as mudanças mencionadas alhures, mormente os novos institutos e regras encartados por codificações, não tiveram lastro em pesquisas. Em feliz metáfora pensada sob a vigência do código anterior, Moniz de Aragão condenava a cultura reformista no Brasil, em que as soluções médicas eram adotadas sem que o paciente fosse previamente radiografado.[367] Foi assim ao tempo do CPC/39, período em que a técnica de outros campos do saber ainda não era tão apurada e/ou disponível. Sob conjuntura cultural e científica diversa, o mesmo sucedeu com o CPC/73 e, inacreditavelmente, persistiu com o código em vigor (CPC/15). Daí a consciência de que as inovações legislativas são idealizadas a partir de preferências doutrinárias, assim como, na parcela de "responsabilidade" que toca a legislação, estão fadadas ao fracasso.

Ao fim e ao cabo, nota-se o mesmo ideal "eficientista" professado pela processualística (Klein, Chiovenda, Calamandrei, Alberto dos Reis, Pedro Batista Martins, Cappelletti, Buzaid e tantos outros), cuja necessária remodelação do "núcleo característico do processual", ao escudo de interesses "superiores" do Estado, implicou redução de liberdades das partes e o enfraquecimento de suas garantias.[368] Entre nós, suficiente pensar em Dinamarco. Tratando do "modelo infraconstitucional do processo civil brasileiro", já ao tempo do código de 1973, esse autor o caracterizava como dotado de "severos poderes concedidos ao juiz, para a *efetividade da tutela jurisdicional*".[369] Anterior no tempo, Moacyr Amaral Santos recriminou a "largueza de poderes" judiciais no projeto que originou o código de 1939, adjetivando de autoritário o sistema em que prevalecia o princípio inquisitivo sobre o dispositivo (da "autoridade sobre a liberdade") – muitas delas se-

---

**367** ARAGÃO, Egas Dirceu Moniz de. O processo civil no limiar do século XXI. *Revista dos Tribunais*, São Paulo, RT, v. 781, p. 51, nov. 2000.

**368** Tudo isso, contudo, era operado sob a ideia de "técnica" (dos avanços científicos), jamais de uma ideologia em sentido estrito. Suficiente consultar os autores que trataram do tema para constatar o que estamos afirmando. Por todos, ver: MARQUES, José Frederico. *Instituições de direito processual civil*. 3. ed. Rio de Janeiro: Forense, 1966, v. I, p. 84-89.

**369** DINAMARCO, Cândido Rangel. *Instituições de direito processual civil*. 5. ed. São Paulo: Malheiros, 2005, p. 203.

pultadas antes do projeto se converter em lei.[370] Esse "caldo" teórico e legislativo é fundamental à compreensão das linhas subsequentes.

## 2.2.2. "A INSTRUMENTALIDADE DO PROCESSO"

Muitos autores aderiram à compreensão do processo como "instrumento da jurisdição" no Brasil,[371] não se divisando nuances relevantes entre os cultores da instrumentalidade –[372] no particular, instrumentalidade como sinônimo de fase teleológica e, pois, em sentido diverso de paradigma instrumentalista. Aos fins do presente estudo, compete enveredar pelo pensamento do grande sistematizador da matéria entre nós,[373] sem prejuízo de adendos laterais no diálogo com outros estudiosos. Referimo-nos a Cândido Rangel Dinamarco e ao seu trabalho *A Instrumentalidade do Processo* (1987). Essa obra é considerada um mar-

---

**370** SANTOS, Moacyr Amaral. Contra o processo autoritário. *Revista da Faculdade de Direito da Universidade de São Paulo.* São Paulo, v. 54, n. 2, p. 212-229, 1959.

**371** Instrumento, mero veículo, método ou alguma outra variação, sempre nas mãos do Estado ou do magistrado. Nesse sentido, além dos tantos autores e trabalhos estudados e citados ao longo do presente, ver: LACERDA, Galeno. O código como um sistema de adequação do processo civil. *Revista do Instituto Dos Advogados do Rio Grande do Sul.* Porto Alegre, 1976. Comemorativa do Cinqüentenário; LACERDA, Galeno. O código e o formalismo processual. *Revista da Faculdade de Direito da Universidade Federal do Paraná.* Curitiba, v. 21, n. 0, 1983. Disponível em: <https://bit.ly/2TDisj4>. Acesso em: 10 ago. 2018; TEIXEIRA, Sálvio de Figueiredo. A arbitragem no sistema jurídico brasileiro. *Revista Jurídica,* v. 1, n. 1, p. 26-31, jan. 1997; MOREIRA, José Carlos Barbosa. "O processo, as partes e a sociedade." In: *Temas de direito processual (oitava série).* São Paulo: Saraiva, 2004, p. 32; RODRIGUES, Horário Wanderlei; LAMY, Eduardo de Avelar. *Teoria geral do processo.* 3. ed. Rio de Janeiro: Elsevier, 2012, p. 06; SICA, Heitor Vitor Mendonça. Velhos e novos institutos fundamentais do direito processual civil. In: *Quarenta anos da teoria geral do processo no Brasil:* passado, presente e futuro. Camilo Zuffelato e Flávio Luiz Yarshell (orgs.). São Paulo: Malheiros, 2013, p. 430-466; DIDIER JR., Fredie. *Curso de direito processual civil:* introdução ao direito processual civil, parte geral e processo de conhecimento. 15. ed. Salvador: JusPodivm, 2015, v. 1, p. 37; THEODORO JR., Humberto. *Curso de direito processual civil.* 59. ed. Rio de Janeiro: Forense, 2018, v. 1, p. 133-138; CARREIRA ALVIM, José Eduardo. *Teoria geral do processo.* 21. ed. Rio de Janeiro: Forense, 2018, p. 222.

**372** Na fase da instrumentalidade, por fim, amadureceu a ideia de que o processo deve ser concebido e refletido como instrumento idôneo à consecução dos resultados prometidos pelo direito material.

**373** É como José Roberto dos Santos Bedaque se refere a Dinamarco. *Efetividade do processo e técnica processual.* São Paulo: Malheiros, 2006, p. 27, nota 18.

co da fase instrumentalista, apesar das possíveis antecipações (presença) dela nos estudiosos sensíveis à efetividade da técnica processual.[374]

Fruto de tese defendida após o regresso da Itália, introduzindo e sistematizando a "onda" publicística entre nós, sobretudo na faceta de socialização, a monografia de Dinamarco rendeu encômios: "revolucionária" e[375] "superlativamente esplêndida";[376] e teria projetado seu autor à maior autoridade brasileira no assunto.[377] Em seu relato, a ideia nuclear se desabrochou ao longo de um semestre, por ocasião de um curso de pós-graduação em que pôde refletir o processo como "instrumento de justiça". Entrementes, atravessando temas caros aos oitenta, tal como a necessidade de superação de formalismos e um processo de resultados.[378] Em resumo, desviando-se dos efeitos da revelia – temática inicialmente eleita ao concurso –, Cândido Rangel Dinamarco aprofundou a linha do processo como "instrumento", perspectivando-o a partir de escopos "jurisdicionais" e dos resultados que dele seriam esperados.[379]

A relação entre direito e processo – tema que está à base da tese de Dinamarco – foi muito debatida no séc. XX, em virtude da faceta positiva do legado autonomista (dignidade científica, desenvolvimento de um repertório teórico próprio), mas também por força da negativa

---

**374** É o que sustenta Ada Pellegrini Grinover citando, entre outros autores, Barbosa Moreira. Modernidade do direito processual brasileiro. *Revista da Faculdade de Direito da Universidade de São Paulo*. São Paulo, v. 88, p. 273-298, 1993.

**375** O adjetivo é empregado por Bedaque. *Efetividade do processo e técnica processual*. São Paulo: Malheiros, 2006, p. 33.

**376** A alusão é de Sálvio de Figueiredo Teixeira em conferência proferida em conclave ao ensejo dos 20 anos do CPC/73: A efetividade do processo e a reforma processual. Conferência proferida no "II Congresso Nacional de Direito Processual Civil", em Porto Alegre, RS, aos 17.8.93. Disponível em: <https://bit.ly/2svg5Sy>. Acesso em: 18 nov. 2017.

**377** No mesmo sentido: MITIDIERO, Daniel Francisco. *Colaboração no processo civil*. São Paulo: RT, 2009, p. 35.

**378** ALVES, Rafael Francisco *et. al.* Cândido Rangel Dinamarco e a instrumentalidade do processo: uma entrevista. *Cadernos Direito GV,* São Paulo, Direito GV, v. 7, n. 4, jul. 2010.

**379** BEDAQUE, José Roberto dos Santos. "Instrumentalismo e garantismo: visões opostas do fenômeno processual? In: *Garantismo processual*: garantias constitucionais aplicadas ao processo. José Roberto dos Santos Bedaque, Lia Carolina Batista Cintra e Elie Pierre Eid (coords.). Brasília: Gazeta Jurídica, 2016, p. 02.

(ensimesmando-se, o direito processual se distanciou da tutela dos direitos). A defesa da terceira fase metodológica teria descortinado outra mentalidade no estudo do processo,[380] em que conceitos e institutos seriam escrutinados quanto à sua vocação para a realização do fim social, pois não faria sentido persistir na "clássica postura metafísica consistente nas investigações conceituais destituídas de endereçamento teleológico".[381] Do ângulo interno de estudo (processualismo científico), migrava-se ao externo (instrumentalidade), e o processo passava a ser avaliado por seus resultados junto aos "*consumidores* da justiça";[382] divergindo da fase antecedente, a "novel" visão, instrumental, deixava de ser indiferente à realidade sócio-jurídica subjacente ao sistema processual.[383]

A nova fase teria florescido em meados do séc. XX, face à contribuição destacada de Mauro Cappelletti e Vittorio Denti,[384] em cujo movimento de "socialização" se acomoda a monografia de Cândido Rangel Dinamarco. Entre nós, a instrumentalidade foi alçada a pressuposto metodológico fundamental do que se convencionou chamar de "Escola Processual de São Paulo";[385] e com elevadas doses de exagero, afirma-se que teria sido o manancial de escola ou unidade de pensamento nacional. A socialização entronizou o discurso de "efetividade do processo" ("processo de resultados"),[386] daí porque a fase também

---

**380** Em uníssono: BEDAQUE, José Roberto dos Santos: *Direito e processo:* influência do direito material sobre o processo. 4. ed. São Paulo: Malheiros, 2006, p. 53.

**381** DINAMARCO, Cândido Rangel. *A instrumentalidade do processo.* 12. ed. São Paulo: Malheiros, 2005, p. 22-23.

**382** GRINOVER, Ada Pellegrini. Modernidade do direito processual brasileiro. *Revista da Faculdade de Direito da Universidade de São Paulo.* São Paulo, v. 88, p. 273-298, 1993. Na mesma linha: WATANABE, Kazuo. *Da cognição no processo civil.* São Paulo: RT, 1987, p. 15-16.

**383** GRINOVER, Ada Pellegrini. Deformalização do processo e deformalização das controvérsias. *Revista de informação legislativa,* v. 25, n. 97, jan./mar. 1998. Disponível em: <https://bit.ly/2MMLdFu>. Acesso em: 17 jan. 2016.

**384** DINAMARCO, Cândido Rangel. *Instituições de direito processual civil.* 5. ed. São Paulo: Malheiros, 2005, v. I, p. 273 e 276.

**385** CINTRA, Antonio Carlos de Araújo; DINAMARCO, Cândido Rangel; GRINOVER, Ada Pellegrini. *Teoria geral do processo.* 24. ed. São Paulo: Malheiros, 2008, p. 137.

**386** Segundo Barbosa Moreira, falar em função social é falar em efetividade. Tutela sancionatória e tutela preventiva. *Revista da Faculdade de Direito da Universidade Federal do Paraná.* Curitiba, v. 19, n. 0, 1979. Disponível em: <https://bit.ly/2Bu-

leva o nome de "eficientismo processual".[387] Aos seus adeptos, cuidar-se-ia do momento em que o estudioso "desperta" aos escopos;[388] quando a valia do processo passa a ser ditada pelo que produz e não pelo que é.[389] Em síntese, "Instrumentalismo e efetividade são ideias que se completam na formação do ideário do processualismo moderno"; para a realização das metas de direito material, o processo teria de "assumir plenamente sua função de instrumento."[390]

A instrumentalidade é tratada como premissa partilhada, consciente ou inconscientemente, por todos os defensores da atividade judicial (incremento) em matéria de instrução e sua liberdade na apreciação das provas; preocupados com o "acesso à justiça" e com a igualdade das partes em todos os procedimentos; que realçam a efetividade, entre outros temas remissíveis a ela.[391] Para Dinamarco, proposições indispensáveis para finalizar a tarefa de depuração processual do império privatista. E não seriam bastantes. Sob o viés sistemático, ainda seria vital situar a jurisdição no centro do sistema processual,[392] já que em seu entorno gravitariam os demais institutos fundamentais da ciência processual.[393]

Mas não se trata de qualquer tipo de instrumentalidade; seus partidários se apressam em afastar a instrumentalidade "técnica", própria à fase conceitual ou autonomista. Na fase teleológica, o processo se consolidaria como instrumento "ético e político de atuação da Justiça

---

gj28>. Acesso em: 10 ago. 2018. Processo de resultados é a expressão empregada por José Roberto dos Santos Bedaque para enaltecer o compromisso da instrumentalidade com a efetividade: *Efetividade do processo e técnica processual...* p. 17.

**387** Jorge W. Peyrano caracteriza essa fase como "eficientismo processual". *Acerca de los "ismos" en materia procesal civil. Themis: Revista de Derecho,* Peru, n. 58, p. 21-27, 2010. Disponível em: <https://bit.ly/2yO43rm>. Acesso em: 06 jan. 2018.

**388** BEDAQUE, José Roberto dos Santos. *Efetividade do processo e técnica processual.* São Paulo: Malheiros, 2006, p. 19.

**389** BEDAQUE, José Roberto dos Santos. *Direito e processo:* influência do direito material sobre o processo. 4. ed. São Paulo: Malheiros, 2006, p. 15-16.

**390** THEODORO JR., Humberto. *Curso de direito processual civil.* 59. ed. Rio de Janeiro: Forense, v. 1, p. 23.

**391** DINAMARCO, Cândido Rangel. *A instrumentalidade do processo.* 12. ed. São Paulo: Malheiros, 2005, p. 25.

**392** *Idem, ibidem,* p. 82, nota 29; p. 93 e ss.

**393** *Idem, ibidem,* p. 138.

substancial e garantia das liberdades", em perspectiva micro; do sistema processual como "instrumento indispensável para atingir os escopos políticos, sociais e jurídicos da jurisdição", em visão macro do fenômeno processual.[394]

Por sua qualidade de instrumento ao exercício do poder (na visão do autor), o processo não poderia ser largado à sorte dos sujeitos parciais. Fatalmente, isso faria com que se desviasse de sua "ética". Daí o estímulo aos magistrados não se "conformarem" com instruções processuais deficientes. Em notável apelo inquisitivo, Dinamarco chega ao ponto de sujeitar o magistrado aos encargos probatórios quando o objeto litigioso versar direitos indisponíveis.[395] Complementando esse raciocínio, defende que o julgador somente deveria se satisfazer com a experiência probatória quando tranquilizado em seu "senso de justiça".[396]

Ao tratar da aplicação do direito, o autor recomenda a interpretação dos textos com atendimento às exigências de justiça. Não havendo metódica para tanto – nem linhas são reservadas nesse sentido –, nas entrelinhas fica sugerido que o magistrado (onisciente) possa buscá-la dentro de si; ainda que em outra passagem, condene o alvitre das soluções personalíssimas.[397] É o que se extrai de diferentes trechos da obra, ilustrando-se com a defesa da sensibilidade dos juízes "aos valores sociais e às mutações axiológicas de sua sociedade",[398] contrabalançada pela indignação popular, termômetro de sua atuação etc.[399]

---

**394** GRINOVER, Ada Pellegrini. Modernidade do direito processual brasileiro. *Revista da Faculdade de Direito da Universidade de São Paulo*. São Paulo, v. 88, 1993, p. 282. Da mesma autora: *Os princípios constitucionais e o Código de Processo Civil*. São Paulo: José Bushatsky Editor, 1975, p. 05.

**395** DINAMARCO, Cândido Rangel. *A instrumentalidade do processo*. 12. ed. São Paulo: Malheiros, 2005, p. 304-305.

**396** Postura que suscita paradoxos incontornáveis: Se o magistrado é o destinatário das regras de distribuição dos encargos probatórios, por que ele pode alterar o ônus? Por outro lado, se o magistrado compartilha dos encargos probatórios, a insuficiência de prova representaria que ele malferiu seu poder-dever e, portanto, que a decisão é nula?

**397** DINAMARCO, Cândido Rangel. *A instrumentalidade do processo*. 12. ed. São Paulo: Malheiros, 2005, p. 362.

**398** *Idem, ibidem*, p. 360.

**399** A indignação popular é tratada por ele como sinal "inquestionável" da falta de legitimidade das decisões. *Idem, ibidem,* p. 362.

A postura instrumentalista seria esperada de todo e qualquer juiz.[400] Alinhando-se a ela, o "juiz moderno" teria o compromisso de direcionar sua atuação à "descoberta dos fatos", pois sem ela o escopo de concretização da justiça quedaria frustrado.[401] O sistema não toleraria o "juiz espectador", cujo imobilismo teria sido superado com o surgimento do Estado Social e o redimensionamento da concepção publicística de processo –[402] Dinamarco perfilha o "ativismo judiciário" nas dimensões material e formal.[403] Com idêntico lugar de fala, após associar os poderes instrutórios à justiça das decisões, José Roberto dos Santos Bedaque censura a *Ley de Enjuiciamiento Civil* pelas raias fixadas aos juízes.[404] A crítica era engrossada por Barbosa Moreira em variados ensaios, também com expressa alusão (e censura) às mudanças no processo civil espanhol.[405]

Os contornos da Teoria Geral do Processo (TGP) em Dinamarco foram objeto de análise pretérita,[406] dispensando-se sua reprodução. Por ora, importa consignar que para ele a TGP surge da condensação dos principais institutos processuais (indutivamente), seguida da particularização dos avanços a cada ramo processual (método dedutivo). Com a proposta de centralidade metodológica na jurisdição, o "poder" é considerado a seiva que nutre as ramificações.[407] Aliás,

---

**400** DINAMARCO, Cândido Rangel. *A instrumentalidade do processo...* p. 41-42. Secundando o entendimento: BEDAQUE, José Roberto dos Santos. *Poderes instrutórios do juiz.* 2. ed. São Paulo: RT, 1994, p. 110.

**401** DINAMARCO, Cândido Rangel. *Instituições de direito processual civil.* 5. ed. São Paulo: Malheiros, 2005, p. 79.

**402** DINAMARCO, Cândido Rangel. *A instrumentalidade do processo...* p. 351-352.

**403** O autor fala na participação mais intensa do julgador, seja pelas iniciativas probatórias, seja assumindo o comando efetivo do processo. DINAMARCO, Cândido Rangel. *A instrumentalidade...,* p. 159-160.

**404** *Efetividade do processo e técnica processual.* São Paulo: Malheiros, 2006, p. 48, nota 55. Em trabalho anterior, o autor já associava os poderes instrutórios do magistrado à realização dos escopos do processo. cf. *Direito e processo:* influência do direito material sobre o processo. 4. ed. São Paulo: Malheiros, 2006, p. 53.

**405** MOREIRA, José Carlos Barbosa. "O processo, as partes e a sociedade." In: *Temas de direito processual (oitava série).* São Paulo: Saraiva, 2004, p. 36.

**406** PEREIRA, Mateus Costa. *A teoria geral do processo e seu tripé fundamental:* racionalismo, pensamento sistemático e conceitualismo. Florianópolis: Tirant Lo Blanch, 2018.

**407** DINAMARCO, Cândido Rangel. *A instrumentalidade do processo...,* p. 87.

o autor acredita que o emprego do método indutivo teria levado à descoberta da instrumentalidade como nota central de todo o sistema processual. Supostamente, tendência verificada no direito processual contemporâneo.[408]

Ao adotar a concepção fazzalariana de processo ("procedimento em contraditório"), Dinamarco afirma que esse conceito teria enriquecido a ciência processual. À perspectiva de Elio Fazzalari, tributa o reconhecimento da jurisdição voluntária como autêntico exercício jurisdicional, assim como dele fora possível superar o "vício metodológico" dos que confinavam o processo à jurisdição (Estado), uma vez que também é pressuposto em procedimentos não estatais preparatórios – sob a participação dos interessados – de um "provimento".[409] Inclusive, aduz que a tese fazzalariana não seria excludente da teoria bülowiana (relação jurídica), senão distintos pontos de vista da mesma realidade: a visão "política" e a perspectiva "jurídica". Se uma delas não explica como é operacionalizada e garantida a participação, a outra seria pobre por deixar de incluir qualquer fator teleológico e por não apresentar "meios para a solução de situações mais intrincadas e não previstas expressamente em lei".[410-411]

Em Dinamarco, a legitimidade da jurisdição é vinculada à fidelidade aos seus escopos ("mercê dos quais existe e é exercida.")[412] Orbe em que defende a existência de escopos sociais (paz social e educação ao exercício de direitos, combatendo-se a litigiosidade contida), políticos [aplicação imperativa do direito, culto à liberdade (notadamente, preservação do princípio liberal nas relações entre o Estado e o indivíduo) e garantia de participação dos cidadãos nos destinos da sociedade política] e jurídico (oportunidade em que reflete as teorias unitária e dualista da jurisdição, concluindo que a atividade do magistrado é

---

**408** *Idem, ibidem,* p. 89.

**409** *Idem, ibidem,* p. 160.

**410** *Idem, ibidem,* p. 163.

**411** Com as novas conquistas doutrinárias e a maturação de seu pensamento, Dinamarco absorveu a dimensão material do contraditório, tratando do dever de diálogo e da impossibilidade das partes serem surpreendidas por decisões oficiosas. *Idem, ibidem,* p. 350.

**412** *Idem,* ibidem, p. 176.

criativa, desde que se admita a concorrência das partes ao produto por meio do contraditório, expressando sua adesão à teoria dualista).[413]

Complementando a lição anterior, José Roberto dos Santos Bedaque equipara a – "verdadeira" – instrumentalidade do processo à concessão da tutela jurisdicional, entendida como a "efetiva proteção que a função jurisdicional confere àquele cuja situação da vida encontra-se amparada pelo direito substancial".[414] O processo somente atingiria suas finalidades quando configurada a tutela jurisdicional, o que sugere a nota de excepcionalidade da extinção do procedimento sem análise meritória.[415] Adicionalmente, consignando que Bedaque subsume todos os escopos no jurídico.

Conquanto não atribua – declarada – função epistêmica ao processo, em Dinamarco toda a atividade cognitiva estaria endereçada para tanto, além de defender que "o grande significado técnico da evolução dos sistemas processuais neste século [séc. XX] trouxe a tônica de aperfeiçoar a busca da verdade."[416] Ainda assim, o processo não seria predestinado à descoberta da "verdade objetiva", tão-pouco confortar julgadores na "certeza absoluta".[417] No mesmo passo, reconhece a existência de diferentes regras processuais que transigem com a preocupação de aprimorar o conhecimento obtido, o que potencializaria os riscos de "infidelidade ao ordenamento substancial".[418]

---

**413** *Idem, ibidem,* p. 176-237. Bedaque sintetiza os escopos em: restabelecimento da ordem jurídica material, eliminação dos litígios e manutenção da paz social. Outrossim, sustenta que os escopos social e o político seriam absorvidos pelo jurídico, o que aparenta ter sido consequência das críticas de Aroldo Plínio Gonçalves ao pensamento de seu mestre. cf. *Direito e processo:* influência do direito material sobre o processo. 4. ed. São Paulo: Malheiros, 2006, p. 59-60.

**414** *Direito e processo:* influência do direito material sobre o processo. 4. ed. São Paulo: Malheiros, 2006, p. 91.

**415** *Idem, ibidem,* p. 58-60 e 94-96.

**416** DINAMARCO, Cândido Rangel. *A instrumentalidade do processo.* 12. ed. São Paulo: Malheiros, 2005, p. 284. Em sentido similar, colhe-se novamente o entendimento de Bedaque, o qual, tratando da celeridade ("princípio"), afirma que ela não pode comprometer a busca da "verdade processual". *Efetividade do processo e técnica processual.* São Paulo: Malheiros, 2006, p. 165.

**417** DINAMARCO, Cândido Rangel. *A instrumentalidade do processo.* 12. ed. São Paulo: Malheiros, 2005, p. 363.

**418** *Idem, ibidem,* p. 300-302.

Espelhada na obra de Dinamarco, a "instrumentalidade do processo" suscita paradoxos. Como eles não foram assimilados por seus caudatários, em esforço de crítica e aperfeiçoamento, cabe a nós apontá-los: a) se o interesse público estaria presente em tudo, por que motivo o esforço legislativo em predeterminar o universo de causas à intervenção do Ministério Público? b) A indignação popular é termômetro confiável à legitimidade das decisões? Se sim, como aferi-la? c) A interpretação dos textos normativos que se ajusta aos desígnios de justiça autoriza o magistrado a decidir antes de fundamentar? d) Há estudo empírico demonstrando que o aumento dos poderes judiciais probatórios (espontâneos) tem relação direta com a "justiça" das decisões? e) Qual é a "justiça" a ser buscada pelo juiz?[419] f) Se o modelo acusatório foi uma das principais conquistas do processo penal moderno,[420] e sem perder de vista a indisponibilidade do "status libertatis", supondo a configuração da Teoria Geral do Processo e da recorrente disponibilidade dos interesses substanciais deduzidos em juízo perante a justiça civil, por que o processo civil seria marcado pelo princípio inquisitivo e, ademais, isso representaria um avanço? g) Em qual passagem a Constituição Federal consagra escopos "jurisdicionais"? h) Em que trecho da CF/1988 o processo é situado como mero instrumento? i) Como conciliar a teoria de Oskar Bülow com a de Elio Fazzalari, se o primeiro estava compromissado com o poder e o segundo mirava sua limitação?

A essa altura é importante advertir o leitor que o núcleo da obra em exame (*A Instrumentalidade do Processo*) foi reafirmado por Dinamarco em 2010, tal como se depreende de entrevista concedida pelo autor no mesmo ano, tendo a instrumentalidade por mote.[421] Passemos às críticas.

---

**419** A indagação foi formulada por Georges Abboud e Guilherme Lunelli em trabalho destinado ao escrutínio das premissas da doutrina instrumentalista, os quais desvelaram sua conexão ao solipsismo e ao ativismo judicial, em prejuízo da democracia; outrossim, em prejuízo da coerência do sistema. Ativismo judicial e instrumentalidade do processo. Diálogos entre discricionariedade e democracia. *Revista de Processo,* São Paulo, RT, vol. 242, p. 21-47, abr. 2015.

**420** DINAMARCO, Cândido Rangel. *A instrumentalidade do processo.* 12. ed. São Paulo: Malheiros, 2005, p. 96.

**421** "Quando passamos para essa visão instrumentalista, isso não ocorre. O juiz tem de fazer justiça; ele usará as técnicas do processo e também as normas de direito material para fazer justiça. Em outras palavras, na medida do possível, ele tem de procurar uma maneira de amenizar o rigor da lei material, deverá interpretá-la ade-

### 2.2.3. ANÁLISE CRÍTICA

"Quando Pedro me fala sobre Paulo, sei mais de Pedro que de Paulo." (Freud).

Quando um instrumentalista me fala sobre processo, sei mais (ou apenas) sobre jurisdição. Imersa no "paradoxo de Bülow", em rigor, a instrumentalidade do processo não vai além de uma "tecnologia da jurisdição".[422]

A doutrina da instrumentalidade esbarra em problema transcendente às fases da processualística; problema haurido do processualismo científico, sobre o qual a fase da instrumentalidade se estrutura, furtivo ou despercebido pelos partidários da cooperação. Cuida-se da esquálida compreensão do processo como instrumento do Estado-jurisdição, merecedora de novo epíteto: político (processo = instrumento político). Mas a emenda é incapaz de solucionar o imbróglio inerente ao soneto.

Inicialmente, consigne-se a ausência da categoria "instrumento" em nossa dogmática, impossibilitando seja o processo encarado dessa maneira à luz da ordem jurídica brasileira. Sem embargo, há outro deslize epistêmico digno de nota. Aos cultores da terceira fase, o objeto (processo) é explicado a partir de sua instrumentalização,[423] restan-

---

quadamente. Isso não significa que o juiz pode virar legislador e mudar tudo; mas quer dizer que, sempre que possível, ele deve dar uma interpretação mais conducente a uma solução justa, segundo o pensamento comum da sociedade, e não dele próprio. Um juiz radical, que faz as coisas segundo a justiça dele, não representa o que a nação espera dele. Por exemplo, a súmula do STJ sobre correção monetária foi editada no tempo da inflação muito alta, em que não existia um artigo de lei dizendo que o valor de dívidas deveria evoluir segundo a inflação, a correção monetária, mas os juízes aplicaram isso porque uma dívida de dez anos, sem correção monetária, viraria pó. O juiz não fazia isso porque tinha gostado da ideia; ele agia assim porque captara o que a sociedade queria dele." ALVES, Rafael Francisco *et. al.* Cândido Rangel Dinamarco e a instrumentalidade do processo: uma entrevista. *Cadernos Direito GV,* São Paulo, Direito GV, v. 7, n. 4, jul. 2010.

**422** No ponto, assimilando o novo sentido atribuído à obra do processualista germânico e de seus continuadores.

**423** É possível chamar vários objetos de "instrumento" sem nada ou pouco dizer sobre ele(s). Façamos um exercício: a) instrumento de leitura; b) instrumento de saber; c) instrumento do poder; d) instrumento à alienação; e) instrumento à sedução; h) instrumento para fogueiras; h) peso para porta; i) calço para mesa etc. O objeto em questão é um livro. E, afinal, o que é um livro? É tudo isso e instrumento de milhares outras coisas? Em todas essas variações "instrumentais", o "ob-

do subordinado às preferências do sujeito cognoscente (no caso, do "Estado-juiz"). Em outras palavras, chamar algo de instrumento é falar mais (ou apenas) sobre as preferências do sujeito que, propriamente, acerca do objeto manuseado; aliás, com alguma dose de estímulo ou complacência ao assujeitamento da coisa, seguida da esperança ou fé no sujeito para que faça bom uso dela. A passagem de Freud não poderia ser mais pertinente.

Além de carecer de sustentação epistemológica, o paradigma instrumentalista tem óbice intransponível no texto constitucional – quando o sujeito é "convidado" a retificar seu projeto de interpretação, visto que a antecipação de sentido não se confirma.[424] Mirando o art. 5°, CF/1988, afere-se que o processo ("devido processo") figura dentre as garantias individuais fundamentais de primeira dimensão (liberdade). Ora, se é constitucionalmente tratado como garantia do jurisdicionado (à preservação de sua autonomia!), não pode ser apequenado a instrumento, ferramenta ou que tais da jurisdição. Conquanto a jurisdição possa ser estudada pelas lentes da ciência política,[425] no Brasil o processo deve ser investigado, primariamente, pelas lentes constitucionais.[426] Verdadeiramente, a tentativa de redução ôntica do processo a instrumento não esconde o compromisso ideológico com o poder.

Uma explicação séria do processo não o confunde a reverbero da jurisdição, tampouco de procedimento.[427] Outrossim, inibe seja tomado

---

jeto" é apropriado pelo sujeito cognoscente, instrumentalizando-o a qualquer fim eleito. Essa linha crítica foi desenvolvida em outro trabalho: COSTA, Eduardo J. da Fonseca; PEREIRA, Mateus Costa. Processo não pode sufocar os direitos que nele são discutidos. *Revista Consultor Jurídico,* Coluna Opinião, 26 jul. 2017. Disponível em: <https://bit.ly/2IOky9R>. Acesso em: 20 ago. 2017.

**424** GADAMER, Hans-Georg. *Verdad y metodo.* Trad. Manuel Olasagasti. Salamanca: Ediciones Sígueme, 1992, v. II, p. 319-342.

**425** DINAMARCO, Cândido Rangel. *A instrumentalidade do processo.* 12. ed. São Paulo: Malheiros, 2005, p. 106.

**426** COSTA, Eduardo J. da Fonseca. Processo como instituição de garantia. *Revista Consultor Jurídico*, 16 nov. 2016. Disponível em: <https://bit.ly/2LA5K0n>. Acesso em: 20 nov. 2016.

**427** Sustentando que os termos eram empregados como sinônimos pelo legislador brasileiro, mas para defender a ampliação do campo de incidência da garantia do contraditório à fase de inquérito policial: TUCCI, Rogério Lauria. Devido processo penal e alguns dos seus mais importantes corolários. *Revista da Faculdade de Direito da Universidade de São Paulo.* São Paulo, v. 88, p. 463-484, jan. 1993. Disponível em: <https://bit.ly/2AwnYLN>. Acesso em: 10 ago. 2018.

em sinonímia aos autos ou de qualquer outra forma travestido em técnica a serviço do Estado-juiz.[428] Aliás, imperdoável "malefício didático de consequências desastrosas à Ciência do Direito".[429] Tão problemático quanto a ideia de "direito adjetivo", do qual é intuitiva a sobrevalorização da forma, em detrimento de um direito de fundo ou substancial, a cujo serviço estaria o primeiro, não raro, atrapalhando-o.[430]

A proposição de abandono da postura introspectiva (processualismo científico), em prol da interpretação do sistema "à luz dos valores políticos e sociais existentes fora do processo" – palavras de Bedaque em endosso à doutrina de Dinamarco –,[431] abre espaço a toda sorte de voluntarismos ao sujeito cognitivamente privilegiado (solipsista).[432] Ao fim e ao cabo, a aposta no arbítrio; aqui e acolá, eufemisticamente, tratado sob o rótulo de discricionariedade.[433] Mas os adeptos da

---

**428** Ver a crítica de Lúcio Delfino: Como construir uma interpretação garantista do processo jurisdicional? *Revista Brasileira de Direito Processual – RBDPro,* Belo Horizonte, ano 25, n. 98, abr./jun. 2017. Disponível em: <https://bit.ly/2IRlv17>. Acesso em: 18 jun. 2017.

**429** LEAL, Rosemiro Pereira. *Teoria geral do processo:* primeiros estudos. 2. ed. Porto Alegre: Síntese, 1999, p. 74.

**430** A problemática foi bem detectada por Gustavo Calvinho: *El proceso con derechos humanos:* método de debate y garantía frente al poder. Rosario: Universidad de Rosario, 2012, p. 25.

**431** BEDAQUE, José Roberto dos Santos. "Instrumentalismo e garantismo: visões opostas do fenômeno processual? In: *Garantismo processual:* garantias constitucionais aplicadas ao processo. José Roberto dos Santos Bedaque, Lia Carolina Batista Cintra e Elie Pierre Eid (coords.). Brasília: Gazeta Jurídica, 2016, p. 05.

**432** Vejamos o que foi afirmado por Bedaque em recente trabalho: "Para declarar o direito, o juiz confere à lei o sentido que, a seu ver, é condizente com o interesse social. Ao interpretá-la, ele extrai a vontade da lei." (Bedaque, p. 23). Em outra passagem, "Se há dúvida quanto ao exato significado das normas, o que muitas vezes impede sua aplicação espontânea, o juiz, com base nos valores por ele aceitos, deverá encontrá-lo e impor coercitivamente sua atuação." (p. 25). E, nada obstante, o autor sustenta que isso não significaria incorrer no solipsismo, como se a submissão ao contraditório e ao controle das demais instâncias fosse suficiente (p. 27). BEDAQUE, José Roberto dos Santos. "Instrumentalismo e garantismo: visões opostas do fenômeno processual? In: *Garantismo processual:* garantias constitucionais aplicadas ao processo. José Roberto dos Santos Bedaque, Lia Carolina Batista Cintra e Elie Pierre Eid (coords.). Brasília: Gazeta Jurídica, 2016.

**433** STRECK, Lenio. "Hermenêutica e decisão jurídica: questões epistemológicas." In: *Hermenêutica e Epistemologia:* 50 anos de verdade e método. Ernildo Stein e Lenio Streck (orgs.). Porto Alegre: Livraria do Advogado, 2011, p. 153-172.

instrumentalidade não assimilam isso, em vista da pressuposição de um julgador estritamente racional e onisciente (capaz de apreender os valores), autêntico *homo sapiens sapiens*.[434] Se é que não tomam por *normativo*, um modelo que somente poderia ser reputado *teórico*; sem olvidar sua potencial contrariedade à democracia (ao pluralismo) e, em especial, sua inconsistência no plano discursivo (o modelo de sujeito estritamente racional, pressuposto pela instrumentalidade, sequer se sustenta em nível teórico).

Novamente recorrendo ao texto constitucional, afigura-se no mínimo penoso buscar elementos à recepção da tese dos "escopos processuais". Interpretando o art. 5º, XXXV, CF/1988, Aroldo Plínio Gonçalves já enunciava a impossibilidade em vincular o processo à aplicação do "direito objetivo". E em outra passagem, lecionava que as novas conquistas do Direito teriam deslocado a problemática da justiça de "papel-missão" do julgador à garantia das partes de igual participação (simétrica e paritária) à feitura do "provimento jurisdicional".[435]

Não fosse suficiente, a compreensão do processo consorciada à tutela ou reafirmação (da eficácia) do direito objetivo (entre outros pretensos escopos) também esbarra no artigo 8 do Pacto de San José da Costa Rica (Dec. nº 678/92); esbarra e desfalece. O artigo 8 proclama o direito de qualquer pessoa "a ser ouvida, com as devidas garantias" (ex., duração razoável, órgão jurisdicional competente, dotado de independência e imparcialidade etc.), para que sejam determinados "seus direitos ou obrigações de natureza civil, trabalhista, fiscal ou de qualquer outra natureza."[436] Ora, o texto em questão oferece alguma "abertura" à interpretação de que o processo tenha por desiderato a tutela do direito objetivo? Não é ocioso lembrar o status supralegal dos preceitos dessa convenção.

---

**434** Contendo crítica similar, ver: CARVALHO, Antonio. Precisamos falar sobre o instrumentalismo processual. *Empório do Direito,* Florianópolis, Coluna ABDPro. Disponível em: <https://bit.ly/2xgsG1M>. Acesso em: 11 out. 2017.

**435** GONÇALVES, Aroldo Plínio. *Técnica processual e teoria do processo.* Rio de Janeiro: Aide, 1992, p. 193.

**436** A problemática foi percebida por Eugenia Ariano Deho: *Problemas del proceso civil.* Lima: Jurista Editores, 2003, p. 06-07.

Na mesma toada, diferentemente da Constituição da Tchecoslováquia (1960), cujo art. 107 impelia os tribunais a conhecerem o "estado real das coisas sobre as quais deliberam",[437] não há dispositivo da CF/1988 alicerçando o protagonismo judicial, mormente em matéria de direito probatório. Aliás, são desconhecidos dados empíricos confirmativos da proporcionalidade entre o aumento desses poderes e a concretização da justiça, apesar da insistente prédica "doutrinária". Ocorre que o apelo retórico chegou ao ponto de utilizar a falta de pesquisas contra os que pensam em contrário.[438] Logo, não passa de uma hipótese; e diferente não pode ser tratado. Entrementes, que não passe despercebida a subversão dos encargos probatórios na obra de Dinamarco: sob pretensa amarração no princípio inquisitivo (na mescla entre dispositivo e inquisitivo), em presença de litígios sobre "direitos indisponíveis", o magistrado compartilha dos ônus probatórios. Sobre enfrentar graves problemas analíticos, a postura conduz à impossibilidade de um modelo de repartição de funções, ao arrepio das ideias alinhavadas no presente estudo (Capítulo 6).

No esquema desenhado por Dinamarco, a ordem processual como um todo teria por fundamento proporcionar ao Estado (social) meios à concretização de seus fins.[439] A ideia é tratada amiúde,[440] sendo reforçada pelas diferentes passagens em que o processo é tratado como instrumento "político".[441] Como predito, seria instrumento político ou ético – malgrado a faceta ética seja questionada pelos cooperativistas –,

---

**437** É o que informa Juan Montero Aroca, reproduzindo o texto desse artigo, que ora vertemos ao português. De sua obra: "Los tribunales realizarán el proceso de modo tal que se conozca el estado real de las cosas sobre las cuales deliberan." *La paradoja procesal del siglo XXI: los poderes del juez penal (libertad) frente a los poderes del juez civil (dinero)*. Valencia: Tirant lo Blanch, 2014, p. 38.

**438** Assim: BARREIROS, Lorena Miranda Santos. *Fundamentos constitucionais do princípio da cooperação processual*. Salvador: JusPodivm, 2013, p. 86.

**439** DINAMARCO, Cândido Rangel. *A instrumentalidade do processo*. 12. ed. São Paulo: Malheiros, 2005, p. 97-98 e 99-106.

**440** *Idem, ibidem,* p. 206-207.

**441** Em diferentes passagens, o autor faz questão de registrar que não seria apenas um instrumento técnico, senão político. *A instrumentalidade do processo*. 12. ed. São Paulo: Malheiros, 2005, p. 329, 335 e 361. Em sentido semelhante, Bedaque fala em processo como método estatal de resolução de conflitos. BEDAQUE, José Roberto dos Santos. *Efetividade do processo e técnica processual*. São Paulo: Malheiros, 2006, p. 18-19.

a serviço do Estado e da sociedade ("escopos").[442] Sucede que a justiça social ou econômica é "meta ideológica da **lei material**", não podendo ser baralhada à atuação dos "operadores" do direito.[443]

Os "escopos processuais" na obra de Dinamarco coincidem às "prospettive metagiuridiche" apregoadas por Klein em famosa preleção realizada em Dresden (1901).[444] Sob viés crítico, Picardi conclui que o modelo processual austríaco somente é apropriado ao Estado social,[445] refratário ao pluralismo. Sob outro prisma, já em 1992 Aroldo Plínio Gonçalves demonstrava que a doutrina dos escopos pressupõe três ordens *normativas* correlatas (jurídica, social e política), o que é inviável. Seria possível trabalhar com escopos "pré-jurídicos", anteriores ao advento de uma determinada ordem jurídica, prévia à "cristalização dos valores que serão acolhidos pelas normas, das ideologias que constituirão o conteúdo das normas". Superado esse estágio primevo, em atenção ao código lícito-ilícito indispensável à autonomia do direito, restaria esvaziada a crença em uma ordem social e política autônomas (paralelas à jurídica), a serem tomadas em consideração pelo aplicador.[446] Além da impossibilidade dessas três ordens *normativas* concomitantes, eventual persistência em escopos "jurídicos" (e não "pré-jurídicos") ensejaria a contaminação da decisão por elementos alopoiéticos (estranhos à juridicidade); logo, conducente a um modelo "não democrático de magistratura." Não bastasse, quem determina o conteúdo dos escopos?[447]

---

**442** CINTRA, Antonio Carlos de Araújo; DINAMARCO, Cândido Rangel; GRINOVER, Ada Pellegrini. *Teoria geral do processo*. 24. ed. São Paulo: Malheiros, 2008, p. 48-49.

**443** Nesse sentido: LEAL, Rosemiro Pereira. *Teoria geral do processo:* primeiros estudos. 2. ed. Porto Alegre: Síntese, 1999, p. 67.

**444** NUNES, Dierle. *Comparticipação e policentrismo:* horizontes para a democratização processual civil (tese de doutorado). Belo Horizonte: PUC-MG, 2008, p. 99 e 102; Do mesmo autor: Reformas processuais: estatalismo ou privatismo? Por um modelo comparticipativo. *Revista Brasileira de Direito Processual – RBDPro,* Belo Horizonte, ano 23, n. 90, p. 145-152, abr./jun. 2015.

**445** PICARDI, Nicola. Le riformi processuali i sociali di Franz Klein. *Historia et ius:* rivista di storia giuridica dell'età medievale e moderna, n. 2, 2002. Disponível em: <www.historiaetius.eu>. Acesso em: 10 jun. 2017.

**446** GONÇALVES, Aroldo Plínio. *Técnica processual e teoria do processo*. Rio de Janeiro: Aide, 1992, p. 182.

**447** ABBOUD, Georges; LUNELLI, Guilherme. Ativismo judicial e instrumentalidade do processo. Diálogos entre discricionariedade e democracia. *Revista de Processo,* São Paulo, RT, vol. 242, p. 21 - 47, abr. 2015.

Em Dinamarco, tanto quanto a lei, a atividade judicial seria orientada por "valores inerentes da sociedade", a serem perquiridos pelo magistrado à concretização da justiça – pressupondo uma "ordem concreta e homogênea de valores", apreendida solitariamente pelo julgador (solipsismo).[448] Guiado por esses valores, os juízes poderiam "amenizar" eventuais rigores do texto normativo,[449] incorrendo no que foi apontado de falácia do "juiz antena",[450] ancorada em um suposto "privilégio cognitivo do juiz".[451] Aparentemente, em prestígio dos interesses da maioria, visto que a população é situada como termômetro da legitimidade das decisões, em desprezo da atuação contramajoritária da jurisdição, ao abrigo dos direitos fundamentais, enquanto "trunfos contra a maioria."[452]

Face ao prestígio e difusão da "socialização processual" no Brasil, para a qual Dinamarco foi decisivo; e em vista do manancial teórico em que arquitetada, sobre ser disciplina obrigatória dos cursos jurídicos universitários do país, a Teoria Geral do Processo se tornou peça fundamental ao projeto "catequista" da instrumentalidade.[453-454] Ela forjaria o terreno comum ao fenômeno processual; e como o processo

---

**448** Na dupla censura de Dierle Nunes: *Comparticipação e policentrismo:* horizontes para a democratização processual civil (tese de doutorado). Belo Horizonte: PUC-MG, 2008, p. 101-102.

**449** ALVES, Rafael Francisco *et. al. Cândido Rangel Dinamarco e a instrumentalidade do processo: uma entrevista. Cadernos Direito GV,* São Paulo, Direito GV, v. 7, n. 4, jul. 2010.

**450** Um modelo de juiz que conseguiria captar os valores da sociedade, externando essas opções axiológicas em sua decisão. A ideia de "antena" decorre dessa aposta ou crença na capacidade do juiz em apreender os anseios sociais dominantes. ABBOUD, Georges; LUNELLI, Guilherme. Ativismo judicial e instrumentalidade do processo. Diálogos entre discricionariedade e democracia. Revista de Processo, São Paulo, RT, vol. 242, p. 21 - 47, abr. 2015.

**451** STRECK, Lenio. *Dicionário de Hermenêutica:* quarenta temas fundamentais da Teoria do Direito à luz da Crítica Hermenêutica do Direito. Belo Horizonte: Letramento, 2017, p. 63.

**452** ABBOUD, Georges. *Discricionariedade administrativa e judicial:* o ato administrativo e a decisão judicial. São Paulo: RT, 2014, p. 107-108.

**453** COSTA, Eduardo J. da Fonseca. "Apresentação". PEREIRA, Mateus Costa. *A teoria geral do processo e seu tripé fundamental:* racionalismo, pensamento sistemático e conceitualismo. Florianópolis: Tirant Lo Blanch, 2018.

**454** Em visão instrumentalista próxima, Galeno Lacerda assentava a autonomia científica da TGP no "princípio da adequação". LACERDA, Galeno. O código como

é tratado por mera ferramenta, no mínimo "interessante" meditar os frutos em âmbito penal. A nós parece que o reconhecimento do modelo acusatório rechaça o núcleo da instrumentalidade (processo como instrumento político) e, por conseguinte, elimina o arrimo (sistemático) da própria TGP. Os entusiastas da instrumentalidade ainda não perceberam isso. Ou não querem perceber. Ao fim e ao cabo, sequer houve a proposição de uma novel Teoria Geral do Processo, pois a doutrina em análise se limitou a incorporar (e enaltecer) argumentos de índole finalística no discurso processual.[455]

Segundo Calmon de Passos, a instrumentalidade foi apresentada com ares de novidade no Brasil. Porém, a inovação da segunda metade do séc. XX foi a "constitucionalização do processo". A despeito da importância que lhe foi atribuída por alguns autores,[456] Calmon anotava que o tratamento (pioneiro) do moderno processo brasileiro passou ao largo da instrumentalidade enquanto "princípio fundamental do processo". No particular, ilustrava com o pensamento de Pontes de Miranda, Lopes da Costa, Frederico Marques, Alfredo Buzaid, Amilcar de Castro e Luis Eulálio Bueno de Vidigal.[457]

Incisivo, segundo Calmon, dissertar a instrumentalidade em dogmática seria inútil, pois qualquer meio empregado à consecução de um fim poderia ser encarado como instrumento em sentido amplo; e, com essa significação ampla, não teria serventia.[458] Ainda nas palavras dele, a instrumentalidade foi apresentada como resposta à crise da justiça, espécie de palavra mágica, seguida de outros termos sensíveis ou simbólicos (ex., "celeridade", "efetividade", "deformalização" etc.), sem

---

um sistema de adequação do processo civil. *Revista do Instituto Dos Advogados do Rio Grande do Sul.* Porto Alegre, 1976. Comemorativa do Cinqüentenário.

**455** COSTA, Alexandre Araújo; COSTA, Henrique Araújo. Instrumentalismo x Neoinstitucionalismo: uma avaliação das críticas neoinstitucionalistas à teoria da instrumentalidade do processo. *Revista Brasileira de Direito Processual - RBDPro,* Belo Horizonte, ano 18, n. 72, out./dez. 2010. Disponível em: <https://bit.ly/2KY5BTw>. Acesso em: 24 mar. 2017.

**456** BEDAQUE, José Roberto dos Santos. "Instrumentalismo e garantismo: visões opostas do fenômeno processual? In: *Garantismo processual:* garantias constitucionais aplicadas ao processo. José Roberto dos Santos Bedaque, Lia Carolina Batista Cintra e Elie Pierre Eid (coords.). Brasília: Gazeta Jurídica, 2016.

**457** PASSOS, José Joaquim Calmon de. "Instrumentalidade do processo e devido processo legal". *In: Ensaios e artigos.* Salvador: JusPodivm, 2014, v. I, p. 31-44.

**458** *Idem, ibidem,* p. 31-44.

que tenha havido investigação de suas causas. Em vista disso, concluía que a instrumentalidade deveria ter ficado restrita às formas, jamais alcançado o processo.[459]

No empenho de rebater as críticas de Calmon, na entrevista de 2010 (citada alhures), Dinamarco tencionou circunscrevê-la a um momento específico da Bahia, aos tempos do domínio de Antonio Carlos Magalhães, a quem os magistrados de então seriam subservientes (palavras dele). Daí a afirmação de que as ideias de Calmon transpareceriam preocupação "momentânea" dos baianos,[460] o que não passa de conjectura (afirmação nossa). A leitura atenta do ensaio de Calmon de Passos revela que a avaliação foi muito além disso; e ele não foi o mais ácido com a instrumentalidade.

Passando a instrumentalidade a limpo, tanto por seu projeto "onírico-metafísico" como por incorporar a concepção bülowiana de subordinação das partes (no cerne da teoria da relação jurídica jaz a hierarquia do juiz sobre as partes,[461] o chamado "modelo assimétrico"), para Rosemiro Pereira Leal:

> Conclui-se que entre os seguidores da escola instrumentalista e da relação jurídica (que não é jurídica, mas subjetivo-voluntarista), o "processo é essencialmente teleológico" [passagem de Dinamarco, Grinover e Cintra], um instituto flutuante, etéreo, ritualístico, sem qualquer vínculo lógico-jurídico, porque, ao dizerem que o processo é "modo" ou força que impulsiona os atos do procedimento perceptível, o processo seria imperceptível, esotérico e inefável, sequer teria, como a música, a mais abstrata das artes, um modo (maior ou menor) que se distingue pela alteração qualitativa dos intervalos (isto é, da segunda para a terceira **nota** da escala fundamental). O processo, para tais processualistas, é uma culinária, à milanesa, cuja fórmula é alquímica, inacessível às inteligências inferiores, envolvendo-se num mundo ritualístico do sagrado.[462]

---

**459** *Idem, ibidem,* p. 31-44.

**460** ALVES, Rafael Francisco *et. al.* Cândido Rangel Dinamarco e a instrumentalidade do processo: uma entrevista. *Cadernos Direito GV,* São Paulo, Direito GV, v. 7, n. 4, jul. 2010.

**461** LEAL, André Cordeiro. *Instrumentalidade do processo em crise.* Belo Horizonte: Mandamentos, 2008, p. 35.

**462** LEAL, Rosemiro Pereira. *Teoria geral do processo:* primeiros estudos. 2. ed. Porto Alegre: Síntese, 1999, p. 83-84.

A instrumentalidade não se esquiva dessa censura ao propor a harmonização da teoria da relação processual com a do procedimento em contraditório.[463] Sobre pressupor a subordinação das partes, a noção de "relação jurídica" projeta um sujeito solipsista (privilégio cognitivo);[464] em alguma medida, o que foi combatido por Elio Fazzalari.[465] Esse aporte ainda não foi assimilado por cultores da fase teleológica que comungam das premissas de Dinamarco, não obstante o esforço de Aroldo Plínio Gonçalves.[466] Por outro lado, sabe-se que a doutrina bülowiana não reflete a dinâmica processual; analiticamente, melhor traduzida pelo pensamento de Goldschmidt (aperfeiçoado por outros

---

**463** Sobre o tema: GONÇALVES, Aroldo Plínio. *Técnica processual e teoria do processo.* Rio de Janeiro: Aide, 1992, p. 105 e ss.; LEAL, Rosemiro Pereira. *Teoria geral do processo:* primeiros estudos. 2. ed. Porto Alegre: Síntese, 1999, p. 76 e ss.; SILVA, Ovídio A. Baptista da. *Curso de processo civil.* 8. ed. Rio de Janeiro: Forense, 2008, v. 1, t. I, p. 04-11; AGUIAR, Cynara Silde Mesquita Veloso de; COSTA, Fabrício Veiga; SOUZA, Maria Inês Rodrigues de; TEIXEIRA, Welington Luiz. "Processo, Ação e Jurisdição em Oskar von Bülow". *In: Estudos continuados de teoria do processo.* Porto Alegre: Síntese, 2005, v. IV, p. 40.

**464** Entre outros, detectado por André Cordeiro Leal: *Instrumentalidade do processo em crise.* Belo Horizonte: Mandamentos, 2008, p. 24-25.

**465** Deixando claro que a doutrina de Fazzalari supera a compreensão do processo como relação jurídica: GONÇALVES, Aroldo Plínio. *Técnica processual e teoria do processo.* Rio de Janeiro: Aide, 1992, p. 193; Enaltecendo a contribuição, mas censurando o pensamento de Fazzalari, ver: LEAL, Rosemiro Pereira. *Teoria geral do processo:* primeiros estudos. 2. ed. Porto Alegre: Síntese, 1999, p. 51 e 80-81. LEAL, Rosemiro Pereira. *Teoria processual da decisão jurídica.* São Paulo: Landy, 2002, p. 15; LEAL, André Cordeiro. *Instrumentalidade do processo em crise.* Belo Horizonte: Mandamentos, 2008, p. 110 e ss. Em sentido contrário, entendendo que as doutrinas não sejam incompatíveis: DIDIER JR., Fredie; NOGUEIRA, Pedro H. P. *Teoria dos fatos jurídicos processuais.* Salvador: JusPodivm, 2011, p. 138.

**466** A problemática foi apontada por Aroldo Plínio Gonçalves: *Técnica processual e teoria do processo.* Rio de Janeiro: Aide, 1992, p. 66 e ss.

autores)[467] de "conjunto de situações jurídicas",[468] permeável à alternância de posições ativas e passivas das partes.[469]

Em linhas gerais, o instrumentalismo é insubmisso ao DNA do processo, verdadeira "instituição de garantia" (garantia contrajurisdicional),[470] visão epistêmica encabeçada por Eduardo Costa, com relevantes efeitos políticos (limitação), dado que o "objeto cognoscível" deixa de ser apoderável pelo Estado, reconciliando-o ao seu tecido histórico (à tradição que remota à Magna Charta de 1215) e à normatividade constitucional.

Sem embargo, recente publicação associou a instrumentalidade (e o instrumentalismo) ao garantismo, chegando a dois extremos: citar Juan Montero Aroca como adepto da instrumentalidade[471] e afirmar ("sem hesitação") que os instrumentalistas seriam garantistas.[472] Pois bem. Instrumentalistas não são garantistas. A inferência é sobremaneira simples. Qualquer discurso em favor das garantias processuais é oco quando tergiversa com a principal delas: o "processo" (garantia de liberdade), em que a repartição de funções é consubstancial, ademais ele (processo) ser garantia de outras garantias. Sobre a obra de Montero Aroca, permita-se um reforço: amplamente analisada por nós, não há linha permissiva à etiqueta empregada.

---

**467** Dissertando as premissas de Goldschmidt à formulação de sua teoria, bem assim apresentando a suma das principais críticas recebidas, ver: PIMENTEL, Alexandre Freire. "Notas sobre a evolução da técnica e da teoria processual: das origens gregas ao advento do processo civil liberal." In: *História do processo.* Alexandre Freire Pimentel, Eduardo José da Fonseca Costa, Jaldemiro Rodrigues Ataide Jr. e Venceslau Tavares Costa Filho (coords.). São Paulo: Exegese, 2018, p. 57-59.

**468** GUILLÉN, Víctor Fairén. *Teoría general del derecho procesal.* México: Universidad Nacional Autónoma de México, 1992, p. 41.

**469** Sobre o tema, ver a síntese de: DIDIER JR., Fredie; NOGUEIRA, Pedro H. P. *Teoria dos fatos jurídicos processuais.* Salvador: JusPodivm, 2011, p. 129-131.

**470** COSTA, Eduardo J. da Fonseca. Processo como instituição de garantia. *Revista Consultor Jurídico,* 16 nov. 2016. Disponível em: <https://bit.ly/2LA5K0n>. Acesso em: 20 nov. 2016.

**471** Descurando a obra de Juan Montero Aroca, Bedaque também alinha o processualista espanhol ao instrumentalismo. "Instrumentalismo e garantismo: visões opostas do fenômeno processual? In: *Garantismo processual:* garantias constitucionais aplicadas ao processo. José Roberto dos Santos Bedaque, Lia Carolina Batista Cintra e Elie Pierre Eid (coords.). Brasília: Gazeta Jurídica, 2016, p. 10 e 19.

**472** *Idem, ibidem,* p. 20.

Decerto que as convicções de Cândido Rangel Dinamarco não são fruto de ingenuidade, conquanto sejam denotativas do peso do paradigma (ciência moderna) – estamos diante de um dos principais nomes da processualística brasileira. Corretamente, Rosemiro Pereira Leal asseverou que o pensamento do primeiro é "plenamente operável por uma sensibilidade superior e imanente ao bom juiz, como donativo da divindade."[473] André Cordeiro Leal certificou a compatibilidade (exclusiva) dessa teoria ao Estado social, no qual viceja a convergência de bases axiológicas, mas não em "sociedades secularizadas e descentradas" como ocorre no Estado democrático de direito.[474] Georges Abboud e Guilherme Lunelli rotularam o modelo de magistrado pressuposto pela instrumentalidade como "juiz-antena".[475] Antonio Carvalho também destaca seu desprezo à função contramajoritária da jurisdição (*"contra-juiz-antena"*).[476] As críticas procedem. Todas elas. Porém, entendemos que a melhor explicação (censura) seja em nível paradigmático, demonstrando o engajamento da *Instrumentalidade do Processo* (e do instrumentalismo em geral) com o *homo sapiens sapiens* (modelo de sujeito estritamente racional encampado pela modernidade e insustentável no próprio nível teórico). São os fatores que nos motivam a categorizar o modelo propugnado por Cândido Rangel Dinamarco de teórico (ideal). E, já no plano teórico, com sensíveis inconsistências.

---

**473** LEAL, Rosemiro Pereira. *Teoria geral do processo:* primeiros estudos. 2. ed. Porto Alegre: Síntese, 1999, p. 65. Do mesmo autor: *Teoria processual da decisão jurídica.* São Paulo: Landy, 2002, p. 14-15.

**474** *Instrumentalidade do processo em crise.* Belo Horizonte: Mandamentos, 2008, p. 27 e 35.

**475** ABBOUD, Georges; LUNELLI, Guilherme. Ativismo judicial e instrumentalidade do processo. Diálogos entre discricionariedade e democracia. Revista de Processo, São Paulo, RT, vol. 242, p. 21-47, abr. 2015.

**476** CARVALHO, Antonio. Precisamos falar sobre o instrumentalismo processual. *Empório do Direito,* Florianópolis, Coluna ABDPro. Disponível em: <https://bit.ly/2xgsG1M>. Acesso em: 11 out. 2017.

# 3
## CORRENTES ENGENDRADAS À SOMBRA DO INSTRUMENTALISMO

## 3.1. AS "NOVAS" ONDAS INSTRUMENTALISTAS

### 3.1.1. FORMALISMO-VALORATIVO

O formalismo-valorativo tem seu marco na publicação da obra *Do formalismo no processo civil*, versão comercial da tese de Carlos A. Alvaro de Oliveira, cujos discípulos lhe reivindicam a posição de fase metodológica subsequente à instrumentalidade.[477-478] Sem a preocupação de analisar essa doutrina horizontalmente (perquirir o que há de comum e aquilo que é peculiar a um ou outro de seus cultores, a começar pela divergência quanto ao melhor nome para designá-la),[479] faremos o exame vertical do pensamento de Alvaro de Oliveira, sem prejuízo de anotações marginais no diálogo com outros expoentes.

Sem negar a importância das reflexões em torno dos escopos "processuais" (visão externa), Alvaro de Oliveira reajustou o foco ao inte-

---

**477** MITIDIERO, Daniel Francisco. *Colaboração no processo civil*. São Paulo: RT, 2009, p. 29.

**478** Em nota de rodapé, Madureira relata o surgimento da expressão "formalismo-valorativo" em uma aula ministrado por Alvaro de Oliveira no Programa de Pós-Graduação da Universidade Federal do Rio Grande do Sul, para a qual Mitidiero também teria concorrido. MADUREIRA, Claudio. *Fundamentos do novo processo civil brasileiro:* o processo civil do formalismo-valorativo. Belo Horizonte: Fórum, 2017, p. 70, nota 235.

**479** A título de ilustração, Madureira anota a mudança de nomenclatura por parte de Daniel Mitidiero, o qual tem preferido designar o formalismo-valorativo por "Processo civil no Estado Constitucional"; mudança que ele (Madureira) não adotou. Outrossim, fala em interpretação que busca o sentido da lei ou seu espírito. *Idem, ibidem*, p. 64, 76-77.

rior do processo: ao formalismo. Antes de examinar o que ele entendia por formalismo, anote-se que os escopos "processuais" professados pela instrumentalidade se aproximam e, em parte, confundem-se ao que chama de "fatores externos do formalismo", ora valores que constituem fins do processo (justiça material e paz social), ora valores que instrumentalizam os próprios fins (efetividade, segurança e organização interna justa do próprio processo ou *fair trial*); adicionalmente, também os valores constitucionais e culturais que permeiam a ordem jurídica. Fatores (externos) que eram tratados por Carlos Alberto Alvaro de Oliveira como condicionantes do formalismo.[480-481]

O *formalismo* (= forma em sentido amplo) é compreensivo da totalidade formal do processo; não apenas da forma e das formalidades. Nele o autor atribuía especial importância à "delimitação de *poderes*, *faculdades* e *deveres* dos sujeitos processuais, coordenação de sua atividade, ordenação do procedimento e organização do processo com vistas a que sejam atendidas suas finalidades primordiais."[482] Nesse horizonte, a forma em sentido amplo tem capital importância à fixação dos lindes iniciais e finais do procedimento, delimitação do material a ser formado e, segundo Alvaro de Oliveira, para fixar em que medida todos que atuam no procedimento "devem cooperar" ao seu desenvolvimento.[483] É o que atrai nossa atenção.

Do estudo angulado internamente ressai a proposta de nova conformação processual, em superação dos modelos (e discursos) considerados exacerbadores, ora da atividade das partes (*Sache der Parteien*),

---

**480** OLIVEIRA, Carlos A. Alvaro de. "O formalismo-valorativo no confronto com o formalismo excessivo." In: *Teoria do processo:* panorama mundial. Fredie Didier Jr. e Eduardo Ferreira Jordão (coords.). Salvador: JusPodivm, 2007, p. 125-150.

**481** Segundo outro adepto, os elementos axiológicos que seriam introduzidos na atividade de interpretação quando da aplicação de princípios. Aliás, essa é apontada como um das notas distintivas entre o instrumentalismo e o formalismo-valorativo. MADUREIRA, Claudio, *op. cit.*, p. 32 e 48-49.

**482** *Do formalismo no processo civil*. 2. ed. São Paulo: Saraiva, 2003, p. 07. Do mesmo autor: "O formalismo-valorativo no confronto com o formalismo excessivo." In: *Teoria do processo:* panorama mundial. Fredie Didier Jr. e Eduardo Ferreira Jordão (coords.). Salvador: JusPodivm, 2007, p. 125-150.

**483** *Do formalismo no processo civil*. 2. ed. São Paulo: Saraiva, 2003, p. 07. A visão de Alvaro de Oliveira se aproxima da desenvolvida por Alois Troller em obra que também enfrenta a temática do formalismo, inclusive, vertida ao português pelo primeiro: *Dos fundamentos do formalismo processual civil*. Trad. Carlos Alberto Alvaro de Oliveira. Porto Alegre: Safe, 2009, p. 22-23.

ora do papel do juiz, apregoando a simetria entre os sujeitos processuais. É nessa simetria ou interconexão equilibrada de papéis – sem protagonismos de lado a lado –, que o autor assenta a higidez do formalismo processual,[484] o que modernamente estaria amarrado pela cooperação.[485-486] Tal como concebido pelo autor, a cooperação seria inerente ao "formalismo". Inclusive, em ensaio posterior versando o mesmo assunto, Alvaro de Oliveira procurou assentar os fundamentos da cooperação do juízo com as partes e delas com o órgão judicial.[487] Por esse viés, conquanto a cooperação pudesse ser inidônea ao efetivo restabelecimento da isonomia entre os sujeitos processuais (modelo isonômico), por meio dela seria buscado um ponto de equilíbrio;[488] um fator de igualação entre os sujeitos do processo.

Como visto, na tese de Alvaro a forma em sentido amplo é compreendida de maneira adjeta a valores; a axiologia tempera o elemento formal, condicionando-o. "Calçados" na Constituição, os valores referidos alhures consistiriam na "base axiológica da qual ressaem princípios, regras e postulados para sua elaboração dogmática, organização, interpretação e aplicação. Vale dizer: do plano axiológico ao plano deontológico.[489] Daí se falar em "formalismo-valorativo", em que, a

---

**484** Como se refere em determinada passagem ao censurar o poder ilimitado dos juízes: "[…]. Cuida-se, aliás, de fato recorrente na história do formalismo processual: à medida que cresce e se intensifica o poder e o arbítrio do juiz, enfraquece-se também o formalismo, correlativo elemento de contenção." *Idem, ibidem*, p. 22.

**485** ZANETI JR., Hermes. *Processo constitucional:* o modelo constitucional do processo civil. Rio de Janeiro: Lumen Juris, 2007, p. 149.

**486** Com a mesma leitura, também em crítica ao formalismo-valorativo e à cooperação: STRECK, Lenio Luiz; DELFINO, Lúcio; BARBA, Rafael Giorgio Dalla; LOPES, Ziel Ferreira. O "bom litigante" –Riscos da moralização do processo pelo dever de cooperação do novo CPC. *Revista Brasileira de Direito Processual – RBDPro*, Belo Horizonte, ano 23, n. 90, abr./jun. 2015. Disponível em: <https://bit.ly/2HfO1rB>. Acesso em: 30 mar. 2016.

**487** OLIVEIRA, Carlos A. Alvaro de. "O formalismo-valorativo no confronto com o formalismo excessivo." In: *Teoria do processo:* panorama mundial. Fredie Didier Jr. e Eduardo Ferreira Jordão (coords.). Salvador: JusPodivm, 2007, p. 125-150.

**488** *Idem, ibidem.*

**489** MITIDIERO, Daniel Francisco. *Colaboração no processo civil.* São Paulo: RT, 2009, p. 47.

um só tempo, a forma seria apresentada como liberdade e segurança, jamais instrumento ao arbítrio ou comando.[490]

Ao longo da obra, o autor delineia a progressão do formalismo por expressões históricas reputadas "não ideais", dissertando a faceta enfraquecida (poder ilimitado dos juízes) e a excessiva (passividade do magistrado) do formalismo. Rastreando os passos iniciais da "evolução" – publicística – do direito processual, o trabalho perlustra os estágios do processo romano, consignando o gradual reconhecimento da autoridade estatal (aumento do poder) pelo processo da *cognitio extra ordinem* ou *extraordinaria cognitio*,[491] tal como pontuamos no Capítulo 2.

Muito embora registre a predominância do princípio dispositivo nos diferentes períodos do direito romano – assim como neles já era possível detectar importantes institutos componentes do formalismo moderno –,[492] paulatinamente, do período *formulário* ao da *cognitio*, assinala que o emergente acento publicístico fez com que o aporte e eleição dos meios de prova fossem transferidos ao tribunal. O redimensionamento do papel do juiz, "lídimo representante do impulso do processo", teria ocorrido em paralelo à perda de vigência dos princípios da oralidade e imediatidade. No magistério de Alvaro de Oliveira, o reforço no papel do juiz e a restrição no domínio das partes sobre o procedimento teriam advindo do próprio enfraquecimento

---

**490** ZANETI JR., Hermes. *Processo constitucional:* o modelo constitucional do processo civil. Rio de Janeiro: Lumen Juris, 2007, p. 36.

**491** Nesse estágio evolutivo do direito romano, o processo é conduzido do início ao fim por um magistrado funcionário público, rompendo com o procedimento bifásico que marcou as fases anteriores (*legis actiones* e formulário), ocorrendo o incremento dos poderes dos juízes, com poderes tanto à condução processual (intensificados), quanto à investigação dos fatos da causa, com a possibilidade de interrogatório das partes, bem como a valoração da prova ("de um modo geral, livremente"). Mitidiero invoca essa fase para ilustrar o chamado modelo assimétrico, em que o juiz sobrepaira as partes. Outrossim, descreve-se como publicização do processo civil. CASTRO, Leonardo Prieto. *Derecho Procesal Civil.* Zaragoza: Librería General, 1949, t. I, p. 28-29; MITIDIERO, Daniel Francisco. *Colaboração no processo civil...,* p. 66-69.

**492** No ponto, menciona a publicidade, a oralidade, a imediatidade da recepção da prova e a audição de ambas as partes, já com referência ao período da *legis actiones*, ainda anterior ao período formulário. OLIVEIRA, Carlos A. Alvaro de. *Do formalismo no processo civil.* 2. ed. São Paulo: Saraiva, 2003, p. 17-22.

do formalismo.[493] Sem entrever problemas no fortalecimento do órgão judicial, a dificuldade recairia na restrição à participação das partes (falta de equilíbrio).

Seguindo o marco historiográfico, o mesmo autor aduzia que o processo romano-canônico teria debilitado a função do juiz ao lhe "condenar" à letargia. Alguns fatores teriam se ajuntado para tanto;[494] todos confluindo à crença no domínio das partes como garantia (melhor) contra os abusos judiciais (um "excesso de garantismo").[495] Crença que também foi reforçada por um argumento lógico, no sentido da natureza privada do litígio levar à "correlata faculdade dispositiva das partes sobre os limites da pretensão exercida no processo e as alegações conducentes a sua realização." – fixe-se o ponto, visto que ele contrasta com uma das críticas desenhadas por Barbosa Moreira. Todas as características marcantes do processo romano-canônico (escritura, o caráter secreto das provas, a existência de regras rígidas de valoração e até mesmo a minimização do papel do juiz na condução do procedimento), amalgamavam-se no propósito de controlar a atividade judicial.[496] Em resumo, todas elas tinham por móvel proteger as partes *contra falsam assertionem iniqui iudicis.*[497]

O processo romano-canônico (ou italiano-medieval) é tratado sob o rótulo de "formalismo excessivo de corte racional", no qual Alvaro de Oliveira também encaixa o processo comum alemão (entre outros traços, que excluiu a publicidade, a oralidade e a imediatidade, além de corporificar a mais radical manifestação da prova tarifária) e o processo comum luso-brasileiro (igualmente caracterizado pela escritura, distanciamento do juiz da instrução probatória, existência de variadas

---

**493** *Idem, ibidem,* p. 22.

**494** Três seriam os motivos, todos hauridos da obra de Alois Troller: a natureza corrupta do homem; a "periclitação da honradez e da independência jurisdicional" em virtude de disputas políticas e econômicas; e a natureza privada do litígio. TROLLER, Alois. *Dos fundamentos do formalismo processual civil.* Trad. Carlos Alberto Alvaro de Oliveira. Porto Alegre: Safe, 2009, p. 42-43.

**495** É o que era imputado a esse modelo na época. cf. PICARDI, Nicola. *Jurisdição e processo.* Org. e Rev. Técnico Trad. Carlos Alberto Alvaro de Oliveira. Rio de Janeiro: Forense, 2008, p. 58.

**496** OLIVEIRA, Carlos A. Alvaro de. *Do formalismo no processo civil.* 2. ed. São Paulo: Saraiva, 2003, p. 26.

**497** CAPPELLETTI, Mauro. *El proceso civil en el derecho comparado.* Trad. Santiago Sentís Melendo. Buenos Aires: Ediciones Jurídicas Europa-America, 1973, p. 52.

regras predeterminando o peso das provas e conformado pelo princípio dispositivo em sentido formal e material, de modo que autor e réu eram *domini litis*),[498] de cujos tentáculos somente fomos libertos em 1890, tal como veremos à frente.

As críticas de Alvaro de Oliveira ao modelo processual escrito são assemelhadas às que já foram alinhavadas neste trabalho (Capítulo 2), prescindindo reprodução no momento. Por outro lado, a análise do percurso historiográfico atravessado por ele na intenção de traçar a "evolução" do formalismo desborda de nosso estudo, em muito transpassando a chamada modernidade do direito processual (delimitação de nosso objeto). Nada obstante, o posicionamento que ele assume diante de alguns marcos históricos atrai a nossa atenção, sobretudo pelas reviravoltas do formalismo no Brasil.

Ao tempo em que aponta o CPC francês de 1806 como o grande símbolo do liberalismo no processo,[499] com esteio na publicidade, oralidade – sem a concentração, na observação de Chiovenda,[500] então apontado como possível fator da morosidade de então –,[501] igualdade no acesso ao tribunal e com sua característica principal de predomínio das partes, Alvaro de Oliveira observa que essa codificação exerceu influência determinante em quase todos os Estados europeus da época. Conseguintemente, fomentando a repulsa ao processo comum e às leis dele decorrentes. A título de ilustração, a ideologia liberal que enfeixou o modelo francês se fez presente na Ordenança Processual alemã de 1877.[502]

---

**498** *Idem, ibidem,* p. 24-33.

**499** O protótipo do processo liberal, como afirmava Denti em alusão ao CPC francês da era napoleônica, destacando que mesmo nesse código, o magistrado poderia determinar a produção de prova testemunhal de ofício. DENTI, Vittorio. *La giustizia civile.* Bologna: Il Mulino, 2004, p. 37.

**500** CHIOVENDA, Giuseppe. Procedimento oral. Trad. Olvaldo Magon. *Revista Forense,* Rio de Janeiro, v. LXXIV, ano XXXV, fascículo 419, p. 171-194, 1938. Jordi Nieva Fenoll menciona o reaparecimento da oralidade com as codificações francesas de 1806 e 1808. Los problemas de la oralidad. *Justicia: revista de derecho procesal,* n. 1-2, p. 101-130, 2007.

**501** GUIMARÃES, Luiz Machado. O Processo Oral e o Processo Escrito. *Revista Forense,* Rio de Janeiro, v. LXXIV, ano XXXV, fascículo 419, p. 160-167, 1938.

**502** *Do formalismo no processo civil.* 2. ed. São Paulo: Saraiva, 2003, p. 40-42.

Os influxos liberais teriam perdurado até a revolução "copérnica" levada a efeito por Franz Klein, quando então, exibindo posição intermédia ao autoritarismo e ao individualismo, a "socialização" institucionalizada pelo código austríaco daria início ao "formalismo moderno".[503] No albor do modo de ser do processo, enquanto "relação jurídica" de direito público, o processualista riograndense creditava à ordenança austríaca a reinvenção dos poderes judiciais à condução formal expedita e à redescoberta da verdade. Com alicerce na oralidade, limitação dos recursos às decisões definitivas (irrecorribilidade em separado...), relação imediata do magistrado com as partes e fontes de prova – cujos meios poderiam ser livremente apreciados –, não é difícil perceber a importância do novo figurino dos togados.[504]

Dissertando as transformações do formalismo na processualística brasileira, mesmo após a independência, Carlos A. Alvaro de Oliveira lembrava que a Lei 20 de outubro de 1823 prolongou a vigência do Livro III das Ordenações Filipinas em nosso processo civil, então acrescida das normas extravagantes. Fruto de iniciativa da Assembleia Constituinte, a prorrogação era explicada sob o argumento de impossibilidade das instituições jurídicas então existentes (pós independência) serem simplesmente aniquiladas;[505] sem negligenciar a formação portuguesa de nossos primeiros bacharéis, pois que ainda não existiam cursos jurídicos em nosso país.[506] Ainda com Alvaro, o Código comercial brasileiro de 1850 foi responsável por encartar melhoras no tocante às causas comerciais, posteriormente aprofundadas pelo Regulamento 737,[507] também de 1850 (decreto regulamentar

---

**503** *Idem, ibidem,* p. 48-51.

**504** *Idem, ibidem,* p. 50-51.

**505** LOPES, José Reinaldo de Lima. *História da Justiça e do Processo no Brasil do Século XIX.* Curitiba: Juruá Editora, 2017, p. 122.

**506** ZARONI, Bruno Marzullo. A cultura jurídica processual civil na segunda metade do séc. XIX: uma análise à luz das obras de Francisco de Paula Baptista e Joaquim Ignácio de Ramalho. *Revista da Faculdade de Direito da UFG.* Goiânia, v. 38, n. 2, p. 13-40, jul.-dez. 2014. Disponível em: <https://bit.ly/2AeKifV>. Acesso em: 26 jul. 2018.

**507** Regulamento que é lembrado por sua técnica processual, nomeadamente, em virtude da economia e simplicidade das formas então adotadas. Assim: GRINOVER, Ada Pellegrini. Deformalização do processo e deformalização das controvérsias. *Revista de informação legislativa,* v. 25, n. 97, jan./mar. 1998. Disponível em: <https://bit.ly/2MMLdFu>. Acesso em: 17 jan. 2016.

do Executivo que disciplinou a jurisdição comercial inaugurada pelo Código de 1850).[508] Mas a alforria das *Ordenações* somente se operou com a edição de decreto de 1890, a despeito da Lei de 29 de novembro de 1832 (Código de Processo Criminal) e de suas disposições transitórias disciplinando a administração da justiça.[509]

Em seguida, tratando da Lei de 29 de novembro de 1832, Carlos A. Alvaro de Oliveira contestava a opinião de Moacyr Lobo da Costa no ponto em que, na visão do último, aquele sistema teria instituído a imediatidade. A crítica é procedente, haja vista a figura do juiz instrutor previsto na lei em referência (juiz municipal, art. 8º). Apesar disso, no que é tratado como um "avanço" do formalismo, destacava a autorização do juiz sentenciante fazer reperguntas às testemunhas (art. 9º); a abolição dos juramentos de calúnia e o ofício dos inquiridores, de modo que as testemunhas passaram a ser publicamente inquiridas pelas próprias partes e advogados (arts. 10, 11 e 25). Em linhas gerais, entendia que essa reforma havia sido idealizada para transformar o processo civil em instrumento mais dúctil e menos complicado. Sucede que com o advento do Regulamento nº 143, de 15 de março de 1842, praticamente, houve um retorno do sistema ao regime das Ordenações.[510]

O Brasil teria de aguardar a edição do Dec. n. 960, de 17 de dezembro de 1938, para adentrar a "nova era do formalismo processual". Esse decreto disciplinava a cobrança judicial da dívida ativa da Fazenda Pública, tendo sido modelado sob o pálio das "modernas" doutrinas em voga na Europa, com destaque à adoção do despacho saneador e o acolhimento da oralidade, tanto com a imediação quanto com a identidade física do juiz.[511]

À semelhança de outros países, o processo brasileiro do séc. XIX ainda carecia de um estatuto científico. Reinaldo Lima Lopes lembra que, à época, a matéria estava amalgamada à organização judiciária (assunto atinente ao direito constitucional e administrativo) e à doutrina das

---

**508** LOPES, José Reinaldo de Lima, *op. cit.*, p. 112.

**509** OLIVEIRA, Carlos A. Alvaro de. *Do formalismo no processo civil*. 2. ed. São Paulo: Saraiva, 2003, p. 30-33.

**510** *Idem, ibidem,* p. 44-45.

**511** *Idem, ibidem,* p. 57-58.

ações (então, ao direito civil).[512] Na esteira do publicismo, coube ao CPC/39 encarnar a renovação (moderna) do processo civil brasileiro, sem olvidar os "avanços" conquistados por codificações estaduais.

Como dantes referido, o CPC/39 recebeu forte influência do CPC austríaco, além de também ter sido embebido pelo projeto de Código de Processo Civil português elaborado por José Alberto dos Reis ("mestre de todos nós", para lembrar Edson Prata)[513] e o código italiano. A renovação do processo civil em terras europeias foi sintetizada por Alvaro de Oliveira em: "a ideia de um juiz forte e ativo, em correspondência ao caráter de direito público do fenômeno processual."[514] Entronizada por nosso primeiro código unitário, a atividade mais intensa do juiz não era associada ao regime autoritário, senão vista como "consequência direta da consciência da natureza pública do processo e de sua evolução conceptual e doutrinária."[515] Já quanto ao CPC/73, aludia à consagração da oralidade e seus subprincípios, ajustando nossa legislação à modernidade do direito processual.[516]

Tal e qual Dinamarco, Carlos A. Alvaro de Oliveira também não atribuía função epistêmica ao processo, conquanto a obtenção da verdade fosse tratada por ele como necessária à aplicação do direito. No particular, cuidava de anotar os percalços à sua obtenção, haja vista o caráter conflituoso, as limitações materiais do magistrado, as restrições à admissão de determinadas provas (o que chamava de proeminência da prova documental), além da circunstância do magistrado, usualmente, trabalhar apenas com os enunciados de fato e material probatório coligidos pelas partes.[517] Para ele, o mito da verdade material tinha de ser evitado, pois toda verdade possível no procedimento teria a dimensão de "pura verossimilhança".[518]

---

**512** LOPES, José Reinaldo de Lima. *História da Justiça e do Processo no Brasil do Século XIX*. Curitiba: Juruá Editora, 2017, p. 107.

**513** A expressão é de Edson Prata. *História do processo civil e sua projeção no direito moderno*. Rio de Janeiro: Forense, 1987, p. 177.

**514** OLIVEIRA, Carlos A. Alvaro de. *Do formalismo...* p. 58.

**515** *Idem, ibidem*, p. 57-60.

**516** *Idem, ibidem*, p. 58-59.

**517** *Idem, ibidem*, p. 145-147.

**518** *Idem, ibidem*, p. 147-148.

Em sua obra, a "evolução" do direito processual moderno é aferida pela mitigação do julgamento em atenção estrita ao material alegado e provado pelas partes (segundo ele, abrandamento do aforisma *secundum allegata et probata*). Duas importantes reformas legislativas teriam dado os passos decisivos ao fortalecimento do papel judicial à investigação dos fatos. Ladeando a "revolução" austríaca, Alvaro de Oliveira resgatava a obrada por Bellot na elaboração do projeto do *Code de Procédure Civile* do cantão de Genebra, sancionado aos 29 de setembro de 1819; desse código destacava o poder de instrução açambarcado em seu art. 150, além da outorga de poderes à "ampla e livre" apreciação da prova – reforma com o mote da "verdade material".[519] No interstício, agora no diálogo com Zamora Y Castillo, a Instrução do Marquês de Gerona (1853), na Espanha, antecipando em pouco mais de quarenta anos algumas das soluções entronizadas por Klein – observando que o processualista espanhol também entrevia traços autoritários no código austríaco.[520]

Por tudo isso, em censura de um magistrado antidemocrático – ao gosto do procedimento inquisitório – e condenando seu extremo oposto (procedimento inteiramente dominado pelas partes), Alvaro de Oliveira invocava (e apregoava) a colaboração de todos os sujeitos processuais à investigação da verdade e justiça.[521] Em seu pensamento a cooperação é uma espécie de termômetro das diferentes passagens do formalismo rumo a um "tipo" ideal. O modelo participativo ou simétrico de julgador foi representado por outro autor como "juiz Hermes".[522] Sob a perspectiva doutrinária, trata-se de possível explicação à associação – meramente hipotética – entre cooperação e justiça presente no art. 6º, CPC/15. Ênfase no caráter hipotético desse enlace.

---

**519** TROLLER, Alois, *op. cit.*, p. 55; OLIVEIRA, Carlos A. Alvaro de. *Do formalismo...* p. 149.

**520** CASTILLO, Niceto Alcalá-Zamora Y. Liberalismo y Autoritarismo en el proceso. *Boletín Mexicano de Derecho Comparado,* n. 2-3, 1968. Disponível em: <https://bit.ly/2JcXYvj>. Acesso em: 25 mar. 2018.

**521** OLIVEIRA, Carlos A. Alvaro de. *Do formalismo...* p. 140.

**522** ZANETI JR., Hermes. *Processo constitucional:* o modelo constitucional do processo civil. Rio de Janeiro: Lumen Juris, 2007, p. 126.

### 3.1.2. COOPERAÇÃO PROCESSUAL

#### 3.1.2.1. ADVERTÊNCIAS INICIAIS

O discurso em prol da cooperação/colaboração conta com expressiva adesão doutrinária no Brasil.[523] E deve ganhar mais força com a premissa – indemonstrável – contida no art. 6º, CPC. Entre nós, são pioneiros os trabalhos de Lúcio Grassi de Gouveia,[524] cuidando de refletir o tema em artigos e, incidentalmente, em tese por ele defendida em Portugal; suas meditações são muito anteriores ao atual código. Anos mais tarde, Daniel Francisco Mitidiero dedicou à colaboração o esforço do doutorado. Em seguida, com base em pesquisas de pós-doutoramento também realizadas em Portugal, Fredie Didier Jr. lançou monografia sobre o assunto. Como sói, outros estudiosos vêm refletindo a temática no Brasil; em maior ou menor medida, travando diálogo com os doutrinadores encimados.[525] Daí porque é suficiente centrar a análise neles. Antes, algumas advertências.

É possível detectar um núcleo argumentativo na doutrina cooperativista brasileira, com variantes aqui e acolá. O processo português tem sido o manancial direto, sem olvidar a ascendência alemã do direito

---

[523] Não vislumbramos diferenciação entre os vocábulos cooperação e colaboração nas obras analisadas. Inclusive, os termos em questão são tomados em sinonímia no Dicionário Priberam: <https://bit.ly/2HgB8Of>. Estudioso do tema, Ronaldo Kochem tampouco vislumbra qualquer problema em associá-los (KOCHEM, Ronaldo. "Capítulo 13: Introdução às razíes históricas do Princípio da Cooperação (*Kooperationsmaxime*)." In: *Grandes temas do novo CPC, v. 8*: normas fundamentais. Alexandre Freire, Dierle Nunes e Fredie Didier Jr. (coords.). Salvador: JusPodivm, 2016, p. 313, nota 7). Sem embargo, registramos a preocupação técnica de Sérgio Torres Teixeira em distinguir a colaboração (alcança a todos) da cooperação (apenas as partes), com variação de deveres (alcance).

[524] No ano de 2000 o autor publicava ensaio pioneiro (entre nós) no assunto: O dever de cooperação dos juízes e tribunais com as partes: uma análise sob a ótica do direito comparado (Alemanha, Portugal e Brasil). *Revista da Escola Superior da Magistratura do Estado de Pernambuco*. Recife, Esmape, Ano 1, n. 01, jan.-jun., p. 247-273, 2000.

[525] Para ilustrar nossas palavras, suficiente a consulta do seguinte texto: AURELLI, Arlete Inês. A cooperação como alternativa ao antagonismo garantismo processual/ativismo judicial. *Revista Brasileira de Direito Processual – RBDPro*, Belo Horizonte, ano 23, n. 90, p. 73-85, abr./jun. 2015. Disponível em: <https://bit.ly/2ISUiyF>. Acesso em: 17 dez. 2017.

lusitano;[526] seja dito de passagem, tanto a origem germana da cooperação, como a não aceitação por larga fração da processualística da Alemanha,[527] no último caso, sem para ela sejam voltados os holofotes. A doutrina portuguesa subordina a eficácia normativa do princípio da cooperação à existência de regras.[528] Por esse motivo, a construção doutrinária portuguesa era (é) guiada pela investigação da (in)existência de regras expressando o conteúdo do princípio; as situações jurídicas alcançadas pela cooperação são ilustradas por meio da interpretação de regras com "conteúdo" cooperativo. Posicionamento semelhante foi adotado por Lúcio Grassi de Gouveia, sem ser perfilhado por Daniel Mitidiero e Fredie Didier Jr.,[529] os últimos influídos pela disseminação da teoria dos princípios entre nós. As pesquisas de todos eles precederam o advento do CPC/15, registrando-se a participação de Mitidiero e Didier Jr. na comissão criada pela Câmara dos Deputados ao longo de sua tramitação (projeto); outrossim, todas as obras examinadas são anteriores ao atual Código de Processo Civil português, vigente desde setembro de 2013, o qual situa a cooperação em suas disposições iniciais.[530]

A variação doutrinária acerca da cooperação enceta em seu status normativo: se princípio e/ou cláusula geral, apta a gerar situações jurídicas ativas e passivas (típicas ou atípicas, conforme o doutrinador),

---

**526** GOUVEIA, Lúcio Grassi de. O dever de cooperação dos juízes e tribunais com as partes: uma análise sob a ótica do direito comparado (Alemanha, Portugal e Brasil). *Revista da Escola Superior da Magistratura do Estado de Pernambuco.* Recife, Esmape, Ano 1, n. 01, jan.-jun., p. 247-273, 2000.

**527** Correia de Mendonça aduz que, na Alemanha, a doutrina majoritária recusaria o princípio. Utilizamos o "larga fração" em virtude de dificuldade, ao menos entre nós, de se determinar posições majoritárias e minoritárias. *A cooperação processual na sombra do inquisitório.* Texto ainda inédito, gentilmente cedido pelo autor.

**528** DIDIER JR., Fredie. *Fundamentos do Princípio da Cooperação no Direito Processual Civil Português.* Coimbra: Coimbra Editora, 2010, p. 50.

**529** *Fundamentos do Princípio da Cooperação no Direito Processual Civil Português.* Coimbra: Coimbra Editora, 2010, p. 50. Inclusive, antes do CPC/15 (retendo-se a premissa de que o trabalho foi publicado em 2010), à margem de texto normativo expresso, Didier Jr. defendia que o Brasil já teria repertório suficiente ao desenvolvimento do princípio da cooperação. *Idem, ibidem,* p. 107.

**530** Cuidando do tema no Brasil (analisando o projeto que deu origem ao atual CPC) com referências à legislação portuguesa em vigor: FARIA, Márcio Carvalho. A lealdade processual, o projeto de Novo Código de Processo Civil brasileiro e a experiência portuguesa. *Revista de Processo*, São Paulo, RT, v. 230, p. 369-396, abr. 2014.

tanto às partes quanto ao juiz.[531] Outrossim, parte da doutrina lhe atribui caráter fundacional, orbe em que a cooperação é tratada como "entidade" conformadora do formalismo processual, atribuindo-se-lhe a estruturação de um novo modelo: nem inquisitivo, tampouco adversarial; cooperativo.[532] É o último ponto (modelo) que merece detença.

### 3.1.2.2. A VISÃO DE LÚCIO GRASSI DE GOUVEIA

A análise de Grassi de Gouveia tem duas claras premissas: preocupação com a dialeticidade dos procedimentos judiciais (sensível à ampla participação das partes) e a obtenção da verdade; ele entende que a cooperação seria o mecanismo idôneo à concretização de ambos. Comum aos processualistas "modernos", sustenta que a inquietação com a verdade teria impulsionado o modelo de juiz ativo.[533] Por esses motivos, a cooperação se alinharia à "modernização-publicização" do direito processual civil em nível "mundial". Espécie de "trave mestra do processo civil moderno", na expressão de Lebre de Freitas, impelindo a existência de uma "comunidade de trabalho".[534]

Em diálogo com Miguel Teixeira de Sousa,[535] Grassi de Gouveia concebe o dever funcional (poder-dever) do órgão judicial colaborar com os sujeitos parciais, do qual decorreriam quatro deveres essenciais: esclarecimento, prevenção, consulta e auxílio –[536] tempos mais

---

**531** Estudando o tema à luz do direito alemão, defendendo seu status de princípio, autônomo e compatível ao princípio dispositivo: GREGER, Reinhard. "Capítulo 12. Cooperação como princípio processual." In: *Grandes temas do novo CPC, v. 8:* normas fundamentais. Alexandre Freire, Dierle Nunes e Fredie Didier Jr. (coords.). Salvador: JusPodivm, 2016, p. 301-310.

**532** Essa é a posição defendida por Teixeira de Sousa em vista da consagração do art. 266º, CPC português, significando a instituição de um "modelo social". Raciocínio ao qual Fredie Didier Jr. adere, sustentando que o referido preceito normativo teria estabelecido *novo* modelo de processo equitativo (de devido processo legal) português. *Idem, ibidem,* p. 45 e 109.

**533** "Cognição Processual Civil: atividade dialética e cooperação intersubjetiva na busca da verdade real." In: *Leituras complementares de processo civil.* Fredie Didier Jr. (org.). 7. ed. Salvador: JusPodivm, 2009, p. 333-348.

**534** FREITAS, José Lebre de. *Introdução ao processo civil:* conceito e princípios gerais à luz do novo código. 4. ed. Coimbra: Gestlegal, 2017, p. 192.

**535** Registrando que ele foi o orientador de Lúcio Grassi no doutorado.

**536** O dever de cooperação dos juízes e tribunais com as partes: uma análise sob a ótica do direito comparado (Alemanha, Portugal e Brasil). *Revista da Escola Superior*

tarde, o doutrinador português ainda ampliaria o rol com o "dever inquisitivo".[537]

Antes de iniciar o estudo propriamente dito, esclareça-se que a abordagem de Lúcio Grassi de Gouveia é uma tentativa de explicar o estado da arte da cooperação na legislação portuguesa da época, com o cuidado em identificar dispositivos da ordem processual brasileira que pudessem estar alinhados aos deveres funcionais analiticamente descritos acima.

Previsto pelo art. 266º, 2, CPC português, o "dever de esclarecimento" insta o órgão judicial (juiz ou Tribunal) a tomar esclarecimentos das partes quando houver dúvidas sobre suas alegações, pedidos ou posições em juízo, evitando-se pronunciamento judicial carente de informação ou "descolado" da verdade.[538] O dever teria dupla feição, uma primeira voltada ao órgão judicial e uma segunda direcionada às partes (art. 226º, 3), daí se falar em "dever recíproco", salvo a ocorrência de "causa legítima" de recusa. O dever concorreria à igualdade de armas, já que a parte economicamente mais fraca – assumindo a falta de condições financeiras à contratação de bons escritórios/profissionais –, não seria prejudicada por eventual deficiência técnica do profissional que lhe assiste. Em hipóteses que tais, seguindo esse "dever funcional", o magistrado estaria incumbido de atuar ao favorecimento da "justiça social". Em citação de Teixeira de Sousa, Lúcio Grassi invocava o interrogatório livre como instituto afinado à concretização desse dever. No compasso de autores que associa(va)m neutralidade com imparcialidade, concluía que a omissão do magistrado quanto a esse poder-dever assistencial legitimaria a supremacia econômica de uma das partes sobre a outra; mal a ser evitado.[539]

---

*da Magistratura do Estado de Pernambuco.* Recife, Esmape, Ano 1, n. 01, jan.-jun., p. 247-273, 1996. "Cognição Processual Civil: atividade dialética e cooperação intersubjetiva na busca da verdade real." In: *Leituras complementares de processo civil.* Fredie Didier Jr. (org.). 7. ed. Salvador: JusPodivm, 2009, p. 333-348.

**537** SOUSA, Miguel Teixeira. *Omissão do dever de colaboração do Tribunal:* que consequências? Disponível em: <https://bit.ly/2wU7AWM>. Acesso em: 10 jan. 2017.

**538** GOUVEIA, Lúcio Grassi de. "Cognição Processual Civil: atividade dialética e cooperação intersubjetiva na busca da verdade real." In: *Leituras complementares de processo civil.* Fredie Didier Jr. (org.). 7. ed. Salvador: JusPodivm, 2009, p. 337.

**539** *Idem, ibidem,* p. 338.

O "dever de prevenção" diz respeito à necessidade do órgão judicial alertar as partes quanto à eventuais lacunas ou imperfeições de suas alegações ou pedidos, "convidando-as" ao aperfeiçoamento. Nesse caso, face à sua natureza assistencial, inexiste dever correlato das partes com o juiz ou tribunal (não há "dever recíproco").[540-541] Quatro são as áreas fundamentais em que ele se manifestaria: "explicitação de pedidos pouco claros, o caráter lacunar da exposição dos fatos relevantes, a necessidade de adequar o pedido formulado à situação concreta e a sugestão de uma certa atuação."[542] À luz do direito português, sustenta-se que o tribunal deveria sugestionar a especificação de pedido genérico, a individuação de parcelas de pedido identificado apenas em seu montante, eventuais lacunas na descrição de fatos, esclarecimentos sobre a eventual desistência ou omissão na oitiva de uma testemunha ou mesmo sugerir à parte que promova a intervenção de um terceiro. Contextualizando à ordem jurídica brasileira (ao tempo do CPC/73), após identificar esse dever na abertura de prazo ao demandante para emendar ou aditar a inicial, Lúcio Grassi lamentava a falta de regras contemplando a prevenção na extensão que mereceria;[543] em esteio, figurava a não previsão da emenda ou aditamento da contestação, fator de possível quebra da isonomia.[544] Adicionalmente, como substrato do dever de prevenção, também aduzia a paridade de armas e a obtenção da "verdade real", oportunidade em que rechaçava a verdade formal pela imprestabilidade semântica. Esse dever também seria importante à concretização da "igualdade de armas".[545]

---

**540** *Idem, ibidem,* p. 338.

**541** O dever de cooperação dos juízes e tribunais com as partes: uma análise sob a ótica do direito comparado (Alemanha, Portugal e Brasil). *Revista da Escola Superior da Magistratura do Estado de Pernambuco.* Recife, Esmape, Ano 1, n. 01, jan.-jun., p. 247-273, 2000.

**542** "Cognição Processual Civil: atividade dialética e cooperação intersubjetiva na busca da verdade real." In: *Leituras complementares de processo civil.* Fredie Didier Jr. (org.). 7. ed. Salvador: JusPodivm, 2009, p. 338.

**543** *Idem, ibidem,* p. 339.

**544** O dever de cooperação dos juízes e tribunais com as partes: uma análise sob a ótica do direito comparado (Alemanha, Portugal e Brasil). *Revista da Escola Superior da Magistratura do Estado de Pernambuco.* Recife, Esmape, Ano 1, n. 01, jan.-jun., p. 247-273, 2000.

**545** *Idem, ibidem.*

A imposição do magistrado (ou tribunal) franquear a palavra às partes quando do conhecimento de pontos de fato e/ou de direito não suscitados pelos sujeitos parciais é acomodada no "dever de consulta". Dois exemplos são mencionados: possibilidade de enquadramento normativo de enunciados fáticos em divergência ao realizado pelos litigantes; órgão judicial que pretenda "conhecer oficiosamente certo fato relevante para a decisão da causa."[546] Essa consulta prévia inibe as chamadas "decisões-surpresa", resguardando o direito das partes de influir/participar dos pronunciamentos judiciais. Promovendo o diálogo, a imposição da consulta favoreceria a democratização processual, obstando a transformação do *iura novit curia* em fonte de autoritarismo ou opressão.[547] Em vista da natureza assistencial desse dever, tampouco existiria situação jurídica passiva correlata às partes.

Compulsando a doutrina, Grassi de Gouveia informa que a aplicação do dever de consulta, consorciado a outros fatores que levaram à revalorização da oralidade (a exemplo da "parcial exclusão dos advogados do centro das operações processuais"), teria sido determinante ao êxito do "processo-modelo" de Stuttgart –[548] modelo concebido por Fritz

---

**546** "Cognição Processual Civil: atividade dialética e cooperação intersubjetiva na busca da verdade real." In: *Leituras complementares de processo civil*. Fredie Didier Jr. (org.). 7. ed. Salvador: JusPodivm, 2009, p. 339.

**547** O dever de cooperação dos juízes e tribunais com as partes: uma análise sob a ótica do direito comparado (Alemanha, Portugal e Brasil). *Revista da Escola Superior da Magistratura do Estado de Pernambuco*. Recife, Esmape, Ano 1, n. 01, jan.-jun., p. 247-273, 2000.

**548** "No referido 'processo-modelo' de Estugarda foi inserido o diálogo direto entre juiz e partes, com parcial exclusão dos advogados do centro das operações processuais. E os resultados práticos demonstraram que a presença ativa dos litigantes põe o juiz em um mais imediato contato com a realidade, torna mais ágil uma rigorosa reconstrução dos fatos deduzidos em juízo e favorece a composição amigável da lide. Inútil dizer que este último modo de resolução da lide permite regular e neutralizar ou superar o conflito social que se encontra na base da controvérsia judicial mais facilmente que no caso de uma sentença proferida autoritariamente por um 'terceiro'." "Cognição Processual Civil: atividade dialética e cooperação intersubjetiva na busca da verdade real." In: *Leituras complementares de processo civil*. Fredie Didier Jr. (org.). 7. ed. Salvador: JusPodivm, 2009, p. 342. Juan Montero Aroca também lembra desse modelo ao falar do aparente êxito da oralidade. *El derecho procesal en el siglo XX*. Valencia: Tirant lo Blanch, 2000, p. 83.

Baur e duramente criticado por outro setor doutrinário.[549] Mais uma vez, lastimava a ausência de regramento afinado ao dever de consulta pela legislação, assentando a então ausência de regras com vocação para evitar "decisões-surpresa" quanto às matérias de conhecimento oficioso no código revogado –[550] repisando que o estudo desse autor é bem anterior ao CPC/15.

Por último, por força do chamado "dever de auxílio" o órgão judicial seria instado a assistir as partes com a remoção de eventuais obstáculos ao exercício de seus direitos, faculdades, ônus ou deveres. Isso apenas sucederia à consideração de "dificuldade séria" demonstrada por um dos sujeitos parciais à obtenção de documento ou informação, por exemplo. No Brasil, preceito similar estaria acomodado pela exibição de documentos, assim como a previsão de inspeção de pessoas e coisas, entre outros dispositivos. Esse "dever" também potencializaria a obtenção da "verdade material".[551]

De tudo isso, ele aponta duas possíveis consequências da quebra do dever de cooperação por órgãos judiciais – ambas endossadas da doutrina de Miguel Teixeira de Sousa –, a saber: em se tratando de previsão "fechada", isto é, inexistindo discricionariedade ao órgão judicial, a omissão constituiria nulidade se, o que é alçado à condição recorrente, pudesse influir no exame ou decisão da causa (art. 201°, n° 1 do CPC Português); lado outro, caso a previsão seja "aberta", carente de preenchimento pelo juiz ou tribunal, então a omissão não conduziria à nulidade processual.[552] Situando a temática à luz da ordem processual brasileira, Lúcio Grassi averbava que a outorga de poderes aos magistrados não viria acompanhada da previsão imperativa ao seu uso, muito embora defendesse a qualidade de poderes-deveres à maioria deles. Assim, o dispositivo que compele o magistrado a oportunizar

---

**549** NUNES, Dierle. *Comparticipação e policentrismo:* horizontes para a democratização processual civil (tese de doutorado). Belo Horizonte: PUC-MG, 2008. Também em tom de censura: FARIA, Guilherme Henrique Lage. "Capítulo 11: Contraditório substancial e fundamentação das decisões no Novo CPC." In: *Grandes temas do novo CPC, v. 8:* normas fundamentais. Alexandre Freire, Dierle Nunes e Fredie Didier Jr. (coords.). Salvador: JusPodivm, 2016, p. 273-278.

**550** GOUVEIA, Lúcio Grassi de. "Cognição Processual Civil: atividade dialética e cooperação intersubjetiva na busca da verdade real." In: *Leituras complementares de processo civil.* Fredie Didier Jr. (org.). 7. ed. Salvador: JusPodivm, 2009, p. 344.

**551** *Idem, ibidem,* p. 344-345.

**552** *Idem, ibidem,* p. 345.

a emenda ou aditamento da inicial, cujo descumprimento levaria à nulidade da decisão.[553]

### 3.1.2.3. O PENSAMENTO DE DANIEL MITIDIERO

Tanto no pórtico quanto no fechamento de sua tese, Mitidiero assere a pretensão de construir um modelo de processo civil ajustado ao Estado Constitucional; empresa que se propõe a realizar sob o marco teórico do "formalismo-valorativo". Apartando-se dos modelos paritário e assimétrico,[554] chama o modelo sugerido de cooperativo, dado que estruturado pelo diálogo, colaboração e lealdade entre todos que tomam parte no processo.[555] Ao longo da obra, o autor ainda fala em método do formalismo-valorativo – supostamente, afinado ao Estado Constitucional – e em um dever de colaboração que dele ressairia.[556] Ora fala em dever, ora disserta o modelo do qual defluiriam os deveres funcionais tratados no item anterior (consulta, esclarecimento, prevenção, auxílio).[557]

Empós duras críticas ao paradigma racionalista e de repisar o discurso justificador do caráter cultural do Direito, o autor se apressa em descrever as características de nosso Estado Constitucional – sem querer precipitar a crítica, no item 3.1.3 veremos como o autor, propondo-se a censurar o paradigma racionalista ou moderno, negligencia o sujeito estritamente racional (*homo sapiens sapiens*) subjacente à modernidade, do qual o formalismo-valorativo e a cooperação são depositários. Atento às peculiaridades do modelo de controle de constitucionalidade brasileiro, o autor destaca a importância da *judicial review* à harmonização do processo civil aos direitos fundamentais.[558] Para ele, a assunção do modelo cooperativo passaria pela identificação de especiais condições sociais, ladeada por conquistas lógicas e éticas. Passemos à sua análise.

---

**553** *Idem, ibidem*, p. 345.

**554** Tratando de modelos de organização social, o autor analisa como eles refletem no formalismo processual. Daí falar em modelo paritário, assimétrico ou hierárquico e, por fim, colaborativo. *Idem, ibidem*, p. 63 e ss.

**555** MITIDIERO, Daniel Francisco. *Colaboração no processo civil*. São Paulo: RT, 2009, p. 17 e 154.

**556** *Idem, ibidem*, p. 21 e 154.

**557** *Idem, ibidem*, p. 75 e ss.

**558** *Idem, ibidem*, p. 58 e ss.

As condições sociais resultariam do próprio Estado Democrático de Direito, um estado que tem a dignidade da pessoa humana como alicerce, já havendo quem fale em um "Estado Constitucional Cooperativo", pois indivíduo, sociedade civil e Estado colaborariam entre si. O microcosmo processual colaborativo dimanaria desse Estado, induzindo a atividade isonômica do magistrado na condução do processo (paritário no diálogo), muito embora assimétrico por ocasião das decisões.[559] É importante reter a premissa: o diálogo envolve todos os sujeitos processuais, obrigando o magistrado a participar dele (sujeito passivo do contraditório). O dever de diálogo estrutura os deveres cooperativos dantes mencionados, o que nos remete a uma das premissas assumidas por Lúcio Grassi de Gouveia.

O redimensionamento do contraditório e, pois, do diálogo no ambiente processual,[560] também tem como pano de fundo as mudanças na lógica jurídica que permitiram a retomada do sentido problemático do Direito – destaque à obra de Viehweg –, reabilitando a importância da argumentação no pensamento jurídico moderno. Por força dessa reviravolta, o Direito se libera da lógica apodítica deixando de ser *scientia iuris* para voltar a ser *iuris prudentia*.[561] Daí a importância atribuída ao diálogo.

Por último, sob o ângulo ético, Mitidiero fala na articulação da boa-fé entre os atores processuais, sem limitá-la ao viés subjetivo (marca dos modelos processuais anteriores), com deveres decorrentes às partes e, igualmente, ao magistrado.[562] Ainda na perspectiva ética, assume a verdade (processualmente encarada como verossimilhança) como condição indispensável ao processo cumprir a função soberana de materializar a justiça. Imbuído dessa preocupação, também aposta no reforço dos poderes judiciais, ao ponto de afirmar que o ativismo judicial seria irreversível no modelo cooperativo, assim como seu for-

---

**559** *Idem, ibidem,* p. 71-73.

**560** Em trabalho anterior, censurou a teoria da relação jurídica por seu compromisso ideológico e por não refletir a dinamicidade processual. Sufragando o formalismo-valorativo, entendia que a posição de Fazzalari seria consentânea a ele (e, pois, à Constituição). MITIDIERO, Daniel Francisco. *Elementos para uma Teoria Contemporânea do Processo Civil Brasileiro.* Porto Alegre: Livraria do Advogado, 2005, p. 143-145.

**561** MITIDIERO, Daniel Francisco. *Colaboração no processo civil.* São Paulo: RT, 2009, p. 91-94.

**562** *Idem, ibidem,* p. 95-96.

malismo processual teria como nota um sistema de valoração da prova livre de amarras aprioristicas.[563]

Os reflexos processuais desse modelo dispensam exame no momento. Por ora, necessário registrar sua preocupação com a verdade (pretende substituir a *ficta confessio* da revelia por uma *ficta contestatio*); a defesa da flexibilização do sistema de preclusões no tocante à estabilização da demanda; seu endosso à aplicabilidade de dinamização dos ônus probatórios (antes mesmo da institucionalização pelo art. 373, CPC, faça-se o registro); a associação entre o contraditório e a fundamentação, coibindo-se as decisões-surpresa;[564] e a perspectiva dos embargos declaratórios como instrumento à colaboração processual.

A importância atribuída ao diálogo no ambiente processual é extremada pelo autor; o monólogo é tratado por desfiguração democrática do processo. Dito de outra forma, no pensamento de Mitidiero o diálogo não apenas qualifica como se funde ao modelo (já que essencial à participação); também é a principal engrenagem em que deposita a eliminação de assimetrias entre os sujeitos.

Confrontando-se à instrumentalidade do processo, Daniel Mitidiero rechaça a colocação da jurisdição no centro da teoria do processo, defendendo a centralidade do processo. No mesmo passo, denuncia o compromisso com a visão unilateral do fenômeno processual, a qual seria divorciada da "dimensão essencialmente participativa que a democracia logrou alcançar na teoria do direito constitucional brasileiro."[565] Na esteira de Alvaro de Oliveira, sustém que o formalismo processual ideal trabalha com o justo equilíbrio entre os sujeitos processuais. Daí porque o processo é transformado "em polo metodológico central da teoria do processo civil contemporâneo", alinhado ao caráter problemático assumido pelo direito e entendido como o *locus* ao diálogo e de exercício direto de poder pelo povo.[566]

### 3.1.2.4. A DOUTRINA DE FREDIE DIDIER JR.

Ultimando a empresa ora proposta, resta analisar o pensamento de Fredie Didier Jr., autor que também explora a construção de um modelo dito cooperativo. À sua defesa, sustenta que o papel qualificado

---

**563** *Idem, ibidem*, p. 95-100.

**564** *Idem, ibidem*, p. 138-139.

**565** *Idem, ibidem*, p. 91-94.

**566** *Idem, ibidem*, p. 44-45.

do órgão judicial não pode ser rotulado de autoritário. Nos passos de Teixeira de Sousa, aduz que o embasamento ideológico do ativismo pode ser autoritário ou social-democrata –[567] não que seja apresentada explicação dos contornos de um modelo autoritário.

Por ter incorporado a cooperação, Didier Jr. chega ao extremo de sustentar que o processo português estaria na vanguarda mundial – a cooperação também é sacada pelo autor como uma espécie de termômetro da evolução de uma determinada ordem processual. No ponto, defende que a legislação portuguesa teria ultrapassado a legislação que lhe serviu de inspiração (alemã).[568] A posição do autor precipita a crítica: à falta de dados empíricos e de sustentação filosófica, sua fala deve ser compreendida apenas como preferência ou opinião (*doxa*).

Ao comentar a disciplina do tema à luz do CPC português (art. 266º, 1), entre outras premissas, Didier Jr. afirma que o dispositivo teria consagrado um novo modelo de direito processual civil, redefinindo o processo equitativo (*due process of law*) no direito português.[569] Semelhante conclusão foi defendida à luz do processo brasileiro, sob o argumento de que o princípio da cooperação ditaria nova conformação do processo civil.[570] A argumentação é atraente, mas não vence a barreira estética.

Como Didier Jr. extrai a cooperação da boa-fé objetiva, tem o cuidado de abrir divergência com Montero Aroca, dado que o doutrinador espanhol, sobre ser um notório crítico da cooperação, também resgata a origem autoritária e a redução da liberdade causada pela incidência da boa-fé objetiva em âmbito processual. Nesse cenário, Fredie Didier Jr. alega que as críticas à boa-fé, assim como o cuidado do processualista espanhol com o direito dos litigantes empregarem todas as armas

---

**567** DIDIER JR., Fredie. *Fundamentos do Princípio da Cooperação no Direito Processual Civil Português*. Coimbra: Coimbra Editora, 2010, p. 45-46.

**568** "O modelo de processo cooperativo é um *novo* modelo de processo equitativo (processo justo, processo devido). O CPC português, ao consagrar expressamente o princípio da cooperação, deu um passo enorme na consolidação desta nova fase do desenvolvimento do direito processual. A legislação portuguesa está assim na vanguarda do pensamento contemporâneo, tendo avançado inclusive em relação à legislação alemã, de onde inegavelmente retirou inspiração." *Idem, ibidem*, p. 49-50.

**569** DIDIER JR., Fredie. *Fundamentos do Princípio da Cooperação no Direito Processual Civil Português*. Coimbra: Coimbra Editora, 2010, p. 11-12 e 109.

**570** DIDIER JR., Fredie. *Curso de direito processual civil*. 17. ed. Salvador: JusPodivm, 2015, v. 1, p. 124 e ss.

dispostas pela ordem jurídica à defesa daquilo que entendam como seu em juízo (*derecho de pelear*), não convenceriam. Ainda segundo Didier Jr., mesmo na guerra há regras limitadoras de comportamentos, proibindo-se aqueles considerados contraditórios. Nesse passo, alude a uma "ética da guerra", citando diferentes regras e tratados disciplinando a matéria. Sem nos alongarmos no momento, considerando que o argumento é utilizado em crítica ao garantismo processual (nosso lugar de fala), recomendável a pronta análise.

Sendo a guerra a manifestação da barbárie (expressão mais primitiva do ser humano), temos alguma dificuldade em concordar seja ela orientada por preceitos éticos. A guerra é antagônica ao diálogo e à tolerância, conquistas civilizatórias. Será mesmo possível dissertar a ética nesse contexto? Mais apropriado abrir os olhos aos comportamentos ideológicos que busca(ra)m imprimir aceitabilidade ao que pode haver de mais repugnante na humanidade. A nós parece uma *contraditio in terminis*, indetectável ao olhar do sujeito de boa-fé. A guerra também pode ser encarada como o fracasso da diplomacia. Nenhum discurso legitima o abominável. As regras mencionadas por Didier Jr. não passam de um verniz (ideológico). Daí a se falar em uma ética para guerrear jaz o abismo. Nada obstante, esse ("ética da guerra") é o contra-argumento de Didier Jr. ao pensamento de Juan Montero Aroca, no ponto em que o professor emérito da Universidade de Valência censura a diminuição das liberdades processuais por meio da boa-fé. É o contra-argumento que não convence.[571]

Em rigor, a posição de Didier Jr. reforça a preocupação de Montero Aroca, na medida em que as palavras do primeiro ilustram a perspectiva de diminuição da liberdade suscitada pelo segundo. Com o agravan-

---

**571** Releva destacar que a preocupação de Juan Montero Aroca fica bem ilustrada da consulta de trabalho de Ronaldo Cramer sobre a boa-fé objetiva, no qual esse autor reflete a possibilidade do princípio da eventualidade (princípio que orienta a atuação da defesa, sobretudo) ser restringido pela aplicação da cláusula. Cramer lança a problemática, registrando não ter posição firmada a respeito do tema, assim como consigna que o artigo não seria a sede apropriada para aprofundar a temática [Capítulo 8 - O princípio da boa-fé objetiva no novo CPC. In: *Grandes temas do novo CPC, v. 8:* normas fundamentais. Alexandre Freire, Dierle Nunes e Fredie Didier Jr. (coords.). Salvador: JusPodivm, 2016, p. 197-212]. De toda sorte, é interessante observar como a boa-fé pode cumprir o papel de cercear a atividade das partes em defesa daquilo que entendem como seu em juízo (assim como vem cumprindo, desde sua origem, na esteira da moralização processual); restringir o legítimo exercício daquilo que Juan Montero Aroca chama de "derecho de pelear".

te do procedimento judicial ser uma conquista civilizatória marcada por diferentes regras de probidade e de lealdade que já cumprem a função de restringir a atuação das partes; aliás, regras conhecidas de antemão por qualquer um que acionar a jurisdição, ou seja, a diminuição da liberdade não é construída *a posteriori* com fundamento em princípio ou cláusula geral.[572] Em outras palavras, cuida-se de ambiência anos-luz distante da guerra.

Como dantes mencionado, Didier Jr. pressupõe a eficácia normativa do princípio da cooperação – divergindo dos portugueses –, para cuja concretização seria importante, conquanto dispensável, a existência de regras. A presença delas não impediria a construção de outras situações jurídicas a partir desse princípio quando constatado que o "estado de coisas" objeto da norma-princípio não estivesse sendo realizado.[573] Em resumo, acredita que o princípio da cooperação "torna *devidos* os comportamentos necessários à obtenção de um processo leal e cooperativo." E continua: "Donde se conclui que é possível cogitar de situações jurídicas processuais *atípicas* decorrentes da eficácia *direta* com *função integrativa*" dele.[574]

No mesmo orbe, alicerça a cooperação no devido processo legal e na boa-fé, dos quais seria subprincípio.[575] Nessa linha, em vista da falta de um texto normativo consagrando o princípio – seu trabalho foi escrito antes do advento do CPC/15, do qual ele foi membro da comissão da Câmara dos Deputados, que trata da cooperação no art. 6º, insista-se –, o autor afirmava que ele deveria ser extraído "do devido processo legal, da boa-fé, do contraditório ou da solidariedade",[576] observando que para ele "a estruturação de um processo legal e cooperativo parece ser uma nova etapa na concretização do conteúdo do *devido processo legal*",[577] supostamente, combinando influências do *common law* e

---

**572** É importante registrar que não somos inteiramente avessos à boa-fé objetiva. De toda sorte, exige-se o desenvolvimento de reflexão acurada, no sentido de verificar se as restrições à liberdade no âmbito do procedimento judicial, no particular, não reclamariam a existência de regras (com antecedentes e consequentes bem definidos).

**573** DIDIER JR., Fredie. *Fundamentos...*, p. 51-52.

**574** *Idem, ibidem*, p. 52.

**575** *Idem, ibidem*, p. 53-54.

**576** *Idem, ibidem*, p. 55, nota 86.

**577** *Idem, ibidem*, p. 79.

do *civil law*.[578] Os fundamentos da cooperação são aprofundados pelo autor na mesma obra e repisados na conclusão, dispensando análise detida no momento.

Sobre admitir eficácia normativa à cooperação, Didier Jr. também a entende como cláusula geral – posição assumida quanto ao art. 266º, 1, CPC português –,[579] incorporando a linha doutrinária que nelas enxerga espécie normativa caracterizada por estrutura lógica em que há termos vagos no antecedente (hipótese fática) e a indeterminação do consequente (efeito jurídico), reforçando a "criatividade jurisdicional" e reconhecendo que essa opção também traz consigo o risco de insegurança jurídica.[580-581] Na esteira dos demais doutrinadores, também labora com os quatro deveres funcionais estudados.[582]

Muito bem. Uma preocupação comum – e louvável – orientou as pesquisas de todos esses autores: equilibrar os papéis dos sujeitos processuais com a estatuição do efetivo diálogo em todo o procedimento. Para tanto, redimensionando o contraditório e detalhando (analiticamente) o papel dos sujeitos no formalismo processual – tudo isso com supostos reflexos no aperfeiçoamento das decisões judiciais.[583] Em outras palavras, a preocupação em redimensionar o contraditório para legitimar

---

**578** *Idem, ibidem*, p. 105.

**579** *Idem, ibidem*, p. 69.

**580** *Idem, ibidem*, p. 56-66.

**581** À compreensão do pensamento do autor, necessário transcrever a passagem em que aparta princípios de cláusulas: "Finalmente, é preciso distinguir *cláusula geral* e *princípio*. *Cláusula geral* é um *texto jurídico*; *princípio* é norma. São institutos que operam em níveis diferentes do fenômeno normativo. A norma jurídica é produto da interpretação de um texto jurídico. Interpretam-se textos jurídicos para que se verifique qual norma deles pode ser extraída. Um princípio pode ser extraído de uma cláusula geral, e é o que costuma acontecer. Mas a cláusula geral é texto que pode servir de suporte para o surgimento de uma *regra*. Da *cláusula geral* do devido processo legal é possível extrair a *regra* de que a decisão judicial deve ser motivada, por exemplo." *Idem, ibidem*, p. 66-67.

**582** Para fins de registro, em outro momento de seu pensamento, Didier Jr. não trabalhava com o "dever de auxílio". Ver: DIDIER JR., Fredie; NOGUEIRA, Pedro H. P. *Teoria dos fatos jurídicos processuais*. Salvador: JusPodivm, 2011, p. 94.

**583** DIDIER JR., Fredie. *Fundamentos do Princípio da Cooperação no Direito Processual Civil Português*. Coimbra: Coimbra Editora, 2010, p. 46-47.

o exercício da jurisdição. Por isso falam em um "processo cooperativo", "leal" e em "comunidade de trabalho".[584] Passemos às críticas.

### 3.1.3. ANÁLISE CRÍTICA

O formalismo-valorativo é indissociável da cooperação, razão suficiente ao seu escrutínio conjunto. É o que se depreende da leitura de Alvaro de Oliveira e de Daniel Mitidiero. Inclusive, pelas lentes do último vimos que o formalismo-valorativo é tido como o marco teórico em cujo pálio se arquitetaria o modelo cooperativo; espécie de paradigma à (re)construção do modelo processual. Destarte, as críticas endereçadas ao marco teórico ("paradigma") atendem à derrocada do modelo. Mas isso não inibe o escrutínio de ambos, principiando com o "paradigma".

De antemão, registre-se a ausência de unidade em matéria de paradigma. Ao tratarmos do tema no Capítulo 01, descrevemos as características do paradigma hegemônico (os princípios "supralógicos" da ciência moderna), conformador da inteligibilidade do real; também nos reportamos à sua crise, qualificando nosso tempo como uma fase de transição: da ciência moderna à pós-moderna; da simplificação à complexidade. O reconhecimento (existência) de um paradigma predominante ao (e no) horizonte do conhecimento científico não inibe a existência ou culto de tantos outros que lhe estão "abaixo"; sequer é possível determinar números. Logo, reportando-nos a esse universo indefinido de paradigmas, resta saber se o formalismo-valorativo é

---

**584** Mariana França Gouveia censura a compreensão da cooperação como uma comunidade de trabalho tal como propugnada por Klein, visto que estava impregnada do ideal social de processo, em manifesto desprezo aos interesses das partes. Para ela, a adoção da cooperação em Portugal, fruto da reforma de 1995/1996 do CPC/39, teria levado à democratização do processo, em vista dos deveres do juiz com as partes, o que lhe retiraria de uma posição desequilibrada ou de poderio, não mantendo qualquer relação com a pretensa busca de verdade material. No ponto, destaca a necessidade de que tenhamos mais humildade com a verdade. E tal como tantos outros adeptos da cooperação, também ela defende a centralidade na figura do juiz, enaltecendo sua função de diretor ou gestor do procedimento. Sem embargo, anote-se seu ânimo distinto de outros publicistas, insistindo na ideia de que o juiz esteja a serviço das partes, jamais a serviço da verdade ou da justiça. GOUVEIA, Mariana França. Os poderes do juiz cível na acção declarativa: em defesa de um processo civil ao serviço do cidadão. *Revista Julgar,* Lisboa, jan. 2007. Disponível em: <https://bit.ly/2LAeweJ>. Acesso em: 16 dez. 2017.

um novo paradigma processual (inconfundível ao instrumentalismo). Passo seguinte, identificar potenciais laços ao paradigma hegemônico.

Movido pelo propósito de instituir a repartição ideal (equilibrada) de tarefas no âmbito processual, o delineamento histórico do formalismo (= forma em sentido amplo) é o ponto alto da obra de Alvaro de Oliveira. Com inegável mérito, o trabalho preencheu sensível lacuna doutrinária. Nem por isso erigiu novo paradigma à compreensão do fenômeno processual. A proposta revolve (e desenvolve) a instrumentalidade, sem ir além dela e de seus ranços com o instrumentalismo – a nosso ver a instrumentalidade é permeável à boa parte das mudanças preconizadas pelo formalismo-valorativo.

Defrontando instrumentalidade e formalismo-valorativo, partidários do último concluíram pelo distanciamento entre as correntes, pois na "terceira fase" metodológica (instrumentalidade) a jurisdição ocupa o centro da TGP; o modelo é assimétrico; e o processo seria instrumento marcadamente formal (técnico) e, portanto, inadequado ao Estado Democrático Constitucional. A seu turno, na "quarta fase" (formalismo-valorativo) o processo seria o centro gravitacional da Teoria Geral do Processo, sendo instrumento ético e colaborativo de posições processuais equilibradas; outrossim, incorporando a constitucionalização do processo no discurso, o formalismo-valorativo reconhece a fundamentalidade das normas processuais, vinculando o processo à justiça material e não apenas à realização do direito material (instrumentalidade).[585] Esse cotejo, que não é nosso, deve ser colocado à prova.

Se o processo é instrumento, afirmá-lo no centro da TGP é teimar na primazia da jurisdição. Assumindo a correção do raciocínio quanto a existência de quatro fases metodológicas, interessante notar que o processo "evoluiu" de instrumento técnico (processualismo científico) para político (fase teleológica), finalmente, sucedido pelo estágio ético (formalismo-valorativo). Instrumento, instrumento e instrumento. Nada mais.[586] A pretensa variação do adjetivo não mascara a perma-

---

**585** ZANETI JR., Hermes; GOMES, Camila de Magalhães. O processo coletivo e o formalismo-valorativo como nova fase metodológica do processo. *Revista de direitos difusos*. São Paulo, Instituto Brasileiro de Advocacia Pública, v. 53, ano XI, mar. 2011, p. 13-32. Endossando esse entendimento, a despeito de algumas ressalvas pontuais: MADUREIRA, Claudio, *op. cit.*, p. 33 e ss.

**586** Desnecessário repisar as críticas. Por todos: GONÇALVES, Aroldo Plínio. *Técnica processual e teoria do processo*. Rio de Janeiro: Aide, 1992.

nência do substantivo (instrumento). Se se afirma instrumento, então é político (poder); um suposto estágio "ético" não mascara isso.[587]

Por outro lado, os escopos metajurídicos professados pela instrumentalidade não distam – em parte se confundem – dos valores apregoados pelo formalismo-valorativo, não havendo (em nível discursivo) a restrição da primeira à simples tutela do direito objetivo, como se fosse indiferente à justiça das decisões; e ainda sobre esses valores, tanto lá quanto cá, não parece ter havido a assimilação das críticas de Aroldo Plínio Gonçalves. Quanto ao diálogo e à participação, conquanto não haja perfeita aderência, não chegam a ser incompatíveis com a instrumentalidade – o imbróglio solipsista radica (mais intensamente) nos poderes materiais do juiz e no livre convencimento motivado. Se o juiz pode sair em busca das próprias provas e tem livre convencimento, por que dialogar? Diferente se passa quando ele é forçado a analisar o material ajuntado aos autos pelas partes ou a partir de sua atuação provocada.

Em Alvaro de Oliveira, a evolução do formalismo é proporcional à idoneidade do procedimento em (re)construir a verdade e concretizar a justiça (material), estando atrelada à iniciativa probatória e à persuasão racional (livre convencimento motivado). A sofisticação argumentativa não esconde o emprego da justiça e da verdade como enunciados performáticos, visando a legitimar opções ideológicas (em sentido estrito), o que é comum à instrumentalidade. Aliás, a premissa de que o ativismo judicial seria "irreversível" no marco teórico do formalismo-valorativo contém inegável compromisso instrumentalista remissível a Klein. Ao derradeiro, a afirmação de que apenas o formalismo-valorativo é adequado ao Estado democrático Constitucional não pode ser refutada, uma vez que indemonstrável.

A instrumentalidade preconizou o estudo angulado externamente, valorando o processo por seus resultados (potencialidade) na esfera jurídica do jurisdicionado ("consumidores de justiça"). Ainda que an-

---

**587** Ainda mal tratado, o processo é enxergado como "instrumento de poder, carregado de valores e ideologias", a despeito de seu reconhecimento como direito fundamental. É o que se afere de trabalho escrito por Zaneti Jr. em coautoria com Camilla de Magalhães Gomes: O processo coletivo e o formalismo-valorativo como nova fase metodológica do processo. *Revista de direitos difusos*. São Paulo, Instituto Brasileiro de Advocacia Pública, v. 53, ano XI, mar. 2011, p. 13-32. Ideia semelhante pode ser extraída de trabalho de Claudio Madureira: *Fundamentos do novo processo civil brasileiro*: o processo civil do formalismo-valorativo. Belo Horizonte: Fórum, 2017, p. 54 e ss.

gulado internamente, o formalismo-valorativo não rechaça essa bandeira, muito embora invista em apresentação diferenciada ("efetividade-virtuosa").[588] A tormentosa questão da discricionariedade não é enfrentada em seus modelos. Verdadeiramente, na censura de Streck e Motta, o "formalismo-valorativo ainda está assentado no sub-jectum da modernidade.",[589] reafirmando a aposta na "filosofia da consciência".[590-591] Dessarte, também aqui a compreensão do direito processual segue imersa ("refém") no paradigma da modernidade.

Sobre a cooperação, estudos doutrinários revelam constituir diretriz da doutrina comunista do processo civil. Desfigurando o procedimento judicial como potencial espaço de disputa, essa doutrina impostou a busca da verdade material como princípio que atende pela ideia de colaboração de todos que intervêm no processo.[592] Fala-se em uma "colaboração de confiança entre o juiz e as partes", da qual deflui o dever funcional do magistrado em assessorar os sujeitos parciais quanto aos seus direitos e obrigações. À luz da mesma doutrina, o magistrado devia estimular a atividade processual; para tanto, previa-se a atribuição de deveres assistenciais ao julgador, ainda que as partes estivessem representadas por advogados. Correlativamente, aos sujeitos parciais se impunha o dever de expor os fatos de modo veraz, sem omissão de qualquer circunstância ("dever de veracidade e integridade"). Dois reflexos desse ponto de vista são dignos de nota: a prova de ofício e os deveres de boa-fé. Costumeiramente, a processualística não dedica

---

**588** MITIDIERO, Daniel Francisco. *Colaboração no processo civil*. São Paulo: RT, 2009, p. 112, nota 27.

**589** STRECK, Lenio; MOTTA, Francisco José Borges. Um debate com (e sobre) o formalismo-valorativo de Daniel Mitidiero, ou "colaboração no processo civil" é um princípio? *Revista de Processo*, São Paulo, RT, v. 213, p. 13-34, nov. 2012.

**590** *Idem, ibidem*. Também afirmando que o formalismo-valorativo não abandona o instrumentalismo, constituindo visão aperfeiçoada dele, posto que a autora seja adepta da cooperação: GALINDO, Maíra Coelho Torres. *Processo cooperativo*: o contraditório dinâmico e a questão das decisões-surpresa. Curitiba: Juruá, 2015, p. 26 e ss.

**591** À compreensão da "filosofia da consciência", ver: STRECK, Lenio. *Dicionário de Hermenêutica*: quarenta temas fundamentais da Teoria do Direito à luz da Crítica Hermenêutica do Direito. Belo Horizonte: Letramento, 2017, p. 73-76.

**592** Em crítica ao tema, afora os trabalhos de Juan Montero Aroca, ver o ensaio de Lúcio Delfino: Cooperação processual: Inconstitucionalidades e excessos argumentativos–Trafegando na contramão da doutrina. *Revista Brasileira de Direito Processual–RBDPro*, Belo Horizonte, ano 24, n. 93, p. 149-168, jan./mar. 2016.

linhas ponderando a base ideológica em sentido estrito desses temas (o assunto é tratado amiúde no Capítulo 6). Por esses motivos, na contramão dos entusiasmados, colhe-se posição doutrinária cravando a cooperação como símbolo do autoritarismo.[593]

Analiticamente, vimos que a doutrina extrai quatro deveres do modelo cooperativo: consulta, esclarecimento, prevenção e auxílio. Tirante o ganho autoritário (hipertrofia na atividade judicial) e o apelo analítico-sistemático, não se vislumbra novidade. Destoando do coro, em importante trabalho sobre o tema, Diego Crevelin exprimiu seu (e o nosso) veredicto: "a cooperação tem coisas boas e novas, mas as novas não são boas e as boas não são novas."[594] Os motivos são alinhavados à frente.

Em alguns de seus desdobramentos, a construção doutrinária em matéria de colaboração processual atribui nomes diversos a institutos conhecidos de nosso formalismo. Assim, pense-se no sistema de invalidades (CPC/73) e a premissa nele verificada por Pontes de Miranda quanto a ter sido idealizado ao aproveitamento dos atos, valha dizer, para que as nulidades não fossem (sejam) decretadas;[595] não se tem notícia de Pontes falando em cooperação ou mesmo em um "dever de prevenção" próprio à espécie[596] – com ares de novidade, tem-se alardeado um "princípio da primazia do julgamento de mérito".[597]

---

**593** AROCA, Juan Montero. "Prova e verdade no processo civil: contributo para o esclarecimento da base ideológica de certas posições pretensamente técnicas." Trad. Glauco Gumerato Ramos. In: *Processo Civil nas tradições brasileira e iberoamericana*. Alexandre Freire, Lúcio Delfino, Pedro Miranda de Oliveira e Sérgio Luiz de Almeida Ribeiro (coords.). Florianópolis: Conceito, 2014, p. 421. Em outra obra, Montero Aroca censura a pretensa moralização do processo por meio da cooperação, mas também sua concorrência à obtenção da verdade objetiva: Sobre el mito autoritario de la "buena fe procesal". In: *Proceso civil e ideología:* un prefacio, una sentencia, dos cartas y quince ensayos. Juan Montero Aroca (coord.). Valencia: Tirant lo Blanch, 2006, p. 315-316.

**594** SOUSA, Diego Crevelin. O caráter mítico da cooperação processual. *Empório do Direito,* Florianópolis, Coluna ABDPro, 06 dez. 2017. Disponível em: < https://bit.ly/2sbqVhe>. Acesso em: 11 fev. 2018.

**595** MIRANDA, Francisco Cavalcanti Pontes de. *Comentários ao Código de Processo Civil.* 2. ed. Rio de Janeiro: Forense, 1958, t. III, p. 449.

**596** MITIDIERO, Daniel Francisco. *Colaboração no processo civil.* São Paulo: RT, 2009, p. 151-153.

**597** CUNHA, Leonardo J. Carneiro da, "Princípio da primazia do julgamento de mérito". *Leonardo Carneiro da Cunha.* Opinião 49. Disponível em <https://bit.ly/2wU65rC>. Acesso em: 01 jul. 2015.

Tratando do dever de saneamento, em parte confundível à "prevenção", há bastante tempo a doutrina aduz seu espraiamento por toda a atividade jurisdicional,[598] o que foi batizado de "saneamento difuso".[599] Novamente, sem que a cooperação fosse lembrada ou cogitada em esteio. Preceitos normativos idênticos foram reproduzidos no código vigente.

Antes de indeferir a petição inicial ou mesmo precipitar o juízo de mérito desestimando o pedido,[600] o juiz deve franquear a palavra ao autor. Imperativo do contraditório, a regra é conhecida de nossa legislação. Dispensável falar em "dever de consulta", eventualmente, "dever de prevenção" (emenda ou aditamento), à preservação do direito de participação na formação do provimento. Suficiente falar em dimensão material do contraditório[601] e em "saneamento difuso", tal como tratado acima.[602]

---

**598** FABRÍCIO, Adroaldo Furtado. "Extinção do processo e mérito da causa", *Revista de Processo*, v. 58, abr.-jun., 1990, p. 07-32; FIGUEIRA JR., Joel Dias. "A metodologia no exame do trinômio processual: pressupostos processuais, condições da ação e mérito da causa – o pensamento do Prof. Alfredo Buzaid". *Revista de Processo,* v. 72, 1993, out.-dez., p. 335-347.

**599** FIGUEIRA JR., Joel Dias. *Comentários ao Código de Processo Civil (arts. 282 a 331).* 2. ed. São Paulo: RT, 2007, v. 4, t. II, p. 76-83.

**600** No ensejo, registre-se a pecha de inconstitucionalidade atribuída ao julgamento liminar de improcedência pela doutrina: COSTA, Eduardo José da Fonseca. Presunção de inocência civil: algumas reflexões no contexto brasileiro. *Revista Brasileira de Direito Processual – RBDPro,* Belo Horizonte, ano 25, n. 100, p. 129-144, out./dez. 2017. Já ao tempo do CPC/73 (art. 285-A), sob outros fundamentos, Daniel Mitidiero condenava-lhe a inconstitucionalidade. "1. A Multifuncionalidade do Direito Fundamental ao Contraditório e a Improcedência Liminar (art. 285-A, CPC): Resposta à Crítica de José Tesheiner. In: *Processo Civil e Estado Constitucional.* Porto Alegre: Livraria do Advogado, 2007, p. 33-40.

**601** No mesmo sentido: RAATZ, Igor. *Autonomia privada e processo civil:* negócios jurídicos processuais, flexibilização procedimental e o direito à participação na construção do caso concreto. Salvador: JusPodivm, 2017, p. 107. A doutrina reconhece que esse dever é um consectário da aplicação do contraditório. Por todos, ver: DIDIER JR., Fredie; NOGUEIRA, Pedro H. P. *Teoria dos fatos jurídicos processuais.* Salvador: JusPodivm, 2011, p. 96.

**602** Em sentido similar: SOUSA, Diego Crevelin. O caráter mítico da cooperação processual. *Empório do Direito,* Florianópolis, Coluna ABDPro, 06 dez. 2017. Disponível em: < https://bit.ly/2sbqVhe>. Acesso em: 11 fev. 2018.

Mais problemático, o "dever de auxílio" impele a ajuda dos sujeitos parciais na remoção de eventuais obstáculos ao exercício de direitos e faculdades, tanto quanto ao cumprimento de deveres ou desincumbência de encargos processuais (típica e atipicamente, a depender do autor).[603] O exercício desse dever é ilustrado com a dinamização do ônus da prova e a exibição de documentos. Comentando a ZPO austríaca, sem aludir a um modelo cooperativo, vimos que Mauro Cappelletti já explicava a importância desse dever funcional no tocante ao sujeito processual menos astuto ou preparado, eventualmente, mal representado; cabia ao magistrado assisti-lo quanto à má formulação da demanda ou defesa, proporcionando-lhe a faculdade de correção ou complementação de seus arrazoados para espancar defeitos ou dificuldades.[604] Pois bem.

As reviravoltas do formalismo processual e os avanços tecnológicos do Direito permitem concluir que as respostas a uma série de problemas externos ou mesmo internos ao procedimento judicial – como a sensível temática da isonomia e, pois, da "paridade de armas" –, não dependem, necessariamente, de comportamentos "criativos" do magistrado. Não há a necessidade de hipertrofiá-lo, com aumento correlato de suas responsabilidades, para a tutela da garantia em questão.

Metaforicamente, já se afirmou que o "árbitro" de uma partida não pode ser "treinador" de um dos times.[605] Não que a atividade judicante seja equiparável a de um árbitro, mas a ordem jurídica não tolera o abandono da condição de terceiro pelo magistrado (igualmente aplicável ao árbitro) para coadjuvar qualquer das partes (assistindo-a), sob pena de quebra da imparcialidade (subjetiva e objetiva). O tema não passou despercebido à Lei Orgânica da Magistratura Nacional (art. 36, III, LC 35/79),[606] cujo preceito não tem sido objeto de debates.

---

**603** Sobre o tema, ver: SOUSA, Diego Crevelin. O caráter mítico da cooperação processual. *Empório do Direito,* Florianópolis, Coluna ABDPro, 06 dez. 2017. Disponível em: < https://bit.ly/2sbqVhe>. Acesso em: 11 fev. 2018.

**604** CAPPELLETTI, Mauro. *Proceso, Ideologias, Sociedad.* Trad. Santiago Sentís Melendo e Tomás A. Banzhaf. Buenos Aires: Ediciones Juridicas Europa-America, 1974, p. 18.

**605** CIPRIANI, Franco. "El proceso civil italiano entre eficiencia y garantías." In: *Batallas por la justicia civil:* ensayos. Trad. Eugenia Ariano Deho. Lima: Cultural Cuzco, 2003, p. 125-126 (versão digital).

**606** "Art. 36 - É vedado ao magistrado: [...]; III - manifestar, por qualquer meio de comunicação, opinião sobre processo pendente de julgamento, seu ou de outrem, ou juízo depreciativo sobre despachos, votos ou sentenças, de órgãos judiciais, ressalvada a crítica nos autos e em obras técnicas ou no exercício do magistério."

Rigorosamente, o papel assistencial se confunde a "paternalismo intrusivo".[607] Sem embargo, em apaixonada defesa da cooperação já houve quem se referisse a um juiz ativo não ativista,[608] paradoxo insolúvel.

De outra banda, nossa ordem jurídica incumbe a Defensoria Pública de prestar assistência jurídica aos destituídos de representação, assim como deve ser designado advogado *ad hoc* ao litigante não enquadrável no perfil econômico de jurisdicionado patrocinado pelo órgão. No mesmo passo, a legislação estipula a intervenção obrigatória do Ministério Público em determinadas classes de litígios; fixa parâmetros objetivos ao reexame necessário ou duplo grau de jurisdição obrigatório; alonga prazos processuais a depender do sujeito envolvido no procedimento; facilita o acesso à jurisdição do "pobre na forma da lei", estabelece a nomeação de curador especial; garante a prioridade de tramitação em determinadas causas; autoriza a tutela (provisória) com sacrifício da cognição exauriente ou mesmo a antecipação fundada na redistribuição do ônus do tempo; provê a parte com tecnologias assistivas; entre outras regras e/ou institutos – em alguma proporção – afinados à isonomia e outras garantias processuais.[609]

Sob o pálio constitucional, foram editadas leis conhecidas por conferir proteção aos grupos vulneráveis ou em situação de vulnerabilidade. A presunção constitucional alcança consumidores, pessoas com deficiência, trabalhadores, crianças e adolescentes, pessoas idosas etc. Não se tem notícia de questionamentos contra essas leis sob a égide da igualdade – o tratamento justificadamente desigual enuncia isso. Sensível a obstáculos ou dificuldades anteriores ao procedimento, tais diplomas contêm previsões que interferem nos ônus probatórios, é dizer, facilitam a atuação do sujeito vulnerável em juízo. Mas o alvitre vem do legislador, assegurando previsibilidade aos envolvidos; não resta à discricionariedade do magistrado.[610]

---

**607** Correia de Mendonça fala em risco. Rigorosamente, contudo, o assistencialismo esbarra na condição de terceiro do julgador, como o próprio doutrinador reconhece em outras passagens. *A cooperação processual na sombra do inquisitório.* Texto ainda inédito, gentilmente cedido pelo autor.

**608** AURELLI, Arlete Inês, *op. cit.*

**609** Ilustrando com outros exemplos, ver: DIDIER JR., Fredie. "1.1 Igualdade processual." *In: Comentários ao novo Código de Processo Civil.* Antonio do Passo Cabral e Ronaldo Cramer (coords.). Rio de Janeiro: Forense, 2015, p. 85.

**610** Analisamos o tema em outra oportunidade: PEREIRA, Mateus Costa. A paridade de armas sob a óptica do garantismo processual. *Revista Brasileira de Direito Processual – RBDPro,* Belo Horizonte, ano 25, n. 98, p. 247-265, abr./jun. 2017.

Em resumo, quando um conflito envolvendo sujeito vulnerável aporta no judiciário, a igualdade será preservada desde que o juiz aplique as chamadas leis de proteção, fruto da atividade do parlamento (a vulnerabilidade é anterior ao procedimento judicial e, antes mesmo dele, em abstrato, recebe um tratamento normativo visando à equiparação/proteção). Nada disso faz do juiz um "convidado de pedra" – juiz fantoche ou manequim, na expressão de Candido Naves.[611]

O problema salta aos olhos quando o julgador presume situações de vulnerabilidade não previstas em lei, crendo ter a missão de prestar auxílio ao sujeito que considerar "débil", o que costuma ser feito pela determinação oficiosa de provas (incorrendo na chamada *ultra prueba*),[612] conducente à cognição e consideração de circunstâncias fáticas não reveladas por não relevadas pelas partes e seus advogados, alterando as cargas probatórias à luz do art. 373, § 1º, CPC –[613] de "duvidosa" constitucionalidade, o artigo hospeda a doutrina da distribuição dinâmica do ônus da prova –,[614] ou qualquer outra forma de fa-

---

**611** NAVES, Candido. *Impulso processual e poderes do juiz.* Belo Horizonte: Santa Maria, 1949, p. 30.

**612** A expressão é de Hugo Botto Oakley, prestando-se a designar a atividade probatória que transcende a iniciativa (provocação) das partes. Ver: El Proceso: ¿Método de Debate o Juego Colaborativo? Su relación con la Imparcialidad Sicológica. *Revista Latinoamericana de Derecho Procesal*, Buenos Aires, n. 3, mai. 2015.

**613** Art. 373. O ônus da prova incumbe: [...]; § 1º Nos casos previstos em lei ou diante de peculiaridades da causa relacionadas à impossibilidade ou à excessiva dificuldade de cumprir o encargo nos termos do caput ou à maior facilidade de obtenção da prova do fato contrário, poderá o juiz atribuir o ônus da prova de modo diverso, desde que o faça por decisão fundamentada, caso em que deverá dar à parte a oportunidade de se desincumbir do ônus que lhe foi atribuído. [...].

**614** Tivemos a oportunidade de nos debruçar sobre o assunto em outra oportunidade, mas o estudo foi marcado pela ingenuidade e nos furtamos da análise de sua constitucionalidade. PEREIRA, Mateus Costa; DUARTE, Ronnie Preus. A distribuição dinâmica do ônus da prova e o Novo CPC. *Revista do Advogado*, v. 126, p. 182-191, 2015. Fazendo o escrutínio da inconstitucionalidade do instituto, ver: COSTA, Eduardo José da Fonseca. Presunção de inocência civil: algumas reflexões no contexto brasileiro. *Revista Brasileira de Direito Processual – RBDPro,* Belo Horizonte, ano 25, n. 100, p. 129-144, out./dez. 2017. Diferentes autores estrangeiros censuram o instituto. Por todos, ver: CALVINHO, Gustavo. "Cargas probatorias dinámicas: exotismo y magia que desnaturalizan la garantía del proceso civil." In: *Processo Civil nas tradições brasileira e iberoamericana.* Alexandre Freire, Lúcio Delfino, Pedro Miranda de Oliveira e Sérgio Luiz de Almeida Ribeiro (coords.). Florianópolis: Conceito, 2014, p. 46-55.

vorecimento. Como bem pontuado por Eduardo Costa, a dinamização não transfere o ônus de provar entre as partes; rigorosamente, faz do *encargo* da parte, *dever* da contraparte, invadindo infraconstitucional e procedimentalmente, matéria de direito constitucional decorrente da pressuposição de inocência;[615] noutros dizeres, matéria concernente ao "devido processo".[616]

De nossa parte, não admitimos poderes-deveres espontâneos capazes de interferir no desfecho processual, o que não invalida a assunção de "reserva de jurisdição" em temas específicos (ex., interceptação telefônica, quebras de sigilo, busca e apreensões etc.) ou mesmo da existência de medidas instrutórias cuja realização carece de intervenção judicial (ex. exibição, requisição) – em rigor, ambos os casos se acomodam na predita reserva. Hipóteses em que, em nome de outras garantias, a matéria será confiada à apreciação de um togado. Regras e/ou medidas próprias ao nosso formalismo, dispensando-se – uma vez mais – o recurso a dever funcional de índole colaborativa. Nesse passo, em possível feição atípica e espontânea, acreditamos que o "dever de auxílio" atrite com a normatividade constitucional (cf. Capítulo 6), mas ele já seria problemático mesmo em eventuais manifestações típicas (dever de auxílio ≠ reserva de jurisdição).

No que respeita ao "dever de esclarecimento", a doutrina da cooperação não aporta grandes novidades, observando que essa é uma regra de lado a lado, com traduções diversas (natureza) consoante o destinatário. Cuida-se de *ônus* das partes, das quais se aguarda esmero redacional e argumentativo nas petições, com atenção adicional em alguns momentos (Constitui autêntico *dever* dos magistrados, aos quais a ordem constitucional impõe a motivação adequada dos pronuncia-

---

**615** Também em censura à dinamização, mas sob outros fundamentos, colhe-se o magistério de Michele Taruffo; para ele, a dinamização é muito perigosa, pois determinará o êxito da controvérsia. O ônus como figura processual. *Revista Eletrônica de Direito Processual - REDP,* Rio de Janeiro, vol. XI, n. 11, p. 420-431, 2013. Endossando a crítica de Taruffo: GRECO, Leonardo. A verdade no Estado Democrático de Direito. *Revista do Instituto dos Advogados de São Paulo*, São Paulo, vol. 15, p. 340 - 346, jan.-jun. 2005.

**616** Também em censura à dinamização, mas por força da insistência no protagonismo do juiz: GODINHO, Robson Renault. *Negócios processuais sobre o ônus da prova no novo Código de Processo Civil (e-book)*. São Paulo: RT, 2015, p. 14.

mentos (art. 93, IX), sob pena de invalidade.[617] Retenha-se o ponto: as partes não têm o *dever* de fundamentar suas peças, malgrado ostentem o *ônus* em fazê-lo.

Não bastasse, vimos que Teixeira de Sousa extrai um quinto dever funcional do "modelo cooperativo", o "dever inquisitivo". Esse dever imporia a iniciativa judicial por hipótese de insuficiência do material probatório aportado pelas partes.[618] Posto que não explicitado, ele se subsume ao ativismo judicial "irreversível" de que trata o formalismo-valorativo. As razões à sua objeção foram expostas nas linhas anteriores, além de serem aprofundadas no Capítulo 6.

Tal como ocorreu com a instrumentalidade, a cooperação também foi alvo de incisivas críticas da doutrina.[619] Ao lado do já mencionado trabalho de Diego Crevelin, despontam os comentários de Lenio Streck (em debate com Daniel Mitidiero) e um ensaio de Lúcio Delfino.

A censura de Streck ao marco teórico (formalismo-valorativo) é suficiente à derribada do modelo colaborativo (alhures). Não obstante, após declarar o agrilhoamento da cooperação ao "paradigma da consciência", identificou nela um álibi à invasão da moral no direito, em suporte ao "neoprotagonismo", nome que utilizou para qualificar a feição

---

**617** No respeitante à importância da fundamentação, escritos sob perspectivas teóricas diversas, mas com importantes contribuições ao tema (nenhuma delas atreladas à cooperação ou ao modelo cooperativo), ver: SILVA, Beclaute Oliveira. *A garantia fundamental à motivação da decisão judicial.* Salvador: JusPodivm, 2007; SCHMITZ, Leonard Ziesemer. *Fundamentação das decisões judiciais:* a crise na construção de respostas no processo civil. São Paulo: RT, 2015.

**618** SOUZA, Miguel Teixeira. *Omissão do dever de colaboração do Tribunal:* que consequências? Disponível em: <https://bit.ly/2wU7AWM>. Acesso em: 10 jan. 2017.

**619** Analisando o tema, Ronaldo Brêtas Dias sustenta que haveria o dever de cooperação e não um princípio. Outrossim, que os arts. 26 e 27 do CPC estariam alinhados com o léxico, isto é, de dois ou mais sujeitos trabalharem em prol de um objetivo comum; para ele, do art. 6º do código não seria possível extrair o mesmo significado, uma vez que as partes têm objetivos contrapostos, visto que ambas pretendem "vencer". Logo, à vista do antagonismo presente no ambiente processual, restaria desautorizada qualquer interpretação que divise objetivos comunitários dentre as partes. Ao fim, conclui pela má técnica legislativa na redação do art. 6º, entendendo que o chamado dever de cooperação consagraria, em verdade, um dever de comparticipação, imbricado ao contraditório efetivo. Que é cooperação processual? *Revista Brasileira de Direito Processual – RBDPro,* Belo Horizonte, ano 25, n. 98, abr./jun. 2017. Disponível em: <https://bit.ly/2Jcc8g3>. Acesso em: 18 jun. 2017.

renovada do instrumentalismo –[620] lembremos que Franz Klein (fautor da "socialização" e da "moralização" processuais) já falava em dever de auxílio à parte mais fraca, entre outros desdobramentos. Noutros dizeres, subsiste a aposta em um *homo sapiens sapiens* (sujeito estritamente racional), alguém que consegue auxiliar, sem privilegiar ou favorecer.

Apesar do cuidado em reprochar o paradigma da modernidade, rigorosamente, a proposta de Mitidiero resta asfixiada por ele (modo de inteligibilidade do real); sobre não comungar de – todas – premissas do instrumentalismo, formalismo-valorativo e cooperação se afinam aos princípios ocultos que governam a ciência moderna. Retenha-se o ponto. Tanto o formalismo-valorativo quanto a cooperação necessitam desse paradigma científico para serem engendrados.

A seu turno, Lúcio Delfino entende que tal como positivada pelo art. 6º, CPC, a cooperação afronta o art. 5º, incisos XXXV e LV, CF/1988, os quais abrigam o acesso à jurisdição (pretensão à tutela jurídica) e o princípio do contraditório, não socorrendo a interpretação de que as partes devam cooperar com o juízo ou entre si à obtenção de uma decisão justa e em tempo razoável.[621] E como a compreensão da lei não se divorcia da Constituição, o art. 6º carece de interpretação conforme. É possível ir além na censura.

Das garantias processuais propriamente ditas (contraditório, ampla defesa, acesso à jurisdição etc.) não se extraem situações jurídicas passivas (= deveres) das partes para com o juízo; delas (garantias) decorrem situações jurídicas ativas ou de vantagem aos sujeitos parciais e, correlatamente, passivas ao Estado-jurisdição; a se admitir o contrário, deixariam de ser autênticas garantias, em cuja essência está o propósito de limitação do poder. Nessa perspectiva, resta problemático sustentar – ou acreditar – que a cooperação seja garantia ou norma fundamental do processo, porque aferrada a uma tecnologia da jurisdição; sem deixar de perceber a tentativa em camuflar a majoração do poder jurisdicional sob as vestes de deveres, destaque ao auxílio. Sob essa perspectiva, cogitar um modelo processual colaborativo, tal como

---

**620** STRECK, Lenio Luiz; DELFINO, Lúcio; BARBA, Rafael Giorgio Dalla; LOPES, Ziel Ferreira. O "bom litigante"–Riscos da moralização do processo pelo dever de cooperação do novo CPC. *Revista Brasileira de Direito Processual–RBDPro*, Belo Horizonte, ano 23, n. 90, abr./jun. 2015. Disponível em: <https://bit.ly/2HfO1rB>. Acesso em: 30 mar. 2016.

**621** Cooperação processual: Inconstitucionalidades e excessos argumentativos–Trafegando na contramão da doutrina. *Revista Brasileira de Direito Processual–RBDPro,* Belo Horizonte, ano 24, n. 93, p. 149-168, jan./mar. 2016.

realizado por Mitidiero e Didier Jr., é uma contradição de termos. Sem descurar a gênese da cooperação – nem sempre lembrada pela processualística – como técnica à hipertrofia da jurisdição.

Por fim, não deixemos de anotar o "fenômeno" da naturalização da cooperação entre nós – à mercê de sua associação à justiça. Curiosamente, dentre as "normas fundamentais", o art. 6º é o único preceito cuja observância é consorciada à concretização da justiça. As "demais" garantias não concorreriam para tanto? Salvante se acreditarmos que o art. 6º tenha (re)fundado o *devido processo legal*, instituindo o devido *processo cooperativo* – o que seria "estranha" sobreposição infraconstitucional de garantia fundamental prevista na CF –, do qual as demais garantias constitucionais seriam corolários, poder-se-ia aceitar a amálgama entre cooperação e justiça. O artigo em questão incorre no grave equívoco e imprecisão técnica de transformar uma hipótese, não confirmada empiricamente, em preceito normativo. Um fundamento sem lastro. Pura hipostasia. E tudo fica mais complicado aos que têm "propagandeado" que o CPC/15 teria implantado um novo modelo processual. No escólio de Diego Crevelin:

> O novo CPC tem sido propagandeado como marco inaugural não só de um novo diploma legislativo, mas também de um novo modelo de processo. Mais do que uma mudança de lei teria sobrevido uma mudança de paradigma.
>
> A banalizada afirmação, contudo, passa ao largo de esclarecimento basilar: se vivemos num Estado Democrático de Direito e o Bloco de Constitucionalidade é o fundamento formal e material de validade de todos os atos normativos, sendo a Constituição prenhe de garantias processuais, poderia o legislador infraconstitucional adotar um modelo de processo? Alterar um paradigma?
>
> A resposta é negativa, evidentemente. Então, a validade do dito em liça exige uma dupla pressuposição: (i) o modelo adotado pelo CPC/15 não é bem um novo modelo, mas a explicitação do modelo constitucional de processo, e (ii) o modelo do CPC/73 era diverso do da Constituição e era inconstitucional (ou melhor, não recepcionado).
>
> Aqui se passa algo curioso: posto seja caudalosa a quantidade de processualistas defensores da pressuposição (i), não há semelhante convicção quanto ao acerto da pressuposição (ii), sequer (e principalmente) entre os defensores da pressuposição (i)…
>
> A reticência se justifica porque revela algo que comunica pelo *não-dito* e lança as seguintes indagações: seria, afinal, o modelo cooperativo o modelo constitucional de processo? Seria ele um modelo novo?[622]

---

**622** SOUSA, Diego Crevelin. O caráter mítico da cooperação processual. *Empório do Direito,* Florianópolis, Coluna ABDPro, 06 dez. 2017. Disponível em: < https://bit.ly/2sbqVhe>. Acesso em: 11 fev. 2018.

Em coro, também estamos no aguardo de respostas/esclarecimentos doutrinários.

### 3.1.4. PROCESSUALISMO JURISDICIONAL DEMOCRÁTICO

#### 3.1.4.1. COMPARTICIPAÇÃO E POLICENTRISMO NA ÓPTICA DE DIERLE NUNES

"Comparticipação e policentrismo" é o título da tese de doutorado defendida por Dierle Nunes perante a Pontifícia Universidade Católica de Minas Gerais (PUC-MG), no ano de 2008.[623] Nela, posto que não estude o "formalismo-valorativo", tampouco a "cooperação/colaboração" – marco teórico e o respectivo modelo com pretensão de hegemonia discursiva no processo brasileiro –, o autor também concebe um modelo processual assentado em concepção forte dos princípios processuais constitucionais. Tratando do contraditório em sua visão dinâmica ("garantia de influência" e vedação às decisões-surpresa), realça-lhe a importância à estruturação do debate processual, assegurando aos sujeitos participação e controle na formação dos provimentos judiciais. O modelo propugnado recebe o nome de "comparticipativo", sendo idealizado no seio da "Escola Mineira de Processo", cujas críticas ao instrumentalismo são perspicazes, remontando à obra de Aroldo Plínio Gonçalves e de Rosemiro Pereira Leal, a despeito de não contarem com a difusão merecida. Escola em cujo seio a ideia de "relação processual" foi e continua sendo duramente criticada, encarando-se o processo como espécie de procedimento;[624] o contraditório foi corretamente atrelado à fundamentação;[625] e na qual floresceu a ideia

---

**623** NUNES, Dierle. *Comparticipação e policentrismo:* horizontes para a democratização processual civil (tese de doutorado). Belo Horizonte: PUC-MG, 2008.

**624** GONÇALVES, Aroldo Plínio. *Técnica processual e teoria do processo.* Rio de Janeiro: Aide, 1992, p. 58, 66 e 102 e ss.

**625** É que se colhe da obra monográfica de André Cordeiro Leal: *O contraditório e a fundamentação das decisões jurisdicionais.* Belo Horizonte: Mandamentos, 2002, p. 88-89. Também tivemos a oportunidade de analisar o tema no seguinte ensaio: GOUVEIA, Lúcio Grassi de; PEREIRA, Mateus Costa; ALVES, Pedro Spíndola Bezerra. *Fundamentação adequada:* da impossibilidade de projetar a sombra de nossos óculos sobre paisagens antigas e de acorrentar novas paisagens em sombras passadas. Revista Brasileira de Direito Processual – RBDPro, Belo Horizonte, ano 24, n. 95, p. 175-201, jul./set. 2016.

do quadrinômio estrutural (informação-reação-diálogo-influência).[626] Escola com notável contribuição ao estudo do processo no Brasil, tal e qual demonstrado em linhas anteriores. De toda sorte, analisaremos as ideias de Dierle Nunes, haja vista seu esforço à compreensão (construção) do modelo processual brasileiro.

No afã de demonstrar a premência de um novo modelo, Dierle inicia a obra criticando aqueles que foram engendrados a partir da modernidade, sob os influxos do liberalismo (modelo liberal) e do socialismo (modelo social), aduzindo sua saturação. Orbe em que condena o primeiro pela escritura e a forçosa passividade dos magistrados, tendo por pressuposto uma ordem isonômica. Já o modelo social é recriminado pelo protagonismo do juiz, pois calcado no suposto privilégio cognitivo de uma pessoa, instituição ou órgão à formação dos provimentos estatais,[627] conducente ao esvaziamento técnico dos advogados e trabalhando com uma ordem assimétrica (protagonismo/ativismo e hierarquia do magistrado sobre as partes). Ainda sobre o modelo social, consoante esclarecimentos prestados em outro trabalho, o autor entende que o discurso em prol do ativismo ganhou força com os "desafios descortinados pela ampliação exponencial da garantia de acesso à justiça, com o decorrente aumento brutal da quantidade de litígios e das taxas de congestionamento."[628]

A mirada crítica não fica restrita aos modelos anteriores. Dierle também censura o modelo pseudo-social ou "neoliberalismo processual", nas palavras dele, entendido como a degeneração do modelo social caracterizado pelas bandeiras de eficiência e produtividade,[629] cujo tom é ditado pelo poder econômico. Encarando o processo apenas sob o

---

**626** Essa concepção foi desenvolvida por Ronaldo Brêtas de Carvalho Dias, o que pode ser apreendido no seguinte trabalho: Novo Código de Processo Civil e processo constitucional. *Revista Brasileira de Direito Processual–RBDPro*, Belo Horizonte, ano 23, n. 92, out./dez. 2015. Disponível em: <https://bit.ly/2KXIV5E>. Acesso em: 30 mar. 2016.

**627** NUNES, Dierle. *Comparticipação e policentrismo*: horizontes para a democratização processual civil (tese de doutorado). Belo Horizonte: PUC-MG, 2008, p. 13.

**628** NUNES, Dierle; LACERDA, Rafaela. Precedentes: primeiras conexões com o princípio do contraditório como garantia de influência e não surpresa no CPC Projetado. *Revista Brasileira de Direito Processual – RBDPro*, Belo Horizonte, ano 21, n. 83, jul./set. 2013. Disponível em: <https://bit.ly/2JsePtV>. Acesso em: 3 jan. 2018.

**629** NUNES, Dierle. *Comparticipação e policentrismo*: horizontes para a democratização processual civil (tese de doutorado). Belo Horizonte: PUC-MG, 2008, p. 94.

crivo da produtividade – hipertrofiando a efetividade, para lembrar-mos a censura de Barbosa Moreira –,[630] no modelo em alusão o jurisdicionado é reduzido a espectador privado, mero consumidor do serviço público (prestação jurisdicional).[631]

Para Dierle, nenhum dos modelos anteriores satisfaz aos anseios da cidadania participativa, visto que refratários ao "pluralismo, não solipsista e democrático do contexto normativo atual".[632-633] Isso não significa a ausência de características e, pois, a impossibilidade de permanência de traços liberais e sociais no processo jurisdicional democrático, daí a razão de preconizar a articulação das técnicas enfeixadas pelas diferentes ideologias no modelo que propugna. Com o cuidado em não restringi-lo (novo modelo) a elas.[634]

Sua tese labora com a perspectiva intersubjetiva e comparticipava do processo jurisdicional,[635] sem dispensar a instrumentalidade "técnica",[636] tencionando a construção de um modelo alinhado aos direitos fundamentais do cidadão, assegurando sua contribuição à formação e controle dos provimentos. Após a evolução da ciência jurídica, o autor credita a atual persistência de discursos em defesa do protagonismo judicial na ingenuidade.[637]

Escrito sob a vigência do CPC/73, seu trabalho repudiava as alterações legislativas com a exclusiva tônica de recrudescimento do papel dos juízes, sem o contraponto equilibrador do aumento da responsabilidade técnica aos advogados. Para ele, em certa medida, algo que espezinharia a participação dos causídicos. Conseguintemente, as mu-

---

**630** MOREIRA, José Carlos Barbosa. "Efetividade do processo e técnica processual." In: *Temas de direito processual (sexta série)*. São Paulo: Saraiva, 1997, p. 21-22.

**631** NUNES, Dierle. *Comparticipação e policentrismo:* horizontes para a democratização processual civil (tese de doutorado). Belo Horizonte: PUC-MG, 2008, p. 118.

**632** *Idem, ibidem,* p. 15.

**633** Sobre o solipsismo, ver a crítica desenvolvida pelo autor em coautoria com Lúcio Delfino: Novo CPC, o "caballo de Tróya" iura novit curia e o papel do juiz. *Revista Brasileira de Direito Processual – RBDPro,* Belo Horizonte, ano 22, n. 87, jul./set. 2014. Disponível em: <https://bit.ly/2JkwVuw>. Acesso em: 10 jul. 2017.

**634** NUNES, Dierle. *Comparticipação e policentrismo:* horizontes para a democratização processual civil (tese de doutorado). Belo Horizonte: PUC-MG, 2008, p. 21.

**635** *Idem, ibidem,* p. 23.

**636** *Idem, ibidem,* p. 15.

**637** *Idem, ibidem,* p. 68.

danças legislativas instituiriam um modelo em que os juízes, face à excessiva responsabilidade sobre seus ombros, restariam sobrecarregados, ao passo que os advogados assumiriam papel cômodo e passivo.[638]

A proposta de superação do projeto liberal ou de socialização do processo não é feita aprioristicamente (dissociada da experiência). Com anteparo em Habermas, a proposta carreada por Dierle Nunes pressupõe a transferência da tensão *liberal* x *social* ao procedimento,[639] vale dizer, ao plano da aplicação normativa, *locus* em que, mantendo-se as virtudes e evitando-se as degenerações desses modelos (sem protagonismos e sem a redução do papel técnico dos advogados), ocorreria uma espécie de síntese (filtro) rumo ao processualismo constitucional democrático.[640] Como afirmado pelo autor em outro trabalho, tudo isso em nome da superação da dicotomia privatismo x estatalismo.[641]

Ao criticar o instrumentalismo em Dinamarco, Nunes esclarece as principais linhas divisórias com o seu pensamento. Deixemos a obra falar:

> Já nessa tese se defende que o procedimento é constitutivo de todo o processo de decisão, de modo que para o aqui defendido **processualismo constitucional democrático** a compartição e o policentrismo são institutivos de um processo normativamente disciplinado pelos direitos fundamentais, que garantirá uma formação adequada dos provimentos, sem que este possuam conteúdos fixos pré-determinados, ao se aplicarem as normas (princípios e regras). Tal procedimento respeitará e fomentará a participação e contribuição de todos os envolvidos nas esferas decisórias.[642]

Para Dierle Nunes, as degenerações dos modelos processuais modernos não teriam decorrido de "mal dimensionamento legislativo", senão e, principalmente, "de uma leitura fraca dos direitos processuais fundamentais que garantiriam uma compartição endoprocessual".[643] É

---

**638** *Idem, ibidem*, p. 75.

**639** "Tensão" e não uma "contraposição", como esclarece em outro trabalho: NUNES, Dierle. Reformas processuais: estatalismo ou privatismo? Por um modelo comparticipativo. *Revista Brasileira de Direito Processual – RBDPro,* Belo Horizonte, ano 23, n. 90, p. 145-152, abr./jun. 2015.

**640** NUNES, Dierle. *Comparticipação e policentrismo...* p. 129-130.

**641** NUNES, Dierle. Reformas processuais: estatalismo ou privatismo? Por um modelo comparticipativo. *Revista Brasileira de Direito Processual – RBDPro,* Belo Horizonte, ano 23, n. 90, p. 145-152, abr./jun. 2015.

**642** NUNES, Dierle. *Comparticipação e policentrismo...* p. 104.

**643** *Idem, ibidem,* p. 130.

pela quebra dos protagonismos ou divisão equilibrada de atuação entre juízes e partes – idônea à absorção de aspectos reputados benéficos dos modelos liberal e social, fruto da assunção de interdependência entre os sujeitos processuais –, que será possível a democratização processual,[644] sem perseverar na animosidade de lado a lado (exteriorizada ou não) entre as profissões jurídicas.[645]

Nesse passo, é sugerida a compreensão dinâmica e forte dos princípios processuais constitucionais, sobretudo do contraditório, consubstanciada no direito de influência (*rectius:* participação) e na vedação à decisão surpresa (direito à participação na formação e controle dos provimentos, sob pena de nulidade da decisão, atrelada ao *dever de esclarecimento judicial* a cada etapa procedimental),[646] haja vista ser o principal garantidor do "fluxo discursivo entre os sujeitos processuais e constitui uma baliza procedimental para o exercício das funções endoprocessuais."[647] À concepção forte do contraditório é tributada a missão de resgatar a importância técnica e legitimadora do processo,[648] catalisando e aglutinando o exercício da autonomia pública e privada, visto que, a um só tempo, o cidadão será coautor e destinatário do provimento.

Em arremate, define os contornos de um processo democrático, não como a ferramenta que aplica o direito com brevidade e sim o que chama de "estrutura normativa constitucionalizada", dimensionada pelo concurso dos princípios constitucionais *dinâmicos*, a exemplo do "contraditório, a ampla defesa, o devido processo constitucional, celeridade, direito ao recurso, fundamentação racional das decisões, juízo natural e inafastabilidade do controle jurisdicional."[649]

---

**644** *Idem, ibidem,* p. 170.

**645** A animosidade é mencionada na tese do autor e retomada em outros trabalhos. Assim, cf.: NUNES, Dierle; BAHIA, Alexandre. Processo e República: uma relação necessária. *Revista Brasileira de Direito Processual – RBDPro,* Belo Horizonte, ano 22, n. 88, out./dez. 2014. Disponível em: <https://bit.ly/2sAlxV7>. Acesso em: 3 jan. 2018.

**646** NUNES, Dierle; LACERDA, Rafaela. Precedentes: primeiras conexões com o princípio do contraditório como garantia de influência e não surpresa no CPC Projetado. *Revista Brasileira de Direito Processual – RBDPro,* Belo Horizonte, ano 21, n. 83, jul./set. 2013. Disponível em: <https://bit.ly/2JsePtV>. Acesso em: 3 jan. 2018.

**647** NUNES, Dierle. *Comparticipação e policentrismo:* horizontes para a democratização processual civil (tese de doutorado). Belo Horizonte: PUC-MG, 2008, p. 170.

**648** *Idem, ibidem,* p. 176.

**649** *Idem, ibidem,* p. 192.

## 3.1.4.2. ANÁLISE CRÍTICA: UMA VIRADA (IN)CONCLUSA

Identificando o mote das sucessivas ondas reformistas do CPC/73 com o instrumentalismo, Dierle toca no que entendemos como o núcleo problemático da "instrumentalismo", qual seja, esvaziamento do "papel do processo como instituição garantidora de implementação de direitos fundamentais."[650] Também tateia o problema em outras passagens, ao aduzir que o processo tem função fiscalizadora e construtora de provimentos jurisdicionais ou mesmo quando defende o viés garantista do sistema jurídico processual.[651] Ocorre que as passagens devem ser compreendidas no contexto da obra. Mesmo porque, vimos que o discurso em defesa das garantias não é incomum na processualística, manifestando-se, inclusive, em partidários da instrumentalidade (suficiente pensar em Dinamarco e Bedaque), ainda que sem a adequada compreensão das implicações da perspectiva garantista.

Afirmamos que Dierle Nunes arranhou a superfície porque a engenhosa proposta de articulação de técnicas processuais de matiz liberal e de social, transferindo a tensão ao plano da aplicação, passou ao largo dos institutos processuais em que o protagonismo judicial, por ele tão criticado, está entrincheirado. Nenhuma linha foi dedicada ao resgate "moderno" dos poderes instrutórios, sua afetação à oralidade e ao livre convencimento motivado (temas que não mereceram estudo em seu trabalho) ou algum outro assunto que desafiasse a análise da tensão entre as partes e o juiz. Tampouco o protagonismo/ativismo mascarado nesses institutos seria "filtrado" democraticamente no procedimento. Em outras oportunidades em que o tema da "comparticipação" ou "teoria normativa da comparticipação" foi retomado pelo autor, não se divisa análise ou crítica de qualquer dos institutos acima,[652] no que já é possível antever que nosso lugar de fala (garantismo, propriamente dito) ilumina horizontes problemáticos da processualística que o policentrismo e a comparticipação não logrou realizar; a rigor, não há articulação de sua proposta com a dogmática.

À quebra do protagonismo judicial enfeixado pela socialização processual – nos dizeres dele – seria suficiente o aumento da "responsabilidade técnica" dos advogados? Aliás, não que o autor diga como

---

**650** *Idem, ibidem,* p. 106.

**651** *Idem, ibidem,* p. 116-117.

**652** NUNES, Dierle. Reformas processuais: estatalismo ou privatismo? Por um modelo comparticipativo. *Revista Brasileira de Direito Processual – RBDPro,* Belo Horizonte, ano 23, n. 90, p. 145-152, abr./jun. 2015.

operacionalizar isso, o que nos remete à releitura do contraditório (visão dinâmica ou material), na qual parece depositar todas as "fichas".

Ao mirar o "processo", Dierle não percebeu que ele é em si mesmo uma garantia dotada de autonomia e substantividade constitucional próprias. Não se trata de um papel ou viés. Tal como os cooperativistas, não vislumbrou os consectários mais relevantes do horizonte garantista: sobre ser inconstitucional (o tema será analisado adiante), o protagonismo judicial perseverará enquanto for defendido o modelo de oralidade que empodera o magistrado, cujo decisionismo tem suporte no livre convencimento motivado (sua sentinela avançada, por assim dizer).

O autor tributa à legislação ordinária (código) a consagração de um modelo processual. É o que ressai da leitura de outro texto que subscreveu, no qual sustenta que o CPC/15 teria feito a adoção ostensiva do modelo comparticipativo ou cooperativo.[653] Com efeito, seu discurso baralha o estudo de "modelos processuais" de particular relevância histórica (modelos liberal e social), anteriores à constitucionalização do processo ocorrida na segunda metade do séc. XIX – quando o núcleo processual foi alçado ao patamar constitucional, sob a roupagem de direitos fundamentais –, com a possibilidade, já sob esse novel panorama (novo paradigma), de que outros modelos processuais sejam instituídos infraconstitucionalmente. Minimamente, a assertiva de que o atual código teria optado pela comparticipação ("modelo comparticipativo") desvela que sua visão precede o movimento da constitucionalização; eventualmente, que as implicações dela (constitucionalização) não foram assimiladas pelo autor. No particular, repise-se a crítica aos entusiastas de um modelo cooperativo com "arrimo" no art. 6º, CPC (a partir da infraconstitucionalidade procedimental...). A todos eles, a preleção de Kirchmann, ora transformada em paráfrase: uma palavra retificadora do legislador e o "modelo processual" (bibliotecas inteiras) seria descartado (se converteriam em papel de embrulho).

Sob prisma diverso, a concepção dinâmica (material) do contraditório não é uma proposta original do autor, com o cuidado em registrar que ele tampouco reivindica isso. Dissertando o contraditório no âmbito da prova, no limiar da década de 90, Ada Pellegrini Grinover

---

[653] NUNES, Dierle; LACERDA, Rafaela. Precedentes: primeiras conexões com o princípio do contraditório como garantia de influência e não surpresa no CPC Projetado. *Revista Brasileira de Direito Processual – RBDPro,* Belo Horizonte, ano 21, n. 83, jul./ set. 2013. Disponível em: <https://bit.ly/2JsePtV>. Acesso em: 3 jan. 2018.

aludia ao direito da parte em "preparar o espírito do juiz".[654] Em ensaio publicado em 1993, Carlos Alberto A. de Oliveira já denunciava a restrição do contraditório à bilateralidade da audiência (concepção formal ou estática), advogando a importância dos sujeitos parciais não serem surpreendidos por matérias de fato ou de direito, estranhas ao diálogo; para ele, medida indispensável à democratização processual, para coibir a opressão e o autoritarismo.[655] No ano de 2000, Lúcio Grassi de Gouveia defendia um dever funcional de consulta para coibir a prolação de decisões-surpresa.[656]

Interpretação similar do contraditório foi/é defendida por tantos outros autores que não comungam dos mesmos pontos de partida de Dierle Nunes. Variados adeptos da cooperação sustentam o "direito de participação" (correspectivo ao "dever" judicial de consulta) para inibir decisões-surpresa[657] ou de terceira via.[658] A revalorização do

---

[654] GRINOVER, Ada Pellegrini. "Defesa contraditória, igualdade e 'par condicio' na ótica do processo de estrutura cooperatória." In: *Novas tendências do direito processual*. São Paulo: Forense Universitária, 1990, p. 04-10.

[655] OLIVEIRA, Carlos Alberto Alvaro de. O juiz e o princípio do contraditório. *Revista da Faculdade de Direito da UFRGS*. Porto Alegre, n. 9, p. 178-184, 1993.

[656] O dever de cooperação dos juízes e tribunais com as partes: uma análise sob a ótica do direito comparado (Alemanha, Portugal e Brasil). *Revista da Escola Superior da Magistratura do Estado de Pernambuco*. Recife, Esmape, Ano 1, n. 01, jan.-jun., p. 247-273, 2000.

[657] Para citar apenas alguns: GOUVEIA, Lúcio Grassi de. "A função legitimadora do princípio da cooperação intersubjetiva no processo civil brasileiro". *Revista de Processo,* São Paulo, v. 172, jun. 2009, p. 32-53; CUNHA, Leonardo José Carneiro da. "O processo civil no Estado Constitucional e os fundamentos do projeto do novo Código de Processo Civil brasileiro". *Revista do Processo,* São Paulo, v. 209, jul. 2012, p. 349-374; MESQUITA, Maíra de Carvalho Pereira. "Da proteção contra surpresa processual e o novo CPC". *In: Novo CPC doutrina selecionada:* parte geral. Lucas Buril de Macêdo, Ravi Peixoto e Alexandre Freire (orgs.). Salvador: JusPodivm, 2015, v. 1, p. 466-471; MACHADO, Daniel Carneiro. "A visão tridimensional do contraditório e sua repercussão no dever de fundamentação das decisões no processo democrático". *Rev. SJFR*, Rio de Janeiro, v. 21, n. 41, p. 69-84, dez. 2014. Sem aludir à cooperação, mas defendendo posição semelhante acerca do contraditório como influência: WAMBIER, Teresa Arruda Alvim. A influência do contraditório na convicção do juiz: fundamentação da sentença e do acórdão. *Revista de Processo,* São Paulo, RT, v. 168, p. 53-65, fev. 2009.

[658] Sobre o tema, cf. THEODORO JR., Humberto *et al. Novo CPC:* fundamentos e sistematização. 2. ed. Rio de Janeiro: Forense, 2015, p. 104 e ss.

contraditório chega ao ponto de ser chamado de "megaprincípio".[659] Cuida-se de uma construção doutrinária formada na Alemanha ocidental da década de 60, posteriormente consagrada em lei que, pouco a pouco, foi se espraiando por outros países europeus, tal como Áustria, França, Itália e Portugal.[660] Ela foi apenas explicitada pelo art. 10, CPC.[661] Aliás, não olvidando que os cooperativistas (alinhados a Alvaro de Oliveira) também asserem a ruptura de protagonismos.[662]

Nesse orbe seria possível chegar ao "processualismo jurisdicional democrático" por diferentes vertentes, que não as trilhadas por Dierle. O "palpite" é reforçado por afirmação do autor em trabalho posterior, já falando em "teoria deontológica de comparticipação/cooperação".[663] Oportunamente, a associação ulterior entre comparticipação e cooperação denota um desapego à historicidade, visto que em sua tese não foi reservada uma linha sequer para dialogar com o que a doutrina (brasileira) anterior à sua pesquisa já havia desenvolvido sobre o assunto; fosse à adesão ou à crítica.

---

**659** GRECO, Leonardo. Contraditório efetivo (art. 7º). *Revista Eletrônica de Direito Processual - REDP,* Rio de Janeiro, v. 15, jan.-jun. 2015, p. 299-310.

**660** COMOGLIO, Luigi Paolo. "Questioni relevabili d'ufficio e contraddittorio". *Treccani (La Cultura Italiana).* Disponível em: <https://bit.ly/2wSoO6H>. Acesso em: 16 nov. 2013; GRADI, Marco. "Il principio del contraddittorio e la nulittà della sentenza della "terza via"". In: *Rivista di Diritto Processuale,* Milão, anno LXV (Seconda Serie), n. 4, luglio-agosto, 2010.

**661** Dinamarco sublinha a inspiração direta no art. 16 do CPC francês: O novo Código de Processo Civil brasileiro e a ordem processual vigente. *Revista de Processo,* São Paulo, RT, v. 247, p. 63-103, set. 2015.

**662** Em maior ou menor medida, todos parecem crer (incorrer) na síntese hegeliana, problema detectado por Sebastián Irún Croskey: "Derecho procesal y ideología: Hegel y el origen de la escuela 'moderna' de derecho procesal (o del 'activismo judicial')." In: *Processo Civil nas tradições brasileira e iberoamericana.* Alexandre Freire, Lúcio Delfino, Pedro Miranda de Oliveira e Sérgio Luiz de Almeida Ribeiro (coords.). Florianópolis: Conceito, 2014, p. 393-400.

**663** Nas palavras do próprio autor: "Esta é uma das finalidades de um processo democrático lastreado numa teoria deontológica de comparticipação/cooperação, por nós defendida desde 2003, e projetada no Novo Código de Processo Civil, mediante a indução de balizas procedimentais fortes do contraditório, como influência e não surpresa (art. 10), boa-fé processual (art. 5º), cooperação (art. 6º) e fundamentação estruturada da decisão (art. 499)." NUNES, Dierle; BAHIA, Alexandre. Processo e República: uma relação necessária. *Revista Brasileira de Direito Processual – RBDPro,* Belo Horizonte, ano 22, n. 88, out./dez. 2014. Disponível em: <https://bit.ly/2sAlxV7>. Acesso em: 3 jan. 2018.

Outro possível erro da tese do policentrismo e comparticipação é a aposta no contraditório e na fundamentação, sem se preocupar, originariamente, com a imparcialidade e as propensões cognitivas, para a qual o autor somente despertaria depois,[664] ao subscrever obra sobre o tema. A excessiva fidúcia no contraditório despreza os problemas que lhe antecedem, para os quais a bilateralidade da audiência e o direito à participação são respostas tardias (chegam a destempo).

Finalmente, o autor censura a reflexão pautada na trilogia estrutural do processo (jurisdição-ação-processo), por se tratar de meditação conceitual desfocada do verdadeiro problema. Sucede que a comparticipação incorre no mesmo vezo, porque não ataca o legado do *homo sapiens sapiens*. Diz-se que a comparticipação adota a intersubjetividade, malgrado em momento algum ela "desça" ao sujeito. No ponto, com as devidas proporções, o pensamento de Dierle Nunes é apanhado por fração da crítica endereçada aos instrumentalistas. Nessa ansa, anote-se que o modelo policentrista engendrado por Picardi, em quem Dierle se apoia, foi condenado pela ampla discricionariedade conferida aos juízes na condução do procedimento, ao ponto de instrumentalizar o próprio contraditório, convertendo-o "em elemento subserviente à judicação".[665] Mas isso é pressuposto, jamais posto pelo autor.

---

[664] NUNES, Dierle; DELFINO, Lúcio. Novo CPC, o "caballo de Tróya" iura novit curia e o papel do juiz. *Revista Brasileira de Direito Processual – RBDPro,* Belo Horizonte, ano 22, n. 87, jul./set. 2014. Disponível em: <https://bit.ly/2JkwVuw>. Acesso em: 10 jul. 2017. NUNES, Dierle; BAHIA, Alexandre. Processo e República: uma relação necessária. *Revista Brasileira de Direito Processual – RBDPro,* Belo Horizonte, ano 22, n. 88, out./dez. 2014. Disponível em: <https://bit.ly/2sAlxV7>. Acesso em: 3 jan. 2018.

[665] GRESTA, Roberta Maia. *Ação temática eleitoral:* proposta para a democratização dos procedimentos judiciais eleitorais coletivos (dissertação de mestrado). Belo Horizonte: Pontifícia Universidade Católica de Minas Gerais (PUC-MG), 2014, p. 158.

# PARTE II
## O FENÔMENO PROCESSUAL E A ASSUNÇÃO DO *HOMO SAPIENS-DEMENS*

# 4
## "PARADIGMA DA COMPLEXIDADE" E O *HOMO SAPIENS-DEMENS*

## 4.1. HORIZONTE DA CRÍTICA: FUNDAMENTOS EPISTÊMICOS E DOGMÁTICOS ADOTADOS NESTE TRABALHO

### 4.1.1. IDEOLOGIA EM SENTIDO AMPLO: PARADIGMA DA COMPLEXIDADE

O paradigma da modernidade considera a complexidade, mas em linha de rechaço, uma vez que contrastante à perspectiva simplificadora – tida por necessária – ao conhecimento. Sob as lentes da ciência moderna a complexidade se mistura ao caos; logo, opõe-se ao saber. Fundada nessa crença a ciência empregou a simplificação, supondo que a separação dos fenômenos em seus elementos fosse a vereda indispensável para dissipar obstáculos aparentes e, portanto, compreender o real. Em resumo, à vista da modernidade, *complexo* é tudo aquilo não escrutinado pelo intelecto; um dado passageiro, fruto de desconhecimento ou ignorância (transitória) do observador.[666] Registrando que a ciência moderna não admitia a falibilidade do conhecimento.

Pelas razões acima, ao referir-se ao paradigma da modernidade, Morin prefere chamá-lo de "paradigma da simplificação", colocando em relevo uma de suas principais características,[667] mesmo que em seu âmago também se manifestem os primados da disjunção e da redução: conhecimento catalogador de elementos que, supostamente, não

---

**666** MORIN, Edgar; CIURANA, Emilio-Roger; MOTTA, Raúl Domingo. *Educar na era planetária:* o pensamento complexo como *Método* de aprendizagem no erro e na incerteza humana. Trad. Sandra Trabucco Valenzuela. São Paulo: Cortez Editora, 2003, p. 47.

**667** MORIN, Edgar. *Introdução ao pensamento complexo.* Trad. Eliane Lisboa. 4. ed. Porto Alegre: Sulina, 2011, p. 05 e ss.

estariam ligados; seguido da unificação abstrata que anula a diversidade.[668] Simplificação, disjunção e redução constituem os princípios supralógicos da ciência moderna. Em tempos de crise, a insistência no paradigma da simplificação seria fruto de pertinácia.

Como sói, o despertar ao novo paradigma ("paradigma da complexidade") tem diferentes desdobramentos, observando que o tratamento da complexidade em nível paradigmático (da inteligibilidade do real) faz com que ela deixe de ser simples adereço de um emaranhado qualquer. Os horizontes à compreensão se ampliam. Prontamente, sem negar a racionalidade, refuta-se a "racionalização", abandonando-se a ideia de controle ou domínio do real.[669] Ao revés, pretende-se um pensamento capaz de lidar com o real, apto a dialogar e "negociar" com ele,[670] sem simplificar o que não pode ser simplificado. Um pensamento idôneo a superar a dispersão do conhecimento, capaz de articulá-lo.

Assumindo que os avanços científicos conduzem à ampliação do desconhecimento –[671] percepcionando o legado científico como a parte emersa do *iceberg* –, ainda que o pensamento complexo aspire à multidimensionalidade, tem a impossibilidade do conhecimento total como um de seus axiomas; e já em nível teórico refuta a "onisciência".[672] As verdades são biodegradáveis. A incerteza não se erradica, senão que radica no próprio seio da cientificidade.[673] Não se trata de negar a ciência, mas em alguma dose, refundá-la. Por isso se introduz a "epistemologia reflexiva" (de segunda ordem ou conhecimento

---

**668** MORIN, Edgar. Problemas de uma epistemologia complexa. *In: O problema epistemológico da complexidade.* Portugal: Publicações Europa América, 2002, p. 31.

**669** MORIN, Edgar. *Amor, poesia, sabedoria.* Trad. Edgar de Assis Carvalho. 7. ed. Rio de Janeiro: Bertrand Brasil, 2005, p. 54-55.

**670** MORIN, Edgar. *Introdução ao pensamento complexo.* Trad. Eliane Lisboa. 4. ed. Porto Alegre: Sulina, 2011, p. 06.

**671** MORIN, Edgar. Problemas de uma epistemologia complexa. *In: O problema epistemológico da complexidade.* Portugal: Publicações Europa América, 2002, p. 20 e 33.

**672** MORIN, Edgar. *Introdução ao pensamento complexo.* Trad. Eliane Lisboa. 4. ed. Porto Alegre: Sulina, 2011, p. 06. Ainda sobre o tema: MORIN, Edgar; CIURANA, Emilio-Roger; MOTTA, Raúl Domingo, *op. cit.*, p. 54.

**673** "[…]. E isso porque o pensamento complexo conhece os limites epistemológicos introduzidos pela ciência contemporânea: a *incerteza* é uma aquisição de princípio feita pela física quântica e pela biologia do século XX. O pensamento complexo sabe que a certeza generalizada é um mito." MORIN, Edgar; CIURANA, Emilio-Roger; MOTTA, Raúl Domingo, *op. cit.*, p. 53.

do conhecimento);[674] epistemologia que tem a si mesma como objeto, descambando na investigação do conhecer e do sujeito cognoscente. Por esse motivo, determinados modelos (Capítulo 2), pretensamente normativos, sequer rompem a barreira teórica, o que é desvelado pelo novo paradigma; mesmo porque, a lei dos homens não pode subverter a lei da natureza.

À luz dessa epistemologia reflexiva, Edgar Morin ensina que o cérebro é um órgão encerrado em uma caixa-preta: a mensagem que lhe chega pelos sentidos nunca é direta, sendo codificada; o "cérebro interpreta estas mensagens traduzidas para reconstruir, à sua maneira, a imagem do original."[675] Em esforço de contextualização ao nosso objeto de estudo, trata-se de condição não "evitável" por qualquer dos sujeitos processuais (parciais ou imparcial), bem como por qualquer outro sujeito que, de algum modo, participe do processo (ex. auxiliares, testemunhas, perito etc.). Com base nos estudos desenvolvidos pelo filósofo francês, a um só tempo, o ato de conhecimento é biológico, cerebral, espiritual, lógico, linguístico, cultural, social e histórico, não podendo ser dissociado da vida humana e da relação social.[676] Inclusive, o autor tratou da problemática do testemunho ao refletir o "componente alucinatório da percepção" de que foi vítima ao presenciar um acidente; do qual foi vítima, mas conseguiu se desvencilhar.[677]

A complexidade foi o alimento que levou Morin a descartar um sujeito cognoscente estritamente racional ou unidimensional, assumindo-o como a fusão (misto) de sabedoria e loucura (*homo sapiens* e *homo demens*), inexistindo fronteira nítida entre elas. Antes, os dois polos ou instâncias são regidos por uma dialógica, entendida como associação complexa de instâncias "*conjuntamente necessárias* à existência, ao funcionamento e ao desenvolvimento de um fenômeno organizado" (complementar/concorrente/antagônica). O movimento entre o

---

**674** *Idem, ibidem,* p. 51.

**675** MORIN, Edgar. Problemas de uma epistemologia complexa. *In: O problema epistemológico da complexidade.* Portugal: Publicações Europa América, 2002, p. 25. Do mesmo autor, sobre o assunto em questão: *Para sair do século XX.* Trad. Vera de Azambuja Harvey. Rio de Janeiro: Nova Fronteira, 1986, p. 26 e ss.

**676** MORIN, Edgar. *O método 3*: o conhecimento do conhecimento. Trad. Juremir Machado da Silva. 3. ed. Porto Alegre: Sulina, 2005, p. 26.

**677** MORIN, Edgar. *Para sair do século XX.* Trad. Vera de Azambuja Harvey. Rio de Janeiro: Nova Fronteira, 1986, p. 23 e ss.

*demens* e o *sapiens* é perpétuo.[678] Dessarte, fala-se em *homo sapiens-demens*, condição ignorada pela modernidade e por teorias engendradas sob seu pálio; teorias que têm elevado a razão aos limites, conduzindo a delírios e a pensamentos totalitários.[679] No escólio de Morin:

> Se se define *homo* unicamente como *sapiens,* oculta-se dele a afetividade, disjuntando-a da razão inteligente. Quando retroagimos para aquém da humanidade, surpreendemo-nos pelo fato de que o desenvolvimento da inteligência entre os mamíferos (capacidade estratégica de conhecimento e ação) encontra-se estreitamente correlacionado com o desenvolvimento da afetividade. [...]. Em resumo, a multiplicidade da afetividade contribui para o desenvolvimento da inteligência.
> [...];
> A afetividade é aquilo que, ao mesmo tempo, nos cega e nos ilumina, mas a afetividade humana inventou algo que não existia: o ódio, a maldade gratuita, a vontade de destruir por destruir. *Homo sapiens* é igualmente *homo demens*. Se pudéssemos dizer: somos 50% *sapiens*, 50% *demens*, com uma fronteira no meio, isso seria muito bom. Mas não há fronteira nítida entre os dois. *Sapiens* e *demens* são dois pólos. Além disso, o que é característico no cérebro humano, este cérebro hipertrofiado, é ele funcionar com muito ruído (*noise*, em linguagem informática) e desordem; mas, sem esta desordem não haveria possibilidade de criação e invenção.[680]

O *"Homo demens* é a face escondida, oculta, pelo *sapiens"*.[681] Em virtude da perene dialógica não é possível definir como a interação entre os polos ocorre. Tal como aduzido por Morin, não há "Muralha da China" segmentando a parte humana de sua animalidade; todo ser

---

**678** Como afirmado pelos mesmos autores em continuação: "Não seria possível conceber o nascimento do Universo sem a dialógica ordem/desordem/organização. Não podemos conceber a complexidade do ser humano sem pensar a dialógica *sapiens/demens*; é preciso superar a visão unidimensional de uma antropologia racionalizadora que pensa no ser humano como um *homo sapiens sapiens.*" MORIN, Edgar; CIURANA, Emilio-Roger; MOTTA, Raúl Domingo, *op. cit.*, p. 36.

**679** MORIN, Edgar. *Amor, poesia, sabedoria.* Trad. Edgar de Assis Carvalho. 7. ed. Rio de Janeiro: Bertrand Brasil, 2005, p. 27. Ainda sobre o *sapiens-demens*, ver: MORIN, Edgar; CIURANA, Emilio-Roger; MOTTA, Raúl Domingo, *op. cit.*, p. 41-60.

**680** MORIN, Edgar. *Amor, poesia, sabedoria.* Trad. Edgar de Assis Carvalho. 7. ed. Rio de Janeiro: Bertrand Brasil, 2005, p. 52-54.

**681** HACKMANN, Berenice Gonçalves. O complexo homem complexo. *Revista científica das Faculdades Integradas de Taquara – FACCAT,* vol. 3, n. 1, jan./abr. 2005 (versão digital). Disponível em: <https://bit.ly/2IQ8kAR>. Acesso em: 22 out. 2017.

humano é uma totalidade bio-psico-sociológica.[682] Essa pressuposição também leva à impossibilidade de separação de objeto e/ou ações, como se eles, por si sós, já não fossem uma rede.[683]

Em primeira aproximação, o "pensamento complexo" consiste no reaprender a caminhar; sem metas predefinidas. Abraçando a "incerteza científica", não adota um método como receita à conquista de resultados previstos ou esperados tal como sucedia em Descartes, em que o método consistia em via de confirmação.[684] Donde a ideia de uma "ciência com consciência".[685] Mesmo porque, o método construído na/pela modernidade foi idealizado para determinismos e não para acasos; para a ordem e não à desordem; à certeza, jamais à incerteza – no alvitre de Nelson Saldanha, o método sempre exprime uma concepção de mundo.[686] Tudo isso contrasta com o pensamento de Morin, que

---

**682** MORIN, Edgar. *El paradigma perdido:* ensayo de bioantropologia. 7. ed. Trad. Doménec Bergada. Barcelona: Editorial Kairós, 2005, p. 12.

**683** "[…]. A complexidade é efetivamente a rede de eventos, ações, interações, retroações, determinações, acasos que constituem nosso mundo fenomênico. A complexidade apresenta-se, assim, sob o aspecto perturbador da perplexidade da desordem, da ambiguidade, da incerteza, ou seja, de tudo aquilo que se encontra emaranhado, inextricável." MORIN, Edgar; CIURANA, Emilio-Roger; MOTTA, Raúl Domingo. *Educar na era planetária:* o pensamento complexo como *Método* de aprendizagem no erro e na incerteza humana. Trad. Sandra Trabucco Valenzuela. São Paulo: Cortez Editora, 2003, p. 44.

**684** GADAMER, Hans-Georg. *El giro hermenéutico.* Trad. Arturo Parada. 2. ed. Madrid: Ediciones Cátedra, 2001, p. 15.

**685** MORIN, Edgar; CIURANA, Emilio-Roger; MOTTA, Raúl Domingo, op. cit., p. 54-56.

**686** SALDANHA, Nelson Nogueira. Do maniqueísmo à tipologia: observações sobre atitudes metodológicas e ideológicas no pensamento social moderno. *Revista da Faculdade de Direito da Universidade Federal de Minas Gerais.* Belo Horizonte, v. 28, n. 23-25, 1982. Disponível em: <https://bit.ly/2DTxkUy>. Acesso em: 20. fev. 2016.

não se pretende absoluto, tampouco carrega a pretensão de exclusividade.[687] O autor preconiza o resgate da proposição bachelardiana por uma epistemologia não cartesiana.[688]

O método conforma o conhecimento ao paradigma a que esta(va) alinhado tanto quanto atua como seu fiel escudeiro; qualquer "atividade metódica existe em função de um paradigma que dirige uma práxis cognitiva."[689] A modernidade apostou no método tencionando a superar o aleatório da subjetividade em prol do saber objetivo.[690] Por meio de agudas sínteses doutrinárias, essa aposta foi caracterizada como: "fé na razão como faculdade conhecedora e instrumento de organização";[691] da "fé no método ao método como fé",[692] método que posteriormente seria entendido como "supremo momento da subjetividade e da possibilidade da certeza."[693] Para fins ilustrativos, suficiente pensar na divergência que grassou na doutrina entre *mens legislatoris* e *mens legis*. No último caso, o método aplicado à "obtenção" da vontade da norma era um subterfúgio para mascarar a vontade do intérprete. Forte nessas premissas, quiçá a reanálise atomista de institutos processuais redunde nas conclusões obtidas pelos instrumentalistas. Mesmo porque, o método revela a verdade que já lhe era implícita.[694] Por assim dizer, o método enquanto construção (e reflexo) da imperfeição humana.

---

**687** MORIN, Edgar; CIURANA, Emilio-Roger; MOTTA, Raúl Domingo, op. cit., p. 17-31.

**688** *Idem, ibidem,* p. 49.

**689** *Idem, ibidem,* p. 37.

**690** *Idem, ibidem,* p. 54-55.

**691** SALDANHA, Nelson Nogueira. Sobre o "Direito Civil Constitucional" (notas sobre a crise do Classicismo Jurídico). *Revista da Faculdade de Direito da Universidade Federal do Paraná*. Curitiba, v. 36, n. 0, 2001. Disponível em: <https://bit.ly/2r0MuQL>. Acesso em: 16 jul. 2015.

**692** SALDANHA, Nelson Nogueira. *Da teologia à metodologia:* secularização e crise no pensamento jurídico. Belo Horizonte: Del Rey, 1993, p. 25.

**693** STRECK, Lenio. *Dicionário de Hermenêutica:* quarenta temas fundamentais da Teoria do Direito à luz da Crítica Hermenêutica do Direito. Belo Horizonte: Letramento, 2017, p. 73.

**694** PALMER, Richard. *Hermenêutica.* Trad. Maria Luisa Ribeiro Ferreira. Lisboa: Edições 70, 1999, p. 170.

Ainda que desenvolvido aos auspícios do paradigma da complexidade, nosso estudo não se desprende da normatividade. Partindo da dogmática jurídica brasileira, assimilando o "Bloco de Constitucionalidade" como fundamento formal e material de validade de todo e qualquer ato normativo,[695] dela toma seu primeiro constrangimento (estudo de *lege lata*). Mas a análise de institutos processuais sensíveis ao "formalismo processual" não queda restrita ao texto normativo. É preciso ir além. Que não em apelo irresponsável à inventividade, mas porque a ruptura paradigmática se impõe à abertura de outros horizontes ao conhecimento em geral;[696] a reboque, alargando as possibilidades de compreensão do fenômeno processual.

Com esteio nas considerações anteriores e em reforço da crítica desenvolvida no Capítulo 1, neste trabalho não se prega a assepsia do conhecimento. Tampouco devemos incorrer em discursos extremados (objetivismo e subjetivismo). Conquanto existam dados objetivos, tal não significa que a participação do sujeito cognoscente seja descurável.[697] Em Morin, a percepção da intersubjetividade do conhecimento assume que os dados são objetivos, ao passo que as teorias são objetivas-subjetivas.

---

**695** O Bloco de Constitucionalidade é formado pela Constituição Federal e pela Convenção sobre os Direitos da Pessoa com Deficiência, porquanto, até o momento, trata-se do único tratado de direitos humanos aprovado sob as especiais condições descritas no art. 5º, § 3º, CF. Sobre ser fundamento de validade de todo e qualquer ato normativo na ordem jurídica brasileira, também é parâmetro à correção (acerto ou desacerto) de posições doutrinárias de *lege lata*.

**696** "[...]. Ante um paradigma simplificador que consiste em isolar, desunir e justapor, propomos um pensamento complexo que reata, articula, compreende e que, por sua vez, desenvolve sua própria autocrítica". MORIN, Edgar; CIURANA, Emilio-Roger; MOTTA, Raúl Domingo, *op. cit.*, p. 37.

**697** Hans-Georg Gadamer já lecionava que a compreensão é uma participação no significado comum. *Verdad y metodo*. Trad. Manuel Olasagasti. Salamanca: Ediciones Sígueme, 1992, v. II, p. 65.

O pensamento complexo reclama a intersubjetividade,[698-699] enraizando sujeito e objeto em uma tradição. Logo, assume-se que a linguagem não é terceira coisa interposta em um pretenso modelo dual (sujeito-objeto); tudo é mediado pela linguagem ("mediatizado linguisticamente"),[700] o que torna impossível filosofar acerca de algo sem filosofar a própria linguagem.[701] Sendo a linguagem o "espaço de expressividade do mundo", as indagações acerca das possibilidades do conhecimento transmudaram-se à pergunta pelas "condições de possibilidade de sentenças intersubjetivamente válidas a respeito do mundo."[702] O que se supôs travado entre sujeito determinado e objeto delimitado era (e sempre foi) intersubjetivo. É o que será escrutinado no próximo item, também no diálogo com Gadamer.

---

**698** "O alucinado está absolutamente convencido de percepcionar e, se se excitar electricamente certas zonas do cérebro, podem criar-se artificialmente verdadeiras alucinações em que o sujeito crê ouvir um som de trompete, crê ver uma recordação esquecida desde a infância. Não há nenhuma, nenhuma possibilidade intrínseca de distinguir entre a alucinação e a percepção, daí um princípio de incerteza, é certo; mas é possível, através da comunicação entre espíritos, verificar a percepção, daí a necessidade da comunicação intersubjetiva para estabelecer a objectividade do que é percepcionado. Uma vez mais se vê que o problema da objectividade do conhecimento não é simples, necessita da comunicação entre espíritos, mas não é menos certo que esta comunicação não consegue nunca anular e apagar totalmente um princípio de incerteza inscrito na própria natureza do nosso conhecimento." MORIN, Edgar. Problemas de uma epistemologia complexa. *In: O problema epistemológico da complexidade.* Portugal: Publicações Europa América, 2002, p. 26.

**699** MORIN, Edgar. *O método 3:* o conhecimento do conhecimento. Trad. Juremir Machado da Silva. 3. ed. Porto Alegre: Sulina, 2005.

**700** GADAMER, Hans-Georg. *Verdad y metodo.* Trad. Manuel Olasagasti. Salamanca: Ediciones Sígueme, 1992, v. II, p. 110-111; GADAMER, Hans-Georg. *O problema da consciência histórica.* 3. ed. Trad. Paulo Cesar Duque Estrada. Pierre Fruchon (org.). Rio de Janeiro: FGV, 2012, p. 11. Também sobre o tema, contextualizando essa lição ao direito processual: HOMMERDING, Adalberto Narciso. *Fundamentos para uma compreensão hermenêutica do processo civil.* Porto Alegre: Livraria do Advogado, 2007, p. 110-115.

**701** OLIVEIRA, Manfredo Araújo de. *Reviravolta linguístico-pragmática na filosofia contemporânea.* São Paulo: Loyola, 1996, p. 12-13.

**702** *Idem, ibidem,* p. 13.

## 4.1.2. DA DUALIDADE (SUJEITO-OBJETO) À INTERSUBJETIVIDADE DA EXPERIÊNCIA COGNITIVA

A ciência clássica se fundou sob o signo da *objetividade*, ou seja, de um universo constituído de *objetos* isolados (em um espaço neutro) submetido a leis *objetivamente* universais.

[...]. A descrição de todo objeto fenomenal, composto ou heterogêneo, inclusive em suas qualidades e propriedades, deve decompor este objeto em seus elementos simples. Explicar é descobrir os elementos simples e as regras simples a partir das quais se operam as combinações variadas e as construções complexas.

O fato de todo objeto poder ser definido a partir de leis gerais às quais ele é submetido e a partir de unidades elementares pelas quais ele é constituído exclui todas as referências ao observador e ao ambiente, e a referência à organização do objeto só pode ser acessória.[703]

Em vista de um mundo que era considerado "dado" (completo e acabado), o sujeito que pretendia conhecer devia se limitar à descrição, sob pena de seu relato carecer de fidelidade ao "real", não retratando-o como "é". Um dos pilares da ciência clássica foi a plenitude ontológica do objeto, ou seja, a pressuposição de que seria autossuficiente em seu ser.[704] Supondo a dualidade do conhecimento (relação sujeito-objeto) – o que não estava nas linhas, senão nas entrelinhas (paradigma) –,[705] preconizava-se que ao sujeito cognoscente competia enumerar as características do objeto, isoladamente considerado (procedendo-se às simplificações, disjunções e reduções necessárias). Daí a noção de que a ciência seria avalorativa, infensa a qualquer tipo de deformação pelo sujeito.[706] Essa foi a perspectiva "possibilitadora" da construção de um

---

**703** MORIN, Edgar. *O método 1*: a natureza da natureza. Trad. Juremir Machado da Silva. 3. ed. Porto Alegre: Sulina, 2005, p. 125.

**704** *Idem, ibidem,* p. 124. MORIN, Edgar; CIURANA, Emilio-Roger; MOTTA, Raúl Domingo. *Educar na era planetária:* o pensamento complexo como *Método* de aprendizagem no erro e na incerteza humana. Trad. Sandra Trabucco Valenzuela. São Paulo: Cortez Editora, 2003, p. 37.

**705** Entenda-se por paradigma, também na esteira de Morin, os princípios ocultos que governam a nossa compreensão do mundo sem que disso, não necessariamente, tenhamos consciência. MORIN, Edgar. *Introdução ao pensamento complexo*. Trad. Eliane Lisboa. 4. ed. Porto Alegre: Sulina, 2011, *passim*.

**706** "De fato, a ciência ocidental fundamentou-se na eliminação positivista do sujeito a partir da ideia de que os objetos, existindo independentemente do sujeito, podiam ser observados e explicados enquanto tais. A ideia de um universo de fatos objetivos, purgados de qualquer julgamento de valor, de toda deformação subjeti-

saber sem fronteiras (universal, científico).[707] Em geral, a objetividade foi reputada o ideal epistemológico de toda e qualquer disciplina que pretendesse migrar de um estado pré-científico ao status propriamente científico, vale dizer, "à *autodeterminação epistemológica* no campo do saber."[708]

Nada obstante, com o advento da modernidade a "questão do fundamento" (fundamento do conhecimento) foi transferida do objeto para o sujeito, o que se tributa, sobretudo, ao gênio de René Descartes, ao introduzir o método como "caminho de autocertificação",[709] cujo pensamento trabalhava com a imperiosa "exigência de regressão a uma instância fundadora última", um ponto arquimédico supostamente comum a todo o conhecimento – por isso, a despeito da variação de métodos, para ele o método seria apenas um.[710] Nada obstante a multiplicidade de pensadores (filósofos e cientistas) à formação do paradigma da ciência moderna, Descartes é celebrado como o fundador da filosofia moderna, dando início à modernidade em sentido "filosófico-paradigmático".[711-712]

À luz da "epistemologia" cartesiana, as "primeiras" verdades seriam construídas a partir de sucessivos questionamentos (a dúvida

---

va, graças ao método experimental e aos procedimentos de verificação, permitiu o desenvolvimento prodigioso da ciência moderna. De fato, como define muito bem Jacques Monod, trata-se aí de postulado, isto é, de um desafio sobre a natureza do real e do conhecimento". MORIN, Edgar. *O método 1*: a natureza da natureza. Trad. Juremir Machado da Silva. 3. ed. Porto Alegre: Sulina, 2005, p. 39.

**707** Eis o principal motivo do rechaço ao historicismo, como ensinava Nelson Saldanha: *Da teologia à metodologia:* secularização e crise no pensamento jurídico. Belo Horizonte: Del Rey, 1993, p. 18 e ss.

**708** JAPIASSU, Hilton. *O mito da neutralidade científica*. Rio de Janeiro: Imago Editora, 1975, p. 29.

**709** GADAMER, Hans-Georg. *Hermenêutica em retrospectiva:* a virada hermenêutica. Trad. Marcos Antônio Casanova. Petrópolis: Vozes, 2007, v. II, p. 14.

**710** *Idem, ibidem,* p. 14. OLIVEIRA, Manfredo Araújo de. *Reviravolta linguístico-pragmática na filosofia contemporânea*. São Paulo: Loyola, 1996, p. 231.

**711** HESSEN, Johannes. *Teoria do conhecimento*. Trad. João Vergílio Gallerani Cuter. São Paulo: Martins Fontes, 1999, p. 52.

**712** Inaugurando o que é entendido por metafísica moderna ou filosofia da consciência, consoante o magistério de Lenio Streck: *Dicionário de Hermenêutica:* quarenta temas fundamentais da Teoria do Direito à luz da Crítica Hermenêutica do Direito. Belo Horizonte: Letramento, 2017, p. 73 e 130.

como veículo metodológico), a tal ponto que fosse possível alcançar um "grau zero" de sentido para, em fase posterior, fundado na lógica, construir um novo conhecimento (racional e, pois, científico). Na censura de Gadamer, a preconizada "autoconsciência" das coisas espelhava o "primado da certeza sobre a verdade".[713]

Esse processo alcançaria sua culminância com o sujeito transcendental (abstrato) de Kant, quando então o objeto passou a ser o "quê" ditado pela consciência do sujeito cognoscente, dada a crença de que o "homem" devia se ensimesmar (olhar para dentro de si) à localização de um ponto de partida ao conhecimento filosófico.[714] Desde o contributo kantiano a constituição do sentindo se tornou o privilégio de uma "subjetividade isolada e separada da história", o que também foi condenado posteriormente, destaque ao contributo hermenêutico de Gadamer,[715] também um defensor da intersubjetividade.

Essa problemática que viceja no pensamento cartesiano e se manifesta ainda mais incisivamente na filosofia kantiana é o que se entende por sujeito solipsista, sujeito viciado em si mesmo ou comprometido apenas com a sua consciência ("encapsulado");[716] conseguintemente, refratário ao giro linguístico e hermenêutico.[717] Tal como afirmado em estudo anterior:

---

**713** GADAMER, Hans-Georg. *Hermenêutica em retrospectiva:* a virada hermenêutica. Trad. Marcos Antônio Casanova. Petrópolis: Vozes, 2007, v. II, p. 14.

**714** STRECK, Lenio. *Dicionário de Hermenêutica:* quarenta temas fundamentais da Teoria do Direito à luz da Crítica Hermenêutica do Direito. Belo Horizonte: Letramento, 2017, p. 63-65 e 130-131; STRECK, Lenio Luiz; RAATZ, Igor; DIETRICH, William Galle. Sobre um possível diálogo entre a crítica hermenêutica e a teoria dos standards probatórios: notas sobre a valoração probatória em tempos de intersubjetividade. *Novos Estudos Jurídicos,* Universidade do Vale do Itajaí, v. 22, n. 2, mai./ago. 2017 (versão eletrônica).

**715** OLIVEIRA, Manfredo Araújo de. *Reviravolta linguístico-pragmática na filosofia contemporânea.* São Paulo: Loyola, 1996, p. 227.

**716** DELFINO, Lúcio; NUNES, Dierle. Do dever judicial de análise de todos os argumentos (teses) suscitados no processo, a apreciação da prova e a *accountability.* In: *O fim do livre convencimento motivado.* Dierle Nunes, George Salomão Leite e Lenio Streck. Florianópolis: Tirant lo Blanch, 2018, p. 123.

**717** STRECK, Lenio. *Dicionário de Hermenêutica:* quarenta temas fundamentais da Teoria do Direito à luz da Crítica Hermenêutica do Direito. Belo Horizonte: Letramento, 2017, p. 75; STRECK, Lenio Luiz. *O que é isto decido conforme minha consciência.* Porto Alegre: Livraria do Advogado, 2010, p. 55-64.

O ideal objetivista, de base paradigmática racionalista (simplificação) e fincado na filosofia da consciência (subjetividade), ainda está – muito – presente no âmbito da "Teoria do Direito". Mesmo com o giro linguístico e sua influência, muitas teorias persistem e procuram justificar suas crenças. Nesta busca, uma pluralidade de novas teorias surge e confrontam entre si. Streck identifica justamente a presença do sujeito cartesiano nestas teorias (chamadas por ele de positivistas): "(…)uma espécie de elemento comum que percorre as construções epistêmicas dos positivismos. Este elemento comum é dado pelo sujeito epistemológico-solipsista da modernidade (…)". Streck assevera que o jurista tradicional, embora não possa fugir da temática da linguagem e dos influxos do giro linguístico e hermenêutico, ainda acredita que é "sua subjetividade que funda os objetos no mundo", quando já deveria entender, pós-giro hermenêutico, que o acesso a qualquer coisa não se dá de forma direta e objetiva, mas pela mediação do significado. Lamentavelmente, o giro hermenêutico não foi recepcionado pela processualística, tampouco em muitas correntes teóricas do direito.[718]

O objetivismo ou primazia do objeto (ciência clássica) equiparava o conhecimento à descoberta da essência das coisas. De acordo ao predito, o surgimento da modernidade operou a migração do fundamento ao subjetivismo ("filosofia da consciência"), quando os objetos passaram a ser "assujeitados" pelo observador. Na síntese de Streck, essa migração levou a um câmbio paradigmático da essência à consciência ou da exterioridade à interioridade.[719] Sucede que a hipertrofia do sujeito foi camuflada pelo fetiche do método, descurando-se a multidimensionalidade humana: sobre ser racional (*homo sapiens sapiens*), vimos que o sujeito cognoscente também é biológico, psíquico, social e afetivo (*homo sapiens-demens*).[720] Portanto, longe de ser onisciente, não podendo ser encarado, tampouco exigido, como tal (nem mesmo

---

**718** PEREIRA, Mateus Costa; SPÍNDOLA, Pedro B. Alves. "Racionalismo e direito processual civil: do (curto)circuito formalista à circularidade hermenêutica; as sementes lançadas por Ovídio A. Baptista da Silva." In: *Processo, Hermenêutica e Efetividade dos Direitos I*. Alexandre Freire Pimentel, Fábio Túlio Barroso e Lúcio Grassi de Gouveia (orgs.). Recife: Appodi, 2015, p. 88-110.

**719** STRECK, Lenio. *Dicionário de Hermenêutica*: quarenta temas fundamentais da Teoria do Direito à luz da Crítica Hermenêutica do Direito. Belo Horizonte: Letramento, 2017, p. 86, 129 e 133.

**720** MORIN, Edgar. *Os sete saberes necessários à educação do futuro*. 6. ed. São Paulo: Cortez, 2002, p. 38.

em nível teórico!). A ênfase no sujeito (subjetividade) não oculta seu traço de desprezo à linguagem.[721]

Sob o pálio da complexidade, tanto a objetividade quanto a subjetividade resta(ra)m superadas com a assimilação da intersubjetividade (mediação de sentidos), uma das mais destacadas aquisições da contemporaneidade ("consciência contemporânea"),[722] porquanto remissiva à consciência dos limites. Aquilo que foi caracterizado por Gadamer como condição finita e histórica do ser humano,[723] e que em Morin se confunde à separação entre racionalidade e racionalização.

Em outras palavras, a recognição da linguagem como "condição de possibilidade" ao conhecimento – pós giro linguístico e hermenêutico –[724] converte toda busca de entendimento sobre uma determinada coisa em procura por "um ser que já é linguagem e que pode, então, ser entendido."[725] Ou seja, sujeito e objeto estão necessariamente inseridos na dimensão linguística[726] (a linguagem se articula pela tradição), inexistindo metaponto observacional em que o sujeito possa se posicionar liberto de pré-juízos ("uma espécie de grau zero de sentido").[727] Ao revés, reconhece-se a importância dos pré-juízos para enraizar

---

**721** GADAMER, Hans-Georg. *El giro hermenéutico.* Trad. Arturo Parada. 2. ed. Madrid: Ediciones Cátedra, 2001, p. 25.

**722** MORIN, Edgar. *Amor, poesia, sabedoria.* Trad. Edgar de Assis Carvalho. 7. ed. Rio de Janeiro: Bertrand Brasil, 2005, p. 27.

**723** GADAMER, Hans-Georg. *Verdad y metodo.* Trad. Manuel Olasagasti. Salamanca: Ediciones Sígueme, 1992, v. II, p. 372-373.

**724** *Idem, ibidem,* p. 113.

**725** GRONDIN, Jean, *op. cit.,* p. 77.

**726** GADAMER, Hans-Georg. *Verdad y metodo.* 4. ed. Trad. Ana Agud Aparicio e Rafael de Agapito. Salamanca: Ediciones Sígueme, 1991, v. I, p. 531; ALVES, Fernando de Brito; OLIVEIRA, Guilherme Fonseca de. Entre o esquema sujeito-objeto e o esquema sujeito-sujeito: considerações sobre um novo paradigma. *Revista de Estudos Constitucionais, Hermenêutica e Teoria do Direito,* Unisinos, São Leopoldo, v. 9, n. 2, p. 136-150, mai.-ago. 2017. Disponível em: <https://bit.ly/2shcSpJ>. Acesso em: 08 abr. 2018. Ainda sobre o tema, ver: STEIN, Ernildo. "Gadamer e a consumação da hermenêutica." In: *Hermenêutica e Epistemologia:* 50 anos de verdade e método. Ernildo Stein e Lenio Streck (orgs.). Porto Alegre: Livraria do Advogado, 2011, p. 09-24.

**727** STRECK, Lenio. "Hermenêutica e decisão jurídica: questões epistemológicas." In: *Hermenêutica e Epistemologia:* 50 anos de verdade e método. Ernildo Stein e Lenio Streck (orgs.). Porto Alegre: Livraria do Advogado, 2011, p. 153-172.

todo o processo de conhecimento em uma tradição.[728] Mesmo porque, em outra passagem de Gadamer enaltecendo a tradição, somente "através dos outros é que adquirimos um verdadeiro conhecimento de nós mesmos."[729]

### 4.1.3. IDEOLOGIA EM SENTIDO ESTRITO: GARANTISMO PROCESSUAL

Tendo a normatividade como componente não descartável do conhecimento jurídico (trabalho de *lege lata*), e por permitir que o texto normativo nos interpele antes que falemos algo sobre ele,[730] mirando o art. 5º da CF/1988, compreendemos o modelo brasileiro como garantista. É o que se apreende da consagração do "devido processo" no rol de garantias individuais de primeira dimensão (liberdade), reconhecendo-lhe substantividade constitucional específica (na esteira de Eduardo Costa), ao mesmo tempo em que abarca outras garantias processuais (o devido processo é uma garantia em si e garantia de outras garantias). Retenha-se o ponto, repisando a desaprovação que manifestamos em linhas anteriores: a Constituição Federal dita o modelo processual brasileiro, ao qual ao código deve submissão (Capítulo 6). Muito embora devesse ser platitude, a lição não foi bem assimilada por larga fração da doutrina brasileira, que insiste em interpretá-la (CF/1988) a partir do Código de Processo Civil, descurando a constitucionalização.

O garantismo será estudado em suas bases (constitucionais) e na conformação do "formalismo processual" moderno, com o cuidado em não enveredar por discussão de modelos com pretensões universalistas ou metafísicas próprias a uma razão abstrata e onipotente;[731-732]

---

**728** GADAMER, Hans-Georg. *Verdad y metodo*. Trad. Manuel Olasagasti. Salamanca: Ediciones Sígueme, 1992, v. II, p. 65-69.

**729** GADAMER, Hans-Georg. *O problema da consciência histórica*. 3. ed. Trad. Paulo Cesar Duque Estrada. Pierre Fruchon (org.). Rio de Janeiro: FGV, 2012, p. 12-13.

**730** Deixando que o texto fale; estar aberto ao que ele tem a dizer. GADAMER, Hans-Georg. *Verdad y metodo*. Trad. Manuel Olasagasti. Salamanca: Ediciones Sígueme, 1992, v. II, p. 66; PALMER, Richard. *Hermenêutica*. Trad. Maria Luisa Ribeiro Ferreira. Lisboa: Edições 70, 1999, p. 188-189.

**731** MORIN, Edgar. Problemas de uma epistemologia complexa. *In: O problema epistemológico da complexidade*. Portugal: Publicações Europa América, 2002, p. 26.

**732** Que no âmbito das chamadas ciências da natueza despreza, inclusive, o caráter social da própria biologia. MORIN, Edgar. *Ciência com consciência*. Trad. Maria D. Alexandre. 8. ed. Rio de Janeiro: Bertrand Brasil, 2005, p. 20.

aliás, próprias a um sujeito abstrato e não biocultural. Mas não apenas. Sobre ser caracterizado como a escolha do constituinte, afinado à tradição remissível pelo menos a 1215 (*Magna Charta*), o modelo garantista tem a virtude de se conciliar ao pensamento complexo, vale dizer, às bases filosóficas adotadas neste estágio de transição paradigmática. Em resumo, possível instituir frutífero diálogo entre a perspectiva filosófica (paradigma da complexidade) e a normativa, algo que não é notado nos demais modelos "processuais" analisados.

Historicamente, negligenciada pela epistemologia moderna, não é possível desprezar as condições socioculturais ao conhecimento, no que o modelo proposto é relativo e, pois, relativizado. Ademais, na presente pesquisa também assumo minha própria dialógica *sapiens-demens*. O título da tese que originou este livro ("Eles, os instrumentalistas, vistos por um garantista"), poderia ser lido de outra forma: "eles, pretensos *sapiens*, vistos por um *sapiens-demens*". Esse registro não pretende sugerir vacilação na escolha do título original. Ela (escolha) foi orientada a facilitar algumas conexões à obra de Piero Calamandrei – tal como traduzida entre nós –,[733] um dos mais notáveis representantes do processualismo científico italiano. Não porque pretendesse me apropriar do título ou de algum modo me comparar ao professor de Florença; sequer se trata de empreender um panegírico à sua doutrina. Em verdade, o título eleito para a tese anunciava a censura ao pensamento de Calamandrei (e tantos outros instrumentalistas), haja vista a decisiva contribuição ao autoritarismo processual em nossa tradição (não apenas por sua colaboração ao CPC italiano de 1940), exasperada pelo inconfesso estímulo ao solipsismo judicial,[734] a começar pela ideia por ele difundida de que "sentença" derivaria de "sentir" à semelhança da palavra "sentimento".[735] Resumidamente, por problemas resultantes tanto da ideologia em sentido amplo quanto do

---

**733** Luís Correia de Medonça oferece possíveis explicações à mudança do título quando da tradução do original em italiano. Ver: O pensamento de Franco Cipriani sobre a justiça civil. *Revista de Processo*, São Paulo, RT, v. 172, p. 55-120, jun. 2009.

**734** À comprovação de nossas palavras, suficiente a consulta de: CALAMANDREI, Piero. *Processo e Democracia*. 2. ed. Trad. Mauro Fonseca Andrade. Porto Alegre: Livraria do Advogado, 2018, p. 48, 54 e 65.

**735** *Idem, ibidem*, p. 42. No limiar da obra *Proceso, Ideologias, Sociedad*, Cappelletti consignou que essa era uma lição que Calamandrei gostava de referir aos seus alunos. *Proceso, Ideologias, Sociedad*. Trad. Santiago Sentís Melendo e Tomás A. Banzhaf. Buenos Aires: Ediciones Juridicas Europa-America, 1974, p. 03.

pensamento ideológico em sentido estrito; problemáticas do último "amparadas" em inconsistências da primeira, utilizando pontos fundamentais do pensamento de Calamandrei como recurso privilegiado para enunciá-los.

Por fim, uma correção: não é tecnicamente apropriado associar o garantismo ao privatismo.[736] A razão é deveras simples. Vimos que o privatismo é compreendido como a ideologia que enfeixou os modelos processuais dominantes em países europeus e latino-americanos na primeira metade do séc. XIX, em cujo "formalismo processual" os juízes eram fantoches ou manequins. O publicismo eclodiu com a cientificização do direito processual, em reação ao domínio irrestrito das partes. Não bastasse a insistência no pensar dual e o maniqueísmo subjacente à contraposição teórica dessas ideologias, é preciso notar que ambas as visões são refratárias ao constitucionalismo, quando a própria *summa divisio* direito público e privado restou enfraquecida (em certa medida, também para discussões correlatas); anteriores, portanto, à constitucionalização do direito e, pois, do direito processual. O tema será aprofundado no capítulo 6.

Ao situarmos o garantismo como horizonte de crítica ou lugar de fala, temos o cuidado em identificar os alicerces da perspectiva no texto constitucional (CF/1988), nomeadamente nos direitos processuais fundamentais; ao ponto de concebermos o direito processual como "direito constitucional aplicado", uma doutrina de cariz dogmático constitucional. Nessa senda, o garantismo processual não reacende disputas superadas,[737] desvelando-se a imprecisão e a imprestabilidade do termo "neoprivatismo", ingenuamente disseminado.

---

**736** Além da censura aos trabalhos de Barbosa Moreira, em que a associação é defendida sob a alcunha de "neoprivatismo", também é equivocada a posição de Lorena Miranda Santos Barreiros: *Fundamentos constitucionais do princípio da cooperação processual*. Salvador: JusPodivm, 2013, p. 161.

**737** Por esses motivos, entendemos não assistir razão a Robson Renault Godinho, a despeito da inclinação do autor por condenar o embate ideológico: *Negócios processuais sobre o ônus da prova no novo Código de Processo Civil (e-book)*. São Paulo: RT, 2015, p. 45.

# 5
# TRÊS MITOS PROCESSUAIS E SUA DERROCADA

## 5.1. BREVE CONTEXTUALIZAÇÃO DO MÉTODO NÃO UTILIZADO

> É aí que a experiência se torna quase intransmissível: quando ela se choca com um sistema de racionalização, isto é, com a coerência lógica de uma ideologia baseada numa das premissas erradas, mas que se crêem verdadeiras ou 'reais'. Portanto, a experiência contraria uma aparente racionalidade que foi identificada com o real. *A experiência vivida do real choca-se sempre com a imagem abstrata do real, que é, na maioria das vezes, mais forte que o real; e, ainda mais, o irreal ('a ideologia, o mito') é mais forte do que o real e o destrói.*[738]

Não é apropriado dissociar a reflexão da oralidade do estudo do poder de iniciativa probatória do magistrado, tampouco do livre convencimento motivado. Na qualidade de um dos principais arautos do modelo oral, Chiovenda alertava à sua estreita relação com os poderes materiais, temática que também reputava sensível, censurando o processo italiano da época por sua fidelidade à doutrina germânica em que o livre convencimento do juiz não exibia importância.[739] Sem destoar do mestre, Calamandrei atribuía ao projeto chiovendiano (1919) a construção de um modelo de oralidade – exigência "moderna" – com capacidade de resgatar a autoridade do magistrado e ampliar seus poderes de investigação.[740] Também colocando a solidariedade dos te-

---

[738] MORIN, Edgar. *Para sair do século XX.* Trad. Vera de Azambuja Harvey. Rio de Janeiro: Nova Fronteira, 1986, p. 84-85.

[739] CHIOVENDA, Giuseppe. *Instituições de direito processual civil:* a relação processual ordinária de cognição (continuação). Trad. J. Guimarães Menegale. São Paulo: Saraiva, 1945, v. 3, p. 90.

[740] CALAMANDREI, Piero. *Instituciones de derecho procesal civil:* segun el nuevo codigo. Trad. Santiago Sentis Melendo. Buenos Aires: Ediciones Juridicas

mas em relevo, Candido Naves exclamava a ampliação dos poderes judiciais enquanto corolário da oralidade.[741] Em uníssono, após analisar os subprincípios da oralidade, Ovídio Baptista da Silva destacava sua significação subordinada ao reconhecimento da faculdade de livre apreciação da prova.[742] Sentís Melendo enxergava mais perigo na valoração da prova conforme as regras da crítica sã ("sana critica") por um juiz que não havia tido contato direto com a sua produção (imediatidade), que na venalidade ou despreparo do julgador.[743] Recentemente, Lenio Streck, Lúcio Delfino e Ziel Ferreira Lopes também alumiaram a relação da "liberdade na valoração da prova" aos poderes materiais espontâneos tanto quanto a outros temas sensíveis da processualística, todos atados pela discricionariedade judicial.[744] Por último, Lebre de Freitas assevera que a livre apreciação é um corolário da imediação, oralidade e concentração.[745]

De fato, resulta que a oralidade e a concentração de poderes do órgão judicial foram desenvolvidas no seio do "moderno" direito processual, ao passo que o livre convencimento motivado pode ser considerado sua culminância. Todos leais ao paradigma da modernidade e ao modelo de sujeito racional por ele engendrado. Mesmo porque, o livre conven-

---

Europa-America, 1973, v. I, p. 90-91.

**741** NAVES, Candido. *Impulso processual e poderes do juiz*. Belo Horizonte: Santa Maria, 1949, p. 53 e 56-57.

**742** SILVA, Ovídio A. Baptista da. *Curso de processo civil*. 8. ed. Rio de Janeiro: Forense, 2008, v. 1, t. I, p. 49. Em sentido similar: GUEDES, Jefferson Carús. *O princípio da oralidade*: procedimento por audiências no direito processual civil brasileiro. São Paulo: RT, 2003, p. 83.

**743** *Teoría y práctica del proceso*: ensayos de derecho procesal. Buenos Aires: Ediciones Juridicas Europa-America, 1958, v. II, p. 73-74.

**744** Os autores visualizam "sólida conexão" entre o livre convencimento motivado, a iniciativa probatória do juiz, as "armadilhas da jurisprudência defensiva, o alcance do direito das partes ao contraditório e o dever judicial de fundamentação." Na censura que desenvolvem, todos conectados pela discricionariedade judicial. STRECK, Lenio; DELFINO, Lúcio; LOPES, Ziel Ferreira. "Ainda sobre o livre convencimento: resistência dos tribunais ao novo CPC." In: *Novo CPC aplicado visto por processualistas*. Mirna Cianci e Teresa Arruda Alvim (coords.) São Paulo: RT, 2017, p. 193-212.

**745** FREITAS, José Lebre de. *Introdução ao processo civil*: conceito e princípios gerais à luz do novo código. 4. ed. Coimbra: Gestlegal, 2017, p. 198.

cimento seria "inutil e inócuo sem a fórma oral do procedimento."[746] Não é o caso de se afirmar a amálgama entre todos esses temas, visto que a persuasão racional (livre convencimento) não estaria necessariamente atrelado ao princípio inquisitivo, conforme magistério de Devis Echandía. Sem embargo, o mesmo autor planteava a institucionalização do princípio inquisitivo no tocante à prova (investigação dos fatos) com a liberdade do julgador para apreciá-la como modelo ideal.[747]

Após censurar o modelo escrito, a passividade dos juízes e a relegação do processo à "coisa das partes", Chiovenda regozijava diante de mudanças vivenciadas por outros países (Inglaterra, Alemanha, Áustria, em boa parte dos Cantões Suíços, e apregoada na própria França). Seu otimismo era impulsionado pela exaltação do papel do juiz no processo "moderno". Dentre eles, destacava o modelo austríaco, por acreditar em sua superioridade frente a outros "arranjos" também modernos,[748] lembrando que já em 1906, Chiovenda fez célebre palestra ao círculo jurídico de Nápoles, com expressa referência ao pensamento de Menger e de Klein.[749] Ao juízo do fundador da ciência processual italiana, as ordens processuais dos países acima listados teriam restituído ao julgador a "posição central de órgão público *interessado em ministrar justiça pelo modo melhor e mais pronto possível*".[750] Para lograr isso, acreditava ser indispensável o aumento dos poderes judiciais e a viabilidade de seu exercício exclusivamente no modelo oral.[751]

Do pensamento chiovendiano – e não apenas nele – salta aos olhos a íntima conexão da oralidade com a reconfiguração da atividade do

---

**746** BITTENCOURT, C. A. Lucio. A oralidade no processo penal. *Revista Forense,* Rio de Janeiro, v. LXXIV, ano XXXV, fascículo 419, maio, p. 207-213, 1938.

**747** ECHANDÍA, Hernando Devis. *Teoria general de la prueba judicial.* Buenos Aires: Victor P. de Zavalía Editor, 1970, t. I, p. 111.

**748** CHIOVENDA, Giuseppe. Procedimento oral. Trad. Olvaldo Magon. *Revista Forense,* Rio de Janeiro, v. LXXIV, ano XXXV, fascículo 419, p. 171-194, 1938.

**749** RAATZ, Igor. *Autonomia privada e processo civil:* negócios jurídicos processuais, flexibilização procedimental e o direito à participação na construção do caso concreto. Salvador: JusPodivm, 2017, p. 78.

**750** CHIOVENDA, Giuseppe. *Instituições de direito processual civil:* a relação processual ordinária de cognição (continuação). Trad. J. Guimarães Menegale. São Paulo: Saraiva, 1945, v. 3, p. 90-91.

**751** *Idem, ibidem,* p. 91-92.

juiz.[752] Suas palavras não nos desmentem: "A oralidade e a concentração processual são princípios estreitamente ligados à outro problema grave, concernente aos poderes do juíz."[753] No contexto brasileiro, suficiente recorrer ao comentário de Pedro Martins, em breves notas explicativas do anteprojeto de sua autoria:

> [...]. Em síntese, o Projéto consagra o princípio da atividade do juiz, que é requisito da oralidade.
> Em consequência do princípio [da oralidade], as testemunhas serão inquiridas pelo juíz; as provas serão produzidas sob sua ordem e sob suas vistas e, na apreciação delas, não estará adstrito a regras legais de interpretação, podendo formar a sua convicção livremente.[754]

E eles não foram os únicos a delinear o entrelaçamento dos temas. Adicionalmente, suficiente a consulta de Machado Guimarães, o qual preconizava o incremento dos poderes do juiz como pressuposto da oralidade.[755]

Quem empreende análise isolada de qualquer desses temas (oralidade, iniciativa probatória e livre convencimento motivado) incorre no *atomismo*, estudo que dissocia a parte do todo, com evidente prejuízo à sua compreensão. Inclusive, essa percepção coloca em xeque a correção do corte epistemológico de monografias dedicadas apenas a meditar os poderes instrutórios. Cediço que não é possível compreender as partes sem o exame do todo, tampouco o estudo do todo sem o da parte.[756] Em resumo, não é tecnicamente apropriado separar o que

---

**752** RAATZ, Igor. A organização do processo civil pela ótica da teoria do Estado: a construção de um modelo de organização do processo para o Estado Democrático de Direito e o seu reflexo no projeto do CPC. *Revista Brasileira de Direito Processual – RBDPro*, Belo Horizonte, ano 19, n. 75, jul./set. 2011. Disponível em: Acesso em: 9 nov. 2017.

**753** CHIOVENDA, Giuseppe. Procedimento oral. Trad. Olvaldo Magon. *Revista Forense*, Rio de Janeiro, v. LXXIV, ano XXXV, fascículo 419, p. 171-194, 1938.

**754** MARTINS, Pedro Batista. Sôbre o Projéto de Codificação do Processo Civil e Comercial. *Revista Forense*, Rio de Janeiro, v. LXXIV, ano XXXV, fascículo 419, p. 168-170, 1938.

**755** GUIMARÃES, Luiz Machado. O Processo Oral e o Processo Escrito. *Revista Forense*, Rio de Janeiro, v. LXXIV, ano XXXV, fascículo 419, p. 160-167, 1938.

**756** GADAMER, Hans-Georg. *Verdad y metodo*. Trad. Manuel Olasagasti. Salamanca: Ediciones Sígueme, 1992, v. II, p. 63 e ss.; STRECK, Lenio. "Hermenêutica e decisão jurídica: questões epistemológicas." In: *Hermenêutica e Epistemologia: 50 anos de verdade e método*. Ernildo Stein e Lenio Streck (orgs.). Porto Alegre: Livraria do Advogado, 2011, p. 153-172.

fora tecido conjunto (*complexus*).[757] No esforço de reassociar o que estava separado e de comunicar aquilo que aparentava incomunicável, os três institutos processuais acima serão escrutinados, desnudando-se suas ligações; oportunamente, para desfazer o misticismo que paira sobre eles.[758]

Para evitar o pensamento mutilado – ao qual são tributadas decisões equivocadas ou ilusórias –, não basta relacionar o conhecimento no interior de uma disciplina, visto que isso também seria incorrer em simplificação. Fiel ao nosso "veículo" metodológico – o pensamento complexo atravessa este trabalho como um todo –, o estudo não ficará restrito ao direito. A assunção do juiz *homo sapiens-demens* tem embasamento epistemológico, sendo permeável aos resultados de "psicologia comportamental cognitiva" no que respeita aos vieses cognitivos do julgador; cuida-se de questão fundamental em matéria de imparcialidade e, portanto, de juiz natural.

De postremeiro, uma advertência: os mitos podem ser numerosos, tal como lecionava Barbosa Moreira em ensaio reflexionando o futuro da justiça.[759] Em sendo assim, fomos impelidos a fazer um corte. Limitamo-nos a tratar de três mitos processuais, confiando que a aura mítica seja prontamente desvelada pela reflexão ideológica nas duas dimensões assumidas, sendo assuntos – diretamente – sensíveis ao modelo processual. Decerto que a abertura cognitiva propiciada pela combinação das dimensões ideológicas encampadas em nossa pesquisa fomentará a percepção de tantos outros mitos; suficiente que o mesmo enfoque seja adotado ao estudo de outros temas de direito processual/procedimental. Permitirá – empregando a lição de Edgar Morin – que a imagem abstrata do real não seja mais forte que ele próprio.

---

**757** MORIN, Edgar. *Para sair do século XX*. Trad. Vera de Azambuja Harvey. Rio de Janeiro: Nova Fronteira, 1986, p. 57; MORIN, Edgar. *Amor, poesia, sabedoria*. Trad. Edgar de Assis Carvalho. 7. ed. Rio de Janeiro: Bertrand Brasil, 2005, p. 16; MORIN, Edgar. *Introdução ao pensamento complexo*. Trad. Eliane Lisboa. 4. ed. Porto Alegre: Sulina, 2011, p. 13.

**758** MORIN, Edgar. *Amor, poesia, sabedoria*. Trad. Edgar de Assis Carvalho. 7. ed. Rio de Janeiro: Bertrand Brasil, 2005, p. 28.

**759** MOREIRA, José Carlos Barbosa. O futuro da justiça: alguns mitos. *Revista de Processo*, São Paulo, RT, v. 99, p. 141-150, jul.-set. 2000.

## 5.2. O MITO DA ORALIDADE

### 5.2.1. ASPECTOS GERAIS

Compulsando o estudo de Alvaro de Oliveira quanto ao "formalismo processual", depreende-se movimento pendular entre modelos orais ou escritos.[760] Essa afirmação deve ser sucedida por dois esclarecimentos: não há estudos apontando a exclusividade ou pureza em qualquer dos diferentes modelos;[761] a existência de registros escritos não desfaz a eventual opção de um sistema pela oralidade (eis o motivo de se asseverar a ausência de sistemas puros,[762] de modo que todos seriam "mistos", ainda que a última qualificação também tenha suscitado críticas).[763] Em suma, o sistema oral também é o da oração, não necessa-

---

**760** Mauro Cappelletti também aponta à sucessão de modelos na história. *El proceso civil en el derecho comparado.* Trad. Santiago Sentís Melendo. Buenos Aires: Ediciones Jurídicas Europa-America, 1973, p. 49-50.

**761** CHIOVENDA, Giuseppe. Procedimento oral. Trad. Olvaldo Magon. *Revista Forense,* Rio de Janeiro, v. LXXIV, ano XXXV, fascículo 419, p. 171-194, 1938; SILVA, Ovídio A. Baptista da. *Curso de processo civil.* 8. ed. Rio de Janeiro: Forense, 2008, v. 1, t. I, p. 49.

**762** CARNELUTTI, Francesco. *Diritto e Processo.* Napoli: Morano Editore, 1958, p. 153; CAPPELLETTI, Mauro. *El proceso civil en el derecho comparado.* Trad. Santiago Sentís Melendo. Buenos Aires: Ediciones Jurídicas Europa-America, 1973, p. 56; CASTILLO, Niceto Alcalá-Zamora Y. *Estudios de Teoría General e Historia del Proceso (1945-1972).* México: Universidad Nacional Autónoma de México, 1992, t. II, p. 16; OLIVEIRA, A. Gonçalves de. Oralidade e tradição. *Revista Forense,* Rio de Janeiro, v. LXXIV, ano XXXV, fascículo 419, maio, p. 223-225, 1938.

**763** Assim, Francisco Morato, assinalando que o termo seria equívoco, pois todo modelo seria misto. A oralidade. *Revista Forense,* Rio de Janeiro, v. LXXIV, ano XXXV, fascículo 419, maio, p. 141-148, 1938. Também em crítica ao qualificativo: GAJARDONI, Fernando da Fonseca. Breve estudo sobre a oralidade no processo civil romano. *Revista Jurídica Uniaraxá,* Centro Universitário Uniaraxá, v. 10, n. 9, 2006. Disponível em: <https://bit.ly/2DSySy3>. Acesso em: 04 jan. 2017.

riamente da "oratória forense".[764] A oralidade não é absoluta;[765] mesmo porque, *verba volant, escripta manent*.[766]

Aos propósitos deste trabalho, a oralidade é encarada como premência do "moderno" processo civil, reconhecendo-se que o modelo oral ultrapassa o predomínio da palavra falada. Verdadeiramente, cuidou-se de autêntica mudança de mentalidade sobre os procedimentos em geral, no que se explica o apostolado chiovendiano da oralidade, assim como o entusiasmo com que ele foi tratado por outros estudiosos, com destaque à Calamandrei e Cappelletti, na Itália, e Alberto dos Reis, em Portugal, para citarmos algumas de nossas principais influências. Em terras portuguesas, Reis sustentava que oralidade, concentração e atividade do juiz constituiriam os três princípios reformadores do "moderno" processo.[767]

A inclinação de variados autores pelo sistema oral fez com que em um determinado momento ele se tornasse vitorioso; uma "idéa vencedora", na preleção de Francisco Morato,[768] cuja adoção seria própria das "nações civilizadas",[769] agora com Lúcio Bittencourt. À vista de um

---

**764** CAPPELLETTI, Mauro. *La testimonianza della parte nel sistema dell'oralità:* contributo alla teoria della utilizzazione probatoria del sapere delle parti nel processo civile. Milano: Giuffrè, 1962, parte prima, p. 37.

**765** *Idem, ibidem,* p. 30-31.

**766** Foge de nossos objetivos perquirir as origens da oralidade. De toda sorte, para fins ilustrativos, já no direito grego, com o Código Sólon, não apenas foi estabelecida a publicidade dos atos processuais como, igualmente, o princípio da oralidade. No ponto, ver o trabalho de Alexandre Freire Pimentel traçando a evolução da técnica processual desde a experiência grega: "Notas sobre a evolução da técnica e da teoria processual: das origens gregas ao advento do processo civil liberal." In: *História do processo.* Alexandre Freire Pimentel, Eduardo José da Fonseca Costa, Jaldemiro Rodrigues Ataide Jr. e Venceslau Tavares Costa Filho (coords.). São Paulo: Exegese, 2018, p. 45.

**767** REIS, José Alberto dos. A oralidade no processo civil português. *Revista Forense,* Rio de Janeiro, v. LXXIV, ano XXXV, fascículo 419, maio, p. 214-222, 1938.

**768** MORATO, Francisco. A oralidade. *Revista Forense,* Rio de Janeiro, v. LXXIV, ano XXXV, fascículo 419, maio, p. 141-148, 1938. No mesmo sentido: BITTENCOURT, C. A. Lucio. A oralidade no processo penal. *Revista Forense,* Rio de Janeiro, v. LXXIV, ano XXXV, fascículo 419, maio, p. 207-213, 1938.

**769** BITTENCOURT, C. A. Lucio. A oralidade no processo penal. *Revista Forense,* Rio de Janeiro, v. LXXIV, ano XXXV, fascículo 419, maio, p. 207-213, 1938.

arquétipo – a oralidade foi transformada em mito –,[770] compreensível a afirmação de que todos os argumentos em desfavor dela seriam "insubsistentes".[771] Tampouco impressiona a acusação dirigida aos opositores de sua implantação no Brasil, não sem alguma dose de exagero, agrupados em "ignorantes", "chicanistas" ou "rotineiros".[772]

Tendo lembrança do resgate histórico efetuado no Capítulo 2, o modelo oral teve por objetivo suplantar o processo escrito do séc. XIX, marcado por diferentes pechas: lentidão; controle absoluto do procedimento pelos sujeitos parciais; ausência de contato direto do magistrado com as partes, testemunhas e demais fontes de prova; assim como, segundo Mauro Cappelletti, o julgador estava coarctado por um sistema de valoração apriorístico e formal, cabendo-lhe contá-las mais que valorá-las.[773] O arcaísmo do modelo escrito haveria de ceder espaço ao "moderno", à oralidade,[774] característica marcante (modelo), segundo José Ovalle Favela, dos países de tradição do *civil law*, posto que não a única.[775]

---

**770** O próprio Barbosa Moreira percebeu e criticou essa transformação. *Revista de Processo,* São Paulo, RT, v. 99, p. 141-150, jul.-set. 2000.

**771** BITTENCOURT, C. A. Lucio. A oralidade no processo penal. *Revista Forense,* Rio de Janeiro, v. LXXIV, ano XXXV, fascículo 419, maio, p. 207-213, 1938.

**772** LEAL, Vitor Nunes. Ignorância, rotina e chicana: os três maiores inimigos do processo oral. *Revista Forense,* Rio de Janeiro, v. LXXIV, ano XXXV, fascículo 419, maio, p. 251-253, 1938. Tributando o exagero da crítica à construção mítica: FENOLL, Jordi Nieva. Los problemas de la oralidad. *Justicia: revista de derecho procesal*, n. 1-2, p. 101-130, 2007.

**773** CAPPELLETTI, Mauro. *Proceso, Ideologias, Sociedad.* Trad. Santiago Sentís Melendo e Tomás A. Banzhaf. Buenos Aires: Ediciones Juridicas Europa-America, 1974, p. 34-43.

**774** Humberto Theodoro Jr. chega a sustentar que a oralidade e o princípio do livre convencimento motivado assinalam o início da fase moderna ou científica do direito processual. *Curso de direito processual civil.* 59. ed. Rio de Janeiro: Forense, v. 1, p. 16.

**775** Sistemas jurídicos y políticos, proceso y sociedad. *Boletín Mexicano de Derecho Comparado*, [S.l.], jan. 1978. ISSN 2448-4873. Disponível em: <https://bit.ly/2Ly6raE>. Acesso em: 26 mar. 2018 doi:http://dx.doi.org/10.22201/iij.24484873e.1978.33.1321.

## 5.2.2. CHIOVENDA E A INVENÇÃO DO MITO

Posto que o modelo oral preceda ao gênio de Chiovenda – embrionariamente incorporado ao CPC francês de 1806, aperfeiçoado pelo Código de Procedimento Civil de Hanover (1850), presente na Ordenança Processual Civil alemã (1877) e na ZPO austríaca (1895),[776] quando contagiou a doutrina chiovendiana –,[777] o processualista itálico é recordado como seu principal fautor em nível internacional.[778] Mesmo porque, considerando sua veemência e peso intelectual, com ele o modelo alcançou ares míticos.[779] Isso explica sua consagração no CPC italiano de 1940 – ainda que sem inteira fidelidade ao pensamento daquele autor –,[780] sua adoção na Espanha e América Latina em

---

**776** CAPPELLETTI, Mauro. *El proceso civil en el derecho comparado*. Trad. Santiago Sentís Melendo. Buenos Aires: Ediciones Jurídicas Europa-America, 1973, p. 53; SILVA, Carlos Augusto. *O Processo Civil como Estratégia de Poder:* reflexo da judicialização da política no Brasil. Rio de Janeiro: Renovar, 2004, p. 32; FENOLL, Jordi Nieva. Los problemas de la oralidad. *Justicia: revista de derecho procesal*, n. 1-2, p. 101-130, 2007.

**777** CASTILLO, Niceto Alcalá-Zamora Y. *Estudios de Teoría General e Historia del Proceso (1945-1972)*. México: Universidad Nacional Autónoma de México, 1992, t. II, p. 563; GÁLVEZ, Juan F. Monroy. *Teoría general del proceso*. 3. ed. Lima: Comunitas, 2009, p. 157.

**778** SILVA, Ovídio A. Baptista da. *Curso de processo civil*. 8. ed. Rio de Janeiro: Forense, 2008, v. 1, t. I, p. 49. Celso Agrícola o chamou de "pai da oralidade": Despacho saneador e julgamento do mérito. *Revista da Faculdade de Direito da Universidade Federal de Minas Gerais*. Belo Horizonte, n. 8-11, p. 148-158, 1971. Disponível em: <https://bit.ly/2QUzaL0>. Acesso em: 05 jan. 2017.

**779** AROCA, Juan Montero. *Los principios políticos de la nueva Ley de Enjuiciamiento Civil:* los poderes del juez y la oralidad. Valencia: Tirant lo Blanch, 2001, p. 151. No mesmo sentido: MEROI, Andrea. Problemas y límites de la oralidad en el proceso civil. *Revista de la Maestría en Derecho Procesal*, Peru, Pontifícia Universidad Católica del Peru, v. 3, n. 1, 2009. Disponível em: <https://bit.ly/2sfEyft>. Acesso em: 10 nov. 2017.

**780** O CPC italiano de 1940 instituiu a figura do juiz instrutor, no que se divorciou da doutrina chiovendiana quanto à vinculação do juiz que presidiu a instrução probatória ao julgamento da causa. O ponto foi percebido e destacado por diferentes autores. Por todos, cf.: AROCA, Juan Montero. *Los principios políticos de la nueva Ley de Enjuiciamiento Civil:* los poderes del juez y la oralidad. Valencia: Tirant lo Blanch, 2001, p. 165.

geral,[781] tanto quanto o regozijo de nossa doutrina ao ter sido abraçada pelo anteprojeto de Pedro Martins.

Giuseppe Chiovenda enaltecia a oralidade por acreditar que proporcionaria economia e simplicidade ao procedimento, de resto concorrendo à "excelência" da decisão. Sua doutrina foi desenvolvida aos auspícios de diferentes estudiosos, com destaque ao veredicto de Jeremy Bentham sobre o processo escrito, tributando-lhe a pecha de ocultar a verdade. Incisivo, o jusfilósofo inglês supunha que por não haver contato direto com as partes no modelo da escritura, o magistrado não teria como perscrutar a verdade ao tempo de sua eclosão na fisionomia, nas expressões, no som e eventual firmeza da voz, nas emoções do medo, na simplicidade da inocência, no embaraço da má-fé etc.[782] Endossada por Chiovenda – partilhada pela processualística em geral –,[783] a passagem (crença) de Bentham explica os consectários da oralidade (subprincípios estudados no próximo item), ao mesmo tempo em que desvela as doses de ingenuidade no trato atual da matéria.[784] Ainda hoje há quem atribua à imediação (imediatidade) a função de permitir que o magistrado "*sinta o pulso* de quem relata, perceba se fala a verdade ou não e a importância de suas reticências."[785] Na preleção chiovendiana:

---

**781** FENOLL, Jordi Nieva. Los problemas de la oralidad. *Justicia: revista de derecho procesal*, n. 1-2, p. 101-130, 2007.

**782** CHIOVENDA, Giuseppe. *Instituições de direito processual civil*: a relação processual ordinária de cognição (continuação). Trad. J. Guimarães Menegale. São Paulo: Saraiva, 1945, v. 3, p. 69-70.

**783** Alberto dos Reis expressa a mesma ideia no seguinte ensaio: A oralidade no processo civil português. *Revista Forense,* Rio de Janeiro, v. LXXIV, ano XXXV, fascículo 419, maio, p. 214-222, 1938. Com expressa menção ao pensamento de Bentham, cf.: MORATO, Francisco. A oralidade. *Revista Forense,* Rio de Janeiro, v. LXXIV, ano XXXV, fascículo 419, maio, p. 141-148, 1938. Comungando da mesma ideia: ESTELLITA, Guilherme. O processo oral e sua adoção no Brasil. *Revista Forense,* Rio de Janeiro, v. LXXIV, ano XXXV, fascículo 419, maio, p. 245-246, 1938.

**784** Imbuído da mesma ingenuidade, ver o trabalho de Joaquim Canuto Mendes de Almeida sobre a oralidade no processo civil e penal. Estudo comparativo da oralidade civil e oralidade penal. *Revista da Faculdade de Direito da Universidade de São Paulo.* São Paulo, v. 36, n. 1-2, p. 148-159, 1941.

**785** Ainda hoje esses subprincípios são endossados com crença semelhante à de Chiovenda. Assim: PORTANOVA, Rui. *Princípios do processo civil.* 8. ed. Porto Alegre: Livraria do Advogado, 2013, p. 221 e ss. Sobre o assunto, ver a censura de: MEROI, Andrea. Problemas y límites de la oralidad en el proceso civil. *Revista de la Maestría*

A experiência deduzida da história permite concluir, sem detença, que o processo oral é, com ampla vantagem, melhor e mais conforme à natureza e às exigências da vida moderna, porque exatamente sem comprometer, antes assegurando melhor a excelência intrínseca da decisão, proporciona-a com mais economia, simplicidade e presteza. E, pelo que se refere à celeridade do processo, frisamos, desde logo, a esta altura, um dado extraído das estatísticas judiciárias dos países de processo oral em confronto com o nosso, é que o processo escrito dura em médias três ou quatro vezes mais que o processo oral.[786]

Ladeando o ideal de eficiência, os defensores da oralidade também salientam as supostas vantagens na "reconstrução" da verdade, como se existisse comprovação de sua superioridade também nesse quesito.[787] Encastelada no mito, a afirmação de que a oralidade combateria o "alheamento do juiz e a demora"[788] foi recorrente. A ausência de dados científicos despe o argumento: não passa de uma opinião ou preferência motivada pela intuição. Em verdade, estudos de psicologia cognitiva apontam que as convicções formadas por julgadores nessas ocasiões se amoldam a "categorias" (viés ou propensão de representatividade), denotando a probabilidade de julgamento num ou noutro sentido, sem guardar mais aproximação à verdade. Cientificamente, o enviesamento detectado nessas situações alicerça a separação entre a atividade de

---

*en Derecho Procesal,* Peru, Pontifícia Universidad Católica del Peru, v. 3, n. 1, 2009. Disponível em: <https://bit.ly/2sfEyft>. Acesso em: 10 nov. 2017.

**786** CHIOVENDA, Giuseppe. *Instituições de direito processual civil:* a relação processual ordinária de cognição (continuação). Trad. J. Guimarães Menegale. São Paulo: Saraiva, 1945, v. 3, p. 68.

**787** A preocupação salta aos olhos do leitor de Chiovenda, havendo diferentes passagens que denotam nossa assertiva, sendo uma delas dedicada a refutar as objeções à oralidade (p. 83) e outra para tratar da oralidade em sua correlação aos poderes de instrução (p. 91). Optamos por transcrever uma das que parece mais emblemática: "Ora, em todos os casos em que imponha avaliar a atendibilidade das declarações de qualquer pessoa, seja parte, testemunha ou perito, o certo é que o emprêgo da voz possibilita ao juiz apreciar melhor o depoimento. E, se a verdade dos fatos tem de resultar de um contraditório, seja de partes, testemunhas ou peritos, o confronto perde toda a eficácia no escrito que o reproduz." CHIOVENDA, Giuseppe. *Instituições de direito processual civil:* a relação processual ordinária de cognição (continuação). Trad. J. Guimarães Menegale. São Paulo: Saraiva, 1945, v. 3, p. 75-76.

**788** REIS, José Alberto dos. A oralidade no processo civil português. *Revista Forense,* Rio de Janeiro, v. LXXIV, ano XXXV, fascículo 419, maio, p. 214-222, 1938.

quem instrui do profissional responsável pelo julgamento –[789] o ponto será aprofundado no item 6.2.2.2.3. Algo muito diferente do sustentado por Chiovenda e, acriticamente, endossado pela processualística.[790]

### 5.2.3. CONSECTÁRIOS DA ORALIDADE: PROMESSA (IN)CUMPRIDA

> La oralidad, para ser implantada, tiene necesidad de crear un estado de confianza en el juez. Se apoya en el principio de fe; y la fe en el derecho no es una cosa que viene de arriba a abajo, sino que nace de abajo hacia arriba; que no se impone por acto de autoridad del Estado, mediante un código de tal o cual estructura, sino que nace de la conciencia misma del pueblo, hecha de seguridad en el honor y rectitud de sus magistrados.[791]

Da pena de Couture, a passagem acima transcrita desvela os fatores externos à ordem jurídica em que o modelo da oralidade está "apoiado": uma sociedade serenada pela certeza da honra e retitude de seus julgadores. Esse já era o entendimento de Gustav Demelius, cuja preleção acerca da necessidade de um *magnus iudex* na oralidade fora chancelada por Mauro Cappelletti.[792] As alusões são importantes, que não pelo baralhamento entre (des)confiança no julgador e oralidade (ou escritura), mas para esgarçar o misticismo que ronda a temática. Também se presta a mostrar que os contornos "modernos" da oralidade favorecem o solipsismo judicial, contrastando com a visão defendida neste trabalho.

O reconhecimento do magistrado como *homo sapiens-demens* (todos somos!), premissa epistemológica adotada neste trabalho, não pretende restaurar a desconfiança na natureza humana; afinal, não se busca retroceder à mentalidade subjacente ao processo romano-canônico, por exemplo, classificado como "formalismo excessivo de corte racional" (Alvaro de Oliveira). Todavia, a premissa em questão coloca alguns dos fundamentos da oralidade em perspectiva, enunciando a

---

**789** COSTA, Eduardo; CREVELIN, Diego. "3.3 Viés de representatividade." In: *Novo Código de Processo Civil Comentado*. Izabel Cristina Cardoso Pantaleão, Lúcio Grassi de Gouveia, Roberto Campos Gouveia Filho e Sérgio Luiz de Almeida Ribeiro (coords.). São Paulo: Lualri Editora, 2017, t. I, p. 193-199.

**790** Na mesma linha acrítica: GÁLVEZ, Juan F. Monroy. *Teoría general del proceso*. 3. ed. Lima: Comunitas, 2009, p. 196-199.

**791** COUTURE, Eduardo. *Trayectoria y destino del derecho procesal civil hispanoamericano*. Buenos Aires: Depalma, 1999, p. 55.

**792** CAPPELLETTI, Mauro. *El proceso civil en el derecho comparado*. Trad. Santiago Sentís Melendo. Buenos Aires: Ediciones Jurídicas Europa-America, 1973, p. 51.

impraticabilidade de suas promessas, mormente a preocupação com a verdade.

Vimos que o núcleo essencial da oralidade consiste na predominância da palavra falada, mantidas as concessões pontuais (necessárias) à linguagem escrita.[793] O arquétipo preconiza que as deduções das partes sejam precipuamente realizadas viva voz (demanda, exceções, proposta de provas etc.), em audiência,[794] além de incorporar outros princípios (subprincípios ou "principios consecuencia" da oralidade),[795] sem os quais ele não teria consistência. À Chiovenda se deve a fragmentação da oralidade em subprincípios, sem restrição a uma determinada fase do procedimento.[796]

Idealmente, a oralidade conclama a *concentração* (aglutinação de atos processuais em audiência una ou em poucas audiências contíguas, visando a imprimir rapidez ao procedimento e, pois, garantindo que a memória dos acontecimentos processuais esteja vívida no magistrado);[797] a *imediatidade* (contato direto do magistrado com as partes, testemunhas e perito, isto é, acompanhamento da produção de provas e eventuais debates, decidindo com base em suas impressões e não calcado em relatórios alheios), conducente à *identidade física* (vinculação do magistrado que presidiu a instrução processual, que teve

---

**793** CHIOVENDA, Giuseppe. *Instituições de direito processual civil:* a relação processual ordinária de cognição (continuação). Trad. J. Guimarães Menegale. São Paulo: Saraiva, 1945, v. 3, p. 74-75; AROCA, Juan Montero. *Los principios políticos de la nueva Ley de Enjuiciamiento Civil:* los poderes del juez y la oralidad. Valencia: Tirant lo Blanch, 2001, p. 173; GÁLVEZ, Juan F. Monroy. *Teoría general del proceso.* 3. ed. Lima: Comunitas, 2009, p. 199.

**794** CHIOVENDA, Giuseppe. *Instituições de direito processual civil:* a relação processual ordinária de cognição (continuação). 2. ed. Trad. J. Guimarães Menegale. São Paulo: Saraiva, 1942, v. 1, p. 91. E CHIOVENDA, Giuseppe. *Instituições de direito processual civil:* a relação processual ordinária de cognição (continuação). Trad. J. Guimarães Menegale. São Paulo: Saraiva, 1945, v. 3, p. 76.

**795** AROCA, Juan Montero. *Los principios políticos de la nueva Ley de Enjuiciamiento Civil:* los poderes del juez y la oralidad. Valencia: Tirant lo Blanch, 2001, p. 149.

**796** GUEDES, Jefferson Carús. *O princípio da oralidade:* procedimento por audiências no direito processual civil brasileiro. São Paulo: RT, 2003, p. 31.

**797** *Idem, ibidem,* p. 30.

contato direto com a produção da prova, em julgar o feito);[798] além da *irrecorribilidade em separado das interlocutórias* enquanto derivação da concentração (a impugnação das questões incidentes não poderia ser feita em "separata" das questões de fundo,[799] preservando-se o procedimento de interrupções indevidas).[800-801] Ao lado desses subprincípios, Machado Guimarães acrescentava a "livre atuação do juiz na propulsão dos átos processuais e na produção e apreciação da prova."[802]

Os subprincípios figuraram na obra chiovendiana de maturidade, sobrelevando o tratamento dispensado à concentração, tida como a característica mais notável do procedimento oral, ao ponto de ser equiparada à oralidade: "O mesmo é dizer *oralidade* que *concentração*."[803] Sobre ser apontada como o subprincípio "mais" adequado para imprimir celeridade ao procedimento, a concentração ganhava relevo dife-

---

**798** CHIOVENDA, Giuseppe. Procedimento oral. Trad. Olvaldo Magon. *Revista Forense,* Rio de Janeiro, v. LXXIV, ano XXXV, fascículo 419, p. 171-194, 1938; ; MORATO, Francisco. A oralidade. *Revista Forense,* Rio de Janeiro, v. LXXIV, ano XXXV, fascículo 419, maio, p. 141-148, 1938; SILVA, Ovídio A. Baptista da. *Curso de processo civil.* 8. ed. Rio de Janeiro: Forense, 2008, v. 1, t. I, p. 49.

**799** MORATO, Francisco. A oralidade. *Revista Forense,* Rio de Janeiro, v. LXXIV, ano XXXV, fascículo 419, maio, p. 141-148, 1938; AROCA, Juan Montero. *Los principios políticos de la nueva Ley de Enjuiciamiento Civil:* los poderes del juez y la oralidad. Valencia: Tirant lo Blanch, 2001, p. 159; SILVA, Ovídio A. Baptista da. *Curso de processo civil.* 8. ed. Rio de Janeiro: Forense, 2008, v. 1, t. I, p. 50-51.

**800** Segundo Ovídio A. Baptista da Silva, esse subprincípio seria consagrado pela restrição da interposição direta do recurso, imunizando aquela matéria da preclusão para permitir sua veiculação no remédio (ou em suas contrarrazões) contra a sentença, mas o subprincípio também seria prestigiado quando se admite a interposição do recurso sem a suspensão automática da causa (destituído do efeito suspensivo *ex vi legis*). *Curso de processo civil.* 8. ed. Rio de Janeiro: Forense, 2008, v. 1, t. I, p. 50-51.

**801** Alcalá-Zamora Y Castillo também aludia à publicidade dentre os consectários do modelo oral. *Estudios de Teoría General e Historia del Proceso (1945-1972).* México: Universidad Nacional Autónoma de México, 1992, t. II, p. 17.

**802** GUIMARÃES, Luiz Machado. O Processo Oral e o Processo Escrito. *Revista Forense,* Rio de Janeiro, v. LXXIV, ano XXXV, fascículo 419, p. 160-167, 1938.

**803** CHIOVENDA, Giuseppe. *Instituições de direito processual civil:* a relação processual ordinária de cognição (continuação). Trad. J. Guimarães Menegale. São Paulo: Saraiva, 1945, v. 3, p. 80. GUIMARÃES, Luiz Machado. O Processo Oral e o Processo Escrito. *Revista Forense,* Rio de Janeiro, v. LXXIV, ano XXXV, fascículo 419, p. 160-167, 1938; ; MORATO, Francisco. A oralidade. *Revista Forense,* Rio de Janeiro, v. LXXIV, ano XXXV, fascículo 419, maio, p. 141-148, 1938.

renciado pela suposta salvaguarda da memória do julgador, evitando fosse traída pela ação do tempo.[804]

Verdadeiramente, Chiovenda deu foros de panaceia à oralidade, em muito desbordante do que dela pode ser haurido.[805] Como dantes registrado, o fundador da Escola Sistemática teve em quem se inspirar, pois Franz Klein visualizou no aumento de poderes do magistrado (e na oralidade) o caminho necessário à agilização dos procedimentos judiciais. Pouco lembradas, as experiências de Trieste e Trento cobrariam seu preço; outrora submetidas ao domínio (e leis) austríaco, uma vez reintegradas à Itália foi verificado que a agilidade propalada pelo modelo austríaco não passara de promessa incumprida.[806]

Em sua feição "moderna" ("formalismo moderno") concentração e identidade física não ultrapassam a barreira da ingenuidade.[807] A sugestão de que o juiz captaria a verdade em contato direto com os litigantes e meios "casuais" de prova não passa de crendice. Inexiste dado científico em suporte da assertiva, o que dispensaria análise aprofundada. Todavia, enriquecido pelos avanços da "psicologia comportamental cognitiva", o estudo da imparcialidade é vital para frisar o equívoco, tal como será analisado em item específico (6.2.2.2.3).

E não é preciso ir tão longe, pois o modelo oral padece de outro grave problema. Para que a concentração, imediatidade e permanência subjetiva do magistrado funcionem, supôs-se (está implícito) que o julgador tivesse/tenha poucos procedimentos judiciais sob sua responsabilidade. Logo, forçoso aumentar o número de magistrados, não ape-

---

**804** CHIOVENDA, Giuseppe. *Instituições de direito processual civil...* v. 3, p. 80; MORATO, Francisco. A oralidade. *Revista Forense,* Rio de Janeiro, v. LXXIV, ano XXXV, fascículo 419, maio, p. 141-148, 1938.

**805** Ver a crítica desenvolvida por Juan Montero Aroca em: *Los principios políticos de la nueva Ley de Enjuiciamiento Civil:* los poderes del juez y la oralidad. Valencia: Tirant lo Blanch, 2001, p. 150.

**806** CIPRIANI, Franco. En el centenario del reglamento de Klein: el proceso civil entre libertad y autoridad. *Academia de Derecho.* Disponível em: <https://bit.ly/2rN-MlRy>. Acesso em: 10 jan. 2017.

**807** Em sentido contrário: GAJARDONI, Fernando da Fonseca. Breve estudo sobre a oralidade no processo civil romano. *Revista Jurídica Uniaraxá,* Centro Universitário Uniaraxá, v. 10, n. 9, 2006. Disponível em: <https://bit.ly/2DSySy3>. Acesso em: 04 jan. 2017.

nas em nosso país,[808] pois na atual proporção de juízes por demandas, é humanamente impossível que retenham na memória as impressões formadas em audiência. Aliás, para quem defende sua legitimidade, visto que as impressões são extraídas sem submissão ao contraditório ou explicitação na decisão...

## 5.2.4. O "TRISTE" FIM DO MITO NO CPC/15?

O Código de Processo Civil em vigor não reproduziu o preceito contido no art. 132, CPC/73, desabrigando a permanência subjetiva do juiz (identidade física) dos procedimentos civis. Tomando o arquétipo chiovendiano como parâmetro, a ausência de identidade física fulmina o subprincípio da imediação – aliás, houve quem tratasse a identidade física como imediação, com o cuidado em indicar sua flexibilização na prática de determinados países.[809] Repise-se a advertência do processualista itálico, no sentido de oralidade e imediação serem impraticáveis quando, a cada fase, os atos processuais fossem presenciados por juízes distintos. Em hipóteses que tais, o mesmo doutrinador lamentava que a impressão colhida por um deles fosse transmitida ao outro apenas por registros escritos, no que o modelo oral perante o instrutor (juiz instrutor) se tornaria escrito ao julgador.[810]

Ainda hoje, não se tem notícia de pesquisas voltadas a apurar a superioridade entre os modelos (oral e escrito) nos contornos alinhavados nas linhas antecedentes. Ao contrário, em vista das conquistas linguísticas e hermenêuticas do séc. XX é possível afirmar que a doutrina chiovendiana se baseava em palpites e intuições, não sem alguma dose de otimismo. Postumamente, a própria legislação austríaca, referência fundamental de Chiovenda, passou por sucessivas reformas ("novelas"), entre as quais abriu mão da obrigatoriedade da "audiência

---

**808** Por esses motivos, Fenoll também taxou a posição chiovendiana de ingênua. Los problemas de la oralidad. *Justicia: revista de derecho procesal*, n. 1-2, p. 101-130, 2007.

**809** FASCHING, Hans Walter. A posição dos princípios da oralidade e da imediação no processo civil moderno – descrita à luz de alguns ordenamentos processuais centro-europeus. Trad. Wanderlei de Paula Barreto. *Revista de Processo,* São Paulo, RT, v. 39, p. 27-34, jul.-set. 1985.

**810** CHIOVENDA, Giuseppe. *Instituições de direito processual civil*: a relação processual ordinária de cognição (continuação). Trad. J. Guimarães Menegale. São Paulo: Saraiva, 1945, v. 3, p. 78-79.

preliminar".[811] Semelhantemente, a ZPO alemã de 1877 foi reformada em 1909 e 1924 para que fases do procedimento se tornassem escritas, haja vista os inconvenientes da oralidade.[812]

Em peroração para desfazer o mito, Juan Montero Aroca qualifica de oral o modelo em que o juiz tem contato direto com os depoimentos e o perito em audiência, sem prejuízo de que ela (audiência) seja antecedida de diferentes atos por escrito. Segundo ele, precisamente o que ocorre sob a égide da *Ley de Enjuiciamiento Civil (LEC)* de 2000,[813] na qual demanda e contestação observam figurino escrito, seguindo-se o procedimento de uma audiência para o saneamento, mas que também se presta à delimitação do objeto litigioso e do debate; por fim, sobrevindo-lhe outra audiência à produção de prova. Para o autor, a disciplina em vigor naquele país denota o respeito à concentração, sem que o subprincípio seja absoluto.[814]

Por último, a oralidade também reclama a publicidade, algo que costuma ser tido por irrealizável diante do processo escrito. Essa exigência não se materializa apenas na prática (possibilidade) dos atos processuais sob os olhares do público; ao contrário, por seu potencial acesso pelos meios de comunicação para que, acompanhando o desenrolar da trama processual, funcionem como "representantes" destaca-

---

**811** MOREIRA, José Carlos Barbosa. Miradas sobre o processo civil contemporâneo. *Revista de Processo,* São Paulo, RT, v. 79, p. 142-153, jul.-set. 1995.

**812** FENOLL, Jordi Nieva. Los problemas de la oralidad. *Justicia: revista de derecho procesal,* n. 1-2, p. 101-130, 2007.

**813** Como dantes afirmado, a *LEC* de 2000 desenvolveu e incorporou a oralidade e seus consectários, contrastando com a *LEC* anterior, de 1881. Na síntese de Ignacio Díez-Picazo Giménez: "The new Spanish Code sets up a model of ordinary procedure centered on the ideas of orality, immediacy, and concentration. In contrast to the traditional predominance of the written procedure with its reliance placed primarily on the attorney's briefs and documentary evidence, the LEC tries to get, finally, civil proceedings in Spain to be basically oral, in compliance with de mandate established in Art. 120, par. 2 of the Constitution ('Procedure shall be predominately oral, especially in criminal matters'). But it tries for it no to be a leap into space or a waste of time." The principal innovations of Spain's recent civil procedure reform. In: *The reforms of civil procedure in comparative perspective:* an Internacional Conference dedicated to Mauro Cappelletti. Nicolò Trocker e Vincenzo Varano (coords.). Torino: Giappichelli Editore, 2005, p. 33-66.

**814** AROCA, Juan Montero. *Los principios políticos de la nueva Ley de Enjuiciamiento Civil:* los poderes del juez y la oralidad. Valencia: Tirant lo Blanch, 2001, p. 176 e ss.

dos do povo.[815] Observando que com o advento da internet, a digitalização de autos e o desenvolvimento de sistemas de peticionamento eletrônico, o modelo que prestigie a escritura pode ser tão ou mais público que o oral.[816]

Seguindo os passos do texto constitucional espanhol, a *LEC* de 2000 adotou a oralidade;[817-818] fê-lo sem os exageros ou extremos dos países comunistas em que foi tomada como símbolo da socialização e modelo à "democratização" da justiça e do processo civil. Em linha crítica, Montero Aroca destaca que a oralidade do processo civil espanhol é inconfundível à preconizada por Mauro Cappelletti – que também era um grande entusiasta da oralidade – enquanto ferramental ao juiz socialista para se desincumbir de sua função (ativa) de perseguir

---

**815** *Idem, ibidem,* p. 187.

**816** FENOLL, Jordi Nieva. Los problemas de la oralidad. *Justicia: revista de derecho procesal,* n. 1-2, p. 101-130, 2007.

**817** *Los principios políticos de la nueva Ley de Enjuiciamiento Civil:* los poderes del juez y la oralidad. Valencia: Tirant lo Blanch, 2001, p. 149. Historicamente, é possível verificar que as diferentes reformas na *LEC* de 1881, vigente por quase um século na Espanha, tiveram o objetivo de alterar ou mesmo superar o modelo de processo escrito então marcante naquela lei de "enjuiciamiento", visto que aquela *LEC* era criticada por seu arcaísmo, bem como por seu apego à tradição do processo escrito, o que motivou suas incontáveis reformas. A *LEC* de 2000, vigente desde 08 de janeiro de 2001, seguiu a mesma tendência de "modernização" do processo civil. Sobre o tema, ver: GIMÉNEZ, Ignacio Díez-Picazo. The principal innovations of Spain's recent civil procedure reform. In: *The reforms of civil procedure in comparative perspective:* an Internacional Conference dedicated to Mauro Cappelletti. Nicolò Trocker e Vincenzo Varano (coords.). Torino: Giappichelli Editore, 2005, p. 33-66; SICA, Heitor Vitor Mendonça. III - Direito Processual Civil Espanhol. In: *Direito Processual Civil Europeu Contemporâneo.* José Rogério Cruz e Tucci (coord.). São Paulo: Lex Editora S.A., 2010, p. 71-112.

**818** A título de curiosidade, a importância atribuída à oralidade na Espanha rendeu o disciplinamento no texto constitucional, especificamente, na parte respeitante ao Poder Judiciário (Título VI). A Constituição espanhola estabelece que os procedimentos devem ser predominantemente orais, sobretudo na seara criminal (art. 120, 2). No mesmo artigo cuida da publicidade e do dever de fundamentação das decisões. Do original: " 1. Las actuaciones judiciales serán públicas, con las excepciones que prevean las leyes de procedimiento. 2. El procedimiento será predominantemente oral, sobre todo en materia criminal. 3. Las sentencias serán siempre motivadas y se pronunciarán en audiencia pública." Disponível em: <http://www.senado.es/web/conocersenado/normas/constitucion/detalleconstitucioncompleta/index.html#t6.>. Acesso em: 23 out. 2017.

a "verdade material".[819] Observando que a *LEC* restringiu a iniciativa judicial probatória ao substituir as "diligencias para mejor proveer" por "diligencias finales". Ao fim e ao cabo, limitando as iniciativas probatórias,[820] sem desconsiderar as discrepâncias legislativas apontadas pelos censores desse sistema.[821]

Vimos que a oralidade foi um dos pilares do CPC/39, persistindo no CPC/73, ora sem o mesmo rigor. O regozijo de alguns doutrinadores foi sucedido pela incisiva crítica de José Olympio de Castro Filho;[822] passados alguns anos de vigência do código de 1939, invocando a experiência e censurando os "rios de tinta" drenados por trabalhos com o mote da oralidade e/ou concentração, o autor declamava o forçoso reconhecimento das falhas e dos resultados funestos produzidos pelo modelo. Também na vigência do CPC/39, Machado Guimarães registrava a "corruptela" da concentração.[823]

Na Exposição de Motivos do CPC/73, Buzaid advertiu à necessidade de abrandamento do rigor da oralidade presente no código anterior, visto que características brasileiras, destaque à extensão territorial, não permitiam que a identidade física fosse observada à risca. Prestando contas na Exposição de Motivos, essa foi a causa do código ter retido exceções em seu texto ("A exceção aberta à regra geral confirma-lhe a eficácia e o valor científico." ("II - Do Processo Oral"). Ao tempo em que justificava os temperamentos ao subprincípio da identidade ou

---

**819** El proceso civil llamado "social" como instrumento de "justicia" autoritaria. In: *Proceso civil e ideología:* un prefacio, una sentencia, dos cartas y quince ensayos. Juan Montero Aroca (coord.). Valencia: Tirant lo Blanch, 2006, p. 130-166.

**820** Elogiada por alguns, a mudança foi considerada um retrocesso por outros. Não apenas lamentando a mudança, mas rotulando-a de "ultra liberal", cf. SOTELO, José Luis Vázquez. El proceso civil y su futuro. *Unirioja.* Disponível em: <https://bit.ly/2O2Dvvl>. Acesso em: 05 jan. 2018.

**821** No trabalho referenciado na nota acima, Sotelo também registra que a Lei Jurisdicional nº 29/1998, lei que regula o contencioso administrativo (LJCA), editada pouco antes da LEC de 2000, segundo ele, por iniciativa do mesmo governo e aprovada pelo mesmo parlamento, manteve a ampla iniciativa probatória dos magistrados probatórios (art. 61). Para ele, a contradição saltaria aos olhos.

**822** Pelo princípio da imediata produção da prova. *Revista da Faculdade de Direito da Universidade Federal de Minas Gerais.* Belo Horizonte, n. 3, p. 64-79, 1963. Disponível em: <https://bit.ly/2J8ZPRt>. Acesso em: 12 fev. 2018.

**823** GUIMARÃES, Luiz Machado. "A revisão do código de processo civil." In: *Estudos de direito processual civil.* Rio de Janeiro: Jurídica e Universitária, 1969, p. 142-143.

permanência subjetiva, o responsável pelo anteprojeto também consignava a não adoção do subprincípio da irrecorribilidade em separado das interlocutórias, pois a "impaciência" dos litigantes teria dado azo às formas mais "esdrúxulas" de impugnação (exemplificava com a correição parcial e o mandado de segurança).[824]

Sob a vigência do CPC/73, houve quem atrelasse a existência da oralidade e seus consectários ao "mundo dos manuais", uma vez que não passaria de ficção desmentida pela prática em que a escritura reinava absoluta.[825] No mesmo sentido, tributando à lógica da eficiência, Leonardo Greco sustentava que o procedimento era fragmentado e realizado quase inteiramente por escrito.[826] No mesmo tom de crítica, houve quem circunscrevesse a oralidade ao procedimento dos juizados e ao trabalhista.[827] De fato, tudo isso corrobora que a oralidade não apenas foi erigida à condição de mito, mas que em seu conteúdo chiovendiano ela é irrealizável. Presta-se – apenas – a mascarar voluntarismos e exageros, pois a escritura também tem as suas vantagens, de que são exemplos: determinação do objeto com mais clareza; dispensa da audiência em alguns casos, simplificando o procedimento; quando necessário, argumentação jurídica elaborada com mais esmero/profundidade (ex. razões finais).[828] Pontos altos que não costumam ser lembrados.

A realidade brasileira atual do procedimento comum mantém traços similares ao processo espanhol, salvo pela ausência de menção à permanência subjetiva do magistrado (CPC/15), inexistindo "resíduo" do

---

**824** As mesmas razões (e crítica) foram endossadas por Ada Pellegrini Grinover: *Direito processual civil.* 2. ed. São Paulo: Bushatsky, 1975, p. 06.

**825** BAPTISTA, Bárbara Gomes Lupetti. A oralidade processual e a construção da verdade jurídica. *Revista da SJRJ,* Rio de Janeiro, n. 23, p. 131-160, 2008.

**826** GRECO, Leonardo. Contraditório efetivo (art. 7º). *Revista Eletrônica de Direito Processual - REDP,* Rio de Janeiro, v. 15, jan.-jun. 2015, p. 299-310.

**827** Segundo Fernando Gajardoni, somente neles a oralidade (com seus subprincípios) seria observada. No mesmo ensaio, aduzindo menos segurança na oralidade ("mais rápido e menos seguro"), o autor conclui que ela foi reservada entre nós aos procedimentos de menor importância social. Breve estudo sobre a oralidade no processo civil romano. *Revista Jurídica Uniaraxá,* Centro Universitário Uniaraxá, v. 10, n. 9, 2006. Disponível em: <https://bit.ly/2DSySy3>. Acesso em: 04 jan. 2017.

**828** FENOLL, Jordi Nieva. Los problemas de la oralidad. *Justicia: revista de derecho procesal,* n. 1-2, p. 101-130, 2007.

tema.[829] Sob essa perspectiva ter-se-ia preservado o modelo de oralidade, conquanto alijado do mito. De acordo com o modelo escalonado defendido neste trabalho (ver capítulo 6), em nome da garantia das partes, deve-se evitar que o magistrado em contato com a produção da prova oral possa julgar o feito. A supressão do dispositivo que açambarcava a identidade física no procedimento civil permite que essa interpretação seja construída desde o início da vigência do código, sem que se precise recorrer ao controle de constitucionalidade; a previsão da identidade física em outros procedimentos, como é o caso do penal, reclama o exercício desse controle. Não se trata de uma tentativa de resgatar o vetusto modelo escrito. Alicerçada em dados científicos (estudos de "psicologia comportamental cognitiva"), a medida sugerida se presta a evitar decisões enviesadas, em prejuízo (das garantias) dos litigantes.[830]

De tudo isso, se a oralidade foi importante à superação dos exageros do modelo escrito, a exemplo dos sucessivos recursos manejados contra resoluções interlocutórias, já passou do momento de abandonar a concepção mítica e resgatar a dignidade do princípio da escritura. A oralidade pode ser mais recomendável em determinados momentos (fase probatória, procedimentos mais simples, perante o tribunal etc.), mas perde em importância à escritura em tantos outros (apresentação da demanda, contestação, alegações finais, recursos, procedimentos monitórios ou estritamente documentais, procedimentos complexos etc).[831]

---

**829** GRECO, Leonardo. Contraditório efetivo (art. 7º). *Revista Eletrônica de Direito Processual - REDP,* Rio de Janeiro, v. 15, jan.-jun. 2015, p. 299-310.

**830** COSTA, Eduardo; CREVELIN, Diego. "3.3 Viés de representatividade." In: *Novo Código de Processo Civil Comentado.* Izabel Cristina Cardoso Pantaleão, Lúcio Grassi de Gouveia, Roberto Campos Gouveia Filho e Sérgio Luiz de Almeida Ribeiro (coords.). São Paulo: Lualri Editora, 2017, t. I, p. 193-199.

**831** Todos esses pontos são levantados por Jordi Nieva Fenoll no multicitado trabalho: Los problemas de la oralidad. *Justicia: revista de derecho procesal,* n. 1-2, p. 101-130, 2007.

## 5.3. O MITO DOS PODERES INSTRUTÓRIOS ESPONTÂNEOS

### 5.3.1. A ASSEPSIA IDEOLÓGICA DOS PODERES INSTRUTÓRIOS: FORMULAÇÃO ENQUANTO TÉCNICA PROCESSUAL

Os poderes do magistrado costumam ser tratados sob signo estritamente técnico. Como se a diminuição ou a majoração dos poderes judiciais no "formalismo processual" fosse questão ideologicamente asséptica,[832] o que é tributado a Calamandrei,[833] em seguida acorrido por Carnacini, Cappelletti, Taruffo e outros. Carnacini ao entabular a distinção entre o monopólio das partes sobre o objeto do processo e a determinação do material fático e respectivos meios à sua demonstração, "entendiendo que este segundo aspecto afecta únicamente a la conformación del instrumento que la ley predispone para la tutela jurisdiccional." Já Cappelletti, retomando a construção anterior, ao subdistinguir a introdução do material fático e a dos meios probatórios, endossando o suposto caráter técnico da iniciativa probatória dos juízes; para tanto, propugnou a diferenciação do princípio dispositivo em formal e material.[834-835] Contemporaneamente, Michele Taruffo trata a investidura de poderes instrutórios autônomos como reclamo "episte-

---

**832** AROCA, Juan Montero. Los modelos procesales civiles en el inicio del siglo XXI: entre el garantismo y el totalitarismo. *Revista Brasileira de Direito Processual – RBDPro,* Belo Horizonte, ano 25, n. 100, p. 191-211, out./dez. 2017.

**833** De fato, esse autor tratava a ampliação dos poderes dos juízes como um imperativo de ordem técnica. CALAMANDREI, Piero. *Instituciones de derecho procesal civil:* segun el nuevo codigo. Trad. Santiago Sentis Melendo. Buenos Aires: Ediciones Juridicas Europa-America, 1973, v. I, p. 407.

**834** AROCA, Juan Montero. El proceso civil llamado "social" como instrumento de "justicia" autoritaria. In: *Proceso civil e ideología:* un prefacio, una sentencia, dos cartas y quince ensayos. Juan Montero Aroca (coord.). Valencia: Tirant lo Blanch, 2006, p. 130-166. E tanto Carnacini quanto Cappelletti entendendo que o processo não se prestava à tutela do direito subjetivo (para o primeiro, apenas a ela), mas que permitia ao Estado a aplicação do direito objetivo. Em resumo, o processo servia às partes e as partes ao processo. Assim: CARNACINI, Tito. "Tutela giurisdizionale e tecnica del processo." In: *Studi in onore di E. Redenti.* Milano: Giuffrè, 1951, v. II, p. 695-772.

**835** Ainda sobre o pensamento desses autores em matéria de princípio dispositivo: RAATZ, Igor. *Autonomia privada e processo civil:* negócios jurídicos processuais, flexibilização procedimental e o direito à participação na construção do caso concreto. Salvador: JusPodivm, 2017, p. 127 e ss.

mológico" atinente à técnica do processo;[836] observando que esse autor atribui função epistêmica ao processo civil.

Tal como a oralidade, também a espontaneidade do juiz em matéria probatória foi alçada à condição de mito, dado o histórico esforço em naturalizar o tema na onda de publicização; naquilo que chamamos em outro ensaio de "publicientificização".[837-838] Do mesmo modo, alocando a verdade como escopo processual ou estabelecendo sua indissociável relação a algum resultado perseguido pela jurisdição. A temática foi transformada em mantra doutrinário, sendo suficiente a consulta de múltiplos ensaios de Barbosa Moreira.[839] E ele não foi o único.

Hernando Devis Echandía prognosticava o futuro do processo civil na oralidade, no princípio inquisitivo e na liberdade do magistrado à avaliação dos meios de prova,[840] apanágios de perfis processuais "modernos".[841] Sem esses institutos, nomeadamente as faculdades inquisitivas, o triunfo da verdade não restaria assegurado e o processo não passaria de aventura incerta de resultado subordinado à habilidade dos advogados.[842] Uma espécie de "duelo moderno" nas palavras do pro-

---

**836** TARUFFO, Michele. *Uma simples verdade:* o Juiz e a construção dos fatos. Trad. Vitor de Paula Ramos. São Paulo: Marcial Pons, 2012, p. 204-208.

**837** Não são poucos os autores que fazem esse tipo de associação, para além da conquista de dignidade científica, como se o papel mais ativo do magistrado fosse inerente à natureza pública do direito processual, baralhando técnica com ideologia. Dentre os tantos trabalhos já examinados, cf. NAVES, Candido. *Impulso processual e poderes do juiz.* Belo Horizonte: Santa Maria, 1949, p. 35: "Desde, porém, que se evoluiu para a concepção publicística, ganhou o processo o sentido próprio que o anima, capaz de fazê-lo retomar seu objeto que é o de afirmar, nos casos controvertidos pelos particulares, a vontade da lei."

**838** Com crítica semelhante a essa: GODINHO, Robson Renault. Reflexões sobre os poderes instrutórios do juiz: o processo não cabe no "Leito de Procusto". *Revista de Processo,* São Paulo, RT, v. 235, p. 85-117, set. 2014.

**839** Nesse sentido, principalmente, ver: "Breves reflexiones sobre la iniciativa oficial en materia de prueba." In: *Temas de direito processual (terceira série).* São Paulo: Saraiva, 1984, p. 79; e "El neoprivatismo en el proceso civil." In: *Proceso civil e ideología:* un prefacio, una sentencia, dos cartas y quince ensayos. Juan Montero Aroca (coord.). Valencia: Tirant lo Blanch, 2006, p. 199-216.

**840** ECHANDÍA, Hernando Devis. *Teoria general de la prueba judicial.* Buenos Aires: Victor P. de Zavalía Editor, 1970, t. I, p. 66.

**841** *Idem, ibidem,* p. 71-72, 78 e 85.

**842** Dessa opinião não destoa José Luis Vázquez Sotelo, enxergando nos poderes instrutórios, ao lado de outras medidas, o futuro do processo civil. Cf.: El proceso civil y su futuro. *Unirioja.* Disponível em: <https://bit.ly/2O2Dvvl>. Acesso em: 05 jan. 2018.

cessualista colombiano,[843] em conhecidíssima alegoria na processualística brasileira.[844]

Os instrumentalistas apoiam a iniciativa probatória em um suposto "dever" dos magistrados em perseguir a verdade ou que tais.[845] A construção teórica do *dever* arroja-se na presença do Estado-jurisdição ("princípio de autoridade"), predominando o "interesse público" ou social no processo. "Interesse" que não se comprazeria com a má representação ou falta de astúcia de um dos litigantes, impondo-se ao magistrado velar pela "paridade de armas" (no sentido preconizado por Calamandrei de "nivelamento social do processo").[846] Em matéria de direito probatório, a paridade restaria preservada com a determinação oficiosa de provas, se bem que necessária ao deslinde da controvérsia. Ao proceder dessa forma, o magistrado visaria ao esclarecimento dos fatos, sem o que a tutela do "direito objetivo" e a pacificação com justiça ficariam, irremediavelmente, comprometidas. Como o julgador não pode adivinhar quem sairá beneficiado dessa determinação – seu compromisso único com a verdade lhe blindaria de pré-juízos –, a imparcialidade ficaria incólume.[847] Adicionalmente, não é inco-

---

**843** ECHANDÍA, Hernando Devis. *Teoria general de la prueba judicial.* Buenos Aires: Victor P. de Zavalía Editor, 1970, t. I, p. 112-113.

**844** A alegoria foi empregada e reproduzida nos trabalhos de Barbosa Moreira. Entre outros ensaios, conferir aquele em que o termo foi grafado no título: "Duelo e processo". In: *Temas de direito processual (oitava série).* São Paulo: Saraiva, 2004, p. 211 e ss.

**845** A título de ilustração, em favor dos poderes instrutórios autônomos, Ada Pellegrini falava na busca do "maior grau de probabilidade possível" acerca das afirmações de fato. A iniciativa instrutória do juiz no processo penal acusatório. *Revista Brasileira de Ciências Criminais*, São Paulo, RT, v. 27, p. 71-79, jul.-set. 1999.

**846** CALAMANDREI, Piero. *Instituciones de derecho procesal civil:* segun el nuevo codigo. Trad. Santiago Sentis Melendo. Buenos Aires: Ediciones Juridicas Europa-America, 1973, v. I, p. 418.

**847** Por todos, cf.: MOREIRA, José Carlos Barbosa. "Os poderes do juiz na direção e na instrução do processo." In: *Temas de direito processual (quarta série).* São Paulo: Saraiva, 1989, p. 48; MOREIRA, José Carlos Barbosa. "El neoprivatismo en el proceso civil." In: *Proceso civil e ideología:* un prefacio, una sentencia, dos cartas y quince ensayos. Juan Montero Aroca (coord.). Valencia: Tirant lo Blanch, 2006, p. 209-210; TARUFFO, Michele. "Consideraciones sobre el proceso civil acusatorio." In: *Páginas sobre justicia civil.* Trad. Maximiliano Aramburo Calle. Madrid: Marcial Pons, 2009, p. 375; TARUFFO, Michele. *Uma simples verdade:* o Juiz e a construção dos fatos. Trad. Vitor de Paula Ramos. São Paulo: Marcial Pons, 2012, p. 146.

mum a ilação da "quebra da imparcialidade" pela omissão ou inércia judicial.[848] Sem olvidar a posição doutrinária institutiva do "dever" do juiz em buscar a "verdade material" por exigência do publicismo[849] ou mesmo à aceleração do procedimento.[850] E hoje em dia, alguns autores se socorrem da "cooperação" ou do "modelo cooperativo" em esteio aos poderes instrutórios autônomos.

As interpretações doutrinárias em prol dos poderes de instrução autônomos redundam em uma ou mais das linhas esquematizadas acima. Porém, esse discurso com pretensão fundacional quedaria incompleto se não fossem apontados institutos ao contrabalanceamento do poder ou de suposta vocação para preservar a dialética e a democracia processual. Nessa linha, a processualística se apressa em selecionar mecanismos da técnica afinados ao propósito: motivação dos pronunciamentos judiciais, recorribilidade, publicidade, contraditório, juiz natural e isonomia.[851]

---

**848** MOREIRA, José Carlos Barbosa. "Breves observaciones sobre algunas tendencias contemporáneas del proceso penal". In: *Temas de direito processual (sétima série)*. São Paulo: Saraiva, 2001, p. 217; TARUFFO, Michele. *Uma simples verdade:* o Juiz e a construção dos fatos. Trad. Vitor de Paula Ramos. São Paulo: Marcial Pons, 2012, p. 206.

**849** CABRAL, Antonio do Passo. Imparcialidade e impartialidade. Por uma teoria sobre repartição e incompatibilidade de funções nos processos civil e penal. In: *Teoria do processo:* panorama mundial. Fredie Didier Jr. e Eduardo Ferreira Jordão (coords.). Salvador: JusPodivm, 2007, p. 99-124; PORTANOVA, Rui. *Princípios do processo civil.* 8. ed. Porto Alegre: Livraria do Advogado, 2013, p. 198. De seu tempo, Ada Pellegrini Grinover já amalgamava o publicismo aos poderes instrutórios. Suficiente a consulta do ensaio: A iniciativa instrutória do juiz no processo penal acusatório. *Revista Brasileira de Ciências Criminais*, São Paulo, RT, v. 27, p. 71-79, jul.-set. 1999.

**850** Três eram os motivos invocados por Troller: interesse na aceleração do processo; exame mais acurado do relato fático, isto é, visando a garantir o "máximo de verdade material"; e em reconhecimento da tarefa social do processo, o juiz teria poderes para igualar a potencial desigualdade material e moral da luta entre as partes. Todos esses fatores se conjugavam ao fortalecimento do papel do juiz. TROLLER, Alois. *Dos fundamentos do formalismo processual civil.* Trad. Carlos Alberto Alvaro de Oliveira. Porto Alegre: Safe, 2009, p. 72.

**851** BEDAQUE, José Roberto dos Santos. "Instrumentalismo e garantismo: visões opostas do fenômeno processual? In: *Garantismo processual:* garantias constitucionais aplicadas ao processo. José Roberto dos Santos Bedaque, Lia Carolina Batista Cintra e Elie Pierre Eid (coords.). Brasília: Gazeta Jurídica, 2016, p. 36. No mesmo contexto, Taruffo confere especial relevo ao contraditório. *Uma simples verdade:* o Juiz e a construção dos fatos. Trad. Vitor de Paula Ramos. São Paulo: Marcial Pons, 2012, p. 205-206.

Por tudo o que foi dito, larga fração da processualística aduz a inerência dos poderes instrutórios autônomos ou espontâneos ao ofício de julgar. Insistindo no diálogo com Barbosa Moreira, somente a visão superestimada do princípio dispositivo ou a homenagem rendida a um "falso ídolo" explicaria a dissidência de alguns.[852] Cientes do processo de naturalização do princípio inquisitivo e desnaturação do dispositivo, podemos explicar nossa discordância e, quem sabe, desfazer alguns equívocos.

### 5.3.2. SOBRE A NATURALIZAÇÃO DO PRINCÍPIO INQUISITIVO E A DESNATURAÇÃO DO DISPOSITIVO

Historicamente, a doutrina tem se esmerado em naturalizar (tornar inerente)[853] os poderes instrutórios autônomos na publicização do direito processual, sufragando uma espécie de simbiose entre o público e o científico.[854] A simbiose radica nas entrelinhas e tem fomentado a crença do desenvolvimento científico do direito processual – apelo da modernidade guiado pelo padrão "eurocêntrico" – por meio da exacerbação de seu viés público, leia-se, hipertrofia da jurisdição (publicismo). Um Estado-jurisdição forte seria uma conquista de dignidade científica, salvaguardando a supremacia do interesse público e a correção das decisões. Tendo isso em mente não é difícil entender a transformação dos poderes instrutórios em "técnica processual" ("instituição técnica").

Também se afere a pretensão de naturalizar os poderes materiais dos juízes no discurso da verdade enquanto caminho inolvidável à concretização da justiça (somente o adequado conhecimento dos fatos permitiria a "correta" formulação da norma jurídica). Não por outro motivo, alguns doutrinadores entreviam o futuro do processo civil nos institutos alinhados à busca da verdade (oralidade, princípio inquisi-

---

**852** MOREIRA, José Carlos Barbosa. "Breves reflexiones sobre la iniciativa oficial en materia de prueba." In: *Temas de direito processual (terceira série)*. São Paulo: Saraiva, 1984, p. 79.

**853** Sustentando sua inerência à função judicial, por todos: MOREIRA, José Carlos Barbosa. A função social do processo civil moderno e o papel do juiz e das partes na direção e na instrução do processo. *Revista de Processo*, São Paulo, RT, v. 37, p. 140-150, jan.-mar. 1985.

**854** PEREIRA, Mateus Costa. A jurisdição no divã: sessão do dia 29 de novembro de 2017. *Empório do Direito,* Florianópolis, Coluna ABDPro, 29 nov. 2017. Disponível em: <https://bit.ly/2O2QMnD>. Acesso em: 29 nov. 2017.

tivo[855] e a liberdade na valoração dos meios de prova), cuja presença foi apontada como símbolo de sistemas processuais ditos "modernos". Sem elas, mormente as faculdades inquisitivas, a verdade não triunfaria. Sem aqueles institutos, repisando a preleção de Hernando Devis Echandía, não haveria igualdade entre os sujeitos processuais, tampouco verdadeira democracia na justiça. Daí a alusão ao "duelo", modalidade de ordálio em que a razão era atribuída *a posteriori* ao mais hábil; desfecho de difícil aceitação para quem labora com uma razão anterior ao processo (em repulsa à lição de Goldschmidt), clamante de confirmação em sentença.[856]

No compasso de Echandía, Barbosa Moreira citava a tendência de "quase todos os países" em ampliar a iniciativa probatória do órgão judicial – não se tem notícia de como ele tenha mensurado isso. Em coro aos instrumentalistas, não vislumbrava afetação da imparcialidade do julgador.[857] Os motivos foram expostos no item antecedente. Em maior ou menor grau, os doutrinadores favoráveis aos poderes materiais comungam de um ou mais daqueles caminhos.[858]

---

**855** Segundo Taruffo, a expressão "princípio inquisitivo" não teria função definitória, mas puramente retórica. Para o autor, ao menos em âmbito civil, não teria existido procedimento com todas as características inquisitivas (iniciado de ofício, desenvolva-se em sigilo, com a busca das provas estritamente pelo magistrado, em sistemática violação das garantias processuais das partes), salvante na Prússia da segunda metade do séc. XIX. Nessa linha, entende que o uso da expressão seria intencionado a provocar associação indevida com os procedimentos judiciais ao tempo da inquisição. "Consideraciones sobre el proceso civil acusatorio." In: *Páginas sobre justicia civil.* Trad. Maximiliano Aramburo Calle. Madrid: Marcial Pons, 2009, p. 365-380. Feito o registro, a consulta da doutrina em geral denota que o princípio inquisitivo está associado a um modelo de processo que outorgue poderes autônomos ao magistrado, tanto de índole formal quanto material.

**856** Sobre o ponto, ver o ensaio de Franco Cipriani acerca da atuação do advogado e da verdade. "El abogado y la verdad." In: *Proceso civil e ideología:* un prefacio, una sentencia, dos cartas y quince ensayos. Juan Montero Aroca (coord.). Valencia: Tirant lo Blanch, 2006, p. 283-293.

**857** MOREIRA, José Carlos Barbosa. "Julgamento e ônus da prova." In: *Temas de direito processual (2ª série).* 2. ed. São Paulo: Saraiva, 1988, p. 77.

**858** Para citar alguns: DINAMARCO, Cândido Rangel. *A instrumentalidade do processo.* 12. ed. São Paulo: Malheiros, 2005, p. 304-305; BEDAQUE, José Roberto dos Santos. *Efetividade do processo e técnica processual.* São Paulo: Malheiros, 2006, *passim*; TARUFFO, Michele. *Uma simples verdade:* o Juiz e a construção dos fatos. Trad. Vitor de Paula Ramos. São Paulo: Marcial Pons, 2012, p. 159.

Sob o amparo da segunda fase metodológica do direito processual, vimos que o recrudescimento dos poderes dos juízes remonta ao "formalismo moderno", ao pensamento de Franz Klein e à codificação por ele projetada. Esse código outorgou aos magistrados "faculdades formais" ou poderes à condução do processo (*v.g.*, impulso oficial e conhecimento oficioso dos pressupostos processuais) e "faculdades materiais" ou poderes tendentes a influir no conteúdo da decisão (*v.g.*, determinação oficiosa de provas e conhecimento de circunstâncias não alegadas). Também vimos que Klein partia de duas suposições: o processo como "mal social" e descompromisso dos litigantes à sua resolução (com justiça). Por força dessa reconfiguração de papel que tornou os juízes responsáveis pela progressão do procedimento, a outorga de poderes foi indispensável.[859] Na esteira do "publicismo", da "socialização" ou do autoritarismo em geral, os valores albergados pela ZPO austríaca se alastraram por diferentes países da Europa. Mas não só.

Como dantes afirmado, o pensamento de Klein exerceu forte influência sobre a doutrina chiovendiana. Suficiente pensar no anteprojeto elaborado pelo processualista itálico. Niceto Alcalá-Zamora Y Castillo informa que dos 204 artigos do anteprojeto chiovendiano (1919), ao pé de 131 deles constavam remissões à ZPO, seguida de 128 alusões ao código alemão.[860] Chiovenda foi um defensor entusiasmado da oralidade e dos poderes instrutórios,[861] temas que foram tecidos conjuntamente na processualística moderna (claramente na doutrina do fundador da Escola Sistemática).[862] Se a paternidade intelectual do CPC/1940 lhe é devida, cuida-se de discussão que não precisa ser retomada. Decerto que a contribuição de Calamandrei fez com que o código se estruturasse sobre as mesmas bases.

---

**859** SPRUNG, Rainer. Os fundamentos do direito processual civil austríaco. *Revista de Processo,* São Paulo, RT, v. 17, jan.-mar. 1980, p. 138-149.

**860** CASTILLO, Niceto Alcalá-Zamora Y. *Estudios de Teoría General e Historia del Proceso (1945-1972)*. México: Universidad Nacional Autónoma de México, 1992, t. II, p. 564-565.

**861** CHIOVENDA, Giuseppe. *Instituições de direito processual civil*: a relação processual ordinária de cognição (continuação). Trad. J. Guimarães Menegale. São Paulo: Saraiva, 1945, v. 3, p. 91.

**862** RAATZ, Igor. *Autonomia privada e processo civil*: negócios jurídicos processuais, flexibilização procedimental e o direito à participação na construção do caso concreto. Salvador: JusPodivm, 2017, p. 80-82.

Editado ao tempo do regime fascista de Mussolini, o advento do CPC/1940 faria com que a Itália também fosse dominada pelo "sonho" publicista. Rompendo com o perfil garantista do código anterior, o CPC/40 teve a diminuição da liberdade das partes correlata ao aumento dos poderes dos juízes como premissas metodológicas. Aos céticos, suficiente a leitura da *Relazione* (Exposição de Motivos), subscrita por Dino Grandi, malgrado da pena de Calamandrei.[863]

Na Espanha, vimos o libelo de Guasp ao princípio dispositivo, suposta reminiscência espanhola de práticas medievais.[864] Em Portugal, foi feito o registro de que Alberto dos Reis considerou o modelo austríaco como arquétipo processual.[865] Ideias que fariam escola no Brasil.

Na realidade brasileira, o "publicismo" enfeixou um dos mais importantes códigos estaduais. Com a unificação do direito processual civil, também foi a ideologia que modelou o CPC/39. Sobre esse código – resgatando a explicação do autor do anteprojeto – preordenado à descoberta da verdade,[866] fez eco ao apostolado chiovendiano da oralidade.[867] Daí a assertiva de que teria posicionado o Brasil na nova era do processo. Não foi diferente com o CPC/73, então projetado sob a direta influência da Escola Sistemática italiana, recrudescendo os poderes judiciais no campo probatório.

---

**863** GRANDI, Dino. Exposición a la majestad del Rey Emperador del Ministro Guardasellos (Grandi). Presentada en la audiencia del 28 de octubre de 1940-XVIII para la aprobación del tecto del Código de procedimiento civil. Trad. Aixa Zlatar. In: *Códice de procedura civile con la relazione al Re:* a cura de Franco Cipriani, Daniele D'Delia e Gianpaolo Impagnatiello. Bari: Cacucci Editore, 1997.

**864** AROCA, Juan Montero. Los modelos procesales civiles en el inicio del siglo XXI: entre el garantismo y el totalitarismo. *Revista Brasileira de Direito Processual – RBDPro,* Belo Horizonte, ano 25, n. 100, p. 191-211, out./dez. 2017.

**865** É o que se extrai de Mendonça, comentando o pensamento de Alberto dos Reis. MENDONÇA, Luís Correia de. "80 anos de autoritarismo: uma leitura política do processo civil português". In: *Proceso civil e ideología:* un prefacio, una sentencia, dos cartas y quince ensayos. Juan Montero Aroca (coord.). Valencia: Tirant lo Blanch, 2006, p. 381-438.

**866** MARTINS, Pedro Baptista. "Prefácio". *Comentários ao código de processo civil (Decreto-lei nº 1.608, de 18 de setembro de 1939).* Rio de Janeiro: Forense, 1960, v. 1, p. 10.

**867** DINAMARCO, Cândido Rangel. Sobre o desenvolvimento da doutrina brasileira no processo civil. *Revista de Processo,* São Paulo, RT, vol. 27, jul. -set. 1982, p. 27-31.

Refletindo os poderes do juiz em publicação de 1965, Celso Agrícola Barbi mencionava o dever – "poder-dever" – do magistrado se aclarar junto às partes sobre as questões ventiladas no procedimento (de fato ou de direito), o que poderia ser obtido por intermédio do interrogatório livre (informal). Então sob a vigência do CPC/39, Barbi lamentava a ligação umbilical do "depoimento pessoal" à audiência de instrução e julgamento, recriminando o que lhe soava como rigidez incompatível com a "direção cuidadosa da causa." Ante a premência de inovação legislativa sobre esse assunto, ao menos na visão do autor, alertava às experiências de "indiscutível êxito" austríaca e alemã, cujas legislações permitiam o interrogatório (art. 162 e art. 139, respectivamente). Previsão semelhante existiu no art. 31 do Anteprojeto Chiovenda.[868]

O texto do CPC/39 não contemplava a inspeção judicial. Tal como o interrogatório livre – instituto cujo esforço da doutrina em divisar do depoimento pessoal não passa de "jogo de palavras órfão de distinção conteudística minimamente consistente" –,[869] passou a ser disciplinado com o advento do Código Buzaid (CPC/73). Conhecido publicista entrevia na inspeção judicial o melhor método à fiscalização da veracidade das alegações das partes.[870] Não surpreende o queixume de sua baixa ocorrência na prática,[871] posto que sejam desconhecidas estatísticas denotando sua importância.

O código atual (CPC/15) não andou muito diferente. Nesse caso, merece destaque a majoração dos poderes dos juízes (ampliação não apenas simbólica do rol do art. 139); a manutenção de todo o regramento concernente à iniciativa probatória (art. 139, VIII; art. 370 etc.); o "estímulo" à mediação/conciliação na seara estatal, instituindo-se

---

**868** BARBI, Celso Agrícola. Os poderes do juiz e a reforma do Código do Processo Civil. *Revista da Faculdade de Direito da Universidade Federal de Minas Gerais.* Belo Horizonte, n. 5, p. 169-179, 1965. Disponível em: <https://bit.ly/2J5R3Rj>. Acesso em: 12. fev. 2018; COUTURE, Eduardo. *Trayectoria y destino del derecho procesal civil hispanoamericano.* Buenos Aires: Depalma, 1999, p. 35-38; MOREIRA, José Carlos Barbosa. "Processo civil e processo penal: mão e contramão?". In: *Temas de direito processual (sétima série).* São Paulo: Saraiva, 2001, p. 202.

**869** SOUSA, Diego Crevelin de. Interrogatório livre: o ornitorrinco (?) – inconstitucional (!) – do processo civil brasileiro. *Revista Brasileira de Direito Processual – RBDPro,* Belo Horizonte, ano 25, n. 100, p. 85-112, out./dez. 2017.

**870** COUTURE, Eduardo J. *Estudios de derecho procesal civil:* pruebas en materia civil. Buenos Aires: Ediar Editores, t. II, 1949, p. 187-188.

**871** Assim, cf.: AURELLI, Arlete Inês, *op. cit.*

audiência com essa exclusiva finalidade e alçada à condição de regra, sob pena de ato atentatório à dignidade da justiça (art. 334, § 8º), entre outros. Aliás, código que seguiu a linha do processo civil português, positivando a cooperação processual no art. 6º, circunstância que, parafraseando Didier Jr., perfilaria nosso processo civil na "vanguarda" mundial.

Tanto no Código Buzaid quanto no atual, agora nos dizeres de Humberto Theodoro Jr., está presente a concepção do processo como "instrumento de pacificação social e de realização da vontade da lei", apenas secundariamente revestindo-se de remédio à tutela dos interesses das partes.[872] O mesmo autor anota que a codificação em vigor foi estruturada sob o ideário do "modelo social", mediante o qual o processo deixou de ter donos para ser empresa compartilhada,[873] assim como ele sublinha os influxos da constitucionalização.

Sem opor ressalvas ao acréscimo de poderes processuais e os necessários à efetivação das decisões judiciais ao longo do histórico aperfeiçoamento do processo e do procedimento, visto que necessários à derrocada do modelo dominante no séc. XIX (modelo da escritura), por ora fiquemos com as incansáveis alusões ao "moderno" e seus congêneres (nova era, vanguarda, tendência mundial, processo civil contemporâneo etc.).[874] Foquemos nesses termos porque são filosoficamente "indomáveis": transmitem mensagem diversa da almejada pelos autores que os invocam, retratando a busca de naturalização do princípio inquisitivo ("traço indelével da 'natureza das coisas"),[875] e de espezinhamento do dispositivo.

---

**872** THEODORO JR., Humberto. *Curso de direito processual civil.* 59. ed. Rio de Janeiro: Forense, v. 1, p. 16.

**873** *Idem, ibidem,* p. 26.

**874** O apelo palpita nos ensaios de Barbosa Moreira: "Os poderes do juiz na direção e na instrução do processo." In: *Temas de direito processual (quarta série).* São Paulo: Saraiva, 1989, p. 47; "Reflexões sobre a imparcialidade do juiz." In: *Temas de direito processual (sétima série).* São Paulo: Saraiva, 2001, p. 30. Ver também: BEDAQUE, José Roberto dos Santos. *Poderes instrutórios do juiz.* 2. ed. São Paulo: RT, 1994, p. 60.

**875** A expressão é de Eduardo Costa, também em censura a essa tentativa de "naturalização". COSTA, Eduardo José da Fonseca. Algumas considerações sobre as iniciativas judiciais probatórias. *Revista Brasileira de Direito Processual – RBDPro*, Belo Horizonte, Ano 23, n. 90, p. 153-173, abr./jun. 2015.

Em recuo, a insistência no "moderno" para justificar institutos e/ou regras processuais guarda consigo a mesmíssima crença na primazia da razão iluminista. Cuida-se de autêntica pretensão de associar "técnicas" a um modelo arquétipo de processo civil, eliminando-se eventuais barreiras culturais, históricas, políticas ou geográficas (assim, o que é moderno na Áustria, Alemanha ou Itália, por exemplo, deve ser igualmente adotado no Brasil). Já o pensamento contrário é sinônimo de atraso, de anacronismo. Nessa toada, não é incomum a referência ao modelo de processo escrito vigente em alguns países da Europa oitocentista como ultrapassado. E como esse modelo era orientado pelo "princípio dispositivo", a conclusão pulsa silogisticamente ao leitor: o princípio dispositivo é um símbolo do atraso em matéria de direito processual. A temática está longe de ser tão simples, mas a doutrina segue firme tensionando a vestimenta ideológica.[876-877] Diferente desses autores, cremos conseguir demonstrar nossas afirmações, pois ninguém ignora a universalização do modelo – processual – de racionalidade "ocidentalocêntrico". E não foram/são poucas as rogativas ao "moderno", "nova era", "tendência" etc.

---

**876** MOREIRA, José Carlos Barbosa. "Os poderes do juiz na direção e na instrução do processo." In: *Temas de direito processual (quarta série)*. São Paulo: Saraiva, 1989, p. 45-46. Em sentido similar: BEDAQUE, José Roberto dos Santos. *Poderes instrutórios do juiz*. 2. ed. São Paulo: RT, 1994, p. 68-69; ECHANDÍA, Hernando Devis. *Teoria general de la prueba judicial*. Buenos Aires: Victor P. de Zavalía Editor, 1970, t. I, p. 66. Lembrando que o argumento lógico é respeitado até mesmo por um alentado defensor do publicismo (Carlos Alberto Alvaro de Oliveira).

**877** Igor Raatz tece críticas ao princípio dispositivo, não tanto por seu conteúdo, mas em virtude da concepção de princípio vigente ao tempo em que ele se desenvolveu (antes da compreensão dos princípios como normas). O autor menciona que o dispositivo é um "princípio epistemológico", inconfundível aos princípios gerais, assim como à concepção vigente sobre princípios (em seu caráter deontológico). Endossando o pensamento de Streck, entende que o Constitucionalismo Contemporâneo levou à *descontinuidade* das teses sobre princípios fundadas no positivismo. Não bastasse, o autor observa uma confusão conceitual e normativa sobre o alcance do princípio dispositivo. Por esse motivo, preconiza sua substituição pelo "princípio da autonomia da vontade", fundamento normativo mais apropriado à releitura da atividade das partes e do juiz no processo. *Autonomia privada e processo civil*: negócios jurídicos processuais, flexibilização procedimental e o direito à participação na construção do caso concreto. Salvador: JusPodivm, 2017, p. 127-158. Assim, cf. STRECK, Lenio. Contra o neoconstitucionalismo. *Constituição, Economia e Desenvolvimento*: Revista da Academia Brasileira de Direito Constitucional. Curitiba, n. 4, p. 9-27, jan.-jun. 2011.

A naturalização do princípio inquisitivo em matéria probatória também foi operada sob a bandeira do "interesse público" presente na causa; como se o caminho natural fosse aumentar os poderes espontâneos do juiz, jamais a forçosa presença do Ministério Público, tal como fora defendido na Itália por Carnelutti e Liebman,[878] na Espanha atual por Montero Aroca,[879] entre nós por Eduardo Costa e Lenio Streck,[880] para citar apenas alguns. Aliás, um determinado setor doutrinário desdenhou da solução alvitrada, aduzindo que a presença mais intensa do MP não diminuiria a importância da atuação judicial. Ocorre que a posição não pode ser rebatida, visto que não foram declinados argumentos ou dados à sua sustentação.[881] Tomado como premissa indistinta em todos os procedimentos judiciais ("interesse público"), a coerência do raciocínio motivou a criação de nova classe de interesse público, desta feita, "qualificado", nas hipóteses em que a lei prevê a intervenção ministerial.[882] Por último, que não seja declarada uma "tradição" dos poderes instrutórios, pois essa via tampouco é concludente. Restaria saber se a propalada "tradição" é boa ou ruim; mais, se é constitucional ou não.

---

**878** A solução alvitrada por esses autores pode ser verificada em ensaio da lavra de Celso Agrícola Barbi (Os poderes do juiz e a reforma do Código do Processo Civil. *Revista da Faculdade de Direito da Universidade Federal de Minas Gerais*. Belo Horizonte, n. 5, p. 169-179, 1965. Disponível em: <https://bit.ly/2J5R3Rj>. Acesso em: 12. fev. 2018) e na monografia de Raatz (*Autonomia privada e processo civil*: negócios jurídicos processuais, flexibilização procedimental e o direito à participação na construção do caso concreto. Salvador: JusPodivm, 2017, p. 127-158).

**879** *Los principios políticos de la nueva Ley de Enjuiciamiento Civil*: los poderes del juez y la oralidad. Valencia: Tirant lo Blanch, 2001, p. 189-190.

**880** STRECK, Lenio. Processo judicial como Espelho da Realidade? Notas Hermenêuticas à Teoria da Verdade de Michele Taruffo. *Sequência,* Universidade Federal de Santa Catarina, Florianópolis, v. 37, n. 74, p. 115-136, 2016.

**881** É o que defendia Barbosa Moreira, mas sem apresentar qualquer argumento científico ou filosófico para tanto. "Dimensiones sociales del proceso civil." In: *Temas de direito processual (quarta série)*. São Paulo: Saraiva, 1989, p. 31.

**882** MOREIRA, José Carlos Barbosa. "O processo, as partes e a sociedade." In: *Temas de direito processual (oitava série)*. São Paulo: Saraiva, 2004, p. 32-33.

### 5.3.3. O SISTEMA DE JUSTIÇA CIVIL EM TARUFFO

### 5.3.3.1. A DIMENSÃO EPISTÊMICA DO PROCESSO

> ...se pode perguntar se (e eventualmente em que medida) o processo pode ser interpretado como um instrumento epistemologicamente válido e racional, ou seja, se esse é um instrumento ou um método eficaz para a descoberta e a determinação da verdade dos fatos em que se funda a decisão. Parece sensato, de fato, debater sobre uma *função epistêmica* do processo, considerando-o um conjunto estruturado de atividades com o fim de obter elementos de conhecimentos verídicos sobre os fatos relevantes para a solução da controvérsia.
> [...].
> Em geral, de resto, os métodos são objeto de valoração epistêmica com o fim de que se estabeleça se são válidos ou não para a descoberta da verdade: também o processo, se compreendido como método para a apuração da verdade dos fatos, pode, por conseguinte, ser objeto de valoração epistêmica.[883]

O excerto de Michele Taruffo (acima) sumaria sua preocupação em examinar o procedimento judicial em sua (in)idoneidade à exploração de dados essenciais à construção da "verdade empírica".[884] À luz de uma determinada ordem jurídica, Taruffo reflete em que grau o modelo de processo judicial explora os dados cognoscitivos indispensáveis à confirmação dos enunciados de fato. Seu estudo não recai na verdade em si, tampouco labora com a conhecida – e por ele tão criticada – dicotomia "verdade formal" x "verdade material". Para ele, um processo é validamente epistêmico quando se propõe a descobrir a "verdade empírica", obrada quando os enunciados de fato têm correspondência em meios racionais de prova.

Prontamente, registremos nossa discordância à visão do autor. Sua obra merece análise cuidadosa por "refundar" o discurso de verdade no seio do processo civil.[885] A abordagem não é mera repetição doutri-

---

**883** TARUFFO, Michele. *Uma simples verdade:* o Juiz e a construção dos fatos. Trad. Vitor de Paula Ramos. São Paulo: Marcial Pons, 2012, p. 159.

**884** Reflexão semelhante é empreendida por Leonardo Greco, ao estudar as "limitações probatórias". Limitações probatórias no processo civil. *Revista Eletrônica de Direito Processual - REDP,* Rio de Janeiro, v. 4, n. 4, jul.-dez. 2009.

**885** Como pontuado por Streck, também em análise crítica do trabalho de Taruffo, esse autor "faz avançar o debate jusfilosófico na área processual, sem perdê-lo nos labirintos pós-modernos. Em sua reabilitação da verdade no direito, é possível reconhecer a sua preocupação democrática." E retratando a importância do diálogo

nária da verdade como um dos objetivos perseguidos pelo processo. Desviando-se do lugar-comum, a inventividade de Taruffo repousa na proposta de demonstrar que o aperfeiçoamento dos modelos processuais, em paralelo à evolução dos meios probatórios, teria fundo racional e orientado à busca da verdade.

Antes do exame cuidadoso, importante esclarecer que a verdade – "hermeneuticamente" falando – tem suma relevância no procedimento judicial. Tanto na óptica instrumentalista quanto na garantista reconhece-se a importância do esclarecimento dos enunciados de fato à construção da norma jurídica. É importante reter o ponto. Garantistas não são indiferentes ou nutrem desapreço pela verdade. Todavia, têm a cautela de não afetá-la a objeto do Estado-jurisdição, tampouco pressupõem a existência de um privilégio cognitivo do magistrado para tanto.

Se a temática da verdade fosse processualmente irrelevante, decerto que não se cogitaria de meios probatórios. Daí a se admitir que o procedimento seja funcionalmente idealizado à descoberta dos fatos ("verdade"), confiando no juiz à realização da empresa – eventualmente, recostando-se no discurso em favor de juízes profissionais à concretização desse escopo, tal como preconizado por Taruffo –, jaz o abismo. A verdade em âmbito processual não se resume a essas duas perspectivas (instrumentalista ou garantista). De toda sorte, acreditamos que o direito probatório deva ser estudado na dimensão do contraditório, o que reprime a configuração de poderes materiais do juiz com alicerce na busca da verdade.

Para que as assertivas anteriores sejam compreendidas, nada melhor que enfrentar o pensamento de Michele Taruffo em seu estudo historiográfico da evolução dos meios probatórios. Autor que recrimina a ideologia presente no *common law* (análise centrada no modelo estadunidense), em que o processo estaria aferrado à ideia de disputa ou competição entre os contendores (a verdade seria um desvalor). Outrossim, aduz a falta de comprometimento das partes e respectivo patrocínio com a verdade, acreditando que seus comportamentos processuais (regra) seriam guiados pela satisfação de interesses puramente egoísticos, na contramão dos esclarecimentos fáticos.

---

com o pensamento do autor italiano, reconhece-o como um dos maiores intelectuais contemporâneos, aliando filosofia e dogmática como poucos. STRECK, Lenio. Processo judicial como Espelho da Realidade? Notas Hermenêuticas à Teoria da Verdade de Michele Taruffo. *Sequência,* Universidade Federal de Santa Catarina, Florianópolis, v. 37, n. 74, p. 115-136, 2016.

O pensamento de Taruffo é calcado no protagonismo e profissionalismo dos juízes à reconstrução da verdade "empírica", atribuindo-lhe função social (ética e política), ao mesmo tempo em que a erige como um dos pilares à decisão "justa". Para ele, o pronunciamento decisório será justo quando pautado na verdade, na correta interpretação/aplicação da norma utilizada como critério de decisão e desde que seja a culminância de um procedimento em que todas as garantias fundamentais tenham sido respeitadas ("processo justo"). Ênfase na verdade. Sem a apuração verdadeira do ocorrido a justiça não se concretizaria.[886] Inclusive, o próprio processo poderia ser considerado justo ou injusto se "sistematicamente orientado" à sua descoberta.[887-888]

Sobre o tema em foco é digno de nota o debate travado entre Michele Taruffo e Susan Haack. Motivada pelas críticas do autor ao sistema estadunidense – sem negligenciar as diferentes citações da própria obra de Haack no percurso traçado pelo autor italiano –, ela dedicou um artigo para refutar-lhe as ideias. Nessa linha, expressou: que não seria apropriado afirmar a indiferença do modelo processual engendrado nos Estados Unidos com a verdade; e que inexiste preeminência do(s) modelo(s) de *civil law* ao esclarecimento de enunciados de fato, porquanto a verdade poderia "emergir" em qualquer um deles; também teve o cuidado em contestar a comparação de juízes a cientistas.[889]

---

**886** TARUFFO, Michele. *Uma simples verdade*: o Juiz e a construção dos fatos. Trad. Vitor de Paula Ramos. São Paulo: Marcial Pons, 2012, p. 115-122 e 138-143.

**887** "A segunda implicação é que a apuração da verdade dos fatos é necessária mesmo se insuficiente, sozinha, para determinar a justiça das decisões. Tal apuração não é suficiente porque a decisão poderia se fundar em uma reconstrução verdadeira dos fatos tendo as garantias processuais, ou a norma referida pelo juiz, sido violadas. A verdade dos fatos, ao contrário, é necessária seja em si mesma (visto que, efetivamente, uma decisão tomada com base em uma versão falsa dos fatos não pode ser considerada justa), seja porque – como já se disse – uma apuração verdadeira dos fatos constitui premissa necessária para a aplicação correta da lei que regula o caso". *Idem, ibidem,* p. 142-143.

**888** No Brasil, a mesma associação é feita por diferentes autores. No ponto, expressamente aderindo ao pensamento de Taruffo: GRECO, Leonardo. A verdade no Estado Democrático de Direito. *Revista do Instituto dos Advogados de São Paulo*, São Paulo, vol. 15, p. 340 - 346, jan.-jun. 2005 e Limitações probatórias no processo civil. *Revista Eletrônica de Direito Processual - REDP,* Rio de Janeiro, v. 4, n. 4, jul.--dez. 2009.

**889** HAACK, Susan. Justice, truth, and proof: not so simple, after all. *Revista Brasileira de Direito Processual – RBDPro*, Belo Horizonte, ano 25, n. 99, p. 15-41,

Após resgatar as linhas gerais do debate entre Taruffo e Haack, à vista da multiplicidade de modelos processuais, sujeitos a diferentes ideologias e tantos outros condicionamentos que se expressam na disciplina do tema (culturais, políticos etc.), é importante registrar que nossa posição tem a ordem jurídica brasileira como referência. Contextualizados ao Brasil, perlustramos a censura de Streck ao pensamento de Taruffo. Como sói, também resgatamos as críticas que lhe são endereçadas por Montero Aroca.

### 5.3.3.2. UMA, NÃO TÃO SIMPLES, VERDADE

Na obra *Una semplice verità: il giudice e la costruzione dei fatti* (*Uma simples verdade: o juiz e a construção dos fatos*),[890] Taruffo rememora a evolução dos meios probatórios naquilo que situa como seu enlace – racional – à busca da verdade. Para tanto, percorre as diferentes culturas responsáveis por forjar os modelos históricos de influência determinante no ocidente (direito continental e anglo-saxônico). Inicialmente, remonta ao sistema de ordálios,[891] pontuando o que, para ele, seria importante nota distintiva dentre os ordenamentos caudatários do *common law* e daqueles majoritariamente inspirados pelo *civil law*.[892]

À demonstração de uma "modernidade" dos meios de prova, quando então a preocupação com o desvelamento da verdade teria se esboçado, o autor delineia o desenvolvimento da matéria no direito longobardo realçando a influência de Liutprando (séc. VIII). Com as reformas impostas por Liutprando, as escrituras se vulgarizaram; alguns ordálios passam a ser restringidos (ex. juramentos e duelo); foram introduzidas sanções à falsificação de documentos; e teve início a *inquisitio* de

---

jul./set. 2017.

**890** TARUFFO, Michele. *Uma simples verdade:* o Juiz e a construção dos fatos. Trad. Vitor de Paula Ramos. São Paulo: Marcial Pons, 2012. De passagem, a influência da ideologia sobre a prova e a verdade também seria analisada pelo autor no seguinte trabalho: "Cultura y Proceso." In: *Páginas sobre justicia civil.* Trad. Maximiliano Aramburo Calle. Madrid: Marcial Pons, 2009, p. 202-204.

**891** Iniciando a análise evolutiva pelos ordálios, malgrado assinale seu caráter residual, Taruffo aponta que não constituíam instrumentos com vocação à descoberta da verdade (o tema será analisado com cuidado quando estudarmos a evolução dos sistemas de valoração da prova). TARUFFO, Michele. *Uma simples verdade...* p. 19-22.

**892** *Idem, ibidem,* p. 43.

testemunhas. Essas reformas são consideradas por Taruffo um divisor de águas no direito processual, no sistema de valoração das provas e na administração da justiça, pois a verdade objetiva teria sido colocada no seu centro, sendo considerada o escopo fundamental da produção. Por força das alterações implementadas por Liutprando, a descoberta da verdade teria se tornado uma das principais funções dos juízes, passando a dispor de poderes para desempenhar o mister. Em paralelo com a França carolíngia (séc. IX) e a Espanha a partir do séc. VII, Taruffo pretende demonstrar que o emprego de meios (racionais) de prova como as escrituras e as testemunhas principiou ainda cedo na história da justiça medieval europeia.[893]

Segundo ele, conquanto o direito de alguns dos países do continente caminhasse ao compromisso com a verdade, o mesmo não se observava no direito inglês. A evolução do júri no sistema inglês está diretamente relacionada à conquista normanda.[894] Sucede que nele, posto não fizesse uso explícito e irrestrito dos métodos dos ordálios – assim, por exemplo, admitia as testemunhas quanto àquilo que ouviram falar –, teriam sido preservados os mesmos valores de outrora. Taruffo afirma que a marca de racionalidade dos julgamentos por jurados seria questionável, na medida em que o veredicto é imperscrutável, dado que baseado na *íntima convicção*.[895] De acordo com o autor, deu-se a substituição da imperscrutável "*vox dei expressed in trial by ordeal*" pela "*vox populi expressed in jury veredicts*",[896] sem que resultados racionais (e palpáveis) fossem obtidos.

Com o advento da modernidade, sobretudo por influências filosóficas racionalistas, as práticas atinentes aos ordálios foram suplantadas por meios de provas "modernos" (= orientados à busca da verdade). A partir de então, tirante a permanência de documentos escritos, o

---

**893** *Idem, ibidem*, p. 26-28.

**894** Taruffo cita a preferência do duelo em detrimento dos outros ordálios; a generalização dos juízes profissionais; e o surgimento da *inquisitio*. *Idem, ibidem*, p. 36. Além do modelo do júri, a invasão normanda, levada a efeito por Guilherme, o Conquistador, tem relação direta com o surgimento do sistema acusatório (tal como estruturado hoje), sistema que se desenvolveu sob o reinado de Henrique II (séc. XII). Nesse sentido: COUTINHO, Jacinto Nelson de Miranda. Sistema acusatório: cada parte no lugar constitucionalmente demarcado. *Revista de informação legislativa*, v. 46, n. 183, p. 103-115, jul./set. 2009.

**895** TARUFFO, Michele. *Uma simples verdade...*, p. 39.

**896** *Idem, ibidem*, p. 39.

"juramento de purgação" desapareceu e os "conjuratores" foram substituídos por testemunhas. As testemunhas prestavam juramento de verdade sobre os fatos que conheciam *de visu* (vedava-se a testemunha *audiatu*), em muito distante do grupo que jurava a credibilidade das afirmações prestadas por um dos sujeitos,[897] outro importante marco no estudo do direito probatório continental.[898]

A busca da verdade no processo teria seu fio condutor nas "narrativas" que nele são construídas. A verdade se descortinaria por meio da atividade probatória, quando então se apura a correspondência ou não de enunciados de fato à realidade. Vimos que em Taruffo o processo mira a "verdade empírica", assumindo-se que os enunciados de fato sejam verdadeiros ou falsos (apofânticos).[899] O autor faz alusão às narrativas e ao *story-telling* em aproximação do tema, mas sem reduzir o contexto processual a qualquer dessas teorias. Conforme adverte, a situação é complexa, pois "várias histórias são construídas e contadas por sujeitos diferentes, de pontos de vista e em modos diferentes",[900] inexistindo narrativa homogênea.[901]

Além de não serem homogêneas, as narrativas processuais são induzidas pelas diferentes perspectivas assumidas na ambiência processual, destaque à contraposição de interesses entre os polos processuais. De logo, sugere ser difícil crer que essas narrativas corresponderiam a descrições meramente passivas, abstratas ou neutras dos acontecimentos. O discurso é reconduzido do objeto ao observador; da realidade, apoiada em enunciados de fato, aos sujeitos envolvidos em sua construção. Nessa toada, Taruffo passa a discorrer os principais e típicos "narradores processuais" (advogados, testemunhas e magistrado).

---

**897** *Idem, ibidem*, p. 42-43.

**898** "O aspecto mais importante da nova concepção era que a produção das provas tinha claramente como fim a descoberta da verdade sobre os fatos da causa, e que as provas eram consideradas como meios racionais para atingir esse escopo. O surgimento e a difusão dessa concepção racionalista da relação entre provas e fatos foram corretamente definidos como a vitória do racionalismo sobre o misticismo, sendo, com boa razão, considerados uma etapa fundamental na história do direito probatório continental". *Idem, ibidem*, p. 43.

**899** *Idem, ibidem*, p. 59-60.

**900** *Idem, ibidem*, p. 55.

**901** *Idem, ibidem*, p. 62.

A análise enceta pelos advogados indagando por eventuais regras éticas que lhes obriguem a apresentar unicamente narrativas verdadeiras em juízo. Enveredando pela justiça civil nos ordenamentos inglês, alemão e italiano, aludindo à existência de regras impositivas da verdade (dever de veracidade) e, nalguns casos, estipulando a correlata sanção ao descumprimento (modelo inglês), Taruffo assere que esses preceitos não são replicados na maioria de ordenamentos jurídicos.[902] Conclui que é razoável assumir que "em linhas gerais – e com poucas limitações – os advogados não são obrigados a dizer a verdade".[903] Logo, as narrativas processuais apresentadas pelas partes – leia-se, advogados – têm pretensão de veracidade, sem que necessariamente sejam confirmatórias do ocorrido ("realidade").[904]

Diferente se passa com as narrativas processuais das testemunhas – não seriam *party-centered* ou *party-oriented* –, já que nelas seria possível reconhecer forte pretensão de veracidade. Inclusive, para ele mais intensa que o relato de advogados, dado seu reconhecido dever de veracidade e a sanção criminal por hipótese de descumprimento. O que não quer dizer, por outro lado, que uma testemunha não possa vir a mentir – arroladas pelas partes, poderiam buscar favorecer quem as indicou –, senão que haveria uma presunção *"prima facie"* de verdade em benefício de seu depoimento, pois dela se espera (e as legislações impõem) narrativa verdadeira.[905]

Em Taruffo o magistrado é considerado o narrador mais importante; tanto pode estabelecer a melhor narrativa dentre as oferecidas pelos sujeitos parciais quanto construir a original (se autorizado a fazê-lo e insatisfeito com as narrativas apresentadas).[906] Sua narrativa guardaria significativas diferenças, pois marcada pela (pretensão de) neutralidade, no sentido de não ser competitiva (da parte). A narrativa judicial teria por escopo único pronunciar uma decisão justa e precisa, sendo verdadeira quando alicerçada no que estiver provado.[907]

---

**902** *Idem, ibidem,* p. 63-65.

**903** *Idem, ibidem,* p. 65.

**904** *Idem, ibidem,* p. 67-68.

**905** *Idem, ibidem,* p. 71.

**906** Taruffo censura a *teoria holística*, adotada em alguns ordenamentos, mediante a qual o julgador se limitaria a escolher dentre uma das narrativas. É o que acontece no júri norte-americano.

**907** *Idem, ibidem,* p. 72.

Dito isso, é importante repisar a concepção de verdade encampada pelo autor. Taruffo assume que um fato qualquer seja suscetível a muitas descrições verdadeiras. Não que o termo *verdade* permita inflexões, daí censurar as "distinções inúteis" (verdade relativa e absoluta; formal e real).[908] Mesmo porque, dentro e fora do processo, a verdade seria uma só. Logo, dever-se-ia tomar por verdadeiro apenas aquilo que for provado ("racionalmente confirmado pelas provas produzidas"),[909] aduzindo que na ambiência processual a verdade é "relativa" (não a verdade, senão o conhecimento sobre ela) e "objetiva" (que não no sentido racionalista de objetividade carreado pelas ciências ditas naturais).

No pensamento de Taruffo, a negação ou o rechaço da verdade – postura atribuída aos *deniers* ou *veriphobics* –, teria fundo ideológico, ilustrando com o modelo estadunidense (*adversarial*), em que o juiz é condenado à passividade. Como se fosse autêntica *sporting theory of justice* – concepção de Roscoe Pound –, em que o magistrado se limitaria a apitar faltas e sancionar o descumprimento das regras do jogo. Subjacente a essa concepção estaria o próprio modelo de sociedade norte-americana, segundo acredita, caracterizada pelo individualismo e a competitividade, fomentando a crença de que a justiça se realizaria em nível competitivo por advogados. Ao peso da ideologia também tributa a obsolescência da reforma legislativa que municiou os juízes de poderes de instrução nos Estados Unidos da América.[910-911] Taxativo,

---

**908** *Idem, ibidem,* p. 105-108.

**909** *Idem, ibidem,* p. 88.

**910** Com a reforma de 1975 os magistrados foram munidos de poderes de instrução – a *Rule* 102 da *Federal Rules of Evidence.* Contudo, a mudança teria caído na obsolescência em vista do peso da ideologia, malgrado outros fatores também possam ter concorrido para tanto; logo, prestar-se-ia apenas para citações em manuais. Tributando a continuada inércia dos juízes à ideologia: TARUFFO, Michele. Ideologie e teorie della giustizia civile. *Revista de Processo Comparado,* São Paulo, RT, v. 1, p. 293-304, jan.-jun. 2015. Do mesmo autor, refletindo esse e outros assuntos correlatos: "Consideraciones sobre el proceso civil acusatorio." In: *Páginas sobre justicia civil.* Trad. Maximiliano Aramburo Calle. Madrid: Marcial Pons, 2009, p. 365-380.

**911** Barbosa Moreira também creditava a passividade dos juízes estaduais norte-americanos à circunstância de serem eleitos, não contando com o apoio dos advogados à sua reeleição – apoio que costuma ser decisivo – quando sua judicatura foi orientada pela disputa com advogados pelo protagonismo no procedimento. Sem apontar fontes, mas de "ouvir falar", o doutrina informa que os juízes federais, por serem indicados pelo Presidente e confirmados pelo Senado, teriam melhores dis-

entende que no *adversary system* a verdade é tratada como "desvalor"; o procedimento não seria idealizado à sua busca; não venceria quem tem razão, assistindo razão a quem vence. Em síntese, o processo civil continuaria sendo concebido como "coisa privada dentre as partes".[912] De antemão, importante consignar que a "passividade" dos magistrados tem índole "contraepistêmica" na doutrina taruffiana.

Fiel à premissa de que o procedimento deva ser racionalmente ordenado à descoberta da verdade, o autor não confere relevo aos comportamentos omissivos, haja vista nada acrescerem ao esclarecimento dos fatos. Desaprova os efeitos materiais da revelia, por entender que a busca da verdade seja guiada pelo êxito das provas e não pelo comportamento do réu; sua inércia não poderia subsidiar a decisão ou o convencimento do magistrado. Em tom de repúdio, epitetou essa situação de "verdade negocial".[913-914]

Ao encarar – e reduzir – o processo judicial como espécie de método racional à descoberta da verdade empírica, ele qualifica as regras que o estruturam quanto à sua "função epistêmica" (epistemicamente válidas) ou de finalidade "contraepistêmica" (epistemicamente inválidas).[915] As últimas destinadas à tutela de valores extraprocessuais, de que são exemplos: dever de sigilo; limitação dos poderes instrutórios dos magistrados; normas de exclusão de determinadas provas

---

posições no exercício dos poderes de instrução. Nesse sentido, consultar os seguintes trabalhos de Barbosa Moreira: "Reflexões sobre a imparcialidade do juiz." In: *Temas de direito processual (sétima série).* São Paulo: Saraiva, 2001, p. 19-30; "Breves observaciones sobre algunas tendencias contemporáneas del proceso penal". In: *Temas de direito processual (sétima série).* São Paulo: Saraiva, 2001, p. 222;. "Duelo e processo". In: *Temas de direito processual (oitava série).* São Paulo: Saraiva, 2004, p. 211-218.

**912** TARUFFO, Michele. *Uma simples verdade:* o Juiz e a construção dos fatos. Trad. Vitor de Paula Ramos. São Paulo: Marcial Pons, 2012, p. 131-138. O tema também é tratado no seguinte ensaio: TARUFFO, Michele. Ideologie e teorie della giustizia civile. *Revista de Processo Comparado,* São Paulo, RT, v. 1, p. 293-304, jan.-jun. 2015.

**913** TARUFFO, Michele. *Uma simples verdade:* o Juiz e a construção dos fatos. Trad. Vitor de Paula Ramos. São Paulo: Marcial Pons, 2012, p. 158.

**914** Em contraponto, ver o ensaio de Beclaute Oliveira Silva: "Verdade como objeto do negócio jurídico processual." In: *Novo CPC, Doutrina Selecionada, v. 3:* provas. Alexandre Freire, Lucas Buril de Macêdo e Ravi Peixoto (coords.). 2. ed. Salvador: JusPodivm, 2016, p. 283-306.

**915** TARUFFO, Michele. *Uma simples verdade...,* p. 159-161.

(ex., provas obtidas por meios ilícitos) etc.[916] Nas pegadas de Taruffo, setor de nossa doutrina enriquece o rol de exemplos com o sistema de preclusões.[917]

Tirante as regras de exclusão, o processualista italiano entende que todos os dados cognoscitivos possíveis (à disposição) devem ser admitidos no procedimento. Tratar-se-ia de consectário do *total evidence principle* (princípio da completude dos elementos do conhecimento, cujos lineamentos identifica no pensamento de Jeremy Bentham). Nessa linha, todo e qualquer meio de prova relevante deve ingressar nos autos, mesmo que destituído de previsão legal, ressaltando que aspectos econômicos não podem reger a atividade probatória. Ainda que economicamente onerosa, quando epistemicamente útil, o meio de prova deve ser realizado.[918] Mais uma vez censura o processo dito adversarial, em que a aplicação do critério de relevância ficaria a cargo das partes, um indicativo da "menor preocupação com a completude das informações que servem para a apuração dos fatos."[919]

O princípio da completude dos dados do conhecimento tem nítida função *inclusiva,* mas é contrabalançado pela *relevância.* Mesmo normas de exclusão de elementos de prova podem ser divididas em epistêmicas e contraepistêmicas, a depender da função desempenhada. Como exemplo de exclusão com intuito epistêmico, Taruffo arrola as regras afetas à valoração, tal como sucede com a proibição da prova testemunhal à demonstração de contratos de determinados valores (regra de origem francesa); idade mínima à qualidade de testemunha (incapacidade); e o impedimento do testemunho por pessoas que mantenham relação de parentesco com a parte.[920] Também fornece exemplos hauridos do sistema norte-americano, cuja análise é dispensável no

---

**916** Em tom de crítica à rigidez do preceito constitucional, mas apontando-lhe a finalidade de tutela de outros valores, ver: MOREIRA, José Carlos Barbosa. "Efetividade do processo e técnica processual." In: *Temas de direito processual (sexta série).* São Paulo: Saraiva, 1997, p. 21-22.

**917** GRECO, Leonardo. Limitações probatórias no processo civil. *Revista Eletrônica de Direito Processual - REDP,* Rio de Janeiro, v. 4, n. 4, jul.-dez. 2009.

**918** TARUFFO, Michele. *Uma simples verdade:* o Juiz e a construção dos fatos. Trad. Vitor de Paula Ramos. São Paulo: Marcial Pons, 2012, p. 166-168.

**919** *Idem, ibidem,* p. 168.

**920** *Idem, ibidem,* p. 169-173.

momento.[921] Adicionalmente, registra que as regras de exclusão variam conforme se trate de juízes profissionais (togados) ou não (jurados). Por último, ressalva que as regras de exclusão apriorística podem conduzir ao paradoxo de afastamento dos únicos dados cognoscitivos (relevantes) ao esclarecimento do litígio.[922]

A seu turno, atribui índole contraepistêmica às regras que excluem determinados meios probatórios ou impedem sua produção em determinados casos, orientadas pela tutela de outros valores, com destaque ao sigilo ético-profissional, privacidade e o sigilo/interesse do Estado. Em alguma medida, regras dessa índole diminuiriam as possibilidades de reconstrução do ocorrido. Segundo Taruffo, em procedimentos rigorosamente orientados à descoberta da verdade elas não deveriam existir,[923] conquanto isso levasse à eliminação dos próprios interesses protegidos por elas. Regras que tais não poderiam prevalecer *a priori* sobre as que são direcionadas à descoberta da verdade.[924]

Após o ingresso dos elementos cognoscitivos nos autos, a investigação é guiada à margem de liberdade concedida ao julgador. Como é intuitivo, a reflexão perpassa eventuais reminiscências do sistema da prova tarifada em alguns sistemas jurídicos. Ao se referir à tendência de presunção absoluta de autenticidade de documentos públicos, assim como ao valor de prova tarifada às declarações confessórias, Taruffo entende que elas seriam epistemicamente "inválidas", porque subtraem do magistrado a possibilidade de avaliar o meio probatório e constatar a falsidade ou algum erro no caso concreto.[925-926] Regras similares também são alvo da crítica.[927]

---

**921** *Idem, ibidem*, p. 174-176.

**922** *Idem, ibidem*, p. 176-177.

**923** *Idem, ibidem*, p. 178-179.

**924** *Idem, ibidem*, p. 180.

**925** *Idem, ibidem*, p. 190-193.

**926** Em sentido contrário, sustentando que a confissão vincularia o juiz mesmo no sistema do livre convencimento motivado: ECHANDÍA, Hernando Devis. *Teoria general de la prueba judicial*. Buenos Aires: Victor P. de Zavalía Editor, 1970, t. I, p. 57.

**927** Na mesma toada, censura as chamadas "normas de prova legal negativa", ilustrando com a regra que exclui a atribuição de eficácia probatória a indícios e presunções quando não sejam ""graves, precisas e concordantes"", assim como eventuais regras impeditivas da valoração do comportamento das partes pelo juiz, limitando-o a reconhecer-lhes a eficácia de "argumento de prova", tal como ocorre

Indiscutivelmente, a obra de Taruffo sobrevaloriza a atividade do juiz. Além de sua narrativa ser considerada neutra, ao magistrado também atribui a função de garantidor da correção epistêmica do procedimento por controlar a admissibilidade, produção e valoração probatória.[928] Paralelamente, não deixemos de consignar que o doutrinador desmerece a atuação das partes, sequer situada na dimensão epistêmica.[929] Em diferentes passagens da obra ora analisada, Taruffo compara o ofício judicial ao de um historiador ou de um cientista (todos estariam preocupados com a verdade em seus respectivos campos profissionais).[930-931] Não é ocioso recordar que no pretérito comparação similar foi levada a efeito por autores que enxergavam o processo como ferramenta a cargo do Estado.[932]

À vista do nítido destaque na atuação do juiz, em determinado momento da obra Taruffo se esmera em desmistificar a concepção de que os poderes instrutórios arrostariam o princípio dispositivo ou mesmo levariam à quebra da imparcialidade.[933] Assumindo que o processo deva ser racionalmente orientado à descoberta da verdade (premissa) e que o juiz tem papel central nessa busca (segunda premissa), não seria difícil entender a alocação dos poderes instrutórios autônomos como

---

com o art. 116, §2°, CPC italiano, mas ausente de outros ordenamentos; ademais, as regras que, conquanto não sejam um exemplo de prova tarifada, produzem efeitos similares ela (*v.g.*, quando a força probante do documento particular somente é afastada com a impugnação de falsidade, assim com as reproduções mecânicas de um documento quando não forem questionadas etc.). Em todos esses casos, o que se nota é a preocupação de Taruffo com as regras que suprimem a análise da veracidade ou conformidade do meio de prova aos enunciados de fato. TARUFFO, Michele. *Uma simples verdade:* o Juiz e a construção dos fatos. Trad. Vitor de Paula Ramos. São Paulo: Marcial Pons, 2012, p. 193-195.

**928** *Idem, ibidem,* p. 200-201.

**929** *Idem, ibidem,* p. 200.

**930** *Idem, ibidem,* p. 180.

**931** Muito antes de Taruffo, Werner Goldschmidt já questionava a imparcialidade do historiador, afirmando que, a um só tempo, atuaria como parte e juiz. É o que consta do seguinte artigo: La imparcialidad como principio basico del proceso (la partialidad y la parcialidad): en memoria del 28 de junio de 1940, fecha del fallecimiento de James Goldschmidt en Montevideo.

**932** COUTURE, Eduardo J. *Estudios de derecho procesal civil:* pruebas en materia civil. Buenos Aires: Ediar Editores, 1949, t. II, p. 186.

**933** TARUFFO, Michele. *Uma simples verdade...* p. 204-207.

autêntica exigência epistemológica. Na mesma toada, defende que a formulação aforística do julgamento *secundum alligata et probata* não cuidava do monopólio dos sujeitos parciais em matéria de provas.[934] Taruffo chega ao extremo de afirmar que a perspectiva contrária (dos críticos à iniciativa probatória) estaria apoiada em conhecimentos psicológicos no mínimo "ingênuos" e que ninguém pensaria o mesmo de um biólogo (ao fazer certo experimento) ou de um historiador (ao estudar certos documentos).[935]

Conquanto os argumentos recebam nova roupagem, não há embaraços para neles notar a mesmíssima cantilena publicística (e instrumentalista). Sobre as questões psicológicas, posto que não ignore os vieses cognitivos, a temática não foi aprofundada pelo autor. Sem embargo, ele acredita que o caminho não seria o de privar o juiz de poderes, mas de submeter o exercício desses poderes a controles adequados, atribuindo relevo epistêmico ao contraditório – observando que ele não é o único doutrinador com visão superestimada do princípio do contraditório (ver item 3.1.4.2). Como se o contraditório fosse idôneo a resolver problemas já instalados (o ponto será aprofundado adiante), crença taxada de "enorme ingenuidade" por setor doutrinário com largo trânsito pela "psicologia comportamental cognitiva".[936]

Refletindo a preparação dos magistrados profissionais à reconstrução da verdade, Taruffo observa que ao lado da formação profissional, frequentemente, os togados enfrentam longos períodos em órgãos judiciais de primeira instância. Órgãos em que o núcleo essencial é constituído pela apuração de fatos e produção de provas. Por esse motivo, mesmo não detendo largo conhecimento de métodos epistêmicos, juízes profissionais são tarimbados pelos anos de prática.[937] Sob outra perspectiva, são constitucionalmente forçados a fundamentarem suas decisões.[938]

---

**934** *Idem, ibidem,* p. 204.

**935** *Idem, ibidem,* p. 204-205.

**936** COSTA, Eduardo; CREVELIN, Diego. "3.3 Viés de representatividade." In: *Novo Código de Processo Civil Comentado.* Izabel Cristina Cardoso Pantaleão, Lúcio Grassi de Gouveia, Roberto Campos Gouveia Filho e Sérgio Luiz de Almeida Ribeiro (coords.). São Paulo: Lualri Editora, 2017, t. I, p. 187.

**937** TARUFFO, Michele. *Uma simples verdade...* p. 211.

**938** *Idem, ibidem,* p. 201.

A crítica ao modelo do júri repousa no seu suposto descompromisso com a verdade, cujo julgamento é confiado a juízes não profissionais (jurados). O procedimento não seria orientado à descoberta da verdade, censurando o otimismo de alguns com o *cross-examination*. Para o doutrinador italiano, um mito tão forte quanto o próprio júri, no qual inexistiria validade epistêmica. Dois motivos são apontados a essa posição. Primeiro, o *cross-examination* tem por objetivo esclarecer apenas o que foi objeto do *direct examination*. Segundo, aponta que a função prática do advogado responsável pelo exame cruzado seria a de retirar a credibilidade da testemunha, divorciado (descompromissado) da verdade.[939]

Para o autor, o júri teria função meramente simbólico-ritual.[940] Considerando que os jurados não têm preparação, seriam orientados pelo senso comum. Aliás, a própria ideologia que enfeixa o modelo do júri se assentaria no julgamento pelo homem médio. E arremata: "Em síntese, o júri desempenha sobretudo uma função política, consistente em traduzir no veredicto os valores regressivos e conformistas típicos da ideologia dominante, representados pelo estereotipo do *average man*."[941] Tudo isso, sem negligenciar que dos jurados não se exige a motivação de decisões. Não por outro motivo, o modelo teria sido abolido da Inglaterra e estaria rareando nos Estados Unidos.[942]

Dito isso, é possível sumariar o núcleo da referida obra (tese) de Michele Taruffo em: o processo será epistemicamente válido quando preordenado à descoberta da verdade empírica (= verdade alicerçada nos meios de prova). Abraçando esse propósito, cabe à ordem processual admitir a iniciativa judicial probatória, visto que os magistrados exercem função epistêmica privilegiada ("narrativa neutra"), para minimizar o descompromisso das partes ao esclarecimento de enunciados de fato relevantes (movidas por interesses egoísticos). Ainda, sua validez epistêmica dita que se prestigie a admissão de todos os dados

---

**939** *Idem, ibidem,* p. 183-188. Em sentido similar: MOREIRA, José Carlos Barbosa. O processo penal norte-americano e sua influência. *Revista de Processo*, São Paulo, RT, v. 103, p. 95-107, jul.-set. 2001.

**940** Simbólico no sentido do julgamento pelos próprios pares; escudo das liberdades e garantidor da democracia; instituição que viabiliza a participação direta do povo na administração da justiça. Ritual, quanto ao aspecto teatral; a publicidade dos julgamentos, de modo a legitimar a instituição.

**941** TARUFFO, Michele. *Uma simples verdade...* p. 219.

**942** *Idem, ibidem,* p. 220.

cognoscitivos à disposição (sem rendição a fatores econômicos), privilegiando-se as regras de função epistêmica e reduzindo ou eliminando regras de sinal contrário (finalidade contraespitêmica). Por fim, esse modelo de processo deve ser confiado à batuta de juízes profissionais (togados), tarimbados pela experiência, autorizados a valorar as provas em atenção às circunstâncias do caso e, em compartida, impondo-se-lhes a motivação.

### 5.3.3.3. CONTRAPONTO COM SUSAN HAACK, JUAN MONTERO AROCA E LENIO STRECK

Como dantes registrado, importante debate foi travado entre Taruffo e Haack, cujas linhas gerais serão resgatadas neste momento. Afora a epistemóloga americana (Susan Haack), outros autores também dialogaram com o que pode ser chamado de "instrumentalismo processual epistemológico" de Taruffo, destaque a Juan Montero Aroca (processualista espanhol) e Lenio Streck (hermeneuta). Isso dá conta, não apenas da relevância do pensamento do autor italiano, contando com número expressivo de partidários no Brasil, mas também a complexidade de seu pensamento, dado que transita pelo direito processual, epistemologia e filosofia. Comecemos tomando nota do debate epistemológico.

À vista das sistemáticas críticas endereçadas ao modelo processual do *common law* (ênfase nos Estados Unidos), por motivo de que não seria direcionado à descoberta da verdade e que somente fatores ideológicos explicariam a passividade dos magistrados, Haack teve o cuidado de rebater a pretensa superioridade de sistemas de *civil law* ao encontro (busca) da verdade. Nas palavras dessa autora: "Similarly, there are civil-law ways and common-law ways of trying to arrive at factually correct verdicts." E continua: "Neither is, in my opinion, prima facie ill-suited to the task – as, say, trial by ordeal surely was; and neither, in my opinion, is obviously or in principle better-suited."[943] Em rigor, também aqui inexiste pesquisa empírica denotando a superioridade dos modelos; Taruffo parte da suposição de que o modelo do júri, cada vez mais restrito, não seria idôneo a desnudar a verdade (epistemicamente inválido). Curiosamente, o próprio Vittorio Denti aludia a pesquisas que haviam confrontado os dois "métodos" (adversarial e inquisitorial), as quais teriam demonstrado a superioridade do

---

**943** HAACK, Susan. Justice, truth, and proof: not so simple, after all. *Revista Brasileira de Direito Processual – RBDPro*, Belo Horizonte, ano 25, n. 99, p. 15-41, jul./set. 2017.

primeiro no quesito aproximação com a verdade,[944] malgrado Taruffo insista que a fidúcia na exclusiva iniciativa probatória das partes conduziria à renúncia da verdade; logo, à luz de seu pensamento, renúncia a uma decisão justa.[945]

Outro ponto que atraiu a atenção da autora é a qualidade de cientista que o processualista italiano atribui ao juiz; como visto, comparando a atividade judicial a de um biólogo ou de um historiador. Para ela, um juiz não realiza experimentos, estudos epidemiológicos ou sai em busca de documentos "empoeirados".[946] Via de regra, argumenta Haack, está restrito ao manuseio de informações de segunda mão. Na antítese apresentada pela autora:

> Still, even given how generic, and how tentative, anything at this level of abstraction must be, I will stick out my neck to so far as to say that I'm not persuaded that, as is sometimes said, unlike common-law "fact-finders," civil-law judges really are engaged in seeking, or discovering, the truth of the matter(s) at issue. Like a commonlaw trial, a trial in a civil-law system is just one stage of a whole complex process. And while civil-law evidentiary procedure is certainly less oblique than common-law procedure, and not constrained by exclusionary rules of evidence, I don't suppose that the work of a civil-law judge, any more than a common-law trial, looks much like a scientific investigation, or the kind of research a historian might undertake, or the work of a detective trying to identify the perpetrator of a crime, or of an auto-mechanic trying to track down the cause of a sinister knocking sound. A civil-law judge won't, I take it, like a scientist, perform experiments or carry out epidemiological studies or do DNA tests or, like a historian, look for documents in dusty attics or, like a detective, interrogate several suspects in the same crime, or ..., etc. He's not involved in handson inquiry; it's all at best second-hand – a little like what are nowadays euphemistically called students' "research" papers.[947]

---

**944** DENTI, Vittorio. Il ruolo del giudice nel processo civile tra vecchio e nuovo garantismo. *Rivista Trimestrale di Diritto e Procedura Civile,* Milano, v. 3, p. 726-740, set. 1984.

**945** "Consideraciones sobre el proceso civil acusatorio." In: *Páginas sobre justicia civil.* Trad. Maximiliano Aramburo Calle. Madrid: Marcial Pons, 2009, p. 374-375.

**946** Também em crítica ao pensamento de Taruffo, afirmando que o "juiz burocrata" dotado de poderes à descoberta da verdade científica não existiu em qualquer lugar do mundo, ver: ZANETI JR., Hermes. *Processo constitucional:* o modelo constitucional do processo civil. Rio de Janeiro: Lumen Juris, 2007, p. 100.

**947** HAACK, Susan. Justice, truth, and proof: not so simple, after all. *Revista Brasileira de Direito Processual – RBDPro,* Belo Horizonte, ano 25, n. 99, p. 15-41, jul./set. 2017.

Ao derradeiro, Haack sustenta que a circunstância de se exigir a fundamentação do pronunciamento judicial não é garantia, por si só, de que o juiz teria melhores condições de chegar à verdade que os jurados ao deliberarem à tomada de um veredicto.[948] Adicionalmente, se pensarmos que juízes costumam ser proibidos de emitir opinião sobre os procedimentos judiciais confiados à sua jurisdição, e que os jurados, no modelo tão criticado por Taruffo, são autorizados a debater, quiçá a dialética seja mais propícia à "descoberta" da verdade. Mas essa é uma hipótese não confirmada, tanto quanto aquela levantada por Taruffo. É possível concordar ou dissentir.

A censura de Haack é adensada por Juan Montero Aroca, desta feita, a partir de outro campo observacional. A par do sistema de justiça civil engendrado por Taruffo (os três fatores concorrentes a uma decisão justa), vimos que o processualista italiano desqualifica os modelos processuais que, nos seus dizeres, seriam exclusivamente propositados ao encerramento de controvérsias; modelos indiferentes ao conteúdo da decisão. No particular, analisando a postura de Taruffo, Montero Aroca informa desconhecer qualquer doutrinador que defenda isso na Europa. No mesmo passo, consigna que o respeito aos direitos das partes no procedimento judicial é elemento essencial da concepção de justiça norte-americana, não havendo que se falar em indiferença do modelo à justiça das decisões. Incisivo, condena as opiniões que partem de polarizações maniqueístas.[949] Sem olvidar a própria repriminda do processualista espanhol ao modelo processual penal americano, mas por fatores diversos de análise quanto à eventual (in)validez epistêmica.[950]

O "instrumentalismo processual epistemológico" de Taruffo também foi alvo da crítica de Lenio Streck (a expressão é do último, o qual afirma que a tese do primeiro incorre nos problemas carreados pelo instrumentalismo)[951] – aliás, registre-se que Michele Taruffo adere ex-

---

**948** *Idem, ibidem.*

**949** AROCA, Juan Montero. Los modelos procesales civiles en el inicio del siglo XXI: entre el garantismo y el totalitarismo. *Revista Brasileira de Direito Processual – RBDPro*, Belo Horizonte, ano 25, n. 100, p. 191-211, out./dez. 2017.

**950** AROCA, Juan Montero. *La paradoja procesal del siglo XXI: los poderes del juez penal (libertad) frente a los poderes del juez civil (dinero)*. Valencia: Tirant lo Blanch, 2014, p. 80-88.

**951** "[…]. Ou seja, com sua tese apenas substitui a sensibilidade social, que se esperava do magistrado justiceiro, pela verdade dos fatos. A intersubjetividade aparece,

pressamente à tese que reduz o processo a instrumento, a despeito dos contornos próprios que lhe atribui.[952] De largada, Streck censura a própria compreensão do *linguistic turn* pelo processualista italiano, prelecionando que a intersubjetividade levou ao descolamento da relação sujeito-objeto para o esquema sujeito-sujeito.[953] Sendo certo que o conhecimento ocorre na dimensão da linguagem, continua o hermeneuta, isso não significa que os sujeitos possam dispor dos sentidos, que já lhes "vêm" na tradição. Todos sofremos constrangimentos epistemológicos da comunidade, o que assume relevo diferenciado em se tratando do magistrado, haja vista sua interpretação ser "aparelhada de poder cogente."[954]

Tal como Haack, Streck também refuta a premissa do juiz cientista. Ao tratar dessa construção, assere: da "perspectiva hermenêutica, a defesa da verdade não *necessita*, não *pode*, e não *deve* converter o jurista em um cientista, sobretudo, como se fosse uma ciência exata ou natural."[955] E isso sem perder de vista a adoção de distintos critérios de verificabilidade empírica dos fatos nas atividades mencionadas e na do órgão judicial.

---

então, como algo postiço, num Processo que volta seu centro para a Jurisdição." STRECK, Lenio. Processo judicial como Espelho da Realidade? Notas Hermenêuticas à Teoria da Verdade de Michele Taruffo. *Sequência,* Universidade Federal de Santa Catarina, Florianópolis, v. 37, n. 74, p. 115-136, 2016.

**952** TARUFFO, Michele. "Cultura y Proceso." In: *Páginas sobre justicia civil.* Trad. Maximiliano Aramburo Calle. Madrid: Marcial Pons, 2009, p. 194.

**953** "Fazendo um balanço provisório, em nível de teoria do conhecimento: pelo acesso hermenêutico à verdade, o lugar do sentido transcende o esquema sujeito-objeto e entra na linguagem. Já Taruffo parece querer voltar ao "adequatio intellectus ad rem", condicionando a verdade a uma realidade exterior. Ora, esta não é negada pela hermenêutica; apenas não constitui um problema à parte, porque tudo que se vier a conhecer será na e pela linguagem. Melhor dizendo: a linguagem não é terceira coisa interposta entre sujeito e objeto, mas condição de possibilidade em que estes estão mutuamente implicados. O escândalo não é mais a incapacidade de acharmos a ponte entre consciência e mundo, como dizia Kant; o escândalo está no fato de continuarmos procurando (HEIDEGGER, 2013, p. 271-274), quando já se está lançado como ser-no-mundo." STRECK, Lenio. Processo judicial como Espelho da Realidade? Notas Hermenêuticas à Teoria da Verdade de Michele Taruffo. *Sequência,* Universidade Federal de Santa Catarina, Florianópolis, v. 37, n. 74, p. 115-136, 2016.

**954** *Idem, ibidem.*

**955** *Idem, ibidem.*

O privilégio cognitivo do magistrado é posto em xeque, assinalando-se que ele não ocupa metaponto (neutro) de observação – como faz parecer Taruffo –, de modo que a primazia de sua narrativa como sujeito desinteressado, em confronto às narrativas dos demais participantes, esfalece. A ordem jurídica não é arranhada quando, por deixar de se desincumbir de seus encargos probatórios, a parte não logra comprovar o suporte fático à incidência de determinada norma. Ao revés, cuida-se de situação acomodada pelo sistema ao disciplinar os ônus probatórios e as possíveis consequências advindas de sua não observância. Ainda segundo Streck, a depender do viés a temática seria remissível à autonomia pública/privada dos cidadãos/jurisdicionados.[956]

A ênfase que o processualista italiano confere ao contraditório e à fundamentação também não convenceria. Forte na questão da autonomia, Streck aduz que a "legitimidade do direito se fortalece com a autorresponsabilização pelo provimento." E continua: "Do contrário, as pretensões deduzidas pelas partes retrocedem à participação simulada, deixando de serem forças estruturantes da decisão."[957] Outrossim, afinca a dispensabilidade do procedimento judicial ser orientado à descoberta da verdade, substituindo essa construção pela estruturação do procedimento à resposta adequada a Constituição: "mais complexa do que a correlação entre dada norma e seu suporte fático, mas nem por isso menos verdadeira." O que Michele Taruffo chama de limitações epistêmicas (regras com finalidade "contraepistêmica"), Streck trata como condições de possibilidade do procedimento judicial à obtenção da resposta correta.[958]

O pensamento de Taruffo é sofisticado. Como poucos, ele transita pela dogmática, direito comparado e filosofia. Entretanto, aderimos às críticas. Longe de serem as únicas, por ser tese que reflete os modelos processuais em seu direcionamento/idoneidade à descoberta da verdade empírica, pensamos que ela esbarra na impossibilidade cognitiva demonstrada por Goldschmidt, em sua lição sobre os efeitos da existência de um processo, convertendo direitos (certeza) em meras

---

**956** *Idem, ibidem.*

**957** *Idem, ibidem.*

**958** *Idem, ibidem.*

expectativas.[959] O pensamento desse doutrinador alemão era constantemente lembrado por Ovídio Baptista da Silva.[960]

Pelo marco teórico adotado neste trabalho, entendemos que o funcionamento do modelo processual idealizado por Taruffo se recosta no sujeito da modernidade (*homo sapiens sapiens*). A premissa do juiz cientista é de difícil adesão. Sobre não convencer, a comparação das atividades desempenhadas pelo biólogo, historiador e magistrado não é pertinente; sem perder de vista que o cenário conflitivo está longe de ser o mais adequado à pesquisa da verdade por um cientista. Na linha de Streck, recusamos a assunção do privilégio cognitivo do juiz. Rigorosamente, a proposta taruffiana é uma tentativa refinada de alicerçar o protagonismo judicial no campo probatório.

Com os olhos voltados à ordem jurídica brasileira, entende-se que os procedimentos judiciais devem se conformar às garantias processuais, assim como é intuitivo que não podem ser indiferentes ao direito material. Nenhuma das garantias aponta à indispensabilidade do procedimento ser vocacionado ou idealizado à "descoberta" da verdade. Em contraste, se pensarmos no contraditório e no direito à prova, impõe-se que o procedimento permita às partes exercerem todas as situações jurídicas ativas que deles são decorrentes, temperadas pelas demais garantias (ex. razoável duração do processo, vedação às provas ilícitas etc.). No modelo constitucional de processo (CF/1988), inexiste preceito ofertando esteio ao protagonismo judicial.

As garantias constitucionais se desdobram em diferentes regras condicionantes não apenas do que será objeto da cognição judicial (*v.g.*, demanda, congruência),[961] como fixam limites à perquirição (a exemplo

---

**959** DIDIER JR., Fredie; NOGUEIRA, Pedro H. P. *Teoria dos fatos jurídicos processuais*. Salvador: JusPodivm, 2011, p. 129-131.

**960** SILVA, Ovídio A. Baptista da. *Curso de processo civil*. 8. ed. Rio de Janeiro: Forense, 2008, v. 1, t. I, p. 07-08.

**961** Como diria Cipriani ao refutar a ideia de que o processo seja um "assunto das partes", tal como difundida por alguns publicistas no intento de desmerecer a perspectiva garantista:"De todas formas, desde el momento en que el proceso civil nace por voluntad de una partes y puede siempre ser abandonado por las partes, no es seguramente absurdo considerarlo un asunto que interesa esencialmente a las partes y regularse conforme a ello." En el centenario del reglamento de Klein: el proceso civil entre libertad y autoridad. Academia de Derecho. Disponível em: <https://bit.ly/2rNMlRy>. Acesso em: 10 jan. 2017.

das presunções legais de veracidade em caso de revelia[962] e da recusa de exibição de documento),[963] além de outras disposições que, por suposto, teriam função "contraepistêmica" (*v.g.*, recusa fundada da testemunha ou da parte em responder a determinadas perguntas ou de exibir algum documento; proibição da prova obtida por meios ilícitos)[964] e sistema de preclusões. Mas essas regras denotam a índole não epistêmica (e nesse sentido, não instrumentalista) do próprio processo, como bem sustentado por Eduardo Costa,[965] o qual figura outras tantas situações de mesmo cariz: trânsito em julgado de sentença irrescindível fundada em perícia ou testemunho falso (Lei nº 9.099/99, art. 59); decurso do prazo decadencial de cinco anos para rescindir sentença fundada em perícia ou testemunho falso perante a justiça comum; a impossibilidade de ser analisado o mérito da cobrança caso o réu não apresente embargos monitórios; presunção de confissão dos enunciados de fato alegados contra a parte que, intimada pessoalmente, não comparece ou comparecendo, recusa-se a depor; a sentença de improcedência por falta de provas; a vedação ao emprego da ciência privada dos fatos pelo magistrado, mesmo que eles não despontem no processo; a impossibilidade de testemunho de fato sob sigilo profissional.

Não menos importante, acresça-se a epistemologia da complexidade (Morin) e os avanços da "psicologia comportamental cognitiva" na detecção de vieses ou propensões cognitivas. Quanto ao último ponto – tratadas *en passant* por Taruffo e sob o rótulo de "psicologicamente ingênuas" –, há notáveis estudos sobre o assunto, os quais além de não merecerem

---

**962** Em sentido contrário, Mitidiero sustenta que em um processo que prestigie o diálogo processual, por hipótese de revelia, melhor seria considerar a existência de contestação ficta, constrangendo-se as partes ao efetivo debate. *Colaboração no processo civil.* São Paulo: RT, 2009, p. 112.

**963** COSTA, Eduardo José da Fonseca. Algumas considerações sobre as iniciativas judiciais probatórias. *Revista Brasileira de Direito Processual – RBDPro*, Belo Horizonte, Ano 23, n. 90, p. 153-173, abr./jun. 2015.

**964** TARUFFO, Michele. *Uma simples verdade:* o Juiz e a construção dos fatos. Trad. Vitor de Paula Ramos. São Paulo: Marcial Pons, 2012, p. 161 e ss.

**965** COSTA, Eduardo José da Fonseca. Direito deve avançar sempre em meio à relação entre prova e verdade. Consultor Jurídico – Conjur. Disponível em: <https://bit.ly/2IPrCqQ>. Acesso em: 21 dez. 2016. Do mesmo autor, impende a análise do trabalho em que a temática probatória é refletida amiúde: COSTA, Eduardo José da Fonseca. Algumas considerações sobre as iniciativas judiciais probatórias. *Revista Brasileira de Direito Processual – RBDPro*, Belo Horizonte, Ano 23, n. 90, p. 153-173, abr./jun. 2015.

o qualificativo empregado pelo autor, jamais poderiam ser desconsiderados à temática em questão. Trataremos do assunto em momento oportuno, tendo por base a tese de Eduardo Costa (item 6.2.2.2.3).

## 5.4. O MITO DO LIVRE CONVENCIMENTO MOTIVADO

### 5.4.1. UM BOSQUEJO DOS MODELOS – "OCIDENTAIS" – DE VALORAÇÃO DA PROVA

#### 5.4.1.1. ESCLARECIMENTOS TERMINOLÓGICOS

Mirando a história do "mundo ocidental" a doutrina tem identificado três modelos ou sistemas de valoração da prova, o que faz em atenção às regras e/ou valores que disciplina(ra)m o papel do julgador na apreciação dos casos, isto é, na existência ou inexistência de liberdade para avaliar as provas e na necessidade ou dispensa em prestar contas dessa valoração (fundamentar sua decisão). Orbe em que se disserta o modelo da prova tarifada/tarifa legal de provas ou "modelo aritmético",[966] da íntima convicção ou "livre convencimento puro" e do livre convencimento motivado.[967] À compreensão da dupla influência ideológica sobre o tema, em sentido amplo e estrito, indispensável traçar os principais contornos de cada um deles.

---

**966** Optamos por não empregar o termo "prova legal" como sinônimo de "prova tarifada", o que fazemos em atenção à advertência de Echandía, no sentido de que num sistema de prova legal a lei preestabelece os meios de prova admissíveis, ao passo que no modelo da prova tarifada os pesos (ou força probante dos meios probatórios) são fixados em abstrato. Assim, muito embora possa existir um sistema de "prova legal" admitindo a apreciação livre pelo julgador, não se conheceria sistema de prova tarifada em que todos os meios de prova não sejam predeterminados. *Teoria general de la prueba judicial.* Buenos Aires: Victor P. de Zavalía Editor, 1970, t. I, p. 102-103.

**967** Essa é a classificação corrente na doutrina, muito embora exista classificação diversa. É o caso de Hernando Devis Echandía, o qual, inicialmente, refere-se a cinco fases históricas: étnica ou primitiva, religiosa ou mística, legal ou tarifária, sentimental ou da convicção moral e científica. Confrontando seu pensamento a outros autores, afere-se sua preocupação em identificar uma fase anterior aos ordálios ou juízos de Deus, cognominada de "primitiva" em que, em vista de ordens processuais rudimentares sem um sistema probatório propriamente dito, as provas eram relegadas ao empirismo das impressões pessoais. Ao tratar de sistemas de valoração da prova, o autor admite a existência de apenas dois: da tarifa legal e da livre apreciação pelo julgador; nesse orbe, o doutrinador não tolerava que o jurado pudesse se desprender das regras da lógica e da experiência ao deliberar sobre um

## 5.4.1.2. ORDÁLIOS OU JUÍZOS DE DEUS

Fundados na crença da intervenção divina em todos os acontecimentos humanos, os ordálios ou Juízos de Deus estiveram presentes entre os povos ditos bárbaros, com destaque aos germanos,[968] sendo próprio a uma época em que tribos e/ou reinos eram dominados pela superstição.[969] Isso sem negligenciar que em determinada fase, o misticismo estruturante dos ordálios fora "reforçado" pela conversão das tribos germânicas ao catolicismo, quando então se tornou obrigatória a presença e a consagração dos instrumentos que nele seriam utilizados por um sacerdote (ferro, caldeirão, água, armas etc.).[970] No particular, a convicção judicial não exibia relevância;[971] reinava a crença de que a divindade tomava parte do procedimento por intermédio de "métodos cabalísticos" e, pois, o resultado era fruto de sua vontade.[972] Talvez isso explique porque a prova tinha por objetivo o convencimento da parte adversa.[973]

---

caso, sustentando que a única diferença entre os "jurados de consciência" e os magistrados seria a dispensa dos primeiros em motivar suas conclusões. No particular, acrescentava que a instituição do júri era anacrônica e que estaria em vias de desaparecer. ECHANDÍA, Hernando Devis. *Teoria general de la prueba judicial.* Buenos Aires: Victor P. de Zavalía Editor, 1970, t. I, p. 56; 98-100; 107-109.

**968** Não havendo precisão quanto à sua origem, sabe-se que os ordálios se difundiram com as invasões bárbaras, sendo observado em seus reinos. CASTRO, Leonardo Prieto. *Derecho Procesal Civil.* Zaragoza: Librería General, 1949, t. I, p. 30. Quanto ao emprego pelos germanos e sua adoção pela Igreja medieval: MAJZOUB, Milene Chavez Goffar. *Juízos de Deus e Justiça Real no Direito Carolíngio:* estudo sobre a aplicação dos ordálios à época de Carlos Magno (768-814) (Dissertação de Mestrado). 2005. Universidade Estadual de Campinas, Campinas, 2005, 115 p.

**969** Um misto de superstição e de ignorância, segundo Montero Aroca: *Los principios políticos de la nueva Ley de Enjuiciamiento Civil:* los poderes del juez y la oralidad. Valencia: Tirant lo Blanch, 2001, p. 127.

**970** TARUFFO, Michele. *Uma simples verdade:* o Juiz e a construção dos fatos. Trad. Vitor de Paula Ramos. São Paulo: Marcial Pons, 2012, p. 20-22; MOREIRA, José Carlos Barbosa. "Duelo e processo". In: *Temas de direito processual (oitava série).* São Paulo: Saraiva, 2004, p. 211 e ss.

**971** OLIVEIRA, Carlos A. Alvaro de. *Do formalismo no processo civil.* 2. ed. São Paulo: Saraiva, 2003, p. 156.

**972** THEODORO JR., Humberto. *Curso de direito processual civil.* 59. ed. Rio de Janeiro: Forense, v. 1, p. 15.

**973** CASTRO, Leonardo Prieto. *Derecho Procesal Civil.* Zaragoza: Librería General, 1949, t. I, p. 30.

Ainda que seja possível reconhecer o caráter residual dos ordálios, visto que reservados à eliminação de incertezas – sua pertinência era condicionada à ausência de esclarecimentos pelos meios probatórios admitidos pela respectiva ordem processual, com destaque ao já usual emprego de documentos e testemunhas –,[974] seu emprego revelava o apreço pelo misticismo, tornando o resultado incontestável após a observância cuidadosa dos procedimentos/rituais.[975] Para os fins deste trabalho, desnecessário enveredar pela discussão sobre sua racionalidade ou irracionalidade.[976] Naquilo de interesse na oportunidade, consigne-se que em novembro de 1215, por meio do IV Concílio de Latrão, o Papa Inocêncio III proibiu os sacerdotes de participarem dos ordálios judiciários, o que teria assinalado seu declínio.[977]

### 5.4.1.3. PROVA TARIFADA OU "MODELO ARITMÉTICO"

A mesma influência religiosa responsável pelo decaimento dos ordálios foi apontada como a força motriz do sistema de prova tarifada como meio de civilizar as provas judiciais bárbaras.[978] Sem negligenciar seus traços iniciais no baixo Império romano, difundiu-se por meio do hábito escolástico de pensar e argumentar, mormente pela inclinação de "raciocinar por meio de deduções de princípios preestabelecidos

---

**974** TARUFFO, Michele. *Uma simples verdade:* o Juiz e a construção dos fatos. Trad. Vitor de Paula Ramos. São Paulo: Marcial Pons, 2012, p. 20-22.

**975** Não é o caso de atribuir "ceticismo gnoseológico" à mentalidade da época. O uso dos ordálios estava alinhado à crença e valores então vigentes, não sendo apropriado projetar a sombra de nossos óculos sobre paisagens antigas. Nesse sentido: MOREIRA, José Carlos Barbosa. "Processo civil e processo penal: mão e contramão?". In: *Temas de direito processual (sétima série)*. São Paulo: Saraiva, 2001, p. 207.

**976** O ponto foi tratado por Milene Chavez Goffar Majzoub, *op. cit.*

**977** TARUFFO, Michele. *Uma simples verdade:* o Juiz e a construção dos fatos. Trad. Vitor de Paula Ramos. São Paulo: Marcial Pons, 2012, p. 18. O debate sobre esse e outros pontos atinentes aos ordálios é aprofundado por Milene Chavez Goffar Majzoub, *op. cit.* Sob outra perspectiva, também relevante à contextualização do tema, Jacinto Nelson de Miranda Coutinho aponta o IV Concílio de Latrão como marco histórico do sistema inquisitório. Sistema acusatório: cada parte no lugar constitucionalmente demarcado. *Revista de informação legislativa*, v. 46, n. 183, p. 103-115, jul./set. 2009.

**978** VELLOSO, Adolfo Alvarado. *La prueba judicial:* notas críticas sobre la confirmación procesal. Ciudad Autónoma de Buenos Aires: Astrea, 2015, p. 204. OLIVEIRA, Carlos A. Alvaro de. *Do formalismo no processo civil.* 2. ed. São Paulo: Saraiva, 2003, p. 158.

em detrimento da observação dos fatos".[979] A influência escolástica favoreceu a construção de um sistema probatório apriorístico,[980] calcado na primazia do abstrato e geral sobre o concreto e especial.[981]

Em substituição da força e do acaso, do duelo e também dos juízos de Deus,[982-983] passou a vigorar um sistema inteiramente dependente da construção humana, mas que impunha a passividade ao julgador.[984] Esse modelo foi rotulado de tarifado, uma vez que o peso das provas era preestabelecido pelo titular do poder através de regras que, espelhando as crenças sociais e valores da época, prestavam-se a retrair a atuação dos juízes.[985] Segundo Cappelletti, próprio do processo escrito, o modelo tarifário se nutria da desconfiança nos magistrados, os quais, sobre não terem contato direto com os meios probatórios (imediatidade), sequer exibiam poder à sua valoração.[986] Daí a orientação implícita ou premissa adotada pelo sistema processual, do legislador

---

**979** OLIVEIRA, Carlos A. Alvaro de. *Do formalismo no processo civil*. 2. ed. São Paulo: Saraiva, 2003, p. 23. Alfredo Buzaid tributava sua origem ao processo bárbaro. *Grandes processualistas*. São Paulo: Saraiva, 1982, p. 73.

**980** OLIVEIRA, Carlos A. Alvaro, *op. ult. cit.*, p. 157-159. No mesmo sentido: CAPPELLETTI, Mauro. *Proceso, Ideologias, Sociedad*. Trad. Santiago Sentís Melendo e Tomás A. Banzhaf. Buenos Aires: Ediciones Juridicas Europa-America, 1974, p. 06.

**981** AROCA, Juan Montero. *Los principios políticos de la nueva Ley de Enjuiciamiento Civil:* los poderes del juez y la oralidad. Valencia: Tirant lo Blanch, 2001, p. 128.

**982** O duelo também era utilizado nos ordálios; à época, a razão na contenda (penal ou civil) era atribuída ao vencedor do combate. Em crítica no mínimo caricatural ao modelo liberal de processo, alguns autores costumam compará-lo a um duelo moderno, em que não venceria quem tem razão, senão o mais hábil. Assim: MOREIRA, José Carlos Barbosa. "Duelo e processo". In: *Temas de direito processual (oitava série)*. São Paulo: Saraiva, 2004, p. 211 e ss.

**983** OLIVEIRA, Carlos A. Alvaro de. *Do formalismo no processo civil*. 2. ed. São Paulo: Saraiva, 2003, p. 157-159.

**984** SANTOS, Moacyr Amaral. *Prova judiciária no cível e comercial*. 3. ed. São Paulo: Max Limonad, 1968, v. I, p. 329.

**985** GUILLÉN, Víctor Fairén. *Teoría general del derecho procesal*. México: Universidad Nacional Autónoma de México, 1992, p. 453; DINAMARCO, Cândido Rangel. *Instituições de direito processual civil*. 4. ed. São Paulo: Malheiros, 2004, v. III, p. 103; AROCA, Juan Montero. *La prueba en el proceso civil*. 6. ed. Espanha: Thomson Reuters, 2011, p. 597-598.

**986** CAPPELLETTI, Mauro. *El proceso civil en el derecho comparado*. Trad. Santiago Sentís Melendo. Buenos Aires: Ediciones Jurídicas Europa-America, 1973, p. 89-90.

aos julgadores, ter sido sintetizada pela doutrina da seguinte forma: "tú fallas como yo te lo digo".[987]

Referindo-se ao Fôro Velho de Castela, Couture ilustrava com os litígios envolvendo móveis, quando então, caso os litigantes fossem do mesmo povoado era necessário apresentar duas testemunhas, e se o litígio recaísse sobre imóveis era necessário colher o depoimento de cinco testemunhas. Insistindo na consulta desse autor, no Fôro Real de Espanha havia restrições temáticas ao depoimento por mulheres; não fosse suficiente, também havia disposições que creditavam o depoimento dos anciãos sobre os mancebos, dos ricos sobre os pobres, do fidalgo em detrimento do vilão, do varão em confronto ao da mulher, das testemunhas com mais fama em confronto àquelas pouco conhecidas, além de conhecidos critérios aritméticos (*v.g.*, duas testemunhas idôneas faziam prova plena e vinculavam o juiz; à prova de falsidade de um documento particular bastariam duas testemunhas, ao passo que no tocante ao documento público eram exigidas quatro), entre outras regras.[988] É dessa ambiência a classificação das provas em "plena" e "semiplena".[989]

A rigidez do sistema tarifário motivou Cappelletti a qualificá-lo de "aritmético", em que a atividade judicial consistia em *contar* as provas, mais propriamente que *sopesá-las*.[990] Ainda hoje há reminiscências da prova tarifada em alguns sistemas jurídicos, na medida em que o legislador continuaria buscando – com a máxima amplitude possível –

---

**987** COUTURE, Eduardo. *Trayectoria y destino del derecho procesal civil hispanoamericano*. Buenos Aires: Depalma, 1999, p. 51.

**988** COUTURE, Eduardo J. *Fundamentos do direito processual civil*. Campinas: Red Livros, 1999, p. 190-191. Também sobre o tema, ver: SANTOS, Moacyr Amaral. *Prova judiciária no cível e comercial*. 3. ed. São Paulo: Max Limonad, 1968, v. I, p. 325-327.

**989** CHIOVENDA, Giuseppe. *Instituições de direito processual civil:* a relação processual ordinária de cognição (continuação). Trad. J. Guimarães Menegale. São Paulo: Saraiva, 1945, v. 3, p. 132-133.

**990** CAPPELLETTI, Mauro. *El proceso civil en el derecho comparado*. Trad. Santiago Sentís Melendo. Buenos Aires: Ediciones Jurídicas Europa-America, 1973, p. 90; CAPPELLETTI, Mauro. *Proceso, Ideologias, Sociedad*. Trad. Santiago Sentís Melendo e Tomás A. Banzhaf. Buenos Aires: Ediciones Juridicas Europa-America, 1974, p. 37.

determinar a atividade intelectual dos juízes nalguns casos;[991] e não se tem notícia de modelo puro.[992-993]

É possível divisar traço comum entre os ordálios e a prova tarifada; esse traço recai na predeterminação do resultado, seja pela intervenção divina (casos pontuais em que se recorria a ela), seja pela prefixação do valor ou peso da prova (= força probante), subtraindo-se a avaliação pelo julgador – com o cuidado em perceber que somente na prova tarifada existia a pretensão de limitar os poderes judiciais por motivo de desconfiança.[994] Nos ordálios o julgador se limitava a constatar quem tinha a razão à luz da vontade – manifestada – de Deus,[995] ao passo que a prova tarifada exibia a marca (pretensão) racionalista de prenunciar os casos futuros, impondo efeitos vinculativos e incontestáveis consoante os tipos de prova e as condições estabelecidas em lei,[996] alimentadas por questões políticas. Isso explica porque alguns estudiosos situa(ra)m os ordálios no modelo tarifado,[997] malgrado, sob outra perspectiva, seja destacada a importância histórica do modelo "aritmético" por ter derrogado os meios "bárbaros y fanáticos" que caracterizaram os juízos de Deus, civilizando a administração da justiça.[998]

---

**991** COUTURE, Eduardo J. *Fundamentos do direito processual civil*. Campinas: Red Livros, 1999, p. 190-191.

**992** SANTOS, Moacyr Amaral. *Prova judiciária no cível e comercial*. 3. ed. São Paulo: Max Limonad, 1968, v. I, p. 338.

**993** Era o que Frederico Marques sustentava já em relação ao CPC/39, mas cujas lições persistem na realidade brasileira complementada por dois outros códigos. MARQUES, José Frederico. *Instituições de direito processual civil*. 3. ed. Rio de Janeiro: Forense, 1967, v. III, p. 282. Tecendo considerações semelhantes às de Frederico Marques, mas com os olhos voltados ao CPC/73, cf.: CINTRA, Antonio Carlos de Araújo. *Comentários ao código de processo civil (arts. 332 a 475)*. Rio de Janeiro: Forense, 2001, v. IV, p. 09-10; DINAMARCO, Cândido Rangel. *Instituições de direito processual civil*. 4. ed. São Paulo: Malheiros, 2004, v. III, p. 104.

**994** AROCA, Juan Montero. *Los principios políticos de la nueva Ley de Enjuiciamiento Civil:* los poderes del juez y la oralidad. Valencia: Tirant lo Blanch, 2001, p. 129.

**995** AROCA, Juan Montero. *La prueba en el proceso civil*. 6. ed. Espanha: Thomson Reuters, 2011, p. 595.

**996** OLIVEIRA, Carlos A. Alvaro de. *Do formalismo no processo civil*. 2. ed. São Paulo: Saraiva, 2003, p. 160.

**997** ECHANDÍA, Hernando Devis. *Teoria general de la prueba judicial*. Buenos Aires: Victor P. de Zavalía Editor, 1970, t. I, p. 86.

**998** *Idem, ibidem*, p. 88-89.

### 5.4.1.4. ÍNTIMA CONVICÇÃO

O processo penal foi pioneiro em romper com a valoração apriorística, o que foi obrado por força da Revolução Francesa.[999] O Código de Instrução Criminal francês de 1808, marco do modelo misto ou "acusatório formal",[1000] consagrou a íntima convicção (julgamento *secundum conscientiam*). Partindo do reconhecimento da soberania dos jurados, o código os dispensava de prestar contas do veredicto.[1001-1002] Por esse motivo, Cappelletti entrevia fundamento na ligação entre a queda do modelo tarifado e a implantação do sistema de jurados.[1003] Todavia, desbordando da seara criminal e do júri, esse sistema não apenas se difundiu e alcançou os togados, como se espraiou ao processo civil.[1004]

Também rotulada de modelo "sentimental", a íntima convicção estava alinhada à oralidade no processo penal, dotando o magistrado de faculdades inquisitivas quando o processo civil persistia sob as regras tarifárias e aferrado ao modelo escrito, além de submetido à iniciativa

---

**999** CAPPELLETTI, Mauro. *Proceso, Ideologias, Sociedad*. Trad. Santiago Sentís Melendo e Tomás A. Banzhaf. Buenos Aires: Ediciones Juridicas Europa-America, 1974, p. 09; ASSIS, Araken de. *Processo civil brasileiro: parte geral; instituto fundamentais*. São Paulo: RT, 2015, v. II, t. 2, p. 168; FREITAS, José Lebre de. *Introdução ao processo civil:* conceito e princípios gerais à luz do novo código. 4. ed. Coimbra: Gestlegal, 2017, p. 199.

**1000** AROCA, Juan Montero. *El derecho procesal en el siglo XX*. Valencia: Tirant lo Blanch, 2000, p. 108.

**1001** GUILLÉN, Víctor Fairén. *Teoría general del derecho procesal*. México: Universidad Nacional Autónoma de México, 1992, p. 457; AROCA, Juan Montero. *Los principios políticos de la nueva Ley de Enjuiciamiento Civil:* los poderes del juez y la oralidad. Valencia: Tirant lo Blanch, 2001, p. 132-133.

**1002** Vittorio Denti atribui a um Decreto de 1791 a instituição desse novo sistema de valoração das provas. *La giustizia civile*. Bologna: Il Mulino, 2004, p. 18.

**1003** CAPPELLETTI, Mauro. *El proceso civil en el derecho comparado*. Trad. Santiago Sentís Melendo. Buenos Aires: Ediciones Jurídicas Europa-America, 1973, p. 100.

**1004** ECHANDÍA, Hernando Devis. *Teoria general de la prueba judicial*. Buenos Aires: Victor P. de Zavalía Editor, 1970, t. I, p. 55 e 70; AROCA, Juan Montero. *La prueba en el proceso civil.* 6. ed. Espanha: Thomson Reuters, 2011, p. 600; DAMAŠKA, Mirjan R. *El derecho probatorio a la deriva*. Trad. Joan Picó i Junoy. Madri: Marcial Pons, 2015, p. 37.

das partes. Devis Echandía tributava essa diferença à concepção privatista então predominante no processo civil.[1005]

O sistema da íntima convicção se situa na extrema da prova tarifada.[1006] A oposição é absoluta, caracterizando-se (íntima convicção) pela liberdade irrestrita do julgador e, igualmente, por sua faculdade em não decidir.[1007] O julgador poderia seguir sua intuição, "ciência" privada etc., ainda que isso implicasse julgamento desautorizado pelos meios de prova coligidos aos autos. Trata-se de modelo fundado na ilusória crença de infalibilidade da razão e do instinto natural.[1008] Não por outro motivo, Couture adjetivava esse modelo de "voluntarístico", comparando-o à interpretação da lei pelo movimento do Direito Livre.[1009] A orientação implícita presente no sistema era distinta: "Tú fallas como tu conciencia te lo diga: yo no tengo reglas. Se diez testigos te dicen que un libro es negro y tú lo ves rojo, tú puedes decir que el libro es rojo. La sentencia sale como tu conciencia te lo indica."[1010]

### 5.4.1.5. LIVRE CONVENCIMENTO MOTIVADO

Inconfundível ao julgamento *secundum conscientiam*, do qual estava ausente a "sociabilidade do convencimento",[1011] o livre convencimento motivado ou persuasão racional teria surgido da busca do "justo equi-

---

**1005** ECHANDÍA, Hernando Devis. *Teoria general de la prueba judicial*. Buenos Aires: Victor P. de Zavalía Editor, 1970, t. I, p. 65.

**1006** GUILLÉN, Víctor Fairén. *Teoría general del derecho procesal*. México: Universidad Nacional Autónoma de México, 1992, p. 457; MARQUES, José Frederico. *Elementos de direito processual penal*. Rio de Janeiro: Forense, 1961, v. 2, p. 298.

**1007** SANTOS, Moacyr Amaral. *Prova judiciária no cível e comercial*. 3. ed. São Paulo: Max Limonad, 1968, v. I, p. 330.

**1008** ECHANDÍA, Hernando Devis. *Teoria general de la prueba judicial*. Buenos Aires: Victor P. de Zavalía Editor, 1970, t. I, p. 65.

**1009** COUTURE, Eduardo J. *Fundamentos do direito processual civil*. Campinas: Red Livros, 1999, p. 196-197.

**1010** COUTURE, Eduardo. *Trayectoria y destino del derecho procesal civil hispanoamericano*. Buenos Aires: Depalma, 1999, p. 51-52.

**1011** A expressão é de Moacyr Amaral Santos.

líbrio" entre os sistemas anteriores; [1012-1013] supostamente, combinando as virtudes e atenuando as demasias da prova tarifada e da íntima convicção.[1014] Daí a observação de Picó I Junoy no sentido de que o livre convencimento representaria a superação da insegurança gerada pela íntima convicção e da imobilidade ocasionada pela tarifa legal,[1015] o que é remissível à lição anterior no tempo de Couture.[1016]

O novo modelo (livre convencimento motivado) implicou a migração de uma cultura formalista (prova tarifada) a uma cultura racionalista da prova;[1017] foi e continua sendo encarado como um arquétipo, fruto de "tendência moderna".[1018] Em defesa do mesmo sistema, aludindo às regras da crítica sã ("reglas de la sana crítica") e realçando o "critério humano" na valoração da prova, Fairén Guillén dizia:

> Desde la época en que el juez, en manos del sistema de la "prueba legal" hasta la que se pretende por algunos venga, la de la "automatización del juez", su transformación en una especie de "computadora", se recuerda que el juez, *homo sapiens sapiens*, debe poner a la contribución, para apre-

---

**1012** A título de ilustração, Amaral Santos tributava seu surgimento enquanto sistema às codificações napoleônicas (SANTOS, Moacyr Amaral. *Prova judiciária no cível e comercial*. 3. ed. São Paulo: Max Limonad, 1968, v. I, p. 332), malgrado outros autores se refiram à consagração da íntima convicção pelo Código de Instrução Criminal de 1806 (é o caso de Juan Montero Aroca).

**1013** A depender da perspectiva (enquanto modelo ou não), teria "ressurgido", dado que a persuasão racional é um sistema de valoração anterior aos demais, remontando aos romanos. Assim: BUZAID, Alfredo. *Grandes processualistas*. São Paulo: Saraiva, 1982, p. 72.

**1014** COUTURE, Eduardo J. *Fundamentos do direito processual civil*. Campinas: Red Livros, 1999, p. 196-197. Ainda antes, em sentido similar: ESPÍNOLA FILHO, Eduardo. *Código de Processo Penal brasileiro anotado*. 3. ed. Rio de Janeiro: Borsoi, 1954, v. II, p. 446.

**1015** JUNOY, Joan Picó I. "Prólogo". LLUCH, Xavier Abel. *Las reglas de la sana crítica*. Madrid: La Ley, 2015. Releva notar que as virtude desses sistemas sobressaem apenas quando um é confrontado ao outro.

**1016** "Las reglas de la sana crítica son una categoría intermedia que no tiene ni la rigidez propia de la prueba legal, ni la excesiva inestabilidad de la prueba de conciencia." *Trayectoria y destino del derecho procesal civil hispanoamericano*. Buenos Aires: Depalma, 1999, p. 50.

**1017** TARUFFO, Michele. "Cultura y Proceso." In: *Páginas sobre justicia civil*. Trad. Maximiliano Aramburo Calle. Madrid: Marcial Pons, 2009, p. 206.

**1018** LLUCH, Xavier Abel. *Las reglas de la sana crítica*. Madrid: La Ley, 2015, p. 27-34.

ciar la prueba, "su criterio", el "criterio humano", de que habla el artículo 1253 del Código español.[1019]

Não apenas sugestiva, a passagem do autor desvela o *homo sapiens sapiens* (sujeito da modernidade) conjecturado na valoração da prova à luz do livre convencimento, no qual a responsabilidade da verdade foi transferida ao julgador.[1020] Sensível à ideologia em sentido amplo, essa questão vem sendo debatida ao longo de todo o trabalho, mas também será objeto de aprofundado adiante.

Inexiste consenso quanto ao surgimento do livre convencimento motivado, sobrelevando os estudos amarrados pela tradição. Desse prisma, a se considerar a realidade espanhola (sem a pretensão de um estudo de direito comparado), a *Ley de Enjuiciamiento Civil* de 1855 já exibia esse modelo, conquanto de incidência restrita à prova testemunhal; seu alcance foi estendido com a *LEC* de 1881 e aperfeiçoado com a *LEC* de 2000 (em vigor), fixando-lhe algumas balizas.[1021]

Entre nós, a persuasão racional já era defendida por Paula Baptista desde 1855; esteve presente no CPC/39 (art. 118),[1022-1023] e ainda hoje

---

**1019** GUILLÉN, Víctor Fairén. *Teoría general del derecho procesal.* México: Universidad Nacional Autónoma de México, 1992, p. 459.

**1020** FASCHING, Hans Walter. O desenvolvimento do código de processo civil austríaco nos últimos 75 anos. Trad. Luiz Kubinszky e José Manoel Arruda Alvim. *Revista de Processo,* São Paulo, RT, v. 5, p. 115-127, jan.-mar. 1977.

**1021** AROCA, Juan Montero. *Los principios políticos de la nueva Ley de Enjuiciamiento Civil:* los poderes del juez y la oralidad. Valencia: Tirant lo Blanch, 2001, p. 134-135; LLUCH, Xavier Abel. *Las reglas de la sana crítica.* Madrid: La Ley, 2015, p. 20-26.

**1022** Art. 118. Na apreciação da prova, o juiz formará livremente o seu convencimento, atendendo aos fatos e circunstâncias constantes dos autos, ainda que não alegados pela parte. Mas, quando a lei considerar determinada forma como da substância do ato, o juiz não lhe admitirá a prova por outro meio. Parágrafo único. O juiz indicará na sentença ou despacho os fatos e circunstâncias que motivaram o seu convencimento. Disponível em: <http://www.planalto.gov.br/ccivil_03/decreto-lei/1937-1946/Del1608.htm>.

**1023** Por todos, cf. NAVES, Candido. *Impulso processual e poderes do juiz.* Belo Horizonte: Santa Maria, 1949, p. 129-130.

no CPP/41 (arts. 155 e 200);[1024-1025] foi mantido no CPC/73 (art. 131, ao lado de outras disposições marginais sobre o tema);[1026] por fim, suprimido do CPC/15,[1027] com reflexos em todos os procedimentos civis. No ensejo, registre-se a dissidência doutrinária acerca do modelo presente no Regulamento 737/1850: ao lado do tom peremptório de Moacyr Amaral Santos, exorcizando-o da íntima convicção,[1028] Araken de Assis aduz sua ambiguidade,[1029] ao passo que Alvaro de Oliveira afirmava que a livre convicção estava "circunscrita" por inúmeras regras predeterminando (tarifando) o peso/avaliação das provas.[1030] Não por outro motivo, Pontes de Miranda prelecionava que o CPC/39 teria rompido

---

**1024** Art. 155. O juiz formará sua convicção pela livre apreciação da prova produzida em contraditório judicial, não podendo fundamentar sua decisão exclusivamente nos elementos informativos colhidos na investigação, ressalvadas as provas cautelares, não repetíveis e antecipadas. (Redação dada pela Lei nº 11.690, de 2008). Parágrafo único. Somente quanto ao estado das pessoas serão observadas as restrições estabelecidas na lei civil. (Incluído pela Lei nº 11.690, de 2008). Disponível em: <http://www.planalto.gov.br/ccivil_03/decreto-lei/Del3689.htm>.

**1025** Art. 200. A confissão será divisível e retratável, sem prejuízo do livre convencimento do juiz, fundado no exame das provas em conjunto. Disponível em: <http://www.planalto.gov.br/ccivil_03/decreto-lei/Del3689.htm>.

**1026** Art. 131. O juiz apreciará livremente a prova, atendendo aos fatos e circunstâncias constantes dos autos, ainda que não alegados pelas partes; mas deverá indicar, na sentença, os motivos que lhe formaram o convencimento. (Redação dada pela Lei nº 5.925, de 1º.10.1973). Disponível em: http://www.planalto.gov.br/ccivil_03/leis/L5869.htm.

**1027** Essa é a nossa posição, a qual chegamos após pesquisas que vimos desenvolvendo há algum tempo, e que ora são espelhadas neste trabalho. Posição consignada na introdução.

**1028** SANTOS, Moacyr Amaral. *Prova judiciária no cível e comercial*. 3. ed. São Paulo: Max Limonad, 1968, v. I, p. 351.

**1029** Segundo Araken de Assis, foi a partir do CPC/39 que o livre convencimento motivado teria passado a vigorar entre nós, acusando o Regulamento 737 de ambíguo no assunto; Assis, inclusive, faz menção ao orgulho de Pedro Batista Martins pela adoção desse sistema em nosso primeiro código de processo unitário (*Processo civil brasileiro: parte geral; instituto fundamentais*. São Paulo: RT, 2015, v. II, t. 2, p. 169.).

**1030** *Do formalismo no processo civil*. 2. ed. São Paulo: Saraiva, 2003, p. 45.

com a prova tarifada,[1031] ao passo que o CPC/73 teria consolidado o modelo da persuasão racional (livre convencimento motivado).[1032]

Em monografia dedicada ao tema, Xavier Abel Lluch registra a incorporação desse sistema de avaliação probatória pelo Código de Processo Civil Modelo para a Ibero-América, além de consignar sua institucionalização em diferentes codificações de países ibero-americanos.[1033] Não convindo a esta pesquisa perlustrar cada uma delas, repise-se a ideia de universalização de modelos própria ao pensamento moderno ("ocidentalocêntrico"), ou, querendo ilustrar essa ideia, suficiente invocar os comentários de Pestana de Aguiar na aurora do CPC/73, alusivos à preservação da livre apreciação nesse código, porquanto consagrado em outros "direitos adiantados".[1034]

O sistema do livre convencimento tem por premissa a "relativa" liberdade do juiz ao avaliar os meios de prova à luz do caso concreto, estando limitado pelas regras da experiência, da lógica e da ciência,[1035]

---

**1031** Antes da unificação processual, Pedro Batista Martins anotava que o modelo adotado pelas leis federais e os diferentes códigos estaduais seria o prova tarifada ("taxação legal do valor da prova"). Contudo, destaca o Código de Processo Civil da Bahia, o qual dispunha que "o juiz julgaria de acôrdo com a sua livre convicção, formada pelo exame criterioso das provas do processo e do conjunto de todos os atos praticados, apreciando ainda os fatos e circunstâncias não alegados pelas partes." *Comentários ao código de processo civil (arts. 106 a 181)*. 2. ed. Rio de Janeiro: Forense, 1960, v. II, p. 56. Celso Agrícola Barbi também asseverava que nos códigos estaduais havia a predominância do sistema da prova tarifária, exemplificando com o art. 330 do Código de Minas Gerais; também para ele, o livre convencimento motivado somente teria sido adotado com o CPC/39. *Comentários ao código de processo civil (arts. 56 a 153)*. Rio de Janeiro: Forense, 1975, v. I, t. II, p. 534-535.

**1032** PONTES DE MIRANDA, Francisco Cavalcante. *Comentários ao código de processo civil*. 2. ed. Rio de Janeiro: Forense, 1958, p. 232.

**1033** LLUCH, Xavier Abel. *Las reglas de la sana crítica*. Madrid: La Ley, 2015, p. 30-33.

**1034** AGUIAR, João Carlos Pestana de. *Comentários ao código de processo civil*. São Paulo: RT, 1974, v. 4, p. 14-15.

**1035** Por todos, cf. LLUCH, Xavier Abel, *op. cit.,* p. 99. No contexto brasileiro, ver: OLIVEIRA, Carlos Alberto Alvaro de. Problemas atuais da libre apreciação da prova. *Revista da Faculdade de Direito da Universidade Federal do Rio Grande do Sul*. Porto Alegre, n. 17, 1999. Disponível em: <https://bit.ly/33Xinw0>. Acesso em: 16 out. 2018.

além de se lhe impor a fundamentação.[1036] No último caso, mecanismo de controle que corresponderia à máxima "garantia da excelência da verdade declarada na sentença";[1037] nela, ademais, radicando a legitimidade do juiz.[1038] Novamente com Couture, orientação diversa guiaria a atividade do julgador: "Tú fallas con arreglo a principios lógicos y de experiencia, ordenados de acuerdo con las reglas que hoy se admiten para juzgar las cosas." E continuava: "es decir, de acuerdo con los principios admitidos por la lógica y de acuerdo con las máximas de experiencia que nos da la observación diaria de la vida."[1039]

A par dessas considerações podemos avançar rumo à análise do modelo de racionalidade subjacente aos sistemas de valoração, isto é, identificar o paradigma que conforma cada modelo ou sistema de valoração, traçando eventual enlace ao paradigma da ciência moderna.

### 5.4.2. ESCRUTÍNIO DOS MODELOS DE VALORAÇÃO A PARTIR DA CRÍTICA AO ESQUEMA SUJEITO-OBJETO

O esquema dual pressuposto ao conhecimento (sujeito-objeto) se manifestou na "Ciência Jurídica" em múltiplas formas (e intensidades). A título de ilustração, foi carreado pelas principais escolas jurídico-filosóficas dos sécs. XIX e XX, sobressaindo na disputa *mens legis* x *mens legislatoris*. Sob a influência dos valores epistemológicos difundidos pelas ciências naturais (ou apenas ciências), os cultores das escolas idealizaram técnicas ao controle da interpretação e da aplicação do direito – atividades supostamente cindíveis –, calcados no emprego de

---

**1036** "Cumpre-lhe mostrar, com clareza, nos julgamentos que houver de proferir, os motivos e os fundamentos de sua convicção. Na motivação está a única garantia possível de justiça e das partes que o decidiu segundo *allegata et probata*, na medida em que com ela se assegura a legitimidade das fontes de convencimento.

"Com essa condição se evita possa o juiz fundar-se na sua ciência privada na formação do convencimento e se dá, quando fôr o julgamento renovado na instância superior, por via do recurso, meio ao juiz *ad quem* para indagar e se compenetrar da sinceridade, ou insinceridade, da apreciação do juiz de julgamento se recorre". SANTOS, Moacyr Amaral. *Prova judiciária no cível e comercial*. 3. ed. São Paulo: Max Limonad, 1968, v. I, p. 337-338.

**1037** *Idem, ibidem*, p. 343.

**1038** LLUCH, Xavier Abel. *Las reglas de la sana crítica*. Madrid: La Ley, 2015, p. 42.

**1039** COUTURE, Eduardo. *Trayectoria y destino del derecho procesal civil hispanoamericano*. Buenos Aires: Depalma, 1999, p. 51-52.

métodos (gramatical, teleológico…).[1040] Eventualmente, relegando a atividade de aplicação a patamar de somenos importância, pois se confundiria à vontade do julgador.[1041] Na esteira do positivismo, questões que alimentaram a discricionariedade, inquisitoriedades etc.[1042]

Acomodando ao objeto de nosso estudo, foi o que ocorreu aos sistemas de avaliação de prova. Neles, ora esteve pressuposto o ingresso dos fatos nos autos em sua "pura materialidade" (objetivismo),[1043] ora supôs-se condições sobre-humanas do julgador, o que nos remete às entrelinhas do subjetivismo. Quanto ao primeiro caso, figure-se a prova tarifada, em que a nítida primazia do objeto, reduzindo ou eliminando a importância do sujeito;[1044] lembrando, com Cappelletti, que o julgador não transcendia as operações aritméticas. No segundo, o sujeito foi superdimensionado, "adequando" a coisa às suas convicções ou hipóteses,[1045-1046] projetando-se como autêntico "proprietário dos sentidos";[1047] é o que está presente na íntima convicção (com expressa autorização ao julgamento com base na consciência), mas que persiste,

---

**1040** Suficiente pensar na Escola da Exegese e na Jurisprudência dos Conceitos, para ficarmos com dois exemplos emblemáticos.

**1041** STRECK, Lenio Luiz. *O que é isto decido conforme minha consciência*. Porto Alegre: Livraria do Advogado, 2010, p. 55-64.

**1042** Ibid., p. 56.

**1043** SILVA, Ovídio A. Baptista da. *Jurisdição, direito material e processo*. Rio de Janeiro: Forense, 2008, p. 142.

**1044** Em sentido próximo, mas com o cuidado em divisar o sistema da prova tarifada dos Ordálios, consultar: AROCA, Juan Montero. *Los principios políticos de la nueva Ley de Enjuiciamiento Civil:* los poderes del juez y la oralidad. Valencia: Tirant lo Blanch, 2001, p. 126.

**1045** Sobre o tema, ver: SCHMITZ, Leonard Ziesemer. Entre produzir provas e confirmar hipóteses: o risco do argumento da "busca da verdade real" na instrução e fundamentação das decisões. *Revista de Processo,* São Paulo, RT, v. 250, p. 91-117, dez. 2015.

**1046** Acreditamos que o subjetivismo também seja mascarado pela(o) – mito da – objetividade do conhecimento. Superada a hegemonia do objeto, temos a impressão de que a pretensa existência de um único sujeito em uma relação dual (sujeito-objeto) já significa a sua hipertrofia, ao menos no campo jurídico em que são analisados objetos culturais (na ampla maioria dos casos).

**1047** STRECK, Lenio Luiz. Livre convencimento é "álibi retórico" para juiz desrespeitar leis, diz Lenio Streck. *Consultor Jurídico - Conjur*, Interesses e Convicções. Disponível em: <https://bit.ly/2NGfv1C>. Acesso em: 27 ago. 2017.

com menos intensidade ou clareza, no livre convencimento motivado, em que o sujeito estritamente racional teria a capacidade de descobrir a verdade –[1048] repisando a potência do intelecto e o primado da certeza sobre a verdade em Descartes, um dos nomes decisivos à formação do paradigma da simplificação.

Ainda no tocante ao livre convencimento motivado, sem negligenciar a preconizada oralidade (chiovendiana) em seus consectários de imediação e identidade física, mediante as quais o juiz teria contato direto com as partes e provas, extraindo impressões importantes ao deslinde da controvérsia e, pois, vinculando-se a julgar o feito. Por esse motivo a concentração foi tratada por imperativo ao julgamento mais rápido, velando para que as impressões do decisor não se diluíssem no tempo.[1049]

Antes de avançar na crítica é oportuno ter em mente uma observação de Ortega y Gasset – vivificada por Nelson Saldanha –, o qual dizia que conquanto o homem moderno fosse inconfundível aos homens "feudal" e "absolutista", em seu novo "ser" estariam "incluídos" os anteriores.[1050] De profunda densidade, tomamos emprestada a lição do filósofo espanhol para registrar que a variação histórica dos sistemas de avaliação da prova não importa,[1051] necessariamente, ruptura com o modelo de racionalidade que lhe está por trás. Nesse sentido, tanto a íntima convicção quanto o livre convencimento motivado estão ancorados na hipertrofia do sujeito ("paradigma da subjetividade"), com o

---

**1048** Inclusive, talvez seja possível afirmar que está presente um modo mais intenso no livre convencimento motivado, pois o modelo da "íntima convicção" não parece depositar tanta confiança no conhecimento racional dos julgadores, senão que abre mão da descoberta dos "fatos", ideal presente na persuasão racional (livre convencimento motivado).

**1049** CHIOVENDA, Giuseppe. *Principios de derecho procesal civil.* Trad. José Casáis y Santaló. Madrid: Editorial Reus, 1925, t. II, p. 134-135.

**1050** SALDANHA, Nelson Nogueira. *Historicismo e culturalismo.* Recife: Fundarpe, 1986, p. 15.

**1051** Vejamos o que dizia Pontes de Miranda ao tratar do livre convencimento motivado: "O inconveniente do princípio da livre apreciação, sem limites claros, é o de aumentar enormemente a responsabilidade do juiz, ao mesmo tempo que abre a porta às impressões pessoais, às suas convicções de classe ou políticas, às suas tendências de clã ou de clube. Só em ambiente de liberdade de pensamento e de imprensa poderia dar bons resultados tal sistema. Porque então haveria a repercussão na opinião pública e a crítica técnica depuradora." *Comentários ao código de processo civil.* 2. ed. Rio de Janeiro: Forense, 1958, p. 232.

diferencial do primeiro ter abdicado de qualquer mecanismo de controle,[1052] e o segundo ter apostado em dois: um primeiro, apriorístico (limitação ao material probatório constante dos autos, além das regras da experiência, da lógica e da ciência) e um segundo, posteriorístico, consistente na exigência de fundamentação.

Sucede que a visão dual do conhecimento somente se sustenta(ria) mutilando-se a realidade, é dizer, reduzindo drasticamente ou eliminando a complexidade do real. Para que essa experiência fosse replicável em qualquer lugar do mundo (lembrando da pretensão de universalidade do saber moderno, e observando que a dualidade é reflexiva, pois nos remete ao "modo" do conhecer, é dizer, conhecimento da relação de conhecimento), seria necessário imaginar um sujeito abstrato (situado desde um ponto de Arquimedes, infenso à linguagem e à tradição; livre de pré-juízos) e um objeto imune à "contaminação" cultural, dado que o conhecimento jamais pode(ria) ter bases socioculturais.

Qualquer pretensa limitação do processo de conhecimento ao esquema sujeito-objeto é fruto de uma visão simplista e reducionista, ou seja, artificial. Considerando que a linguagem é anterior ao sujeito cognoscente e ao objeto cognoscível, sendo condição à sua existência, não é possível isolá-los do mundo, pois além de nosso objeto ser fruto da compreensão (enunciados de fato (re)construídos na/pela linguagem), o sujeito está "mergulhado" em uma tradição, o que inibe ou deveria inibir o solipsismo (a crença de que o sujeito poderia/deveria buscar as respostas dentro de si,[1053] conforme impressões que formou ao longo do procedimento por força da oralidade, decidindo com base em sua consciência). Desse manancial parte a crítica à noção de "livre" convencimento, pois sujeito e objeto são condicionados pela dimensão linguística em que inseridos; não estão fora de uma tradição articulada pela linguagem. Conseguintemente, o próprio modelo dual (cognição

---

**1052** Como afirma Juan Montero Aroca, o sistema da íntima convicção não foi introduzido para atribuir ao processo algum elemento de racionalidade, senão para deixar a decisão à sorte da liberdade absoluta do jurado. AROCA, Juan Montero. *Principios del proceso penal:* una explicación basada en la razón. Buenos Aires: Astrea, 2016, p. 161-162.

**1053** STRECK, Lenio. *O que é isto – decido conforme minha consciência?* Porto Alegre: Livraria do Advogado, 2010. Abordando os problemas do solipsismo, ver: *Introdução ao pensamento complexo.* Trad. Eliane Lisboa. 4. ed. Porto Alegre: Sulina, 2011, p. 47.

da cognição) que precede o livre convencimento motivado (cognição judicial) foi superado pela intersubjetividade (conhecimento de segunda ordem ou cognição da cognição).

Em perspectiva histórica – tal como defendido por Fenoll e tantos outros –, poder-se-ia sustentar que o "livre" convencimento representou a outorga de poderes à apreciação da prova no contexto factual do procedimento, em derribada da tabela apriorística de valores (pesos) probatórios. Na mesma linha, que sendo a jurisdição função de Estado (ao menos para alguns), atento ao seu dever de prestar contas (*accountability*), posto que livre, o convencimento precisa ser fundamentado (um dos principais mecanismos "para se obviar aos inconvenientes" da íntima convicção).[1054]

Todavia, o problema é anterior, recaindo na "epistemologia" ou modelo de racionalidade que subjaz ao livre convencimento e que "sustém", ainda hoje, a aposta na motivação judicial. Cuida-se de um modelo refratário à complexidade ("epistemologia da complexidade"), perseverando nos pressupostos epistemológicos da ciência moderna; hipertrofiando o sujeito, pretende contrabalançar a atividade decisória com o imperativo de fundamentar (o que seria bastante em vista da pressuposição de sujeitos estritamente racionais).

Para explicitar os desdobramentos concretos da crítica, observemos que a liberdade fomentada pelo sistema de valoração da prova adotado pelos códigos de 1939 e 1973 teve por efeito "colateral" a opinião de que o magistrado poderia selecionar (escolher) os argumentos fático-jurídicos relevantes à construção de sua decisão, em detrimento das afirmações fático-jurídicas que lha contrastem, o que fulmina o contraditório (dimensão material). Essa concepção fomenta o primado da hipótese sobre o que efetivamente tenha sido demonstrado, já que tudo se resolve (e se exprime) pela certeza do julgador.

Se o livre convencimento supõe a hipertrofia do sujeito cognoscente, tanto quanto lhe reclama uma condição sobre-humana (*homo sapiens sapiens* ou sujeito estritamente racional), autoriza-se a escolha do material "relevante", questão paradigmática que também se socorre na visão moderna da oralidade e na crença de que o magistrado seria o destinatário da prova (aliás, em voz corrente na processualística, sobre ser o destinatário, também seria o remetente...). Daí porque, sob a égide da ordem processual revogada, difundiu-se a lamentável e risível

---

**1054** *Comentários ao código de processo civil.* 2. ed. Rio de Janeiro: Forense, 1958, p. 235.

crença de dispensa do juiz examinar as construções argumentativas das partes, sendo suficiente a exposição concisa e coerente dos motivos que alicerçaram suas conclusões;[1055] outrossim, que o juiz decide para depois fundamentar.

## 5.5. UM PARADOXO PROCESSUAL: AS REVIRAVOLTAS DO PROTAGONISMO JUDICIAL NOS PROCESSOS PENAL E CIVIL NO FINAL DOS SÉCS. XIX E XX

Consoante relato histórico (capítulo 2), as principais codificações europeias e ibero-americanas do final do séc. XIX não atribuíam "faculdades materiais" aos magistrados atuantes na seara civil. Então sob a hegemonia do modelo da escritura, os juízes haviam sido condenados à passividade. Em verdade, nas codificações mais conhecidas daquele período sequer detinham poderes à direção formal do procedimento. A despeito do simbolismo negativo da expressão, efetivamente, as partes eram as "dueñas del proceso" nos principais modelos processuais (conhecidos) do séc. XIX. À época, algo muito diverso se passava nos procedimentos criminais. Em vista da preconizada atividade de busca da verdade e da justiça material – essa já era a visão predominante na seara penal –, os magistrados eram dotados de amplos poderes, facultando-se-lhes a determinação oficiosa de qualquer meio de prova.[1056]

Se um estudioso do processo no final do séc. XIX ainda estivesse vivo ao final do século seguinte, acreditaria que o mundo teria virado de ponta cabeça. No transcurso de um século o figurino judicial cambiou entre o processo civil e penal. É o que a doutrina assere tendo as principais codificações europeias e ibero-americanas como parâmetro. Ao final do séc. XX os juízes criminais já não eram munidos de faculdades materiais, ao passo que os magistrados civis passaram a sê-lo."En un

---

**1055** Já tivemos a oportunidade de criticar a tese no seguinte ensaio: GOUVEIA, Lúcio Grassi de; PEREIRA, Mateus Costa; ALVES, Pedro Spíndola Bezerra. *Fundamentação adequada:* da impossibilidade de projetar a sombra de nossos óculos sobre paisagens antigas e de acorrentar novas paisagens em sombras passadas. Revista Brasileira de Direito Processual – RBDPro, Belo Horizonte, ano 24, n. 95, p. 175-201, jul./set. 2016.

**1056** AROCA, Juan Montero. *La paradoja procesal del siglo XXI: los poderes del juez penal (libertad) frente a los poderes del juez civil (dinero).* Valencia: Tirant lo Blanch, 2014, p. 19-22, 24-27.

siglo el mundo procesal se ha puesto al revés."[1057] Não se tratando de mera técnica, tal como ingenuamente difundido na processualística, somente influxos político-ideológicos explica(ria)m a reviravolta.

De acordo com Juan Montero Aroca, o que ocorreu no período de um século foi a emergência do "publicismo processual", em especial na Viena dos fins do século XIX. Nesse sentido, o autor relembra o pensamento de Menger à base do processo comunista, assim como a concepção socialista do direito pautada na "verdade objetiva" (ou material), bem ilustrada pela Constituição da República Tchecoeslovaca de 1960 (art. 107).[1058] Essa visão não atribuía ao magistrado a faculdade de determinar provas; coarctava-os a fazê-lo.[1059] Pregava-se que sem o estabelecimento da "verdade objetiva" ("principio da verdad objetiva"), a própria observância do princípio da legalidade, a qual os juízes estavam subordinados, restaria inviabilizada.[1060] Ao tempo do socialismo o direito não se prestava à tutela de direitos subjetivos. Entre os princípios fundamentais do procedimento civil da URSS estava encartada a tutela do direito objetivo (art. 2º).[1061] Assim como a atividade judicial era orientada pela consciência socialista do direito ou convicção íntima ("princípio da convicção íntima do juiz apoiado na consciência socialista do direito revolucionário e socialista"), prestando-se como critério da valoração da prova, de interpretação/aplicação do direito, função supletiva do direito soviético e, inclusive, à correção da lei.[1062] O modelo processual soviético estava centrado

---

**1057** *Idem, ibidem*, p. 22. Em linha similar: VELLOSO, Adolfo Alvarado. Proceso y verdad. *Revista Brasileira de Direito Processual - RBDPro*, Belo Horizonte, ano 26, n. 103, p. 17-42, jul./set. 2018.

**1058** O preceito foi festejado por Rui Portanova, aludindo a uma "clara aspiração mundial" de busca da "verdade substancial": *Princípios do processo civil*. 8. ed. Porto Alegre: Livraria do Advogado, 2013, p. 221 e ss.

**1059** GURVITCH, M. A.. Principios de derecho procesal civil soviético. *Boletín Mexicano de Derecho Comparado*, [S.l.], jan. 1975. ISSN 2448-4873. Disponível em: <https://bit.ly/2L1WeSP>. Acesso em: 26 mar. 2018.

**1060** *Idem, ibidem*.

**1061** DENTI, Vittorio. *La giustizia civile*. Bologna: Il Mulino, 2004, p. 34.

**1062** Convicção íntima, respeitada a consciência socialista, a verdade material, assim como em atenção às "normas da verdade socialista e da justiça". Assim: VISHINSKI, Andrei. *A prova judicial no direito soviético*: com o estudo crítico dos atuais sistemas probatórios na teoria e na prática. Trad. Roberto Pereira de Vasconcelos. Rio de Janeiro: Editora Nacional de Direito Ltda., 1957, p. 06-34.

no órgão judicial, ao qual competia papel fundamental, sem prejuízo da colaboração das partes, cujo figurino era ditado pelo tribunal.[1063] Modelo que foi considerado exemplo perfeito de processo civil "publicizado" e inquisitório. É o que registrava Denti, em alusão às palavras de Calamandrei.[1064]

O cenário acima descrito foi o berço da "cooperação" entre juiz e partes (princípio básico do processo socialista), desvirtuando-o enquanto autêntica contenda em que os sujeitos parciais, civilizadamente, lutam por aquilo que acreditam. O procedimento judicial foi transformado em "âmbito" de cooperação entre os sujeitos à tutela dos interesses do Estado.[1065] Inclusive, desse princípio da colaboração já eram extraídas funções assistenciais do magistrado sustentadas ainda hoje (v.g., dever de auxílio), e o dever das partes em proceder com veracidade e integridade (≠ dever de probidade e de lealdade). "La situación es muy curiosa. El juez debía ser parcial en la búsqueda de la verdad, pero los abogados de las partes debían ser imparciales. Como decimos el mundo al revés." [1066]

Também na Viena do séc. XIX foi desenvolvida a concepção rotulada de "fascista", pois comprometida com a dignidade do Estado (primazia da autoridade e dignidade estatal). Franz Klein é apontado por Montero Aroca como o grande fautor dessa concepção. Sendo dispensável a reprodução das linhas fundamentais das prédicas do ministro austríaco, repise-se sua concepção de processo como "mal social", concebendo-o como uma espécie de procedimento administrativo em que interesses individuais e sociais eram tutelados; ambas as classes de interesses veladas pelo magistrado.

Ao longo de um século, Montero Aroca também aponta o surgimento da visão nazista de processo, por ele caracterizada como intermédia entre a comunista e a fascista. Nesse caso, a tática não fora a edição de outra codificação processual civil, tendo se operado a apropriação ideológica da *Ordenanza* alemã de 1877 por meio da acentuação da "comunidade do povo". Também nessa perspectiva houve a intenção

---

**1063** GURVITCH, M. A., *op. cit.*

**1064** DENTI, Vittorio. *La giustizia civile.* Bologna: Il Mulino, 2004, p. 35.

**1065** AROCA, Juan Montero. *La paradoja procesal del siglo XXI: los poderes del juez penal (libertad) frente a los poderes del juez civil (dinero).* Valencia: Tirant lo Blanch, 2014, p. 36-41.

**1066** *Idem, ibidem,* p. 41.

de transformar o procedimento em mera jurisdição voluntária. Os juízes eram incumbidos de tutelar o direito objetivo, preservando os interesses do Estado nazi.[1067]

Embebida do publicismo, a assepsia do direito processual começou a ser levada a efeito pela processualística. Tudo que era ideológico ou político passou a ter roupagem técnica ou científica. Precisamente, vimos que foi o que ocorreu com os poderes dos magistrados, cujo discurso a favor se blindava na tutela do direito objetivo, verdade material etc. O processo não estava a serviço das partes; relegado a fiel instrumento dos interesses estatais, oportuniza(ria) a reafirmação do direito objetivo.[1068]

Paralelamente, os sistemas de realização do direito penal evoluíram. O autoritarismo presente no período inquisitivo, no qual não é possível dissertar a existência de um processo (em sentido técnico e de garantia),[1069] restou superado. Cedeu espaço ao surgimento do processo penal (= acusatório). O acúmulo de funções na mesma pessoa ou órgão (investigar, acusar e julgar) e a ausência de garantias, impede que se vislumbre autêntico processo nas experiências históricas inquisitivas. Gradualmente, resgatou-se a perspectiva de que o processo se interpõe entre indivíduo e Estado, reconfigurando-se como garantia do cidadão. Registrando a indisponibilidade dos interesses tutelados pelo procedimento penal, visto que idôneo a constranger a liberdade do indivíduo.[1070]

A conquista se espraiou pela Europa nos fins do séc. XIX. Aos propósitos de delineamento do paradoxo, tal como pontuado por Montero Aroca, desnecessário recontar o que ocorreu ao procedimento penal

---

**1067** *Idem, ibidem*, p. 41.

**1068** *Idem, ibidem*, p. 52-53.

**1069** AROCA, Juan Montero. *El derecho procesal en el siglo XX*. Valencia: Tirant lo Blanch, 2000, p. 106. Para ele, a ideia de um "processo inquisitivo" é uma *contradictio in terminis. Idem, ibidem*, p. 107. Daí porque, o mesmo autor fala na existência de dois sistemas de atuação da lei penal, mas que apenas um deles seria processual (acusatório). cf. AROCA, Juan Montero. *Principios del proceso penal*: una explicación basada en la razón. Buenos Aires: Astrea, 2016, p. 28-29.

**1070** No tocante aos fundamentos filosóficos e os primeiros passos dessa evolução: MERRYMAN, John Henry. *La tradición jurídica romano-canónica*. Trad. Eduardo Suárez. México: Fondo de Cultura Económica, 1989, p. 233-247.

com a chegada do totalitarismo na primeira metade do séc. XX.[1071] Também é dispensável seguir caminhando com ele na análise da experiência espanhola, visto que desbordante de nossa análise. Em conclusão, o processualista espanhol manifesta sua perplexidade diante do "progresso" da processualística civil rumo à iniciativa probatória dos magistrados, ao passo que na seara criminal, por desdobramento da imparcialidade, o mesmo poder foi tolhido.[1072] Mas a imparcialidade – para ser mais preciso, no ponto, a incompatibilidade de funções – é uma garantia ínsita ao fenômeno processual ou estaria restrita ao âmbito criminal? Para Montero Aroca, tendo em mente o fundo econômico dos conflitos civis e a emergência da liberdade e da honra no processo penal, o que é assumido apenas como regra (geral), a reviravolta não se justificaria.[1073]

Sem percorrer os reflexos de regimes totalitários em alguns países da Europa, passemos a refletir a temática na experiência brasileira. Editado na fase mais "dura" da Era Vargas (Estado Novo), nosso Código de Processo Penal (CPP) de 1941 foi inspirado no correspondente dos tempos de Mussolini (CPP/1930). Suficiente a consulta da *Exposição de Motivos*,[1074] subscrita pelo então Ministro Francisco Campos. Embebido pelo publicismo, na exposição é proclamada a inspiração do código na tutela do "interesse social", em detrimento dos interesses do indivíduo,[1075] tal como fez o Código Rocco

---

**1071** AROCA, Juan Montero. *La paradoja procesal del siglo XXI: los poderes del juez penal (libertad) frente a los poderes del juez civil (dinero)*. Valencia: Tirant lo Blanch, 2014, p. 59-60.

**1072** AROCA, Juan Montero. *Los principios políticos de la nueva Ley de Enjuiciamiento Civil:* los poderes del juez y la oralidad. Valencia: Tirant lo Blanch, 2001, p. 123-124.

**1073** AROCA, Juan Montero. *La paradoja procesal del siglo XXI: los poderes del juez penal (libertad) frente a los poderes del juez civil (dinero)*. Valencia: Tirant lo Blanch, 2014, p. 100.

**1074** OLIVEIRA, Eugênio Pacelli de. *Curso de Processo Penal*. 8. ed. Rio de Janeiro: Editora Lumen Juris, 2007, p. 05.

**1075** Nas palavras do redator do código: [...]. Urge que seja abolida a injustificável primazia do interesse do indivíduo sobre o da tutela social. Não se pode continuar a contemporizar com pseudodireitos individuais em prejuízo do bem comum." Exposição de motivos do Código de Processo Penal. Item I.

(1930).[1076] Tudo isso, sem perder de vista que o CPP/1941 não foi obra do Congresso brasileiro, senão ato unilateral de Getúlio Vargas (Decreto-lei nº 3.689, de 03 de outubro de 1941).[1077]

Na redação originária, o CPP foi considerado um símbolo do autoritarismo; um código na contramão da democracia. As afirmações não são levianas, espelhando características nele presentes, com destaque às seguintes: preordenação à descoberta da verdade material (*rectius*: busca);[1078] o interrogatório era considerado meio de prova e não de defesa (autodefesa); o silêncio era interpretado em prejuízo do acusado;[1079] juízes obrigados a recorrer de ofício de determinadas decisões absolutórias; a primeira fase da persecução penal poderia começar por requisição do magistrado; togados dotados de amplos poderes instrutórios autônomos; existência de procedimentos judicialiformes; recolhimento ao cárcere como requisito de admissibilidade da apelação contra a sentença condenatória etc. Em vista da acolhida da oralidade pelo CPC/39, o CPP foi censurado por não ter seguido o mesmo caminho.[1080] Sob cenário de "leitura fraca" dos direitos processuais fundamentais, esses e outros fatores concorreram à consagração do sistema inquisitivo. A faceta autoritária fez com que o acusado fosse tratado como objeto, jamais sujeito de direitos.[1081]

---

**1076** AROCA, Juan Montero. *El derecho procesal en el siglo XX*. Valencia: Tirant lo Blanch, 2000, p. 114.

**1077** CHOUKR, Fauzi Hassan. *Iniciação ao processo penal*. 2. ed. Florianópolis: Tirant lo Blanch, 2018, p. 22.

**1078** Ainda hoje se fala em uma "doentia ambição de verdade", em manifesto desprezo do sistema constitucional. Ver a importante crítica de: KHALED JR., Salah. A ambição de verdade e a permanência do autoritarismo processual penal. *Revista da EMERJ,* Rio de Janeiro, v. 18, n. 67, p. 340 - 355, jan. - fev. 2015. Refletindo o mesmo tema em diálogo (e crítica) com um ensaio de Carnelutti: COUTINHO, Jacinto Nelson de Miranda. Glosas ao "Verdade, Dúvida e Certeza", de Francesco Carnelutti. *Empório do Direito,* Leitura, Florianópolis. Disponível em: <https://bit.ly/2xKSUK5>. Acesso em: 18 fev. 2018.

**1079** OLIVEIRA, Eugênio Pacelli de. *Curso de Processo Penal*. 8. ed. Rio de Janeiro: Editora Lumen Juris, 2007 p. 06-07.

**1080** MARQUES, José Frederico. *Elementos de direito processual penal*. Campinas: Bookseller, 1998, v. 1, p. 75.

**1081** Sobre o CPP/1941 e sua estrutura inquisitiva: COUTINHO, Jacinto Nelson de Miranda. Sistema acusatório: cada parte no lugar constitucionalmente demarcado. *Revista de informação legislativa,* v. 46, n. 183, p. 103-115, jul./set. 2009.

Posto que ainda vigente, o Código de Processo Penal passou por sucessivas reformas que aperfeiçoaram o sistema procedimental penal e, mais importante, desde o advento da CF/1988 tem enfrentado um filtro constitucional-hermenêutico.[1082] O modelo instituído pela Constituição não recepcionou as disposições normativas que embasavam o protagonismo judicial e/ou surrupiavam garantias das partes (imparcialidade, direito de defesa, direito ao silêncio etc.). Daí a doutrina ter defendido a existência de um modelo acusatório[1083] – não negligenciando as críticas à precisão do termo –,[1084] sem embargo da insistência de alguns autores (com ares de teimosia) em defesa de um sistema misto.[1085] Justifique-se

---

**1082** Em repulsa à espetacularização do procedimento penal e aos ranços da tradição autoritária, no diálogo com Rubens Casara. A espetacularização do processo penal. *Revista Brasileira de Ciências Criminais- RBCCRIM,* Instituto Brasileiro de Ciências Criminais, São Paulo, RT, v. 122, ago. 2016.

**1083** MARQUES, José Frederico. *Elementos de direito processual penal.* Campinas: Bookseller, 1998, v. 1, p. 12; TOURINHO FILHO, Fernando da Costa. *Processo Penal.* 30. ed. rev. e atual. São Paulo: Saraiva, 2008, V. 1, p. 94; CHOUKR, Fauzi Hassan. A ordem constitucional e o processo penal. *Revista Brasileira de Ciências Criminais,* São Paulo, RT, v. 8, p. 57-68, out.-dez. 1994; JARDIM, Afrânio Silva. *Direito Processual Penal.* 11. ed. rev. e atual. Rio de Janeiro: Forense, 2007, p. 189; MIRABETE, Julio Fabbrini. *Processo Penal.* 18. ed. São Paulo: Atlas, 2007, p. 22; FERNANDES, Antonio Scarance. *Processo Penal Constitucional.* 5. ed. São Paulo: RT, 2007, *passim;* OLIVEIRA, Eugênio Pacelli de. *Curso de Processo Penal.* 8. ed. Rio de Janeiro: Editora Lumen Juris, 2007, *passim*; RANGEL, Paulo. *Direito Processual Penal.* 13. ed. rev., atual. e ampl. Rio de Janeiro: Lumen Juris, 2007, p. 49; GOMES FILHO, Antonio Magalhães. "Provas". *As reformas no processo penal:* as novas Leis de 2008 e os projetos de reforma. Maria Theresa Rocha de Assis Moura (coord.) São Paulo: Revista dos Tribunais, 2008, p. 253; LOPES Jr., Aury. *Direito processual penal:* e sua conformidade constitucional. 3. ed. Rio de Janeiro: Lumen Juris, 2008, v. 1, *passim*; LIMA, Marcellus Polastri. *Curso de processo penal.* 3. ed. Rio de Janeiro: Lumen Juris, 2006, v. 1, p. 33; CAMARGO, Margarida Lacombe; MOREIRA, Eduaro Ribeiro. Sistemas processuais penais à luz da Constituição. *Revista de Direito Constitucional e Internacional,* São Paulo, RT, v. 97, p. 73-91, set.-out. 2016; CHOUKR, Fauzi Hassan. *Iniciação ao processo penal.* 2. ed. Florianópolis: Tirant lo Blanch, 2018, p. 27 e 40.

**1084** AROCA, Juan Montero. *La paradoja procesal del siglo XXI: los poderes del juez penal (libertad) frente a los poderes del juez civil (dinero).* Valencia: Tirant lo Blanch, 2014, p. 88-97.

**1085** TORNAGHI, Hélio Bastos. *Curso de processo penal.* 10. ed. atual. São Paulo: Saraiva, 1997, V. 1. p. 18; NUCCI, Guilherme de Souza. *Manual de processo penal e execução penal.* 3. Ed. rev., atual. e ampl. São Paulo: Editora Revista dos Tribunais, 2007, p. 558; BONFIM, Edilson Mougenot. *Curso de processo penal.* 2. ed. rev., atual. e ampl. São Paulo: Saraiva, 2007, p. 30; ZILLI, Marcos Alexandre Coelho. *A inicia-*

a menção à teimosia com a absurda "fusão" interpretativa sugerida por um determinado setor doutrinário (CPP + CF/1988) – como se ostentassem o mesmo patamar na ordem jurídica –, donde se chegaria à conclusão do perfil misto do modelo.[1086] Nada mais equivocado. Sabido que o surgimento de uma nova ordem constitucional suscita o exame de compatibilidade da legislação então vigente, a qual poderá ser recepcionada ou não. A título de ilustração, o Código Rocco continuou em vigor após a promulgação da Constituição italiana de 1947, mas a Corte Constitucional não reconheceu a constitucionalidade de algo em torno de 130 artigos dele.[1087] Adicionalmente, sem negligenciar a possibilidade do controle de convencionalidade.

Apontada por Dinamarco como uma das principais conquistas do processo penal,[1088] no novo modelo (acusatório) a doutrina é enfática ao defender a supressão dos poderes instrutórios, cravando a impossibilidade absoluta de seu exercício oficioso; eventualmente, no que nos afigura concessão indevida, seu caráter residual.[1089] Tal como estudado em linhas anteriores, outro (antagônico) é o cenário vigente no processo civil. Restaria indagar o porquê da "modernização" do direito processual ter levado ao robustecimento do magistrado cível e à debilitação dos juízes criminais em matéria de direito probatório. A se pensar em comarcas de vara única do interior de nosso país, a reflexão ganha contornos cômicos, não fossem trágicos.

Em ensaio comparativo da moderna evolução dos processos penal e civil, após rechaçar a distinção entre esses ramos pautada na dicotomia verdade formal e material,[1090] Barbosa Moreira enfrentava a separação

---

*tiva instrutória do juiz no processo penal.* São Paulo: Editora Revista dos Tribunais, 2003, p. 175.

**1086** NUCCI, Guilherme de Souza. *Manual de processo penal e execução penal.* 3. Ed. rev., atual. e ampl. São Paulo: Editora Revista dos Tribunais, 2007, p. 104.

**1087** AROCA, Juan Montero. *El derecho procesal en el siglo XX.* Valencia: Tirant lo Blanch, 2000, p. 116.

**1088** DINAMARCO, Cândido Rangel. *A instrumentalidade do processo.* 12. ed. São Paulo: Malheiros, 2005, p. 96.

**1089** GOMES FILHO, Antonio Magalhães. "Provas". *As reformas no processo penal:* as novas Leis de 2008 e os projetos de reforma. Maria Theresa Rocha de Assis Moura (coord.) São Paulo: Revista dos Tribunais, 2008, p. 260.

**1090** A crítica é engrossada em outro ensaio de Barbosa Moreira: "Breves observaciones sobre algunas tendencias contemporáneas del proceso penal". In: *Temas de direito processual (sétima série).* São Paulo: Saraiva, 2001, p. 217.

alicerçada nas possíveis consequências advenientes (dos procedimentos) em cada uma dessas searas. Também nesse caso, concluía pela fragilidade da distinção, visto que uma demanda criminal poderia ter resultado diverso da privação da liberdade, a exemplo de sanções exclusivamente pecuniárias. Outrossim, destacava que os corolários não patrimoniais de uma condenação civil poderiam ser gravíssimos para o réu, figurando a destituição do poder familiar. Sem embargo, apontava que legisladores e juristas atribuíam mais largueza à busca de esclarecimentos dos enunciados de fato em âmbito criminal.[1091] De sua parte, anotava a propensão ao aprimoramento dos mecanismos de prova no procedimento civil, no afã de otimizar a correspondência entre a "fundamentação *in facto* da sentença e a realidade histórica." Invocava, então, quatro sinais dessa suposta evolução: i) decadência do princípio da enumeração taxativa das provas utilizáveis; ii) incremento dos poderes judiciais instrutórios; iii) redução gradual (eventualmente, abandono) das reminiscências do sistema da "prova legal";[1092] por último, iv) o dever geral de colaboração para a cabal apuração dos fatos aos membros da coletividade. Tudo isso a denotar que a verdade, ainda que imperfeita, limitada ou aproximativa, "tosca que seja", teria alcançado mais importância que no passado.[1093]

Já ao percorrer os rumos do procedimento penal, apreensivo, Barbosa Moreira apontava trilho diverso. Duas circunstâncias escoravam a percepção: i) a restrição dos poderes materiais dos juízes; ii) e a limitação do julgamento aos meios probatórios produzidos em juízo, via de regra, rejeitando-se a valoração de elementos hauridos na fase preliminar. Em reforço, aduzia o instituto "despenalizador" da transação penal, em que a aplicação de pena ocorre descolada da apuração da responsabilidade criminal. De tudo isso, concluía que na seara processual penal, ainda que "imperfeita, limitada, aproximativa, tosca", a verdade estava perdendo a importância.[1094]

Todas essas questões teriam motivado a reconfiguração do papel dos sujeitos processuais no procedimento penal e no civil (rearranjo do "formalismo processual"), superando-se a concepção tradicional

---

**1091** MOREIRA, José Carlos Barbosa. "Processo civil e processo penal: mão e contramão?". In: *Temas de direito processual (sétima série)*. São Paulo: Saraiva, 2001, p. 202.

**1092** O autor tomava o termo em sinonímia ao sistema da prova tarifada.

**1093** *Idem, ibidem,* p. 209

**1094** *Idem, ibidem,* p. 209.

que sobrelevava as partes no cível e o magistrado no processo-crime. Criticando a equivocidade dos termos, ainda nas pegadas de Barbosa Moreira, dizia então que a doutrina tradicional assentava as diferenças entre os procedimentos nos princípios dispositivo e inquisitivo. Inclusive, creditava o enfraquecimento dos magistrados criminais ocorrido em países europeus aos excessos inquisitoriais perpetrados no antigo sistema do "juiz de instrução", ausente no Brasil. Segundo ele, a propensão chegaria ao ponto de, em nome da equidistância, estudiosos terem sustentado que o juiz criminal não deveria ter qualquer conhecimento dos fatos até a sessão de julgamento, mantendo seu espírito aberto à produção de provas e à força persuasiva das argumentações.[1095] Com fina ironia, condenava a suposição de que esse procedimento seria importante para neutralizar pré-juízos inconscientes do julgador.[1096]

Retomando a crítica ao pensamento que associa a quebra de imparcialidade à iniciativa probatória dos magistrados – o diálogo permanece com Barbosa Moreira –, a busca da verdade não guardaria relação com a parcialidade, cujo remédio contra eventuais desvios se confundiria ao respeito à fundamentação e ao contraditório (*abusus non tollit usus*).[1097] Ao final do mesmo ensaio, o doutrinador reiterava sua "pouca (ou nenhuma) simpatia" pela forçosa diminuição do papel do juiz criminal, sem se preocupar em responder a interrogação contida no título,[1098] sugerindo que o processo civil penderia à "publicização" e

---

**1095** No original: "[…]. É provável que, em países europeus, essa linha evolutiva se explique como reação a eventuais excessos de 'inquisitorialismo' ocorridos sob o antigo sistema do 'juiz de instrução' – jamais adotado, diga-se de passagem, no Brasil." MOREIRA, José Carlos Barbosa. "Processo civil e processo penal: mão e contramão?". In: *Temas de direito processual (sétima série)*. São Paulo: Saraiva, 2001, p. 212.

**1096** No escólio do autor: "[…]. Hasta se supone, con un optimismo envidiable, que tal procedimiento sea capaz de neutralizar los prejuicios *inconscientes* del juzgador." MOREIRA, José Carlos Barbosa. "Breves observaciones sobre algunas tendencias contemporáneas del proceso penal". In: *Temas de direito processual (sétima série)*. São Paulo: Saraiva, 2001, p. 220-221.

**1097** MOREIRA, José Carlos Barbosa. "Breves observaciones sobre algunas tendencias contemporáneas del proceso penal". In: *Temas de direito processual (sétima série)*. São Paulo: Saraiva, 2001, p. 220-221.

**1098** Interrogação semelhante é feita em outro ensaio de Barbosa Moreira: "Breves observaciones sobre algunas tendencias contemporáneas del proceso penal". In: *Temas de direito processual (sétima série)*. São Paulo: Saraiva, 2001, p. 219.

o penal à "privatização".[1099] Incrédulo, lamentava a transformação do magistrado criminal em um "convidado de pedra".[1100]

Tirante os pré-juízos oriundos das sucessivas ondas de publicização do direito processual (Capítulos 2 e 3), fruto da exacerbação ou mesmo deturpação da natureza pública do direito processual, a pugna de Barbosa Moreira também esbarra nas conquistas epistemológicas e filosóficas analisadas alhures (Capítulos 4 e 5). Por outro lado, não se tem notícia de semelhante escrutínio histórico por outros expoentes de nossa doutrina processual.

---

**1099** MOREIRA, José Carlos Barbosa. "Processo civil e processo penal: mão e contramão?". In: *Temas de direito processual (sétima série)*. São Paulo: Saraiva, 2001, p. 215-216.

**1100** MOREIRA, José Carlos Barbosa. "Breves observaciones sobre algunas tendencias contemporáneas del proceso penal". In: *Temas de direito processual (sétima série)*. São Paulo: Saraiva, 2001, p. 227. Em outro ensaio, o mesmo autor tangencia o tema ao falar da quebra do modelo presidencialista de inquirição pela reforma do CPC: O processo penal norte-americano e sua influência. *Revista de Processo*, São Paulo, RT, v. 103, p. 95-107, jul.-set. 2001.

# 6
# A VIRADA GARANTISTA DO DIREITO PROCESSUAL BRASILEIRO

## 6.1. NOTAS SOBRE A CONSTITUCIONALIZAÇÃO DO PROCESSO

### 6.1.1. ESTADO MODERNO (ESTÁGIOS) E GARANTIAS: A TENSÃO ENTRE O MODELO POLÍTICO E O PROCESSUAL

> [...]. Falar do processo à luz do modelo democrático-constitucional importa, antes de mais nada, falar do processo civil *no* (*e do*) Estado em que ele é questionado. Isso quer dizer que toda pergunta sobre o processo civil pressupõe uma pré-compreensão acerca do Estado e da Constituição, o que nem sempre vem explicitado.[1101]

Por não pretendermos a construção de um modelo teórico (ideal), a-histórico e/ou de pretensões universalistas, nossa investida mira a compreensão do modelo de processo brasileiro (constitucional). Certamente, algo que não se desprende da historicidade da teoria do direito processual, mormente por suas bases forjadas no pensar eurocêntrico (Capítulo 2), presente – não raro, "colonialmente" – entre nós. Mas o enraizamento cultural do estudo é assegurado pelo cuidado em percorrer construções de nossa processualística (Capítulos 2, 3 e 5), assim como pelo referente na ordem jurídica brasileira (o estudo é *de lege lata*).

Vimos que o marco temporal da modernidade do direito processual coincide à conquista de sua dignidade científica (final do séc. XIX), pós formação do Estado (moderno), sob a influência do iluminismo e dos valores epistemológicos que se consagraram no campo jurídico moder-

---

**1101** RAATZ, Igor. *Autonomia privada e processo civil:* negócios jurídicos processuais, flexibilização procedimental e o direito à participação na construção do caso concreto. Salvador: JusPodivm, 2017, p. 20.

no: "Positivismo Jurídico", o "Racionalismo Legalista" e a "Codificação Sistematizadora".[1102] O status científico do direito processual precedeu a compreensão holística do fenômeno jurídico, progresso do limiar do século seguinte (XX), por obra de Santi Romano e Hans Kelsen, para citar apenas os principais. Não há a necessidade de aprofundar o tema – o que transbordaria dos propósitos traçados –, mas apenas de reter a premissa. Outros importantes feitos aconteceram nessa esteira.

O desenvolvimento da concepção de Ordenamento Jurídico tem conexão ao Estado-de-Direito e ao constitucionalismo, entre outras noções ocidentais universalizadas pelo paradigma moderno.[1103] No particular, aponta-se a decisiva contribuição francesa ao distinguir as leis constitucionais das ordinárias (sem descurar a noção anterior dos norte-americanos), aportando a ideia de hierarquia dos atos normativos e, posteriormente, combinada a outros componentes, a temática do ordenamento.[1104] Da "junção" da Teoria Geral do Direito com o Direito Constitucional aflorou novel compreensão do fenômeno jurídico – lembrando que a TGD emergiu da experiência secular do direito civil, com temas e institutos fundamentais forjados no direito privado, de aplicação indistinta ao direito –,[1105] desta feita, sob a perspectiva de um todo escalonado (ordenamento); tendente à ideia de um direito civil constitucional,[1106] com interpretações correlatas em outros ramos.

A mencionada junção produziu reflexos tanto no campo privado ("constitucionalização do direito civil") quanto no público, destaque ao direito processual.[1107] Da perspectiva constitucional e hermenêutica, a

---

**1102** ROCHA, José Elias Dubard de. *Crise cognitiva do processo judicial.* Processualística Sistêmica I. Recife: Nossa Livraria, 2008, p. 40-41.

**1103** SALDANHA, Nelson Nogueira. *Formação da teoria constitucional.* Rio de Janeiro: Forense, 1983, p. 18-19. Do mesmo autor: *O estado moderno e o constitucionalismo.* São Paulo: José Bushatsky, 1976, p. 45.

**1104** SALDANHA, Nelson. *Filosofia do direito.* 2. ed. rev. e ampl. Rio de Janeiro: Renovar, 2005, p. 93.

**1105** SALDANHA, Nelson Nogueira. *Formação da teoria constitucional...,* p. 171-172.

**1106** SALDANHA, Nelson Nogueira. "As ideias constitucionais em perspectiva histórica." In: *História do Direito e do Pensamento Jurídico em perspectiva.* Cláudio Brandão, Nelson Saldanha e Ricardo Freitas (orgs.). São Paulo: Atlas, 2012, p. 219-225.

**1107** Sobre o tema, destacando que no caso do direito processual a constitucionalização não teve o mesmo impacto (aduzindo que as rupturas não teriam sido tão intensas), por já "pertencer" ao direito público, ver: RAATZ, Igor. *Autonomia privada e processo civil:* negócios jurídicos processuais, flexibilização procedimental e o di-

mudança enfraqueceu os lindes da *summa divisio* público e privado, uma vez que a conformação constitucional se impôs a todos os ramos, fundamento último de validade e unidade da ordem jurídica. Sob o prisma constitucional, tornou-se imperativo que a "catedral jurídica" (ordenamento) se organizasse como "sistema", sotoposto da Constituição.[1108]

O cenário acima descrito assinala o início do movimento constitucionalista, cujo mote foi a limitação do Estado pela ordem jurídica (uma resposta ao "poder" governamental indiviso, primeiro estágio do Estado moderno),[1109-1110] em "conexão vital" ao liberalismo e depositário de influxos iluministas.[1111] Direitos outrora pertencentes à ordem natural (pressuposta) consoante a prédica jusnaturalista, tornaram-se inerentes ao homem na sociedade (civil). Por esse motivo as constituições proclamavam direitos e demarcavam poderes (exigência do liberalismo para evitar que, fundindo-se, descambassem no despotismo),[1112] explicitando a legalidade e organizando as garantias, fundamento do próprio existir estatal.[1113]

---

reito à participação na construção do caso concreto. Salvador: JusPodivm, 2017, p. 109-127.

**1108** GOYARD-FABRE, Simone. *Os fundamentos da ordem jurídica.* Trad. Claudia Berliner. São Paulo: Martins Fontes, 2007, p. 111-112.

**1109** Um Estado que não "'negava' os direitos individuais, pois estes não tinham então presença histórica para serem negados." SALDANHA, Nelson Nogueira. *O estado moderno e a separação de poderes.* São Paulo: Saraiva, 1987, p. 47.

**1110** Nicola Picardi aborda essa mudança (advento do Estado absoluto) na seara do processo, aludindo à apropriação do *ordo iudiciarius* (exemplo de ordem isonômica) por Luís XIV, na França, quando o processo perde sua característica extra-estatal; soberano da época, Luís XIV reivindicou para si o "monopólio da legislação em matéria processual." *Jurisdição e processo.* Org. e Rev. Técnico Trad. Carlos Alberto Alvaro de Oliveira. Rio de Janeiro: Forense, 2008, p.69 e ss.

**1111** SALDANHA, Nelson. *O estado moderno e o constitucionalismo.* São Paulo: José Bushatsky, 1976, p. 44 e ss.; SALDANHA, Nelson Nogueira. *O estado moderno e a separação de poderes.* São Paulo: Saraiva, 1987, p. 46; RAATZ, Igor. *Autonomia privada e processo civil:* negócios jurídicos processuais, flexibilização procedimental e o direito à participação na construção do caso concreto. Salvador: JusPodivm, 2017, p. 58.

**1112** SALDANHA, Nelson Nogueira. *O estado moderno e a separação de poderes...* p. 04-05.

**1113** *Idem, ibidem,* p. 42 e 47; SALDANHA, Nelson Nogueira. Estado, Jurisdição e Garantias: um capítulo de história constitucional. *Revista da Faculdade de Direito da Universidade de São Paulo.* São Paulo, v. 74, p. 139-152, 1979.

O "constitucionalismo moderno" repousa na ideia básica de submissão estatal à norma positiva – constituições escritas em correlação aos códigos escritos –,[1114] vinculação dos poderes e subsistência de previsões e certezas ao convívio com o poder.[1115-1116] Na gradual passagem ao Estado constitucional, o Estado liberal ficaria intrinsecamente limitado (globalmente organizado mediante a estruturação de funções, competências e garantias).[1117] Em resumo, o "liberalismo fez do indivíduo base da sociedade, fez da liberdade base da ordem política e fez das garantias núcleo da constituição."[1118]

As insatisfações sociais mergulharam o Estado liberal em crise; a reboque, a teoria constitucional respectiva e o modelo de legalidade então engendrado. Saturado por não atender aos problemas emergentes, o "conteúdo" liberal foi sucedido pelo social.[1119] E conquanto aquele modelo estatal tivesse sido suplantado, os "valores" liberais persistiram, assim a técnica legislativa, a ordem constitucional e a separação de poderes.[1120] Se o Estado liberal exagerou no "valor" ordem (segurança, estabilidade, continuidade), o Estado social exageraria no valor igualdade – daí os "ismos", no magistério de Nelson Saldanha, a um só tempo, signo da força e da fraqueza.[1121]

---

**1114** SALDANHA, Nelson Nogueira. O poder judiciário e a interpretação do Direito. *Revista da Faculdade de Direito da Universidade Federal de Minas Gerais.* Belo Horizonte, v. 31 (30/31), p. 47-59, 1987-1988.

**1115** SALDANHA, Nelson Nogueira. *O estado moderno e a separação de poderes...* p. 04-05.

**1116** Lenio Streck associa o constitucionalismo à limitação do poder mediante a "concepção de mecanismos aptos a gerar e garantir o exercício da cidadania." *Dicionário de Hermenêutica:* quarenta temas fundamentais da Teoria do Direito à luz da Crítica Hermenêutica do Direito. Belo Horizonte: Letramento, 2017, p. 37.

**1117** SALDANHA, Nelson Nogueira. *O estado moderno e a separação de poderes.* São Paulo: Saraiva, 1987, p. 38, 42 e 119.

**1118** SALDANHA, Nelson Nogueira. Estado, Jurisdição e Garantias: um capítulo de história constitucional. *Revista da Faculdade de Direito da Universidade de São Paulo.* São Paulo, v. 75, p. 53-65, 1980.

**1119** SALDANHA, Nelson. *O estado moderno e o constitucionalismo....* p. 74-76.

**1120** SALDANHA, Nelson Nogueira. *O estado moderno e a separação de poderes...* p. 63-64.

**1121** *Idem, ibidem,* p. 30.

Com a chegada do Estado social ocorreu o incremento dos serviços públicos e o aumento da responsabilidade do Executivo, impulsionando sua atuação sobre a esfera particular;[1122] mesmo porque, a concretização de novos direitos (proclamados) passava ao largo de simples abstenções (prestações negativas), reclamando prestações positivas (a alteração do conteúdo redimensionou a atividade estatal). Rememorando colocações anteriores no tocante aos influxos políticos de que o modelo processual é depositário (Capítulo 5, item 5.5), importante observar que o Estado social se apresentou na forma de democracia e também na de autocracia (ora ditatorial, ora sob o extremo totalitário).[1123]

Por fim, o Estado social seria sucedido pelo democrático, alcançando o que é tratado, por assim dizer, como seu arranjo "definitivo", sem embargo das necessárias reinvenções. E mesmo na forma democrática contém traços liberais e sociais. Tal como nos demais estágios, o Estado democrático se presta a responder problemas específicos, com destaque à participação e ao pluralismo.

Favorecidas com o desenvolvimento do direito escrito e a pugna liberal ao poder ilimitado,[1124] as garantias foram historicamente construídas ao balizamento do poder. A própria democracia pode ser entendida como tal, sendo suficiente pensar que no Estado social os cidadãos eram simples destinatários das políticas públicas, não se lhes reconhecendo autonomia (pública e privada), tampouco participação.[1125] Tendo atravessado os diferentes estágios do Estado moderno, elas (garantias) têm se enriquecido com a experiência, visto que constantemente desafiadas pelos abusos de poder (arbítrio). Mesmo porque, são avessas a ele; demarcando limites, são orientadas a coibir excessos.[1126]

---

**1122** *Idem, ibidem,* p. 58.

**1123** *Idem, ibidem,* p. 65. Em sentido similar: BONAVIDES, Paulo. *Do estado liberal ao estado social.* 5. ed. Belo Horizonte: Del Rey, 1993, p. 181.

**1124** SALDANHA, Nelson Nogueira. Estado, Jurisdição e Garantias: um capítulo de história constitucional. *Revista da Faculdade de Direito da Universidade de São Paulo.* São Paulo, v. 75, p. 53-65, 1980.

**1125** cf. RAATZ, Igor. *Autonomia privada e processo civil:* negócios jurídicos processuais, flexibilização procedimental e o direito à participação na construção do caso concreto. Salvador: JusPodivm, 2017, p. 92 e ss. A crítica deve ser tomada com temperamentos, haja vista sua abrangência.

**1126** SALDANHA, Nelson Nogueira. Estado, Jurisdição e Garantias: um capítulo de história constitucional. *Revista da Faculdade de Direito da Universidade de São Paulo.* São Paulo, v. 74, p. 139-152, 1979.

As garantias são de titularidade dos cidadãos, sujeitando o Estado. Cada função estatal é acompanhada de correlatas "posições jurídicas ativas" do cidadão, sob a roupagem de garantias; em resumo, prestam-se ao confinamento do poder em "quadrantes republicanos",[1127] sem as quais não é possível o exercício de cidadania, porque passam a existir apenas "pseudocidadãos", meros "súditos".[1128] Aqui e acolá nota-se a – tentativa de – transformação de garantias do jurisdicionado (do cidadão) em garantias da jurisdição; garantias contrajurisdicionais (processo), sem maiores peias, subvertidas em instrumento estatal.[1129] O tema foi retomado por Luigi Ferrajoli, desenvolvendo uma teoria normativa à base do estado constitucional e idealizada à concretização dos direitos fundamentais.[1130] Sobre não serem condições bastantes (isoladas), no pensamento desse jurista italiano os direitos fundamentais e as respectivas garantias concorreriam à realização do paradigma democrático.[1131]

Sendo certo que o constitucionalismo foi um movimento que se desenhou no séc. XIX, seu fortalecimento – para alguns, consolidação –

---

**1127** Essa é a posição de Eduardo Costa, falando em "garantias contrajurislativas" (ex. controle de constitucionalidade e mandado de injunção); "garantias contra-administrativas" (ex. concurso público e licitação); "garantias contrajurisdicionais" (ex. juiz natural e ampla defesa). A advocacia como garantia de liberdade dos jurisdicionados. *Empório do Direito,* Florianópolis, Coluna ABDPro, 09 mai. 2018. Disponível em: <https://bit.ly/2INePRI>. Acesso em: 10 mai. 2018.

**1128** COSTA, Eduardo. Notas para uma garantística. *Empório do Direito,* Florianópolis, Coluna ABDPRo, 04 jul. 2018. Disponível em: <https://bit.ly/2Kwc-WxK>. Acesso em: 04 jul. 2018.

**1129** Para exemplificar a nossa crítica, tratando do devido processo legal, Ada Pellegrini sustentava que: "Garantias, não apenas das partes, mas sobretudo da jurisdição: porque se, de um lado, é interesse dos litigantes a efetiva e plena possibilidade de sustentarem suas razões, de produzirem suas provas, de influírem concretamente sobre a formação do convencimento do juiz, do outro lado essa efetiva e plena possibilidade constitui a própria garantia da regularidade do processo, da imparcialidade do juiz, da justiça das decisões." As garantias constitucionais do processo nas ações coletivas. *Revista da Faculdade de Direito da Universidade de São Paulo.* São Paulo, v. 82, p. 180-197, 1987.

**1130** COPETTI NETO, Alfredo. *A democracia constitucional sob o olhar do garantismo.* Florianópolis: Empório do Direito, 2016, p. 23.

**1131** *Idem, ibidem,* p. 24.

se operou no século seguinte.[1132] As duas grandes guerras reescreveram o curso da história e, como sói, impactaram no entendimento das funções/limites do Estado (na própria compreensão do Estado-de-direito). A crueldade e horror experimentados pela humanidade naqueles períodos conduziu ao reajuste do constitucionalismo no segundo pós-guerra, dissertando-se o Constitucionalismo Contemporâneo –[1133] na expressão de Streck –, consistente no "redimensionamento da práxis político-jurídica" realizada pelo advento do Estado Democrático de Direito, em paralelo às reformulações na teoria do Direito (teoria das fontes, teoria da norma, teoria da interpretação e teria da decisão). Por esse motivo o doutrinador ensina que o redimensionamento se operou em dois níveis (teoria do estado e da Constituição e da teoria do Direito).[1134]

Naquilo de interesse, por força do Constitucionalismo Contemporâneo princípios e regras processuais foram elevados ao patamar constitucional, assim como o controle de constitucionalidade foi alçado à condição de instituto central em muitos ordenamentos.[1135] Sobre o pri-

---

**1132** Assim: CAPPELLETTI, Mauro. Algunas reflexiones sobre el rol de los estudios procesales en la actualidad. *Revista de Processo,* São Paulo, RT, v. 64, p. 145-157, out.-dez., 1991.

**1133** Alguns autores preferem o termo neoconstitucionalismo para caracterizar esse período e as principais mudanças. Para uma crítica à ambiguidade do termo neoconstitucionalismo, assim como a outros problemas carreados por essa perspectiva, mormente em sua combinação ao instrumentalismo processual, ver: STRECK, Lenio. Contra o neoconstitucionalismo. *Constituição, Economia e Desenvolvimento:* Revista da Academia Brasileira de Direito Constitucional. Curitiba, n. 4, p. 9-27, jan.-jun. 2011. Em reforço da crítica, ver o trabalho de Abboud e Oliveira, os quais sustentam que no Brasil, o neoconstitucionalismo consiste em posição teórica antiformalista assemelhada a uma recepção tardia da Jurisprudência dos Valores; uma postura teórica calcada no protagonismo do judiciário à realização dos direitos, assim como na ponderação como alternativa à subsunção e no "império moral dos princípios, entendidos como os valores constitutivos da comunidade", inconfundível ao pós-positivismo, ver: ABBOUD, Georges; OLIVEIRA, Rafael Tomaz de. Neoconstitucionalismo: vale a pena acreditar? *Constituição, Economia e Desenvolvimento:* Revista da Academia Brasileira de Direito Constitucional. Curitiba, v. 7, n. 12, p. 196-214, jan.-jun. 2015.

**1134** *Dicionário de Hermenêutica:* quarenta temas fundamentais da Teoria do Direito à luz da Crítica Hermenêutica do Direito. Belo Horizonte: Letramento, 2017, p. 37.

**1135** CAPPELLETTI, Mauro. Algunas reflexiones sobre el rol de los estudios procesales en la actualidad. *Revista de Processo,* São Paulo, RT, v. 64, p. 145-157, out.--dez., 1991.

meiro aspecto, variadas constituições europeias do segundo pós-guerra estipularam múltiplas garantias, explícita ou implicitamente, de conteúdo processual.[1136] No tocante ao segundo, não apenas por viabilizar a sindicância dos atos estatais à luz da normatividade constitucional, mas a própria existência da fiscalização prestigia o núcleo de direitos e garantias individuais estampadas nas constituições. Em resumo, o controle de constitucionalidade favorece a "supremacia" e a "força normativa" da Constituição. Sem perder de vista, quando miramos a CF/1988, que também nela há número expressivo de garantias processuais; somos dotados de um modelo híbrido de controle de constitucionalidade; e nossa ordem jurídica recepciona o controle de convencionalidade.

Em suma, a era dos códigos foi superada pelo reconhecimento da centralidade da Constituição. Mas o "despertar" à constitucionalidade não estava completo. Foi necessária a incorporação de diferentes garantias (regras e princípios) em seu texto, no caso brasileiro, temperada pelo disciplinamento de temas desbordantes da "essência" constitucional (sugestivo da diferenciação entre "normas" formal e materialmente constitucionais). O caminho permitiu a releitura ou "filtragem constitucional" de inúmeros temas, ganhando força com a positivação do devido processo. Desde então, a Constituição se tornou a condição de possibilidade à compreensão do processo civil.[1137] Como bem pontuado por Nelson Nery Jr., antes do progresso sumariado nas linhas precedentes, era rotineira a atividade interpretativa no seio de um ramo jurídico qualquer, tomando-se a "lei ordinária principal que o regulamentava" em isolada consideração, pois grassava a indiferença com o texto constitucional.[1138]

Ainda que a doutrina se posicionasse por seu reconhecimento implícito,[1139] o advento da CF/1988 fez com que o "devido processo" rece-

---

**1136** BARACHO, José Alfredo de Oliveira. *Processo constitucional.* Rio de Janeiro: Forense, 1984, p. 122.

**1137** cf. RAATZ, Igor. *Autonomia privada e processo civil:* negócios jurídicos processuais, flexibilização procedimental e o direito à participação na construção do caso concreto. Salvador: JusPodivm, 2017, p. 124.

**1138** *Princípios do processo civil na Constituição Federal.* 8. ed. São Paulo: RT, 2004, p. 25.

**1139** Sobre o tema, ver: CASTRO, Carlos Roberto Siqueira. *O devido processo legal e os princípios da razoabilidade e proporcionalidade.* 3. ed. Rio de Janeiro: Forense, 2005, p. 301-302; LIMA, Maria Rosynete Oliveira. *Devido Processo Legal.* Porto Alegre: Sergio Antonio Fabris, 1999, p. 167.

besse tratamento mais denso, desdobrando-se nas diferentes garantias espalhadas no texto constitucional. Não apenas no Brasil.[1140] Aliás, não é ocioso recordar que muitos países da América Latina ensaiavam seus primeiros passos pós redemocratização.[1141] Nada obstante, fração considerável da doutrina persiste encarando o "processo" à margem de sua "substantividade" constitucional, sistematicamente relegado a utensílio do poder, sendo objeto de variadas reflexões analíticas divorciadas do texto da Constituição.

No panorama internacional, Eduardo Couture enfrentou o tema de modo sistemático no ensaio *Las garantías constitucionales del proceso civil*, publicado na *Rivista di Diritto Processuale Civile*, em 1948, reputado um de seus trabalhos mais profundos.[1142] O ensaio desencadeou reflexões em torno da constitucionalização do processo na Itália (décadas de 60 e 70), no Brasil (dos 70 aos 90)[1143-1144] e na América

---

**1140** LEAL, Rosemiro Pereira. *Teoria geral do processo:* primeiros estudos. 2. ed. Porto Alegre: Síntese, 1999, p. 61.

**1141** OTEIZA, Eduardo. El debido proceso y su proyección sobre el proceso civil en América Latina. *Revista de Processo,* São Paulo, RT, ano 34, n. 173, p. 179-200, jul. 2009.

**1142** Foi o que registrou de Santiago Sentis Melendo ao se referir ao trabalho "Las garantías constitucionales del proceso civil.". Do primeiro autor, ver: Couture y su obra procesal. *Revista de la Facultad de Derecho,* n. 16, p. 43-70, 1957. Disponível em: <https://bit.ly/2GWEzJB>. Acesso em: 25 mar. 2018. Em panegírico *post mortem* a Couture, Galeno Lacerda destacava a inestimável contribuição do autor à integração constitucional do direito processual. Presença de Couture. *Revista da Faculdade de Direito da Universidade Federal do Rio Grande do Sul.* Porto Alegre, n. 4, 1958. Disponível em: <https://bit.ly/3avDND1>. Acesso em: 08 mar. 2016. Também enaltecendo o contributo do processualista uruguaio: VIDIGAL, Luis Eulalio de Bueno. O processo civil e a reforma constitucional. *Revista da Faculdade De Direito da Universidade De São Paulo.* São Paulo, v. 54, n. 2, p. 195-211, 1959. Disponível em: <https://bit.ly/2vWQV50>. Acesso em: 23 abr. 2017.

**1143** Para um breve panorama sobre a evolução do *devido processo* na Itália, em sua releitura como "giusto processo", cf.: DENTI, Vittorio. *La giustizia civile.* Bologna: Il Mulino, 2004, p. 71 e ss.

**1144** Com referências mais detalhadas do tema, no exterior e no Brasil, consultar: MITIDIERO, Daniel. As relações entre o processo civil e a Constituição na primeira metada do século XX e sua breve evolução na doutrina processual civil brasileira. *Revista dos Tribunais.* São Paulo, RT, vol. 915, p. 50-60, jan. 2012.

Latina em geral.[1145] Entrevendo fundamentos constitucionais do direito de ação e sensível às garantias (direitos cívicos) – contextualizando à crítica alinhavada no Capítulo 2 –, mesmo Couture não logrou se desvencilhar do "paradoxo de Bülow".[1146] Todavia, é indiscutível que o processualista uruguaio alumiou importante caminho a ser percorrido.

Em âmbito brasileiro, a conformação do direito processual à normatividade constitucional recebeu tratamento pioneiro por João Mendes Jr., seguido de José de Frederico Marques.[1147-1148] Sobre o pensamento do primeiro, tendo em mente a obra sobre processo criminal publicada nos albores do séc. XX – explicativo do trato ainda incipiente do tema –, importa lembrar que as garantias constitucionais processuais "aportaram" primeiramente na justiça penal,[1149] seara em que o "devido processo" desabrochou entre nós (apenas na faceta dita formal).[1150]

---

**1145** BARACHO, José Alfredo de Oliveira. *Processo constitucional*. Rio de Janeiro: Forense, 1984, p. 123; FIX-ZAMUDIO, Héctor. El pensamiento de Eduardo J. Couture y el derecho constitucional procesal.*Boletín Mexicano de Derecho Comparado*, [S.l.], jan. 1977. Disponível em: <https://bit.ly/2C2ax8L>. Acesso em: 06 out. 2016.

**1146** Como registrado alhures, a construção teórica do "paradoxo de Bülow" é de André Cordeiro Leal, assim como a análise crítica (por esse viés) do pensamento do processualista uruguaio. *Instrumentalidade do processo em crise*. Belo Horizonte: Mandamentos, 2008, p. 96-107.

**1147** MARQUES, José Frederico. *Instituições de direito processual civil*. 3. ed. Rio de Janeiro: Forense, 1966, v. I, p. 84-89.

**1148** É o que aponta parcela de nossa doutrina: GRINOVER, Ada Pellegrini. As garantias constitucionais do processo nas ações coletivas. *Revista da Faculdade de Direito da Universidade de São Paulo*. São Paulo, v. 82, p. 180-197, 1987; GRINOVER, Ada Pellegrini. Modernidade do direito processual brasileiro. *Revista da Faculdade de Direito da Universidade de São Paulo*. São Paulo, v. 88, p. 273-298, 1993; BUENO, Cassio Scarpinella. "Bases para um pensamento contemporâneo do direito processual civil". In: *Bases científicas para um renovado direito processual*. Brasília: IDBP, 2008, v. 1, p. 409-422; DINAMARCO, Cândido Rangel. O novo Código de Processo Civil brasileiro e a ordem processual vigente. *Revista de Processo,* São Paulo, RT, v. 247, p. 63-103, set. 2015.

**1149** BARACHO, José Alfredo de Oliveira. Processo e Constituição: o Devido Processo Legal. *Revista da Faculdade de Direito da Universidade Federal de Minas Gerais*. Belo Horizonte, n. 23-25, p. 59-103, 1982. Disponível em: <https://bit.ly/2xweJgg>. Acesso em: 13. fev. 2018.

**1150** CASTRO, Carlos Roberto Siqueira. *O devido processo legal e os princípios da razoabilidade e proporcionalidade*. 3. ed. Rio de Janeiro: Forense, 2005, p. 285 e ss.;

Também festejado no rol de precursores, Frederico Marques encetou debate mais amplo ao preconizar um "modelo constitucional de processo" – quiçá seu trânsito pelos procedimentos civil e penal tenha favorecido o despertar à matéria. Sem embargo, esse autor enxergava o processo como instrumento, método ou técnica,[1151] de modo que a proposta não foi suficiente para guindar ou reconhecer o status constitucional do processo.

Ada Pellegrini Grinover afirmava que o despertar às matrizes constitucionais teria concorrido ao florescimento da fase da instrumentalidade, trazendo consigo o novo método de pensar o processo (focado no resultado junto aos "consumidores de justiça"). De conseguinte, teriam aparecido os estudos de Direito Processual Constitucional, enquanto "método supra-legal de exame dos institutos do processo".[1152] A percepção levou a que se falasse em "Direito Processual Constitucional" e "Direito Constitucional Processual".[1153] No ponto, resgatando a censura de Calmon de Passos, saliente-se que a instrumentalidade não guarda relação de causa e efeito com a constitucionalização; ao revés, o instrumentalismo em geral é antagônico à constitucionalização.

Em conexão ao "Constitucionalismo Contemporâneo", a constitucionalização do processo ocorreu em duas dimensões. A primeira delas pela incorporação de normas processuais ao texto constitucional (característica marcante de constituições ocidentais do segundo pós

---

LIMA, Maria Rosynete Oliveira. *Devido Processo Legal*. Porto Alegre: Sergio Antonio Fabris, 1999, p. 158.

**1151** MARQUES, José Frederico. *Instituições de direito processual civil*. 3. ed. Rio de Janeiro: Forense, 1966, v. I, p. 31 e 32-33.

**1152** GRINOVER, Ada Pellegrini. Modernidade do direito processual brasileiro. *Revista da Faculdade de Direito da Universidade de São Paulo*. São Paulo, v. 88, p. 273-298, 1993.

**1153** GRINOVER, Ada Pellegrini. *Os princípios constitucionais e o Código de Processo Civil*. São Paulo: José Bushatsky Editor, 1975, p. 07; TEIXEIRA, Sálvio de Figueiredo. O processo civil na nova Constituição. *Revista da Faculdade de Direito da Universidade Federal de Minas Gerais*. Belo Horizonte, n. 32, p. 179-190, 1989. Disponível em: <https://bit.ly/2C6tb0K>. Acesso em: 13. fev. 2018. Sem qualquer menção à instrumentalidade, senão trazendo esses enfoques como fruto da aproximação entre processo e Constituição: BARACHO, José Alfredo de Oliveira. *Processo constitucional*. Rio de Janeiro: Forense, 1984, p. 123. Resgatando a origem do "direito constitucional processual": FIX-ZAMUDIO, Héctor. El pensamiento de Eduardo J. Couture y el derecho constitucional procesal.*Boletín Mexicano de Derecho Comparado*, [S.l.], jan. 1977. Disponível em: <https://bit.ly/2C2ax8L>. Acesso em: 06 out. 2016.

guerra, com destaque à consagração do "devido processo" e seus consectários). A seu turno, a segunda dimensão diz respeito ao exame das disposições processuais infraconstitucionais como concretizadoras dos preceitos constitucionais; para tanto, valendo-se do repertório teórico desenvolvido pelos constitucionalistas.[1154] Disso resultaria que o código de processo e as leis processuais extravagantes constituiriam o texto regulamentador da garantia de "justiça" açambarcada na Constituição. Da Constituição à lei "no debe mediar sino un proceso de desenvolvimento sistemático", preceituava Couture, apontando que o "processo penal" havia saído na frente. No já citado trabalho publicado em 1948, registrava que os processualistas civis ainda não haviam iniciado a empresa.[1155]

O advento da CF/1988 foi um divisor de águas no constitucionalismo brasileiro, em especial na primeira dimensão que tratamos acima, ao explicitar a cláusula do devido processo legal.[1156] Assim, observando que essa carta incorporou (explicitou) diferentes garantias processuais em seu texto, desdobradas do devido processo, sensivelmente distante da constituição anterior. No comparativo, a CF/1969 foi apontada como pródiga em garantias penais e "processuais penais", mas econômica (ou canhestra) no tocante às garantias aplicadas ao processo civil.[1157] Suficiente pensar que – não apenas nela, mas também em cartas anteriores (CF/1937, CF/1946 e CF/1967) – a garantia do contraditório era confinada ao procedimento penal.[1158]

---

**1154** MITIDIERO, Daniel Francisco. *Colaboração no processo civil*. São Paulo: RT, 2009, p. 42 e ss. DIDIER JR., Fredie. *Fundamentos do Princípio da Cooperação no Direito Processual Civil Português*. Coimbra: Coimbra Editora, 2010, p. 72-73.

**1155** COUTURE, Eduardo J. *Estudios de Derecho Procesal Civil*: la Constitución y el proceso civil. Buenos Aires: Ediar Editores, 1948, t. I, p. 19-24.

**1156** LIMA, Maria Rosynete Oliveira. *Devido Processo Legal*. Porto Alegre: Sergio Antonio Fabris, 1999, p. 158.

**1157** A observação foi feita por Ada Pellegrini Grinover (*Os princípios constitucionais e o Código de Processo Civil*. São Paulo: José Bushatsky Editor, 1975, p. 14-15), mas é confirmada por outros doutrinadores, a exemplo de Barbosa Moreira (Miradas sobre o processo civil contemporâneo. *Revista de Processo,* São Paulo, RT, v. 79, p. 142-153, jul.-set. 1995).

**1158** BARRETO FILHO, Alberto Deodato Maia. Contraditório e Ampla Defesa. *Revista da Faculdade de Direito da Universidade Federal de Minas Gerais*. Belo Horizonte, n. 33, p. 125-128, 1991. Disponível em: <https://bit.ly/3byQw88>. Acesso em: 20 jun. 2015; CABRAL, Antonio do Passo. O contraditório como dever e a boa-fé processual objetiva. *Revista de Processo,* São Paulo, RT, vol. 126, ago. 2005, p. 59-81.

Comentando o pensamento de Liebman, Ada Pellegrini lembrava que a ligação entre a constituição e o processo era anunciada por ele como o caminho à transformação do último, "de simples instrumento de justiça, em garantia de liberdade."[1159] Sem o propósito de investigar os motivos pelos quais isso não ocorreu, consignamos que outras são as premissas teóricas de que partimos ao reconhecimento do processo como "instituição de garantia contrajurisdicional".

## 6.2. GARANTISMO

### 6.2.1. BREVE PARALELO COM O PENSAMENTO DE LUIGI FERRAJOLI

Originariamente, o *Garantismo* foi idealizado como modelo teórico de limitação do poder estatal por Luigi Ferrajoli; para tanto, valendo-se do exemplo destacado do Direito Penal ("Garantismo Penal"). Contudo, esse autor reconhecia a possibilidade de seu espraiamento ao Processo Penal; eventualmente, do modelo se tornar uma espécie de paradigma a qualquer outra ramificação da ciência jurídica.[1160] Um modelo de construção do próprio Estado de Direito, cujo fundamento e fim último é a tutela das liberdades dos cidadãos em confronto às arbitrariedades do exercício do poder.[1161]

Revisitando alguns dos pilares da Teoria do Direito e da teoria dos Direitos Fundamentais, após enaltecer os direitos fundamentais e avivar seus lindes com os direitos patrimoniais, Ferrajoli situa a Constituição como a condição de validade formal e material da ordem jurídica. A despeito da supremacia e da força normativa da Constituição antecederem o esforço teórico do jurista italiano, sua originalidade repousa na centralidade das garantias à verificação da compatibilidade das normas jurídicas; autêntico meio de contrastar o exercício – arbitrário – do poder mediante a tutela das liberdades dos cidadãos.

---

**1159** GRINOVER, Ada Pellegrini. *Os princípios constitucionais e o Código de Processo Civil*. São Paulo: José Bushatsky Editor, 1975, p. 14-15.

**1160** A observação de Copetti Neto visa a esclarecer a postura equivocada de alguns intérpretes de Ferrajoli que limitam o garantismo ao direito penal. COPETTI NETO, Alfredo. *A democracia constitucional sob o olhar do garantismo*. Florianópolis: Empório do Direito, 2016, p. 12-22.

**1161** BOBBIO, Norberto. "Prefácio". FERRAJOLI, Luigi. *Direito e Razão*: Teoria do Garantismo Penal. 3. ed. Ana Paula Zomer Sica, Fauzi Hassan Choukr, Juarez Tavares e Luiz Flávio Gomes (trads.). São Paulo: RT, 2002, p. 07.

Tal como predito, a proposta de Ferrajoli não está circunscrita ao direito penal, o que representaria leitura reducionista de sua obra. Ela se propaga por todas as searas do fenômeno jurídico marcadas por uma "crise estrutural das garantias que caracterizam o estado de direito".[1162] Em um determinado momento da obra em análise, o doutrinador refere que o garantismo não deveria ficar restrito a um determinado ramo, penal ou processual penal, senão que, igualmente, atravessaria outras áreas do fenômeno jurídico. Calcada no neopositivismo, sua proposta possui três sentidos ou vertentes: i) modelo normativo; ii) teoria do Direito; e iii) filosofia política.[1163]

Desborda de nosso objeto a análise do pensamento de Luigi Ferrajoli. Ao tratar dos principais contornos do garantismo no autor, ainda que seja possível identificar a preocupação comum com as garantias, não emprestamos endosso às premissas por ele adotadas. Diferente do autor, não temos a pretensão de construir um modelo ideal.[1164] Modelo que se prestaria como parâmetro à análise de outras ordens jurídicas ou mesmo de institutos jurídicos, para que o estudioso pudesse verificar em que medida ou intensidade o modelo estaria sendo observado.[1165] A rápida passagem pelo pensamento de Ferrajoli teve por objetivo único delinear as origens do garantismo como corrente de pensamento, assim como seu núcleo fundamental. Outras são as bases filosóficas de que partimos, cuidadosamente expostas nos Capítulos 1 e 4; assim como não pretendemos insistir no discurso positivista ou da filosofia analítica.

---

**1162** TRINDADE, André Karam. "Raízes do garantismo e o pensamento de Luigi Ferrajoli". *Consultor Jurídico - Conjur,* Diário de Classe. Disponível em: <https://bit.ly/2rPLhfH>. Acesso em: 10 out. 2015.

**1163** Em caráter introdutório ao pensamento de Ferrajoli, recomendamos a seguinte leitura: ROSA, Alexandre Morais da. "Para entender o garantismo penal de Ferrajoli. *Empório do Direito,* Florianópolis. Disponível em: <https://bit.ly/2k8kXJN>. Acesso em: 06 jun. 2017.

**1164** Nas palavras de Ferrajoli: "Todo o esquema epistemológico até aqui ilustrado e o modelo penal garantista que nele se informa têm o defeito fundamental de corresponder a um modelo limite, amplamente idealista, porque de fato nunca foi realizado nem nunca será realizável." *Direito e Razão:* Teoria do Garantismo Penal. 3. ed. Ana Paula Zomer Sica, Fauzi Hassan Choukr, Juarez Tavares e Luiz Flávio Gomes (trads.). São Paulo: RT, 2002, p. 33.

**1165** *Idem, ibidem,* p. 35.

## 6.2.2. GARANTISMO PROCESSUAL

### 6.2.2.1. NOÇÕES PREAMBULARES (COM ARES DE ADVERTÊNCIA)

Fração da doutrina vislumbra a sustentação ideológica do modelo processual garantista na prédica de liberdade dos cidadãos como alicerce da sociedade e na aceitação do existir do Estado como meio para assegurá-la;[1166] ainda, na premissa de que todo poder deve ser contrastado por uma garantia.[1167]

Garantistas postulam o irrestrito acatamento da Constituição,[1168] notadamente daquilo que em muitas delas constitui o núcleo fundamental à preservação das liberdades (garantias),[1169] o que se impõe do processo ao procedimento (da processualidade à procedimentalidade; do constitucional ao infraconstitucional). Não transigindo com as garantias processuais, os adeptos dessa corrente capta(ra)m o devido processo legal em sua inteireza, não apenas como um plexo ou conjunto de garantias, mas também ele (devido processo) garantia dotada de conteúdo próprio.

Apenas a título ilustrativo, colhe-se doutrina defendendo a sincronia entre processo e garantia em nível teórico,[1170] admitindo-se o proces-

---

**1166** AROCA, Juan Montero. *La paradoja procesal del siglo XXI: los poderes del juez penal (libertad) frente a los poderes del juez civil (dinero)*. Valencia: Tirant lo Blanch, 2014, p. 30.

**1167** Sobre o tema, conferir os ensaios de Eduardo Costa, sobretudo os publicados no Empório do Direito.

**1168** VELLOSO, Adolfo Alvarado. *El garantismo procesal*. Conferencia pronunciada en el I Congreso nacional de Derecho Procesal Garantista, Azul, 4 y 5 de Noviembre de 1999. Disponível em: <https://bit.ly/2k9smZl>. Acesso em: 20 jan. 2016; RAMOS, Glauco Gumerato. Aspectos semânticos de uma contradição pragmática: ativismo judicial *versus* ampla defesa. O garantismo processual sob o enfoque da filosofia da linguagem. *Justicia,* Universidad Simón Bolívar, Barranquilla, n. 21, p. 38-46, jun. 2012; COSTA, Eduardo J. da Fonseca. Processo como instituição de garantia. *Revista Consultor Jurídico*, 16 nov. 2016. Disponível em: <https://bit.ly/2LA-5K0n>. Acesso em: 20 nov. 2016.

**1169** VELLOSO, Adolfo Alvarado. Proceso y verdad. *Revista Brasileira de Direito Processual - RBDPro,* Belo Horizonte, ano 26, n. 103, p. 17-42, jul./set. 2018.

**1170** É o caso de Montero Aroca, para quem não teria existido um "processo inquisitivo".

so em sentido técnico apenas onde houver garantismo.[1171] De nossa parte, desviando de abstrações ou qualquer pretensão universalista, limitamo-nos a identificar a adoção do garantismo em nossa dogmática constitucional – para tanto, suficiente pensar nos desdobramentos da constitucionalização do processo.

Em derredor do garantismo processual se aglutinam diferentes autores e pensamentos; com ares de advertência, a testificação não impede sejam (re)constituídos traços comuns à corrente (doutrinária) de pensamento. Por outro lado, ainda que o estudo possa e deva ser guiado pela leitura de expoentes internacionais – horizonte que viabilizou a crítica desenvolvida nos capítulos 2, 3 e 5 –, em vista de nossa preocupação com a dogmática, suficiente dissertar o garantismo processual brasileiro (é o que orientou a elaboração do Capítulo 6). Com o substrato extraído da CF/1988 é possível afirmar a existência de um modelo processual; primando pela clareza, verifica-se que o modelo de processo estatuído pela Constituição é garantista (a empresa não pertence aos códigos). É o que defendemos, não sem antes tecer alguns esclarecimentos.

A sensível preocupação com as garantias processuais está – parcialmente – presente nos próceres do instrumentalismo e do formalismo-valorativo (ou da cooperação). A título de ilustração, Frederico Marques enaltecia os avanços do processo (penal) como garantia do cidadão.[1172] Dinamarco disserta um modelo constitucional "garantístico", entendendo que o sistema acusatório foi uma das principais conquistas do processo penal. Como visto, o pensamento de Ada Pellegrini Grinover, Carlos Alberto A. de Oliveira e outros, exerceu papel destacado ao reconhecimento da dimensão material do contraditório. Entre tantas outras perspectivas, em alguma dose, "comprometidas" com as garantias. Sem embargo, isso não os inibiu de trabalhar com a ideia – estatalista e espezinhadora – do processo como instrumento; corruptela que prejudica a compreensão das demais garantias.

---

**1171** AROCA, Juan Montero. *El derecho procesal en el siglo XX*. Valencia: Tirant lo Blanch, 2000, p. 106 e ss.; CANTEROS, Fermín. Garantismo procesal vs activismo judicial. *Revista Brasileira de Direito Processual – RBDPro,* Belo Horizonte, ano 25, n. 99, p. 173-190, jul./set. 2017.

**1172** MARQUES, José Frederico. *Instituições de direito processual civil.* 3. ed. Rio de Janeiro: Forense, 1966, v. I, p. 31 e 34-36.

Não apenas por uma questão teórica, mas é preciso revolver a ligação do processo com o Estado para combater a subversão operada pelo instrumentalismo. Quando o processo é colocado a serviço do Estado (na cantilena de primazia do "interesse público"), além de substancialmente esvaziado, deixa de estar a serviço dos sujeitos de direito; perde-se enquanto fiel escudeiro dos direitos subjetivos e das próprias garantias processuais. Há uma certa dificuldade da processualística em perceber a incompatibilidade das visões instrumental e garantista; por si só, esse "nuance" é bastante para alumiar o abismo que se interpõe entre os respectivos modelos propugnados.[1173]

A afirmação de que o modelo político atua sobre o processual está correta, mas não é concludente; eventualmente, negligencia que as garantias processuais reconhecidas pela ordem jurídica constituem entreposto – no caso brasileiro, irremovível (cláusulas pétreas) – à integral fixação dos contornos do modelo processual. Em sendo assim, a compreensão do modelo brasileiro de processo exige que sejam miradas as garantias processuais, na sede constitucional que lhe é própria – aliás, em tema de direitos processuais fundamentais, retenha-se o salto qualitativo (e "quantitativo")[1174] galgado pelo atual texto constitucional, o que ressai do cotejo com a Carta de 1969. Qualquer um que assim proceda verificará que o "devido processo" está inserto no art. 5º, LIV, da CF/1988 entre as garantias de primeira dimensão (liberdade), sem limitação a qualquer ramo (procedimental). Longe de ser acidental, há espesso tecido histórico de lutas e conquistas ao arrimo dessa consagração, sendo suficiente enveredar pela evolução do "devido processo legal".[1175]

Em outras palavras, no âmbito de uma Teoria do Processo implicada às ideias expostas nas linhas precedentes, ele (processo) deve ser estudado como "instituição de garantia contrajurisdicional" (Eduardo

---

**1173** Em sentido contrário: BEDAQUE, José Roberto dos Santos. "Instrumentalismo e garantismo: visões opostas do fenômeno processual? In: *Garantismo processual:* garantias constitucionais aplicadas ao processo. José Roberto dos Santos Bedaque, Lia Carolina Batista Cintra e Elie Pierre Eid (coords.). Brasília: Gazeta Jurídica, 2016, *passim.*

**1174** As aspas são necessárias, já que, para muitos doutrinadores, todas as garantias processuais decorreriam da cláusula do devido processo legal, de modo que sua enunciação no texto constitucional sequer seria desnecessária.

**1175** Nessa linha: LEAL, Rosemiro Pereira. *Teoria geral do processo:* primeiros estudos. 2. ed. Porto Alegre: Síntese, 1999, p. 61-68.

Costa); no âmbito de uma Teoria Unitária do Processo,[1176] e não de uma Teoria Geral. Por esse motivo, ele (processo) não pode ser um instrumento, seja técnico (processualismo científico), político (instrumentalismo) ou ético (formalismo-valorativo/colaboração). Sob o pálio da ordem jurídica brasileira é impossível compreendê-lo como ferramenta do poder ao invés de garantia. Por consequência, garantias processuais não se confundem a garantias da jurisdição.[1177]

O processo é instituição historicamente voltada à limitação do poder; uma exigência constitucional ao confinamento de seu exercício em quadrantes democráticos e republicanos. De imediato, isso leva à necessidade de reavivar os lindes das funções judiciais – uma revisão do "formalismo processual" em sentido amplo –, pretensamente apagados pela cooperação/comparticipação no desiderato de ruptura de protagonismos (ver Capítulo 3).

Em resumo, o processo *conforma* (garantia), deixa de ser *forma* (instrumento, ferramenta ou que tais), tendo substantividade própria (constitucional), razão pela qual não é *conformado*. Sobre ser garantia de outras garantias, ele ostenta base conteudística específica (analisada adiante), obnubilada em razão do anterior amesquinhamento a instrumento; alguns de seus consectários tampouco têm merecido a leitura correta (constitucional).[1178]

Ainda em caráter introdutório, o núcleo (característico) do modelo garantista não se restringe à supressão da iniciativa probatória do magistrado (poderes materiais espontâneos), fruto não exclusivo da reva-

---

**1176** Sobre o tema, ver o nosso trabalho: Da Teoria "Geral" à Teoria "Unitária" do Processo (bases): um diálogo com Eduardo Costa, Igor Raatz e Natascha Anchieta; uma resposta a Fredie Didier Jr.. *Revista Brasileira de Direito Processual (RBDPro)*. Belo Horizonte, Fórum, v. 105, p. 219-238, 2019.

**1177** Endossando a ideia, segundo ele, de Ada Pellegrini Ginover, no sentido de que as garantias processuais também seriam garantias da jurisdição, pois concernentes ao justo processo, ver: FERREIRA FILHO, Manoel Gonçalves. O Estado de Direito, o Judiciário e a Nova Constituição. *Revista de Direito Administrativo*. Rio de Janeiro, n. 160, p. 61-76, abr./jun. 1985. O assunto merece desenvolvimento em ensaio específico. De toda sorte, entendemos que as garantias se contrapõem e acompanham o exercício de qualquer poder; contrastam-no, para que reste circunscrito a quadrantes republicanos e democráticos. Logo, o que é garantia das partes não poderia, em simultâneo, ser reputado garantia da jurisdição.

**1178** Em sentido próximo: AROCA, Juan Montero. El activismo en el derecho procesal. *Revista Iberoamericana de Derecho Procesal,* Buenos Aires, ano 1, nº 2, p. 1.018-1.021, 2002.

lorização do princípio dispositivo, sequer da reconfiguração do processo a método (de resolução dialogada ou de debate pacífico) à resolução de litígios –[1179] registrando que a última orientação é capitaneada por Adolfo Alvarado Velloso (um dos principais representantes do garantismo),[1180-1181] mas não é adotada neste trabalho. A impossibilidade dos poderes instrutórios autônomos ou espontâneos aos magistrados retira fundamento da adequada compreensão do *processo* (item 6.2.2.2), do escrutínio da historicidade que favoreceu a outorga desses poderes (Capítulo 2 e item 5.3), densificando-se por questões filosóficas (Capítulos 1 e 4) e epistêmicas (dentre outros, item 6.2.2.3.2). Mesmo assim, o garantismo processual brasileiro ultrapassa essa questão, não sendo ocioso recordar alguns dos temas que foram alvo de escrutínio (e censura) neste trabalho: instrumentalismo, instrumentalidade, cooperação, oralidade, livre convencimento motivado, paridade de armas e outras posturas que estimulam o protagonismo ou a subjetividade do julgador, em detrimento do devido processo.

---

**1179** Para ilustrar nossas palavras, suficiente a consulta do já citado trabalho de Arlete Inês Aurelli: A cooperação como alternativa ao antagonismo garantismo processual/ativismo judicial. *Revista Brasileira de Direito Processual – RBDPro,* Belo Horizonte, ano 23, n. 90, p. 73-85, abr./jun. 2015. Disponível em: <https://bit.ly/2ISUiyF>. Acesso em: 17 dez. 2017.

**1180** VELLOSO, Adolfo Alvarado; ALVARADO, Mariana. *Teoría general del proceso:* los sistemas de enjuiciamiento judicial. Ciudad Autónoma de Buenos Aires: Astrea, 2015, p. 32; VELLOSO, Adolfo Alvarado. *Teoría general del proceso:* el proceso judicial. Ciudad Autónoma de Buenos Aires: Astrea, 2015, p. 37; p. 41; 55 e ss.

**1181** A referida concepção fez escola entre diferentes autores. Nesse sentido: CALVINHO, Gustavo. *El proceso con derechos humanos:* método de debate y garantía frente al poder. Rosario: Universidad de Rosario, 2012, *passim;* CANTEROS, Fermín. Garantismo procesal vs activismo judicial. *Revista Brasileira de Direito Processual – RBDPro,* Belo Horizonte, ano 25, n. 99, p. 173-190, jul./set. 2017.

## 6.2.2.2. PROCESSO COMO "INSTITUIÇÃO DE GARANTIA CONTRAJURISDICIONAL" E OS PRINCIPAIS APORTES DESTE TRABALHO

Por si só, problemática, a assertiva de prevalência de um interesse público "estático" e "preconcebido"[1182] no âmbito processual/procedimental deveria ter se arrefecido com a constitucionalização do direito; em especial, com a positivação e constitucionalização das garantias individuais fundamentais, determinantes à compreensão do processo.[1183] Desde então, a genérica afirmação de primazia do Estado ("interesse público"),[1184] sugestiva de que seria um fim em si mesmo (aliás, imagem histórica do Estado totalitário), é contrastada por direitos que se embarreiram ao exercício da jurisdição. Essa percepção passou ao largo das perspectivas teórico-analíticas do processo (contrato, quase-contrato, situação jurídica, relação jurídica, serviço público, procedimento em contraditório etc.).[1185]

Como pontuado por Eduardo Costa, a assunção do processo como instituição pertencente ao direito constitucional desfaz "intermináveis discussões bizantinas" concernentes à sua natureza jurídica. Decerto que o labor analítico não pode ser desmerecido, pois como observa

---

**1182** Refletindo a temática do interesse público sob a óptica do pensamento complexo de Edgar Morin, Rafael Simioni e Renata Gomes escrutinam as formulações teóricas sobre o interesse público, suscitando importantes reflexões, tal como a invocação do intesse público como álibi simplificador de uma questão deveras mais complexa concernente à legitimidade. Desses autores, consultar: Supremacia do interesse público: uma leitura no pensamento complexo de Edgar Morin. *Revista de Estudos Constitucionais, Hermenêutica e Teoria do Direito (RECHTD),* Unisinos, São Leopoldo, v. 6, n. 3, p. 268-276, out.-dez. 2014. Disponível em: <https://bit.ly/2GYfH4s>. Acesso em: 07 abr. 2018.

**1183** As garantias processuais determinam a compreensão do processo; sua observância constitui o desejado ponto de equilíbrio. Parafraseando Proto Pisani, não se trata de uma busca do alinhamento entre o componente privado e o público (liberdade-autoridade, certeza-justiça), mas de fazer respeitar a normatividade constitucional. Público e Privado no Processo Civil na Itália. Trad. Myriam Filippis. *Revista da EMERJ,* v.4, n.16, p. 23-42, 2001. Disponível em: <https://bit.ly/2IAmrHh>. Acesso em: 20 jan. 2012.

**1184** Não deixemos de notar o problema da identificação do interesse público com o interesse do Estado, recaindo em argumentação circular, o que já foi censurado por diferentes administrativistas.

**1185** COSTA, Eduardo J. da Fonseca. Breves meditações sobre o devido processo legal. *Empório do Direito,* Florianópolis, Coluna ABDPro, 10 jan. 2018. Disponível em: <https://bit.ly/2s9w0GQ>. Acesso em: 10 jan. 2018.

esse autor, a redução de um instituto a categorias jurídicas preexistentes é fundamental para desvelar a completude de seu "regime jurídico"; ademais, as conexões intrassistêmicas que emergem dessa empresa doutrinária favorecem o aperfeiçoamento do conhecimento jurídico. Entretanto,

> Se o processo é um instituto de direito constitucional, então se lhe deve pesquisar a natureza jurídica dentre as *categorias fundamentais da dogmática constitucional*. A Constituição é-lhe o chão de origem. Perquirir pela natureza jurídica do processo é perquirir, em última análise, pela sua natureza *jurídico-constitucional*. E a sua natureza jurídico-constitucional é de *garantia fundamental de liberdade contra-jurisdicional*.[1186]

O pensamento de Costa ilumina a compreensão do processo por dentro, em perspectiva sensivelmente diversa do formalismo-valorativo. Ao abrigo da normatividade constitucional brasileira, o autor teve o cuidado em explicitar-lhe o "DNA". Não que seja impossível tematizar o processo a partir de outras "regiões ônticas" (teoria do direito, direito administrativo etc.), o que é admitido pelo autor. Sem embargo, estudo que tenha a ordem jurídica brasileira como referente não poderá descurar o *existir* constitucional do processo, sua necessária acomodação a uma das categorias fundamentais da dogmática constitucional.[1187] Prontamente, não se trata de pregar um "modelo constitucional de processo jurisdicional", em que o processo, posto se lhe atribua importância destacada a um sistema de garantias, persista como instrumento.[1188] Adiante será demonstrado que esse *existir* constitucional é distinto da proposta metodológica de estudo do direito processual segundo as diretrizes constitucionais.[1189]

---

**1186** *Idem, ibidem.*

**1187** *Idem, ibidem.*

**1188** Adotando essa perspectiva: ANDOLINA, Ítalo Augusto. O papel do processo na atuação do ordenamento constitucional e transnacional. *Revista de Processo,* São Paulo, RT, v. 87, p. 63-69, jul.-set. 1997. No pensamento dele o processo pode ser enxergado como um instrumento do sistema de garantias. Em tese, pois, desprende-se do Estado, deixando de ser instrumento da jurisdição. Essa é uma leitura possível de seu trabalho. Nada obstante, tudo ainda incipiente; e sem perceber o processo como uma garantia por si.

**1189** É o que defende Scarpinella Bueno a partir das lições de Frederico Marques, do próprio Andolina e de outros autores: O "modelo constitucional do direito processual civil": um paradigma necessário de estudo do direito processual civil e algumas de suas aplicações. *Revista de Processo,* São Paulo, RT, v. 161, p. 261-270, jul. 2008.

De seu tempo, ao pregar a visão do processo como "garantia dos direitos individuais", José Alfredo de Oliveira Baracho antecipou o "prisma constitucional do Direito Processual."[1190] Baracho vislumbrava um entrecruzamento das linhas fundamentais do direito processual e do direito constitucional, encarando o processo como direito-garantia.[1191] A posição do constitucionalista mineiro é inconfundível a de quem enxerga(va) o direito processual como direito constitucional aplicado, mas entrevia o processo como "ferramenta de natureza pública indispensável para a realização de justiça e pacificação social."[1192] Sua contribuição foi notável, embora seja possível navegar por águas mais distantes. A primária região ôntica do processo é o texto constitucional, sendo ele uma "garantia" em si, assim como "garantia das garantias", jamais instrumento público de realização da justiça. Coube a Rosemiro Pereira Leal aprimorar a doutrina de Baracho.

Após censurar a Escola Instrumentalista e a dicotomia "processual constitucional" e "constitucional processual" – a ela tributando a crença de um direito processual dentro ou a partir da Constituição separado do direito processual infraconstitucional –, Rosemiro passou a perspectivar o processo como "instituição jurídica constitucionalizada".[1193] O autor notou um dado fundamental, ora sintetizado em: o processo se arranca da Constituição, sem que dela possa ser arrancado. É o que se extrai de diferentes passagens de sua obra, da qual destacamos o seguinte excerto: "sequer o PROCESSO deve ser pensado 'à luz da Constituição', porque é o PROCESSO a luz da Constituição",[1194] jamais instrumento jurisdicional.[1195] Rigorosamente, é o que fala o texto constitucional para todo aquele predisposto a "escutar" o que texto

---

**1190** BARACHO, José Alfredo de Oliveira. Processo e Constituição: o Devido Processo Legal. *Revista da Faculdade de Direito da Universidade Federal de Minas Gerais*. Belo Horizonte, n. 23-25, p. 59-103, 1982. Disponível em: <https://bit.ly/2xweJgg>. Acesso em: 13. fev. 2018.

**1191** O registro é de Rosemiro Pereira Leal: *Teoria geral do processo:* primeiros estudos. 2. ed. Porto Alegre: Síntese, 1999, p. 81-82.

**1192** OLIVEIRA, Carlos A. Alvaro de. "O formalismo-valorativo no confronto com o formalismo excessivo." In: *Teoria do processo:* panorama mundial. Fredie Didier Jr. e Eduardo Ferreira Jordão (coords.). Salvador: JusPodivm, 2007, p. 125-150.

**1193** LEAL, Rosemiro Pereira. *Teoria geral do processo:* primeiros estudos. 2. ed. Porto Alegre: Síntese, 1999, p. 61.

**1194** *Idem, ibidem,* p. 64.

**1195** *Idem, ibidem,* p. 63.

tem a dizer, antes de exprimir qualquer coisa sobre ele; no mesmo passo, submetendo os pre-juízos à prova e, portanto, retificando as expectativas de sentido.[1196]

Conclusão similar foi alcançada por Eduardo Costa, a partir – e além – do pensamento de Lorca Navarrete, cujos desdobramentos teóricos e práticos transcendem a proposta encabeçada pelos neo-institucionalistas. Aos partidários da última corrente, com seu nome destacado em Rosemiro Pereira Leal, enquanto instituição constitucionalizada o processo se define pelo contraditório, ampla defesa e isonomia.[1197] Malgrado carregue percepção teórica filosoficamente sofisticada e afinada ao texto constitucional brasileiro, sem estar à sombra do instrumentalismo – ao revés, o instrumentalismo é rechaçado com estentor –, a visão neo-institucionalista nos afigura insuficiente ao processo enquanto garantia por si só. Essa insuficiência é esgarçada pelo estudo da imparcialidade, denotando que a principiologia (neo-institucionalista) chega "tarde", porque restrita àqueles princípios (supra) em nome de sua abrangência, quando o processo-garantia já está comprometido.

Da Espanha, Antonio María Lorca Navarrete aponta que o estudo do direito processual desde uma perspectiva exclusivamente instrumental ressalta-lhe a finalidade prática, deixando em segundo plano seu mais importante – e primário – conteúdo substantivo; conteúdo consistente em tornar possível a função jurisdicional mediante um "sistema de garantias processuais".[1198] Nas palavras do autor:

> El **garantismo procesal** supone la conceptuación del proceso de la *función jurisdiccional* como una realidad **sustantiva** ajena a su caracterización *instrumental, y atemporal*. El *garantismo procesal* implica la puesta en práctica de las **garantías** que en las leyes procesales se contienen, conjuntamente con las que poseen proyección constitucional, a través de una postura **garantista** plenamente *comprometida* con la realidad constitucional de **aquí y ahora**.[1199]

---

**1196** GADAMER, Hans-Georg. *Verdad y metodo.* Trad. Manuel Olasagasti. Salamanca: Ediciones Sígueme, 1992, v. II, p. 63-68.

**1197** A principiologia jurídica do processo na teoria neo-institucionalista." In: *Teoria do processo:* panorama mundial. Fredie Didier Jr. e Eduardo Ferreira Jordão (coords.). Salvador: JusPodivm, 2007, p. 905-916.

**1198** NAVARRETE, Antonio Maria Lorca. *Tratado de derecho procesal civil, parte general:* el nuevo proceso civil. Madrid: Dykinson, 2000, p. 03.

**1199** *Idem, ibidem,* p. 03-04.

Se se reduz o processo a instrumento, a investigação é naturalmente conduzida a possíveis objetivos encartados a ele (por isso a ênfase, ora exclusividade, no estudo dos escopos por alguns autores).[1200] Contudo, essa análise externa, não apenas relega, como esvazia a própria substantividade processual. Enquanto instrumento, o processo não pode ser garantia. Como garantia – historial e constitucionalmente delimitada – não pode ser instrumento.

Em breves linhas, esse foi o manancial teórico em que Eduardo J. da Fonseca Costa se inspirou para, enxergando no processo substancialidade própria, (re)descobrir sua região ôntica primacial no direito brasileiro, desbravando os caminhos à "verdadeira" ciência (constitucional) do processo. Para tanto, voltou os olhos à CF/1988, ciente das conquistas que levaram à topografia do "devido processo" no rol das garantias individuais de *liberdade*, extraindo premissa que deveria ser elementar: sobre não ser instrumento ou ferramenta – longe de ser vocacionado – à efetivação de escopos metajurídicos, ele (processo) é garantia ao exercício democrático e republicano do poder ("garantia contrajurisdicional"). Inexiste preceito constitucional no Brasil que abrigue sua leitura com subserviência ao Estado-jurisdição. E a normatividade constitucional, ao menos para interpretações *implicadas* à ordem jurídica brasileira,[1201] ou inerente a uma tradição como a nossa,[1202] não pode ser negligenciada.[1203]

---

**1200** CABRAL, Antonio do Passo. O processo como superego social: um estudo sobre os fins sociais da jurisdição. *Revista de Processo,* São Paulo, RT, vol. 115, mai.-jun. 2014, p. 345-374.

**1201** Ordem jurídica e "implicação" no sentido de Nelson Saldanha: *Ordem e hermenêutica.* 2. ed. Rio de Janeiro: Renovar, 2003, *passim.*

**1202** "Tradição" no sentido gadameriano: *Verdad y metodo.* Trad. Manuel Olasagasti. Salamanca: Ediciones Sígueme, 1992, v. II, p. 112 e ss.

**1203** "A maioria dos países ocidentais consagra o devido processo legal como garantia constitucional, o que possibilita um código teórico-linguístico homogeneizado e, portanto, um intercâmbio transnacional entre os seus juristas. Mas onde o processo for instrumento de poder *ex vi constitutionis*, ali o garantista só poderá lastimar – porque ciente dos males do instrumentalismo processual – e restringir-se a considerações *de iure condendo*. Nesse sentido, o garantismo é uma teoria *positivista* (conquanto se possa cogitar, por exemplo, de um "garantismo *jusnaturalista*", que divise afronta à "natureza das coisas" em toda constituição que tente privar o processo de sua "essência garantista"). Por conseguinte, a rigor, não há "o" garantismo universal, mas os *garantismos nacionais* (brasileiro, argentino, peruano etc.): ele se faz para cada sistema constitucional positivo que institua a garantia do *due process*

Como a Constituição fala em um "devido *processo*" entre as garantias individuais fundamentais, imbuído do propósito de compreender (desvelar) o modelo normativo de processo, a doutrina não pode olvidar isso. Não por outro motivo, Costa enxerga o garantismo como teoria "dogmático-constitucional do devido processo legal",[1204] fazendo do garantista um estudioso avançado do devido processo – [1205] base que forja a Teoria Unitária do Processo.[1206] A concepção é ínsita ao fenômeno processual (como um todo), já que imposição constitucional.

Insistindo nas palavras de Eduardo Costa, essa circunstância não impede sejam construídos princípios civil-procedimentais, penais-procedimentais etc.[1207] Por essa razão a Constituição é tratada como autêntico código de processo ou estatuto processual, eventualmente, complementada por tratados internacionais de direitos humanos. Premissa que atrai os olhares à (des)importância atribuída à jurisprudência da Corte Internacional de Direitos Humanos (CIDH) em nosso país, notadamente em seu contributo processual.[1208]

---

*of law.*" COSTA, Eduardo J. da Fonseca. Breves meditações sobre o devido processo legal. *Empório do Direito,* Florianópolis, Coluna ABDPro, 10 jan. 2018. Disponível em: <https://bit.ly/2s9w0GQ>. Acesso em: 10 jan. 2018.

**1204** COSTA, Eduardo José da Fonseca. Presunção de inocência civil: algumas reflexões no contexto brasileiro. *Revista Brasileira de Direito Processual – RBDPro,* Belo Horizonte, ano 25, n. 100, p. 129-144, out./dez. 2017.

**1205** COSTA, Eduardo J. da Fonseca. Breves meditações sobre o devido processo legal. *Empório do Direito,* Florianópolis, Coluna ABDPro, 10 jan. 2018. Disponível em: <https://bit.ly/2s9w0GQ>. Acesso em: 10 jan. 2018.

**1206** Tratamos do tema no seguinte ensaio: PEREIRA, Mateus Costa. Da Teoria "Geral" à Teoria "Unitária" do Processo (bases): um diálogo com Eduardo Costa, Igor Raatz e Natascha Anchieta; uma resposta a Fredie Didier Jr. Revista Brasileira de Direito Processual - RBDPro, Belo Horizonte, ano 27, n. 105, p. 219-238, jan./mar. 2019.

**1207** COSTA, Eduardo J. da Fonseca. Breves meditações sobre o devido processo legal. *Empório do Direito,* Florianópolis, Coluna ABDPro, 10 jan. 2018. Disponível em: <https://bit.ly/2s9w0GQ>. Acesso em: 10 jan. 2018.

**1208** Se se fala em um processo transnacional, no qual ocorre a gradual perda de importância das fronteiras nacionais e, dentre outros, tratados e convenções internacionais de interesse para a atividade jurisdicional se multiplicam, decerto que a interpretação/aplicação desses tratados por cortes responsáveis por sua defesa não pode ser ignorada (*v.g.*, Corte Interamericana de Direitos Humanos (CIDH)), deve ser tomada em consideração. Outrossim, os ordenamentos se tornam cada vez mais permeáveis a essas decisões. Nesse sentido: GRINOVER, Ada Pellegrini.

Noutra ocasião, vimos que em paralelo aos problemas políticos (compromisso com o poder, jamais à sua limitação), encarar o processo como instrumento é dizer pouco ou quase nada sobre ele. É possível detectar ao menos três erros epistêmicos na óptica instrumentalista, independentemente de suas mutações (técnica, política ou ética). O primeiro deles consiste na ausência da categoria "instrumento" na dogmática jurídica brasileira, acriticamente haurida do processualismo científico alemão. O segundo radica na falibilidade da conceituação de um "objeto" como instrumento, sendo possível classificar inúmeros outros objetos por instrumento, ferramenta ou que tais, sem dizer absolutamente qualquer coisa sobre eles. Em terceiro, como o "objeto cognoscível" é explicado a partir de seu uso, e não de sua região ôntica,[1209] torna-se poroso ou permeável ao que se pretenda fazer dele, a qualquer ideologia ou preferência pessoal de quem o maneja, em desprezo da normatividade.[1210] E as problematizações não param por aí.

A confusão entre processo e procedimento atravessa a história científica da disciplina. Nenhuma das fases metodológicas logrou divisar os institutos com precisão, muito embora os contornos diferenciados que o tema alcançou com a obra de Fazzalari. Inclusive, a substituição dos termos (processo por procedimento) em larga fração da doutrina aferrada ao instrumentalismo não compromete as ideias que seus caudatários professam. Disso resulta que a noção de instrumentalidade deveria restar confinada ao procedimento (minimamente, entendida como cadeia de atos logicamente concatenados a um determinado fim),[1211] respeitada a *conformação* que lhe é projetada pela Constituição ("devido processo").

---

Modernidade do direito processual brasileiro. *Revista da Faculdade de Direito da Universidade de São Paulo.* São Paulo, v. 88, 1993, p. 282.

**1209** Se subo em uma cadeira para conseguir trocar uma lâmpada, isso significa que ela deixou de ser cadeira, transformando-se em uma escada?

**1210** Esse é um equívoco no qual incorrem os instrumentalistas. Para eles, o processo não passa de uma ferramenta a serviço dos interesses do Estado. A título de ilustração, Bedaque (*Efetividade do processo e técnica processual.* São Paulo: Malheiros, 2006) tanto encara o processo como instrumento, técnica ou método (p. 18-19, 35-36 e 60), como garantia de liberdade (p. 42).

**1211** Tomemos de empréstimo a lição de Dinamarco, o qual realça o aspecto teleológico do procedimento: "procedimento é um sistema de atos interligados numa relação de dependência sucessiva e unificados pela finalidade comum de preparar o ato final de consumação do exercício do poder (no caso da jurisdição, sentença de

Porém, a bandeira instrumentalista como meio (processo esvaziado de conteúdo substantivo) está presente nas entranhas da processualística, desde a chamada "trilogia estrutural".[1212] Em geral, a processualística ainda não despertou à relevância do processo como uma das garantias mais importantes de nossa ordem jurídica, a ponto de ter sido ordenado como a "primeira e mais fundamental garantia do indivíduo".[1213] Sobre ser uma garantia, a supressão do processo debilitaria outras garantias: basta "que se omita la garantía del proceso para que todos los demás derechos reconocidos se conviertan en ilusas prebendas a merced de otra voluntad del poder de turno."[1214] Daí porque Gustavo Calvinho afirma que em um sistema democrático *pro homine*, o processo constitui o método por excelência à efetivação, em última instância, de direitos.[1215]

Prontamente, no mínimo curioso uma disciplina cujo nome seja "teoria geral do processo" – presente no currículo obrigatório de qualquer faculdade de Direito –, na qual a jurisdição seja hipertrofiada; em que o processo-garantia não seja o tema central.[1216] Não bastasse, disciplina em que o estudo da jurisdição é refratário de sua função contramajoritária, talvez seu traço mais importante; outrossim, negligenciando o contínuo enfraquecimento do monopólio estatal em "dizer" o direito, por força da arbitragem, conciliação/mediação extrajudiciais. Ao nutrirem concepção esvaziada do processo, toda explicação que a ele é reservada não passa de um discurso sobre a jurisdição.[1217]

---

mérito ou entrega do bem ao exequente)." *A instrumentalidade do processo.* 12. ed. São Paulo: Malheiros, 2005, p. 158-159.

**1212** LEAL, Rosemiro Pereira. *Teoria processual da decisão jurídica.* São Paulo: Landy, 2002, p. 13.

**1213** GOMES FILHO, Antônio Magalhães.*A motivação das decisões penais.* São Paulo: RT, 2001, p. 28.

**1214** CALVINHO, Gustavo. *El proceso con derechos humanos:* método de debate y garantía frente al poder. Rosario: Universidad de Rosario, 2012, p. 03.

**1215** *Idem, ibidem,* p. 32.

**1216** Também nesse sentido: LEAL, Rosemiro Pereira. *Teoria geral do processo:* primeiros estudos. 2. ed. Porto Alegre: Síntese, 1999, p. 74.

**1217** A temática foi refletida com detença em nosso artigo: Da Teoria "Geral" à Teoria "Unitária" do Processo (bases): um diálogo com Eduardo Costa, Igor Raatz e Natascha Anchieta; uma resposta a Fredie Didier Jr.. *Revista Brasileira de Direito Processual (RBDPro).* Belo Horizonte, Fórum, v. 105, p. 219-238, 2019.

Como predito, do instrumentalismo resulta (ou avulta) a discricionariedade do magistrado, elevado à condição sobre-humana de onisciência (*homo sapiens sapiens*), circunstância mascarada pelo paradigma. Problema similar pode ser detectado no hegelianismo professado pela cooperação e comparticipação, cujos modelos carregam a proposta (inexequível) de ruptura de protagonismos (como se todos os sujeitos processuais fossem estritamente racionais). Seus modelos também são teóricos, sem diminuir a importância disso.

O peso do paradigma da modernidade se manifesta na processualística como um todo, recordando que o paradigma é "supraconsciente". A título de ilustração, após defender a serventia do processo à tutela de direitos subjetivos – e não à salvaguarda do direito objetivo –, Leonardo Greco sustenta que do modelo processual garantista não seria possível extrair a "inércia" do juiz. Para o autor, o advento do Estado democrático contemporâneo, destacando-lhe a eficácia concreta dos direitos fundamentais, cujo absenteísmo estatal não satisfaz, afastaria essa concepção, máxime no Brasil, em que pobreza, ignorância e desigualdade econômica grassam na população. Por esses e outros motivos, o autor sugere o cuidado com a universalização de um critério, visto que não abarcaria as sensíveis diferenças entre países da Europa e América Latina. Anotada essa premissa e se distanciando dos garantistas, defende que o magistrado deva ir em busca da verdade, mas não como um inquisidor.[1218] E o que seria buscar a verdade sem ser um inquisidor? Bastaria o cuidado em se ater aos enunciados de fato apresentados pela parte, como quis Mauro Cappelletti?[1219] Sem explicação, seu ângulo de análise é sugestivo do mesmo ser "estritamente racional" pressuposto pelo paradigma (moderno) e remissível ao sujeito solipsista.

Já Antônio Magalhães Gomes Filho, após endossar o pensamento de autores que situam o processo como a primeira e mais importante das garantias individuais, subdivide as garantias em: "garantias da jurisdição" (tutela de um "interesse social") e garantias do indivíduo. Adicionalmente, o autor registra que, nalguns casos, uma mesma garantia tutelaria ambos os interesses (social e individual), exemplificando com o duplo grau de jurisdição. Ora, se as garantias se pres-

---

**1218** GRECO, Leonardo. Publicismo e privatismo no processo civil. *Revista de Processo,* São Paulo, RT, vol. 164, p. 29-56, out. 2008.

**1219** CAPPELLETTI, Mauro. *El proceso civil en el derecho comparado.* Trad. Santiago Sentís Melendo. Buenos Aires: Ediciones Jurídicas Europa-America, 1973, p. 66-67.

tam a circunscrever o exercício do poder (historicamente), tal como reconhecido pelo próprio doutrinador, por que falar em garantias da jurisdição?[1220] Não estamos a negar a existência de "garantias" da judicatura (*rectius*: do juiz),[1221] mas é preciso intensificar o cuidado para divisá-las das autênticas garantias processuais (ainda que, em alguma medida, as primeiras possam concorrer para as últimas, *v. g.*, independência e imparcialidade).

Para desfazer as inconsistências, imbróglios e problemas hauridos da TGP, Eduardo J. da Fonseca Costa sugere uma Teoria Unitária do Processo, o que aparenta ser eco de outros autores, tais como Omar Benabentos e Gustavo Calvinho,[1222] o último invocando o art. 10 da Declaração Universal dos Direitos Humanos em esteio a essa construção. O eco não passa de aparência. Em Costa, o processo é uno (constitucionalmente), ramificando-se procedimental e infraconstitucionalmente (civil, penal, trabalhista etc.). A processualidade se impõe à procedimentalidade, o que coloca em xeque algumas discussões acerca da flexibilização do procedimento.[1223]

A par das colocações precedentes, passamos em revista alguns consectários da assunção do processo como instituição de garantia contrajurisdicional, advertindo o(a) leitor(a) que o trabalho não cuidará de todas as repercussões possíveis do garantismo processual, limitando-se às que decorrem diretamente dos assuntos pesquisados, já em esforço de síntese ou de considerações postremeiras.

---

**1220** GOMES FILHO, Antônio Magalhães.*A motivação das decisões penais*. São Paulo: RT, 2001, p. 23-34.

**1221** O tríplice predicado: inamovibilidade, irredutibilidade de vencimentos e vitaliciedade.

**1222** *Idem, ibidem,* p. 37-38.

**1223** São conhecidas as tentativas de empoderar o magistrado também à flexibilização oficiosa do procedimento, o que está subjacente ao art. 139, VI, CPC, que ignora a relação entre processo e procedimento. A título de ilustração, ignorando tudo essa relação constitucional e infraconstitucional: GAJARDONI, Fernando da Fonseca. *Flexibilização procedimental:* um novo enfoque para o estudo do procedimento em matéria processual. São Paulo: Atlas, 2008, p. 27. Dedicaremos trabalho específico ao tema.

### 6.2.2.2.1. RELEITURA DA ORALIDADE (ALIJADA DO MITO)

A oralidade costuma ser indicada como princípio do procedimento e não do processo.[1224] A lição está correta. Deve-se falar em modelo oral ou escrito de procedimento. Feito o registro, não é preciso enveredar pelo ponto (precisão conceitual) à compreensão das conclusões lançadas neste momento.

Historicamente, o desenvolvimento e a implantação do modelo oral foi importante para suplantar o sistema da escritura. Diferentes autores concorreram para tanto, com destaque a Klein, Chiovenda e, posteriormente, Cappelletti, no último caso, já sob a perspectiva de facilitação do "acesso à justiça".

Sucede que a oralidade foi transformada em um mito, circunstância que explica a impossibilidade da observância integral de seus subprincípios. Não só. A construção teórica e seus subprincípios foram desenvolvidos aos auspícios de meras opiniões e/ou preferências, destituídas de suporte empírico. Decerto que o peso e o destaque conferido ao tema por alguns doutrinadores, a exemplo de Giuseppe Chiovenda, contribuiu decisivamente para tanto. Sobre bases cientificamente esquálidas, o processualista italiano a concebeu como um meio para assegurar a descoberta da verdade pelo julgador. Razão da imediatidade atrair a concentração, atrelando o juiz que teve contato com a produção da prova ao julgamento do caso (identidade física ou permanência subjetiva).

Se o arquétipo da oralidade pode ter trazido alguns "ganhos" à administração da justiça (*v.g.*, celeridade), rigorosamente, inexiste comprovação de progresso naquilo que ele promete (qualidade das decisões). Ao revés, estudos científicos demonstram algo um tanto quanto diferente do que se acredita(va); o exato oposto daquilo que tem sido disseminado pela processualística ao longo de décadas.[1225] Até então, há um único alicerce científico à compreensão do tema, haurido da psicologia comportamental cognitiva, constituindo alicerce seguro à reinterpretação da oralidade, para afastá-la de seus excessos (a oralidade despida do mito).

---

**1224** Por todos: AROCA, Juan Montero. *El derecho procesal en el siglo XX*. Valencia: Tirant lo Blanch, 2000, p. 106.

**1225** COSTA, Eduardo; CREVELIN, Diego. "3.3 Viés de representatividade." In: *Novo Código de Processo Civil Comentado*. Izabel Cristina Cardoso Pantaleão, Lúcio Grassi de Gouveia, Roberto Campos Gouveia Filho e Sérgio Luiz de Almeida Ribeiro (coords.). São Paulo: Lualri Editora, 2017, t. I, p. 193-199.

Como dito em outra parte, o subprincípio da identidade física foi suprimido do código em vigor. Já não era sem tempo. Longe de ser uma "garantia" de melhor apreciação dos enunciados de fato ou à excelência da decisão, esse subprincípio era o reduto do "viés ou propensão cognitiva de representatividade." Enquanto instituição de garantia, a exigência do "devido processo" inibe o cúmulo de funções (acompanhar/presidir a instrução e julgar a controvérsia) na mesma pessoa. No ponto, endossamos a proposta de um modelo de procedimento escalonado, defendida por Glauco Gumerato Ramos, adensada pela plataforma científica forjada por Eduardo Costa, uma vez que alinhada à normatividade constitucional.

Não estamos a pregar o retorno ao modelo escrito duramente criticado pela doutrina (ver Capítulo 2); nele, tomemos as Ordenações como referência, vedava-se a própria presença dos juízes nas audiências à produção da prova oral. Não se trata de pura e simples desconfiança nos juízes, mas da percepção que os avanços filosóficos e científicos coloca(ra)m a racionalidade da oralidade em xeque.[1226] Não é porque a presença dos magistrados em audiência tenha sido um feito, que a permanência subjetiva também o seja. O misticismo criado em torno da tríade imediatidade-concentração-identidade física do magistrado (consubstancial à oralidade), pressupõe um *homo sapiens sapiens*, motivo bastante para o modelo ser considerado imprestável.

Sendo provável que as razões da supressão da identidade física do CPC em vigor sejam de índole eficientista, ainda assim ela pode ser encarada como um avanço. Consequentemente, a concentração deve receber outro enfoque, distante do ideal chiovendiano de que a ação do tempo não comprometesse a memória do julgador. O acompanhamento direto do magistrado com as partes e provas deve ser encarado sob o ângulo de garantia. A imediatidade ou presença do juiz é uma garantia de que excessos não serão praticados (ou tolerados) de lado a lado; evitando situações como a narrada por Alberto dos Reis, em que o advogado já passava de seiscentas perguntas e o magistrado

---

**1226** O mesmo raciocínio é aplicável ao livre convencimento motivado, a despeito do que afirmara: OLIVEIRA, Carlos Alberto Alvaro de. Problemas atuais da libre apreciação da prova. *Revista da Faculdade de Direito da Universidade Federal do Rio Grande do Sul*. Porto Alegre, n. 17, 1999. Disponível em: <https://bit.ly/33Xinw0>. Acesso em: 16 out. 2018.

não podia fazer nada, visto que o modelo condenava-o à passividade ("mãos atadas")[1227]

A presença de magistrados na instrução probatória realizada em juízo foi uma conquista,[1228] dada sua indispensabilidade à observância das garantias processuais. Nada além disso. Logo: que o contraditório de ambas as partes seja desempenhado sem abusos ou obstáculos indevidos; quando necessário, o juiz possa instar a testemunha ou o perito a responder aos questionamentos formulados, além de coibir o emprego de evasivas; seja analisada e decidida eventual contradita da testemunha; deliberação acerca da oitiva de testemunha referida; que ele exerça o juízo de admissibilidade de determinados questionamentos, tutelando o direito ao silêncio, a preservação da intimidade e o dever de sigilo; aprecie a inversão da ordem de oitiva, (in)admissibilidade da acareação etc.

Essa é a leitura garantista da imediatidade. Se o subprincípio da imediação é o mais importante em um sistema publicístico – o alvitre é de Juan Monroy Gálvez –,[1229] uma vez desterradas suas bases, a leitura constitucional no Brasil é a que foi expendida acima. Tanto quanto possível, deve ser preservada a concentração se concorrente à razoável duração do procedimento (ainda carecemos de estudos nesse sentido), e não por questões afetas à memória.

Por último, também deve ser superado o interrogatório livre, do qual Klein, secundado por Cappelletti, era um entusiasta por permitir o contato direto do magistrado com a parte; supostamente, "non (*direttamente*) a scopo di prova, ma a scopo di 'chiarificazzione'",[1230] como se essa distinção fosse possível. Por tudo que será exposto quando tratarmos da imparcialidade/impartialidade, é inegável que o interrogatório *ad clarificandum* interfere sobre o *juízo*, malgrado os elementos obtidos quando de sua realização sequer constarão da decisão. Se houver a necessidade de oitiva das partes ao exercício do contraditório, é

---

**1227** REIS, José Alberto dos. A oralidade no processo civil português. *Revista Forense,* Rio de Janeiro, v. LXXIV, ano XXXV, fascículo 419, p. 214-222, 1938.

**1228** Isso não inibe as partes de colherem seus próprios elementos de prova, tal como admitido pela legislação (qualquer meio moralmente legítimo...).

**1229** GÁLVEZ, Juan F. Monroy. *Teoría general del proceso.* 3. ed. Lima: Comunitas, 2009, p. 199.

**1230** CAPPELLETTI, Mauro. *La testimonianza della parte nel sistema dell'oralità:* contributo alla teoria della utilizzazione probatoria del sapere delle parti nel processo civile. Milano: Giuffrè, 1962, parte prima, p. 62-63.

dizer, à desincumbência do ônus da prova, a parte interessada protestará pela ouvida da adversa. Ficará a seu critério explorar essa via probatória à potencial obtenção da confissão. Não compete ao magistrado praticar atos de parte (próprios às partes, salvo quando ele é parte, tal como ocorre no incidente de suspeição ou de impedimento); e não faz parte de seu ofício assistir qualquer uma delas. Eventual ideologia da legislação material esbarra nas garantias processuais.

### 6.2.2.2.2. O DESPERTAR AO FIM DO "LIVRE CONVENCIMENTO MOTIVADO": EM DEFESA DA INTERSUBJETIVIDADE NA RECONSTRUÇÃO FÁTICO-JURÍDICA

Do prisma histórico está correta a assertiva de que o livre convencimento motivado foi uma resposta ao sistema tarifário, restaurando (e potencializando) os poderes do magistrado na apreciação da prova,[1231] mas sem que desfrutasse da absoluta liberdade concedida pela íntima convicção.[1232] Dessarte, confiando-se no controle/limitação da atividade jurisdicional por meio da forçosa motivação com base em elementos de prova constantes dos autos, afora o mencionado respeito às regras da experiência, da lógica e da ciência.

O livre convencimento atribui importância destacada à fundamentação; além de ser tratada como corolário da exigência de racionalidade,[1233] supostamente, também seria idônea a evitar o arbítrio gerado pelo julgamento *secundum conscientiam*,[1234] isto é, vedando-se a tomada de decisão calcada em elementos estranhos ao procedimento (*quod non est in actis non est in mundo*),[1235] para preservar a busca/descoberta da verdade.[1236] Lembrando a pretensão de "justo equilíbrio", além do

---

**1231** MARTINS, Pedro Batista. *Comentários ao código de processo civil (arts. 106 a 181)*. 2. ed. Rio de Janeiro: Forense, 1960, v. II, p. 57.

**1232** PRATA, Edson. *Processo de conhecimento*. São Paulo: Leud, 1989, v. 2, p. 896.

**1233** DINAMARCO, Cândido Rangel. *Instituições de direito processual civil*. 4. ed. São Paulo: Malheiros, 2004, v. III, p. 107.

**1234** É o que Lessona, comentado por Ovídio, acreditava. SILVA, Ovídio A. Baptista da. *Curso de processo civil*. 8. ed. Rio de Janeiro: Forense, 2008, v. 1, t. I, p. 272.

**1235** BARBI, Celso Agrícola. *Comentários ao código de processo civil*. Rio de Janeiro: Forense, 1975, v. I, t. II, p. 535.

**1236** MARQUES, José de Frederico. *Elementos de direito processual penal*. Rio de Janeiro: Forense, 1961, v. 2, p. 298-303.

livre convencimento motivado ter sido encarado como o mais importante pilar em matéria de direito probatório.[1237]

Ocorre que a aposta na motivação é insuficiente para que a liberdade não se degenere em arbítrio.[1238] Por si só, a motivação não atende ao controle "racional" da atividade jurisdicional exigido pelas garantias constitucionais, com destaque à imparcialidade e ao contraditório, sobretudo para quem assume que o juiz esteja "livre" para indicar ("pinçar") os elementos de prova que escoram suas conclusões. Há um evidente paradoxo. O busílis foi bem sintetizado por Lenio Streck e Georges Abboud: "[...]. Como é possível, primeiro, admitir um livre convencimento motivado, para, depois, resolver esse problema do 'livre' (solipsismo) com uma motivação? Motivação de quê? Daquilo que escolhe livremente?"[1239]

Ora, se o juiz pode escolher quais teses e elementos de prova serão objeto da "crítica judiciária", eximindo-se de apreciar e do ônus de desmerecer os demais elementos de prova coligidos aos autos, decerto que o voluntarismo continuará a existir. Mais que oportuna a preleção de Moacyr Amaral Santos no tocante à fundamentação no sistema do livre convencimento: [1240]

> Quer dizer que a prova colhida no processo terá na sentença a crítica judiciária. Não será a critica de prova por prova; não será o exame de cada meio de prova produzido. Mas será a justificação das razões que levaram o juiz a dar eficácia a estas ou àquelas fontes probatórias, nas quais assentou a convicção a respeito do fato controvertido.[1241]

---

**1237** DINAMARCO, Cândido Rangel. *Instituições de direito processual civil.* 4. ed. São Paulo: Malheiros, 2004, p. 102.

**1238** Era o que acreditava Carvalho Santos, comentado por Amaral Santos. *Prova judiciária no cível e comercial.* 3. ed. São Paulo: Max Limonad, 1968, v. I, p. 401-402.

**1239** "Introdução". ABBOUD, Georges; STRECK, Lenio. *O que é isto – o precedente judicial e as súmulas vinculantes?* Porto Alegre: Livraria do Advogado, 2013, p. 14. Também em crítica ao livre convencimento motivado, ver: BRUM, Guilherme Valle. A valoração da prova como ato político: notas sobre a (pretendida) sobrevivência do chamado "princípio do livre convencimento motivado" no Direito brasileiro. *Revista Brasileira de Direito Processual – RBDPro,* Belo Horizonte, ano 25, n. 100, p. 153-168, out./dez. 2017.

**1240** No mesmo sentido: BARBI, Celso Agrícola. *Comentários ao código de processo civil.* Rio de Janeiro: Forense, 1975, v. I, t. II, p. 535.

**1241** *Prova judiciária no cível e comercial.* 3. ed. São Paulo: Max Limonad, 1968, v. I, p.398. Em crítica à oralidade, Bárbara G. Lupetti Baptista alcançava conclusão similar, afirmando que o "livre convencimento motivado" permitia que o magis-

Atento ao escólio de um dos principais nomes do direito probatório brasileiro, não é de surpreender a repulsa pretoriana à tese de "valoração negativa", como se fosse bastante o juiz expor as razões de seu convencimento e pinçar os elementos de prova em que está amparado, deixando de proceder à "crítica judiciária" do material remanescente.[1242] Conquanto incompatível à CF/1988 (art. 93, IX), essa leitura também é avessa à intersubjetividade do conhecimento.

Se persistirmos na ideia de uma relação de conhecimento limitada a um sujeito cognoscente e a um objeto cognoscível, decerto que para o sujeito (magistrado) reconstruir o objeto ("fatos"), bastaria a seleção dos elementos que ele, sujeito estritamente racional, considerar pertinentes. Por conseguinte, atribuindo-se mínima ou nenhuma relevância à atuação das partes; além da limitada participação na relação de conhecimento pelo autor e réu (em desrespeito ao princípio dispositivo),[1243] elas são parciais (= comprometidos apenas com os seus interesses) e, portanto, descompromissados com a busca da "verdade". Inclusive, algo que é exasperado no horizonte da construção mítica da oralidade, na qual parte-se da premissa dos magistrados serem os únicos sujeitos preocupados com a verdade, assim como ocupariam posição privilegiada a esse desiderato (privilégio cognitivo do juiz).[1244]

Como dantes referido, o modelo de racionalidade subjacente ao livre convencimento motivado esta(va) pautado em uma dualidade cognitiva; acreditava-se que a experiência gnosiológica se restringiria ao sujeito-objeto, ora na forçosa exorcização de valores e preconceitos do observador, a quem competia apenas descrever o objeto examinado; ora na aptidão do sujeito em descobrir a "verdade", cujo controle ("método") deitava seus pilares na restrição aos elementos coligidos aos autos (*quod non est in actis non est in mundo*), nas regras da expe-

---

trado escolhesse as provas que quisesse para motivar a decisão. A oralidade processual e a construção da verdade jurídica. *Revista da SJRJ,* Rio de Janeiro, n. 23, p. 131-160, 2008.

**1242** MARINONI, Luiz Guilherme; ARENHART, Sérgio Cruz. *Prova.* São Paulo: RT, 2009, p. 266-269.

**1243** Não apenas as partes aportariam enunciados de fato.

**1244** BAPTISTA, Bárbara Gomes Lupetti. A oralidade processual e a construção da verdade jurídica. *Revista da SJRJ,* Rio de Janeiro, n. 23, p. 131-160, 2008.

riência, lógica e ciência, seguida da obrigatoriedade de explicitação dos motivos do convencimento.[1245]

Como dantes afirmado, deitando-se os olhos pela historicidade é possível observar que o progresso do conhecimento é do desconhecimento, pois todos os avanços "aproximam-nos de um desconhecido que desafia os nossos conceitos, a nossa lógica, a nossa inteligência".[1246] Inexistindo verdade que não possa ser superada – verdades imutáveis são tributadas às posturas de fé –, a ciência "evolui" (mobiliza-se) com a superação de concepções anteriores. Foi o que se deu com o livre convencimento motivado: modelo não apenas centrado na figura do juiz, como de um sujeito solipsista; se bem que resposta à prova tarifada, insistiu na subjetividade. É por esse motivo, pela falta de aderência, a "valoração negativa" da prova não vingou, dado que o juiz estaria "livre" para selecionar apenas o que considerou relevante.

Pelos motivos encimados sua supressão foi entendida como autêntica "revolução copernicana", em combate à discricionariedade judicial; em pugna ao modelo dual.[1247] E mesmo após o advento do CPC/15, a doutrina ainda não notou que o "livre convencimento motivado" bloqueia a adequada (democrática) teoria da decisão,[1248] haja vista estar

---

**1245** Por todos, ver: ECHANDÍA, Hernando Devis. *Teoria general de la prueba judicial*. Buenos Aires: Victor P. de Zavalía Editor, 1970, t. I, p. 108.

**1246** MORIN, Edgar. *O método 3*: o conhecimento do conhecimento. Trad. Juremir Machado da Silva. 3. ed. Porto Alegre: Sulina, 2005.

**1247** TRINDADE, André Karam. Hermenêutica e jurisprudência: o controle das decisões judiciais e a revolução copernicana no Direito processual brasileiro. *Revista de Estudos Constitucionais, Hermenêutica e Teoria do Direito (RECHTD)*, Unisinos, São Leopoldo, v. 7, n. 3, p. 243-252, 2015. Disponível em: <https://bit.ly/2rQdz9a>. Acesso em: 07 abr. 2018.

**1248** Nesse sentido, após defender que o sistema de avaliação da prova presente no CPC/15 é o do livre convencimento motivado, Zulmar Duarte enaltece o dever do magistrado analisar "todos os meios de prova constantes dos autos". Comentários ao art. 371 (itens 1 a 4). In: *Novo código de processo civil comentado*. Sérgio Luiz de Almeida Ribeiro, Roberto Campos Gouveia Filho, Izabel C. P. Cardoso Pantaleão e Lúcio Graci de Gouveia (coords.). São Paulo: Lualri Editora, t. II, p. 108-109. Em outro trabalho, o autor fala que o código impõe a "integridade" na avaliação dos meios de prova constantes dos autos, esteira em que defende a tese da "valoração negativa". Integridade no exame da prova: o porquê você perdeu (o cumprimento pelo juiz do artigo 371 do Novo CPC). *Jota*, Brasília, Coluna Novo CPC. Disponível em: <https://bit.ly/2rRMzXC>. Acesso em: 04 mai. 2018.

conformado ao paradigma da ciência moderna.[1249] A supressão do advérbio "livremente" não teve apenas carga simbólica.[1250]

A censura ao modelo do livre convencimento não é uma tentativa de restabelecer o sistema da prova tarifada (de passividade do julgador), tampouco (re)suscitar a desconfiança nos togados como vivenciado na França revolucionária. Crítica não mira a supressão dos poderes judiciais à apreciação no caso concreto (inerente à atividade decisória). Ao contrário, busca-se reforçar o discurso daqueles que acreditam no necessário despertar a um novo modelo (intersubjetividade), não recostado em um sujeito ideal (*homo sapiens sapiens*), senão admitindo que <u>todos</u> os sujeitos processuais sejam *homo sapiens-demens*. Logo, fortalecendo o papel das partes à (re)construção dos enunciados de fato e o do magistrado em velar para que esses esforços não se desviem das *garantias*.

### 6.2.2.2.3. REPARTIÇÃO DE FUNÇÕES, IMPARTIALIDADE E IMPARCIALIDADE: REAVIVANDO OS LINDES DO MODELO PROCESSUAL

O tema da impartialidade foi pioneiramente tratado por Werner Goldschmidt em ensaio publicado na *Revista de Derecho Procesal* em 1950 [(*La imparcialidad como princípio básico del proceso* (La partialidad y la parcialidad)].[1251] O trabalho alumiou as fronteiras entre parcialidade e partialidade, sedimentando o terreno ao desenvolvimento da impartialidade.[1252] E se a temática foi objeto de reflexões cuidado-

---

**1249** Em sentido próximo, ver: FERREIRA, Fábio Luiz Bragança. *A possibilidade de superação da discricionariedade judicial positivista pelo abandono do livre convencimento no CPC/2015.* Salvador: JusPodivm, 2018, p. 133 e ss.

**1250** Assim, cf.: MEDINA, José Miguel Garcia. *Curso de direito processual civil moderno.* 3. ed. São Paulo: RT, 2017, p. 629.

**1251** GOLDSCHMIDT, Werner. *La imparcialidad como princípio básico del proceso* (La partialidad y la parcialidad). *Academia Virtual de Derecho.* Disponível em: <https://bit.ly/2wO6ICM>. Acesso em: 10 mar. 2018.

**1252** Tributando a originalidade do tema a esse autor: AROCA, Juan Montero. *Sobre la imparcialidad del Juez y la incompatibilidad de funciones procesales:* el sentido de las reglas de que *quien instruye no puede luego juzgar* y de que *quien ha resuelto en la instancia no puede luego conocer del recurso.*Valencia: Tirant lo Blanch, 1999, p. 186; MEROI, Andrea. *El principio de imparcialidad del juez (las opiniones precursoras de Werner Goldschmidt y los desarrollos actuales del tema).* Texto gentilmente cedido pela autora.

sas por outros autores,[1253] tardou a encontrar a dignidade merecida em nossa doutrina.[1254] A parcialidade é condição essencial das partes, correspondente à partialidade; não fosse um truísmo, em tempos em que a processualística prega a ruptura de protagonismos dos sujeitos processuais, inegável a pertinência da observação.

Ainda na doutrina estrangeira, há importante monografia de Juan Montero Aroca tratando da imparcialidade e da incompatibilidade de funções, a qual pode ser ilustrada com a terceiridade do magistrado (*Sobre la imparcialidad del Juez y la incompatibilidad de funciones procesales*).[1255] Essa obra oferece panorama evolutivo do tema no âmbito do Tribunal Europeu de Direitos Humanos (TEDH), da Corte Constitucional da Espanha, além de perlustrar a doutrina e as modificações legislativas realizadas em seu país. Para ele, o juiz legal (natural ou predeterminado por lei) não se confunde ao imparcial,[1256] muito embora as duas exigências integrem o direito dos jurisdicionados a um processo com todas as garantias.

Na esteira de W. Goldschmidt, Montero Aroca também divisa a imparcialidade (subjetiva, desinteresse subjetivo)[1257] da impartialidade

---

**1253** Afora os trabalhos citados na nota anterior, assim como outros que serão estudados a seguir, cf. OAKLEY, Hugo Botto. El Proceso: ¿Método de Debate o Juego Colaborativo? Su relación con la Imparcialidad Sicológica. *Revista Latinoamericana de Derecho Procesal*, Buenos Aires, n. 3, mai. 2015; IRANZO, Virginia Pardo. La imparcialidad y los poderes del Juez según el Tribunal de Justicia de la Unión Europea. *Revista Latinoamericana de Derecho Procesal*, Buenos Aires, n. 5, dez. 2015.

**1254** Poucos autores trataram do tema no Brasil. Entendemos que a obra de Eduardo Costa, analisada adiante, constitui divisor de águas sobre o assunto. Antes dele, mas cujas premissas não comungamos (publicismo etc.) e as conclusões não aproveitamos (juiz com poderes instrutórios em busca da verdade real), o tema foi estudado por Antonio do Passo Cabral: Imparcialidade e impartialidade. Por uma teoria sobre repartição e incompatibilidade de funções nos processos civil e penal. In: *Teoria do processo*: panorama mundial. Fredie Didier Jr. e Eduardo Ferreira Jordão (coords.). Salvador: JusPodivm, 2007, p. 99-124.

**1255** AROCA, Juan Montero. *Sobre la imparcialidad del Juez y la incompatibilidad de funciones procesales*: el sentido de las reglas de que *quien instruye no puede luego juzgar* y de que *quien ha resuelto en la instancia no puede luego conocer del recurso*. Valencia: Tirant lo Blanch, 1999.

**1256** *Idem, ibidem*, p. 124.

**1257** Secundando o entendimento de Chiovenda, o autor também trabalha com a distinção entre desinteresse subjetivo (imparcialidade) e desinteresse objetivo ("alienità"), sendo o último a característica que aparta a atividade jurisdicional (substitu-

(condição de terceiro ou *terzietà*), além de dissertar a incompatibilidade de funções.[1258] Entrevendo na quebra de imparcialidade (subjetiva) situações anteriores (ou fora do) ao procedimento judicial, sujeitas à disciplina legislativa para aferição/controle, defende que a incompatibilidade de funções dispensa tratamento legislativo,[1259] haja vista sua prática conduzir ao esvaziamento da atividade judicial. No particular, não se deve cogitar de quebra de imparcialidade, resolvendo-se pura e simplesmente na noção de funções incompatíveis ao exercício da jurisdição (*v.g.*, magistrado que atuou como defensor ou representante de uma das partes, ou, que tenha oficiado como membro do MP, funcionado como perito, atuado como instrutor ou resolvido o pleito em outra instância). Os exemplos arrolados pelo autor denotam que as situações de incompatibilidade dependem do próprio procedimento judicial; daí porque enxerga a incompatibilidade como salvaguarda do "reparto de papeles" (partição de funções),[1260] garantia consubstancial ao processo.

Assentadas as premissas, Montero Aroca entende que a incompatibilidade alcança o fenômeno procedimental como um todo (civil, penal, trabalhista, contencioso-administrativo).[1261] Por esse motivo, censura o TEDH e o Tribunal Constitucional espanhol pela desorientação no

---

tiva, heterotutela) da administrativa (em que situações de seu próprio interesse são julgadas em exercício de autotutela). *Idem, ibidem,* p. 182-185.

**1258** "1) Una cosa es la "ajeneidad" (o desinterés objetivo o alienità) de la jurisdicción, como elemento caracterizador de la misma que la distingue de la administración71, 2) Otra la "impartialidad" (o condición de tercero o terzietá) del juez en el proceso, lo que hace, no ya que no pueda ser al mismo tiempo parte, sino también que no pueda realizar los actos propios de esta, 3) Todavía otra es la incompatibilidad de funciones judiciales dentro del mismo proceso, a las que se refiere por ejemplo el art. 34 del Codice di procedura penale italiano al declarar incompatibles determinados actos realizados en el mismo proceso, pero que en el proceso civil también tienen algún sentido pues siempre será incompatible haber intervenido como juez en la primera instancia y poder intervenir en algún recurso," El proceso civil llamado "social" como instrumento de "justicia" autoritaria. In: *Proceso civil e ideología:* un prefacio, una sentencia, dos cartas y quince ensayos. Juan Montero Aroca (coord.). Valencia: Tirant lo Blanch, 2006, p. 130-166.

**1259** AROCA, Juan Montero. *Sobre la imparcialidad del Juez y la incompatibilidad de funciones procesales:* el sentido de las reglas de que *quien instruye no puede luego juzgar* y de que *quien ha resuelto en la instancia no puede luego conocer del recurso.* Valencia: Tirant lo Blanch, 1999, p. 247.

**1260** *Idem, ibidem,* p. 238-240.

**1261** *Idem, ibidem,* p. 16 e 235-237.

trato da matéria, baralhando os institutos (imparcialidade, impartialidade e incompatibilidade de funções). À falta de clareza são tributadas as matizações dessas cortes no esforço ("pueril") em precisar atos que maculariam a imparcialidade daqueles em que ela – supostamente – não seria afetada.[1262]

No mesmo passo, para ele a objeção à iniciativa probatória do juiz não deflui da imparcialidade (subjetiva), mas da distinção (incompatibilidade) entre as funções do juiz e a dos sujeitos parciais no processo. À luz da partilha de funções, a garantia que impede o acúmulo de funções na mesma pessoa (instruir e julgar) é a da terceiridade. Tanto quanto um juiz imparcial, a terceiridade também deve ser assumida como garantia das partes.[1263] Retenha-se o ponto: para Juan Montero Aroca a partilha de funções é ínsita à compreensão do processo.[1264]

Migrando à doutrina brasileira, com enfoque diverso de Montero Aroca, com a palestra "Imparcialidade judicial e propensões cognitivas" (proferida no 8º Congresso de Direito Processual de Uberaba, 2014), Eduardo Costa redimensionou o tratamento da imparcialidade ao vislumbrar sua necessária conexão às conquistas da "psicologia comportamental cognitiva" sobre os vieses ou propensões, na qual a garantia em tela encontra seu manancial científico. No ano seguinte, o autor publicou ensaio contextualizando algumas das principais conquistas científica ao direito, com ênfase na tormentosa questão da iniciativa probatória dos juízes.[1265] O trabalho antecipou linhas que seriam aprofundadas em tese de doutorado, quando então propôs um "modelo prescritivo para o direito processual com base nas pesquisas

---

**1262** *Idem, ibidem,* p. 244 e ss.

**1263** Montero Aroca aponta que a distinção foi reconhecida pelo art. 111, II, da Constituição italiana. AROCA, Juan Montero. El proceso civil llamado "social" como instrumento de "justicia" autoritaria. In: *Proceso civil e ideología:* un prefacio, una sentencia, dos cartas y quince ensayos. Juan Montero Aroca (coord.). Valencia: Tirant lo Blanch, 2006, p. 130-166.

**1264** Em reforço dos trabalhos já citados, ver: AROCA, Juan Montero. *Principios del proceso penal:* una explicación basada en la razón. Buenos Aires: Astrea, 2016, p. 39.

**1265** COSTA, Eduardo José da Fonseca. Algumas considerações sobre as iniciativas judiciais probatórias. *Revista Brasileira de Direito Processual – RBDPro*, Belo Horizonte, Ano 23, n. 90, p. 153-173, abr./jun. 2015.

existentes em matéria psíquico-cognitiva."[1266-1267] É a tese que atrai nossa atenção.

A pesquisa de Eduardo Costa teve como fio condutor trabalho pioneiro de Daniel Kahneman e Amos Tversky publicado em 1974, quando esses psicólogos israelenses sistematizaram as "regras heurísticas": regras de cognição aplicadas inconscientemente por qualquer pessoa "ao processar uma informação que recebe do exterior e que permitem reduzir as tarefas complexas de atribuir probabilidade e predizer valores a operações de juízos mais simples." Em síntese, novamente na explicação, "formas disfuncionais de processar a informação, que afetam o raciocínio lógico-abstrato e que acontecem de forma previsível em circunstâncias particulares em todos os países e culturas."[1268]

Os vieses ou predisposições não constituem reflexos de emoções (medo, afeição etc.). Em vista de sua previsibilidade e enquanto fenômeno humano independentemente de fronteiras geográficas, o estudo desenvolvido pelos psicólogos israelenses foi aplicado ao direito (julgamentos), constituindo o pano de fundo (científico) à proposição de um novo modelo (prescritivo) de fiscalização da imparcialidade.

Os estudos de psicologia comportamental cognitiva foram responsáveis por catalogar dezenas de vieses ou propensões cognitivas.[1269] Não é o caso de enveredar por cada um deles (vieses); apenas perceber que diferentemente da crença nutrida por Bentham, Chiovenda e tantos outros, os dados científicos apontam – com elevado grau de probabilidade – que o protagonismo judicial em matéria de provas pode ser prejudicial à qualidade do julgamento.[1270] Mesmo porque, as pesquisas

---

**1266** COSTA, Eduardo José da Fonseca. *Levando a imparcialidade a sério: proposta de modelo interseccional entre direito processual, economia e psicologia (Tese de Doutorado).* Pontifícia Universidade Católica de São Paulo (PUC-SP), São Paulo, 2016, 187 p.

**1267** *Idem, ibidem,* p. 82.

**1268** *Idem, ibidem,* p. 46.

**1269** *Idem, ibidem,* p. 48-59.

**1270** Como bem ressaltado pelo autor, as pesquisas até então realizadas indicam em grau de probabilidade que juízes profissionais estão sujeitos às mesmas influências que jurados e juízes leigos, muito embora subsista a necessidade de aprofundamentos dos estudos e pesquisas em situações reais de julgamento, com ênfase em juízes treinados.

empíricas denotam a ausência de relação das propensões (vieses) cognitivas com a experiência profissional, larga ou não, do magistrado.[1271]

Sem embargo, por afetar a imparcialidade, tida por Eduardo Costa como o núcleo duro do devido processo legal – para ele o processo é "mais" devido quando dotado de técnicas para evitar, eliminar ou minimizar os enviesamentos, quando aparelhado por "técnicas de desenviesamento judicial" –,[1272] sequer são toleráveis "riscos potenciais de quebras inconscientes de imparcialidade sejam institucionalmente maximizados." Em outras palavras, no pêndulo entre certeza e incerteza científica, impõe-se prestigiar a interpretação favorável à imparcialidade.[1273] A relevância dessa garantia (imparcialidade) também pode ser aferida por sua proclamação em variados diplomas internacionais, todos preocupados em assegurar a originalidade cognitiva do juiz.[1274]

Um dos principais vieses cognitivos é o da heurística da representatividade, no qual a tese de Costa mergulha. A percepção desse viés tem impulsionado ou reforçado a separação entre as funções instrutória e decisória em algumas ordens jurídicas.[1275] Aliás, fator a demonstrar a insubsistência – "perigo", nas palavras de Eduardo Costa – do princípio da identidade física ou permanência subjetiva do juiz.[1276] O estudo também alcança níveis mais intensos de profundidade ao tratar dos seguintes vieses: de ancoragem e ajustamento, de confirmação e de grupo, todos com importantes desdobramentos a serem assimilados pelo direito processual.[1277]

Após censurar a interpretação de que os róis de impedimento e suspeição previstos em lei sejam fechados, Costa apregoa a interpretação extensiva – utiliza a teoria de Luhmann para explicar como os avanços científicos repercutiriam no sistema jurídico e na compreensão do tema. Ao derradeiro, insiste que o juiz da instrução deve ser impedido de sentenciar e, naquilo de interesse à atual pesquisa, que todo o regra-

---

**1271** COSTA, Eduardo José da Fonseca. *Levando a imparcialidade a sério: proposta de modelo interseccional entre direito processual, economia e psicologia (Tese de Doutorado)*. Pontifícia Universidade Católica de São Paulo (PUC-SP), São Paulo, 2016, p. 74.

**1272** *Idem, ibidem*, p. 92.

**1273** *Idem, ibidem*, p. 87-89.

**1274** *Idem, ibidem*, p. 23.

**1275** *Idem, ibidem*, p. 99-103.

**1276** *Idem, ibidem*, p. 104-107.

**1277** *Idem, ibidem*, p. 107-122.

mento atinente à identidade física do magistrado deve ser revogado.[1278] Considerando que o processo civil já está livre desse subprincípio, fica a exemplaridade, adensada pelo substrato científico, aos demais procedimentos. Outras importantes "técnicas de desenviesamento judicial" são apontadas na sua tese, defendendo sua incorporação à ordem jurídica brasileira via releitura do devido processo.[1279] Na contramão da doutrina majoritária, o autor se posiciona a favor da interpretação extensiva ("lege lata") dos róis de impedimento e suspeição do juiz.

Em síntese, Costa aduz a impossibilidade dos estudos de "psicologia comportamental cognitiva" serem desprezados pela ciência do processo na determinação das causas de impedimento e suspeição, cujos róis não podem ser reféns de meras intuições (o que ainda ocorre na atualidade), mas permeáveis à interpretação extensiva. Cuida-se de medida indispensável ao devido processo. Afora a problemática da imparcialidade, pouco explorada pela doutrina, a iniciativa probatória do magistrado desafia a própria exigência de imparcialidade, na medida em que o estudo das "regras heurísticas", ao tempo em que enriquece o debate – e retira a concludência de outros enfoques –,[1280] desprestigia a visão predominante na processualística (tratada no item 5.3.1).

De tudo isso, tanto possível defender o entrecruzamento da incompatibilidade de funções à imparcialidade quanto entender que qualquer uma delas constitui importante baliza à atividade judicial, sobretudo – não apenas – em matéria de direito probatório.[1281-1282] Ambas

---

**1278** *Idem, ibidem,* p. 137-141.

**1279** *Idem, ibidem,* p. 142.

**1280** A título de ilustração, o enfoque historiográfico de Joan Picó I Junoy: *O juiz e a prova:* estudo da errônea recepção do brocardo *iudex iudicare debet secundum allegata et probata, non secundum conscientiam* e sua repercussão atual. 2. ed. Trad. Darci Guimarães Ribeiro. Porto Alegre: Livraria do Advogado, 2017, p. 31 e ss.

**1281** Sendo o caso, após um exercício mental sobre qual(is) enunciado de fato seria, potencialmente, objeto de confirmação por meio de prova determinada oficiosamente, em atenção à responsabilidade e ônus probatórios dos litigantes, o juiz rejeitaria o pedido do autor por insuficiência/ausência de provas. COSTA, Eduardo José da Fonseca. Algumas considerações sobre as iniciativas judiciais probatórias. *Revista Brasileira de Direito Processual – RBDPro,* Belo Horizonte, Ano 23, n. 90, p. 153-173, abr./jun. 2015.

**1282** Nessa linha: SOUSA, Diego Crevelin de. Interrogatório livre: o ornitorrinco (?) – inconstitucional (!) – do processo civil brasileiro. *Revista Brasileira de Direito Processual – RBDPro,* Belo Horizonte, ano 25, n. 100, p. 85-112, out./dez. 2017.

sugestivas de que outra seja a missão constitucional do juiz (atuar como *garante* ou *guardião,* sem prejuízo do devido processo carregar variadas balizas contra o próprio órgão jurisdicional).[1283]

### 6.2.2.2.4. A MISSÃO CONSTITUCIONAL DO MAGISTRADO E A (IM) POSSIBILIDADE DO "JUIZ CONTRADITOR"

Como visto, à dimensão formal ou concepção estática do contraditório, bilateralidade da audiência – de origem grega, mas difundida pelo adágio em latim (*audiatur et altera pars*) –,[1284] foi agregada a dimensão material ou concepção dinâmica.[1285] Dela deriva o "direito de partici-

---

**1283** AROCA, Juan Montero. El proceso civil en el siglo XXI: tutela y garantía. *Revista del Instituto Colombiano de Derecho Procesal,* v. 32, n. 32, 2006. Disponível em: <https://bit.ly/2ILoBrr>. Acesso em: 10 jun. 2016.

**1284** PICARDI, Nicola. *Jurisdição e processo.* Org. e Rev. Técnico Trad. Carlos Alberto Alvaro de Oliveira. Rio de Janeiro: Forense, 2008, p. 130-131. Também sobre a evolução do contraditório, a despeito do entusiasmo do autor com o ativismo judicial e com a cooperação, ver: OLIVEIRA, Carlos Alberto Alvaro de. A Garantia do Contraditório. *Revista da Faculdade de Direito da UFRGS;* Porto Alegre, n. 15, jan. 2017. Disponível em: <https://bit.ly/2vZqls9>. Acesso em: 30 mar. 2017.

**1285** Entre os tantos trabalhos já citados e outros que ora são reportados sobre a temática: FAZZALARI, Elio. *Instituições de direito processual.* Trad. Elaine Nassif. Campinas: Bookseller, 2006, p. 120-121; OLIVEIRA, Carlos Alberto Alvaro de. O juiz e o princípio do contraditório. *Revista da Faculdade de Direito da UFRGS.* Porto Alegre, n. 9, p. 178-184, 1993; OLIVEIRA, Carlos Alberto Alvaro de. "A garantia do contraditório". *In: Do formalismo no processo civil.* 2. ed. São Paulo: Saraiva, 2003, p. 227-243; COMOGLIO, Luigi Paolo. "Questioni relevabili d'ufficio e contraddittorio". *Treccani (La Cultura Italiana).* Disponível em: <https://bit.ly/2wSoO6H>. Acesso em: 16 nov. 2013; FAZZALARI, Elio. *Instituições de direito processual.* Trad. Elaine Nassif. Campinas: Bookseller, 2006, p. 120-121. HOMMERDING, Adalberto Narciso. *Fundamentos para uma compreensão hermenêutica do processo civil.* Porto Alegre: Livraria do Advogado, 2007, p. 95; ZANETI JR., Hermes. *Processo constitucional:* o modelo constitucional do processo civil. Rio de Janeiro: Lumen Juris, 2007, p. 196; GOUVEIA, Lúcio Grassi de. "A função legitimadora do princípio da cooperação intersubjetiva no processo civil brasileiro". *Revista de Processo,* São Paulo, v. 172, jun. 2009, p. 32-53; CÂMARA, Alexandre Freitas. "Bases teóricas para um novo código de processo civil". *In: Bases científicas para um renovado Direito Processual.* Athos Gusmão Carneiro e Petrônio Calmon (orgs.). São Paulo: Instituto Brasileiro de Direito Processual, 2008, v. 1, p. 09-24; THEODORO JR., Humberto; NUNES, Dierle J. Coelho. "O princípio do contraditório: tendências de mudança da sua aplicação". *Revista da Faculdade de Direito do Sul de Minas.* Pouso Alegre, v. 28, p. 177/206, jan./jun. 2009; GRADI, Marco. "Il principio del contraddittorio e la nulittà della sentenza della "terza via"". In: *Rivista di Diritto Processuale,* Milão, anno LXV (Seconda Serie),

pação" na construção dos provimentos judiciais que possam afetar a esfera jurídica do interessado. Aqui e acolá, colhe-se referência a um direito de "influência" para designar essa participação (direito), o que não nos parece seja apropriado; a noção de influência recai no círculo vicioso do magistrado como destinatário da prova (logo, quando formada sua convicção, poderia simplesmente indeferir outros meios probatórios), além de render homenagem ao decantado subprincípio da identidade física do juiz. Em síntese, as partes exercitam o direito à prova enquanto dimensão de seu contraditório, constitucionalmente previsto (art. 5º, LV), atentas aos encargos probatórios a que tencionam se desincumbir (os encargos são das partes, jamais do magistrado).

Tanto da dimensão formal quanto da dimensão material defluem direitos às partes e deveres ao magistrado.[1286] Entendido como participação, intui-se que as situações jurídicas ativas derivadas do contraditório são de titularidade exclusiva dos sujeitos parciais; quanto ao juiz, do contraditório somente lhe decorrem deveres (situações jurídicas passivas).[1287] Aliás, temos insistido que das garantias processuais em geral somente é possível extrair deveres ou situações jurídicas passivas ao órgão jurisdicional, correlatos aos direitos das partes.

O juiz não é um contraditor, como já pontuava Aroldo Plínio Gonçalves, não sendo "interessado" ou "contra-interessado" no provimento, posto que sua esfera jurídica não é afetada por ele;[1288] ele (juiz)

---

n. 4, luglio-agosto, 2010; CAVANI, Renzo. "Contra as nulidades-surpresa: o direito fundamental ao contraditório diante da nulidade processual." *Revista de Processo,* São Paulo, RT, v. 218, abr. 2013, versão digital; MACHADO, Daniel Carneiro. "A visão tridimensional do contraditório e sua repercussão no dever de fundamentação das decisões no processo democrático". *Rev. SJFR,* Rio de Janeiro, v. 21, n. 41, p. 69-84, dez. 2014; GRECO, Leonardo. "Contraditório efetivo". *Revista Eletrônica de Direito Processual – REDP,* Rio de Janeiro, v. 15, jan.-jun. 2015; CÂMARA, Alexandre Freitas. "Dimensão processual do devido processo constitucional". *In: Novo CPC doutrina selecionada:* parte geral. Lucas Buril de Macêdo, Ravi Peixoto e Alexandre Freire (orgs.). Salvador: JusPodivm, 2015, v. 1, p. 254-258.

**1286** Nessa linha, sobre a dimensão formal: NERY JR., Nelson. *Princípios do processo civil na Constituição Federal.* 8. ed. São Paulo: RT, 2004, p. 171.

**1287** Em sentido contrário: CABRAL, Antonio do Passo. O contraditório como dever e a boa-fé processual objetiva. *Revista de Processo,* São Paulo, RT, vol. 126, ago. 2005, p. 59-81.

**1288** GONÇALVES, Aroldo Plínio. *Técnica processual e teoria do processo.* Rio de Janeiro: Aide, 1992, p. 121.

não ingressa no jogo do "dizer-e-contra-dizer".[1289] Em outra passagem, atento ao contraditório como garantia, o mesmo autor assinalava:

> [...]. Não se pode perder de vista que o contraditório é garantia, a possibilidade assegurada de participação das partes em simétrica paridade, e uma garantia, considerada do ângulo do Estado, é um dever, mas do ângulo do jurisdicionado jamais pode ser identificada a uma coação, porque sempre será proteção assegurada pelo Direito.[1290]

Enquanto um direito e de índole fundamental, vocacionado à limitação do exercício do poder, é tarefa no mínimo espinhosa pretender extrair posições jurídicas ativas do contraditório ao órgão jurisdicional. Sem tergiversar com o texto normativo e a tradição que esteia a compreensão do contraditório, já densificado pela dimensão material, é impossível alcançar semelhante conclusão –[1291] crítica semelhante foi realizada por Girolamo Monteleone na Itália, entrevendo no impulso probatório do magistrado a violação ao contraditório e ao direito de defesa.[1292]

Se ao juiz fosse possível produzir provas, como seria preservado o direito de participação das partes? Abstraída a quebra da imparcialidade, apenas por hipótese, como o juízo de admissibilidade seria desempenhado a contento, isto é, sem violação às garantias processuais? Quem exerce a admissibilidade da prova designada oficiosamente pelo juiz? De logo se percebe que, sobre não ser o único, o contraditório é o principal condicionamento aos poderes dos juízes, tolhendo-lhes as "faculdades materiais" preconizadas pelas "ondas publicistas", paulatinamente reforçadas ao longo de nossos códigos unitários de procedimento civil.

Sobre os poderes do juiz, conhecida doutrina os classificava em "poder-fim" (decisório) e "poderes-meio" ou de feição instrumental (direção do processo, instrutórios e de coerção). E anotava que a posição do juiz na dinâmica do processo é multifária, matizando-se pelos

---

**1289** *Idem, ibidem,* p. 122.

**1290** *Idem, ibidem,* p. 126-127.

**1291** Cooperação processual: Inconstitucionalidades e excessos argumentativos–Trafegando na contramão da doutrina. *Revista Brasileira de Direito Processual–RBDPro,* Belo Horizonte, ano 24, n. 93, p. 149-168, jan./mar. 2016.

**1292** MONTELEONE, Girolamo. "El actual debate sobre las "orientaciones publicísticas" del proceso civil." In: *Proceso civil e ideología:* un prefacio, una sentencia, dos cartas y quince ensayos. Juan Montero Aroca (coord.). Valencia: Tirant lo Blanch, 2006, p. 173-198.

poderes que venha a acumular.[1293] Por esse ângulo, e considerando que o garantismo processual rechaça os poderes instrutórios autônomos ("poder-meio"), assim como as garantias processuais repugnam a exacerbação dos demais (todos inerentes à jurisdição pelo togado no Brasil), percebe-se não haver propósito de esvaziamento da função judicial. A proposta abraçada neste trabalho não se confunde ao que foi cognominado de "minimalismo procesal".[1294]

A determinação oficiosa de provas é consequência do estado de dúvida do magistrado. Quando as partes não conseguem se desincumbir dos encargos probatórios – porque o autor não logra confirmar o fato constitutivo de seu direito, eventualmente, o réu não comprova a assertiva negatória do fato constitutivo ou os enunciados de fato impeditivo, modificativo ou extintivo do direito do autor –, sem elementos nos autos que esclareçam as afirmações, o juiz sai em busca de outros meios. Aliás, não apenas após os comportamentos das partes; para quem os admite, no curso da atividade probatória dos sujeitos processuais, o juiz concorreria formulando perguntas às testemunhas, à própria parte, ao experto etc. Nos dizeres de Barbosa Moreira, fá-lo para se desviar do drama psicológico suscitado pela aplicação do art. 333, CPC/73 (atual art. 373), haja vista não querer se valer dessa regra como espécie de tábua de salvação ao estado de dúvida.[1295] Fá-lo, mais uma vez no diálogo com o autor, de modo "estritamente racional" (sem comprometimento da imparcialidade).[1296]

Vimos que a cantilena publicística da iniciativa probatória do magistrado repousa em vários conceitos destituídos de sustentação normativa (tutela do direito objetivo, primazia do interesse público, busca

---

**1293** Por todos, cf. Barbosa Moreira: "Reformas processuais e poderes do juiz". In: *Temas de direito processual (oitava série)*. São Paulo: Saraiva, 2004, p. 55.

**1294** PEYRANO, Jorge W. Acerca de los "ismos" en material procesal civil. *Themis: Revista de Derecho*, Peru, n. 58, p. 21-27, 2010. Disponível em: <https://bit.ly/2yO43rm>. Acesso em: 06 jan. 2018.

**1295** MOREIRA, José Carlos Barbosa. "Reflexões sobre a imparcialidade do juiz." In: *Temas de direito processual (sétima série)*. São Paulo: Saraiva, 2001, p. 23.

**1296** MOREIRA, José Carlos Barbosa. "Breves reflexiones sobre la iniciativa oficial en materia de prueba." In: *Temas de direito processual (terceira série)*. São Paulo: Saraiva, 1984, p. 79.

da verdade material etc.).[1297] Quiçá pressagiando a fragilidade dessas ideias, colhe-se doutrina extraindo os poderes probatórios autônomos do próprio contraditório (garantia processual das partes), o que, tal como a prédica doutrinária de compartilhamento dos encargos probatórios entre juiz e partes (Dinamarco), também carece de respaldo normativo. Insista-se: o contraditório é um "tributo à liberdade das partes no processo", dele não sendo possível extrair situações jurídicas ativas ao magistrado; correlato às garantias (partes) estão os deveres (juiz).[1298]

Em nome da qualidade das decisões não é possível defender que uma vez provocada a jurisdição, o contraditório se transmude em dever de colaboração das partes com o juízo.[1299] As garantias geram direitos às partes, correspectivos de deveres ao órgão judicial, e podem gerar direitos-deveres entre as partes (ex. vedação às provas ilícitas, institutiva de direitos e deveres recíprocos entre as partes; razoável duração do procedimento e a impossibilidade de emprego de meios visando à procrastinação do feito etc.).

Por fim, se a verdadeira (constitucional) missão do magistrado é a de atuar como *garante, velar pelo respeito/concretização das garantias,* o que, em certa medida, torna redundante a discussão sobre um juiz de garantias em âmbito criminal. O modelo constitucional de processo (garantista) já lhe impõe essa postura. Somente a leitura "fraca" da Constituição explica a visão do sistema processual penal e a crença de que o magistrado possa se comportar de outra maneira diante da titularidade da ação penal pública pelo Ministério Público (*dominus litis*).[1300]

---

**1297** Afora os trabalhos citados, ver: CABRAL, Antonio do Passo. O contraditório como dever e a boa-fé processual objetiva. *Revista de Processo,* São Paulo, RT, vol. 126, ago. 2005, p. 59-81.

**1298** STRECK, Lenio Luiz; DELFINO, Lúcio; BARBA, Rafael Giorgio Dalla; LOPES, Ziel Ferreira. O "bom litigante" – Riscos da moralização do processo pelo dever de cooperação do novo CPC. *Revista Brasileira de Direito Processual–RBDPro*, Belo Horizonte, ano 23, n. 90, abr./jun. 2015. Disponível em: <https://bit.ly/2HfO1rB>. Acesso em: 30 mar. 2016.

**1299** É a posição de Antonio do Passo Cabral: O contraditório como dever e a boa-fé processual objetiva. *Revista de Processo,* São Paulo, RT, vol. 126, ago. 2005, p. 59-81.

**1300** Ação penal de *iniciativa* pública.

# CONSIDERAÇÕES FINAIS

1. O discurso processual não é, e nem pode ser, ideologicamente indiferente. Não se trata de discurso que tem por objeto "instituições técnicas", senão construções humanas imersas na ideologia (em sentido amplo e estrito). Os poucos autores que cuidaram da reflexão ideológica na processualística não perceberam a necessidade de desterrar os vínculos do objeto nas duas dimensões ideológicas, pois a limitação a qualquer uma delas conduz à disjunção (alumia, mas também oculta), em prejuízo da compreensão;

2. Antes mesmo de se falar em fase da instrumentalidade ou teleológica, na esteira da publicização, o processo foi modelado pelo processualismo científico alemão como instrumento ou ferramenta do Estado-jurisdição, projetando um juiz superposto às partes e solipsista em seus pronunciamentos, enraizando o protagonismo judicial no apelo científico ("publicientificização"). Sendo remissível ao pensamento de Oskar Bülow, o instrumentalismo foi redimensionado pela socialização e moralização do processo encabeçadas por Franz Klein e incorporadas à ZPO/1895, quando o processo foi integrado à engrenagem do Estado social, foi desenvolvido o "princípio da autoridade" e inaugurada (amplamente) a reflexão ética no processo;

3. Enquanto fase subsequente ao processualismo científico, a instrumentalidade ou fase teleológica manteve a compreensão do processo como instrumento do Estado-jurisdição, sistematizando os escopos metajurídicos hauridos da doutrina de Klein. Escopos que, a despeito de sua difusão pela processualística, carecem de sustentação na ordem jurídica brasileira, tal como demonstrado por Aroldo Plínio Gonçalves em 1992, cuja obra segue ignorada por larga fração da processualística;

4. Os partidários do formalismo-valorativo lhe reivindicam a posição de quarta fase metodológica do direito processual, em cuja égide foi construído o modelo cooperativo e, na perspectiva de uma TGP, sustenta-se a centralidade do processo. Se o processo é tratado como instrumento ou ferramenta, sendo essa uma herança da publicização que atravessou sucessivas construções teóricas, assim o processualismo científico (instrumento técnico), a instrumentalidade (instrumento político) e o formalismo-valorativo (instrumento ético), afirmá-lo no centro da TGP é teimar na primazia da jurisdição;

5. Os modelos processuais analisados na primeira parte deste trabalho pressupõem um *homo sapiens sapiens*, é dizer, um sujeito que não existe (estritamente racional e onisciente). Nesse sentido, podem ser considerados *modelos teóricos* (ideais), resultando serem impraticáveis. Afora o problema normativo, é o que salta aos olhos do modelo processual idealizado por Cândido Rangel Dinamarco na obra *A Instrumentalidade do Processo*. É o que também ressai do modelo arquitetado à luz do formalismo-valorativo (simétrico no diálogo e assimétrico na decisão) e, a despeito do refinamento teórico, que também se manifesta na comparticipação e policentrismo. Em todos eles a racionalidade é baralhada à racionalização, o que se ilustra pela irrealizável proposta de quebra dos protagonismos anteriores rumo a uma espécie de síntese hegeliana do modelo;

6. Preconizada pelo garantismo processual, a repartição de papéis pode ser entendida como uma garantia consubstancial ao devido processo, revigorada pelo desenvolvimento da incompatibilidade de funções ou terceiridade, tanto quanto pela releitura da imparcialidade na obra de Eduardo J. da Fonseca Costa com esteio em pesquisas de "psicologia comportamental cognitiva". O modelo constitucional brasileiro é garantista (processual), sendo compatível ao paradigma da complexidade, visto que evita problemas da racionalidade instrumental (ex. poderes instrutórios, livre convencimento motivado e oralidade), operando com um modelo de sujeito real (*homo sapiens-demens*) e assumindo a intersubjetividade ao conhecimento (ambiência favorável à maturação das garantias processuais, destaque à dimensão material do contraditório).

# A HISTÓRIA DE UM LIVRO –
# UM LIVRO PARA A HISTÓRIA –
# À GUISA DE POSFÁCIO[1301]

**GLAUCO GUMERATO RAMOS**
Membro da Associação Brasileira de Direito Processual (ABDPro). Membro dos Institutos Brasileiro (IBDP), Ibero-americano (IIDP) e Pan-americano (IPDP) de Direito Processual. Professor da Faculdade de Direito Padre Anchieta de Jundiaí (FADIPA). Diretor de Relações Internacionais da ABDPro. Presidente para o Brasil do IPDP. Advogado em JUNDIAÍ.

## 1. INTRÓITO

Na reta final de 2018 MATEUS COSTA PERERIA pediu-me para posfaciar a sua tese de doutoramento perante a *Universidade Católica de Pernambuco* (UNICAP), agora vertida em livro. O título da peça acadêmica, por si só, nos remete a lembrança para o ambiente da história literária da *processualcivilística* do séc. XX: *Eles, os instrumentalistas, vistos por um garantista – Achegas à compreensão do modelo de processo brasileiro*. De golpe, a mente nos associa ao clássico livro de CALAMANDREI. Mas a coincidência fica restrita apenas aos títulos dos respectivos escritos. O objeto de análise, contudo, é bem outro.

Entre os dias 2 e 4 de janeiro deste novo ano me desincumbi da leitura da tese de MATEUS, a qual já me havia sido recomendada e elogiada por EDUARDO JOSÉ DA FONSECA COSTA, amigo em comum, que inclusive teve assento na banca que examinou e aprovou o vitorioso empenho acadêmico de seu autor.

---

**1301** Agradeço aos diletos meus amigos DIEGO CREVELIN e ANDRÉ MALUF, que gentilmente se encarregaram da revisão deste posfácio, ajudando-me a depurá-lo e a aperfeiçoá-lo linguística e estilisticamente. Com isso, somam-se a mim no elogio ao trabalho de MATEUS.

Neste mês de janeiro eu aguardo, para o dia 25 – aliás, aniversário da cidade de São Paulo –, a chegada de meu irmão FERNANDO e de meu sobrinho *polaco-brasileiro* MATEUSZ, assim mesmo, com "z", como o fazem os poloneses. Chegarão de Varsóvia para me visitar aqui no Brasil. A expectativa da chegada e, óbvio, a saudade, me acompanhavam durante a leitura e seguem me acompanhando. Certamente por isso, o contato com certos tópicos da tese de MATEUS permitiu que, no *caos* de minha mente, germinasse a *semente* de uma correlação inegável havida entre certos alicerces epistemológicos de seu trabalho e o denso livreto de LESZEK KOLAKOWSKI, *A presença do mito*. MATEUS foi preciso em apontar *três mitos*[1302] – não são os únicos! – que se colocam à base da cultura de hiperpublicização que faz do fenômeno processual um *joguete* nas mãos de magos *instrumentalistas-ativistas-voluntaristas*. De resto, *estatólatras* que consciente ou inconscientemente – o que é ainda pior! – constrangem GARANTIAS em nome de um constitucionalmente *inexistente* "poder" de redenção dos males sociais por intermédio do processo jurisdicional. São eles: (i) o *mito* da oralidade, (ii) o *mito* dos poderes instrutórios, (iii) o *mito* do livre convencimento motivado.

A presença entre nós destes e de outros *mitos* afeta o plano psicológico e, consequentemente, a visão que temos das instituições que compõem a nossa cultura nos planos *jurídico-geral* e *jurídico-processual*. Em suma, o resultado da tensão entre a *ordem mítica* e a *ordem racional* acaba por nos impedir a identificação de "qual é o *rosto* do mundo e qual é a sua *máscara*" (L. KOLAKOWSKI). Vale dizer: de qual seria a realidade, pois.

Seja como for, e até mesmo porque o *senso comum* empoeirado na superfície da mediocridade brada que hoje, no Brasil, somos governados pelo "mito" recém empossado, é sempre importante lembrar que, por definição, um *mito* é um enredo não-verdadeiro. Uma mentira, portanto. MATEUS acertou no ponto ao demonstrar que esses *três mitos* aos quais se refere auxiliaram, negativamente, na formação de uma cultura processual que não se compadece com as engrenagens da

---

**1302** Intuo que ao se valer da estratégia retórica de utilizar o vocábulo *mito*, MATEUS tenha se inspirado em artifício equivalente utilizado por JUAN MONTERO AROCA. Cf. "Sobre el mito autoritario de la buena fe precesal", texto encartado no livro-coletânea *Proceso e ideología: un prefacio, una sentencia, dos cartas y quince ensayos*, amplamente utilizado na tese.

Constituição, na qual estão radicadas as GARANTIAS que são a razão de ser daquilo que os juristas chamam de *processo*.

O livro de MATEUS é *triplamente* rico! É (i) rico em sua arquitetura metodológica e na elegância discursiva; não há argumento ou asserção que não estejam justificados em notas de rodapé, contei mais de 1.200 delas. É (ii) rico na abordagem epistemológica, mantendo profícuo diálogo com pensadores *extramuros* dos confins do direito e do processo. É (iii) rico em termos de TESE no Brasil; ao que tudo indica é escrito pioneiro, ao nível dos estudos doutorais, a ter como hipótese de trabalho a demonstração de que o *modelo de processo* estabelecido em nossa Constituição é nitidamente identificado com o GARANTISMO PROCESSUAL, o que esvazia por completo a prédica *instrumentalista* que, miticamente, distorce a percepção do óbvio, ainda que ululante.

Por isso, devo confessar que o posfácio que ora redijo poderá ser acusado de tudo, menos de não ter sido *deliberadamente* PARCIAL na análise da tese de MATEUS. Não há isenção no que aqui exponho! Creio não seja segredo aos que me conhecem a minha vinculação com a temática GARANTISTA no âmbito do processo jurisdicional. Foi exatamente por isso que MATEUS COSTA PERERIA, gentil e generosamente, pediu-me a palavra, o que aceitei de pronto.

## 2. A HISTÓRIA DE UM LIVRO

Como tudo na vida o processo de elaboração de um livro tem uma história. Em verdade, várias "pequenas" histórias que, somadas, constituirão a história final. Pediu-me MATEUS para versar uma dessas "pequenas" histórias que impulsionaram a conformação de sua tese. Disse-me que seria importante eu relatá-la. MATEUS está entre aqueles processualistas da nova geração que divisam em mim a inauguração, aqui no Brasil, das reflexões em torno do GARANTISMO PROCESSUAL no âmbito da *processualcivilística*[1303], um debate complexo até então

---

[1303] Tal fato se deve ao meu texto "Ativismo e garantismo no processo civil: apresentação do debate", publicado pela primeira vez no volume do último trimestre de 2009 da *Revista MPMG Jurídico*, do Ministério Público de Minas Gerais. Posteriormente foi publicado em outras coletâneas e revistas especializadas do Brasil e de alguns outros países *hispano-parlantes*. A partir daquele instante passei a me dedicar à divulgação de temas ligados ao GARANTISMO PROCESSUAL por meio de textos, palestras, aulas em pós-graduação *lato sensu* e em cursos de extensão. É claro que a deferência me envaidece, não vou negar. Contudo, jamais deixei de enfatizar, e mais uma vez aqui o faço, que o agigantamento da prédica *garantista* entre

ignorado, mas que hoje, felizmente, lança teias por sobre a mítica *instrumentalista-ativista* que nos catequizou. A tese doutoral objeto deste posfácio é prova disso!

Pois bem, aí vai...

Conheci MATEUS pessoalmente em março de 2016 na OAB de Ribeirão Preto, na solenidade que marcou a fundação da *Associação Brasileira de Direito Processual* (ABDPro). O evento ocorreu por lá em razão de EDUARDO COSTA ser juiz federal naquela localidade, e porque seria ele o primeiro presidente da Associação. Pressentindo que o surgimento da ABDPro seria um marco de extrema relevância para o cenário jurídico nacional, até por que naquele mês de março acabaria a *vacatio legis* do CPC-2015, o então presidente da OAB/Ribeirão Preto, DOMIGOS ASSAD STOCO, viabilizou a EDUARDO aquela "Casa de Advogados" para recepcionar a solenidade. Assim como MATEUS, eu também tomaria posse como membro da Diretoria da ABDPro, triênio 2016-2018. Ele como Diretor de Comunicação Social. Eu como Diretor de Relações Internacionais.

Por volta de setembro daquele ano, EDUARDO COSTA me telefonou para dizer que MATEUS estava cada vez mais encantado com o GARANTISMO PROCESSUAL. Pretendia nos acompanhar à Argentina para assistir ao *XIV Congreso Nacional de Derecho Procesal Garantista de Azul*, que se realizaria nos dias 3 e 4 de novembro. Ali, eu e EDUARDO teríamos fala. Na primeira quinzena de outubro, EDUARDO novamente me chamou para informar que não poderia estar presente em Azul por motivos administrativos relacionados à sua função de juiz federal. Se não me trai a memória, o TRF-3 não teria como liberá-lo para aqueles dias. EDUARDO então consultou-me para saber se eu não me importaria em seguir para lá com MATEUS. Naturalmente que não me opus. Além de me enfatizar a verve *garantista* que se pronunciava em MATEUS, falou-me EDU que ele havia retomado suas aulas de espa-

---

nós foi viabilizada por três instituições jurídico-processuais que lhe deram e dão apoio e incentivo, a *Revista Brasileira de Direito Processual* (RBDPro), o *Congresso de Direito Processual de Uberaba* e a *Associação Brasileira de Direito Processual* (ABDPro). Aos interessados, cf. nosso "Oração a Edson Prata: No ensejo do recebimento da Comenda que leva o seu nome", em *RBDPro 100/315*, out-dez 2017. Ligados a estas instituições, e certamente pela amizade que tanto nos une, LÚCIO DELFINO e EDUARDO COSTA foram os primeiros a aderir ao discurso *garantista*. Após vieram outros e mais outros, cujos discursos de resistência ao hiperpublicismo *ativista* também fazia-lhes, em essência, *garantistas*. Assim também veio MATEUS, agora doutor com tese sobre o GARANTISMO PROCESSUAL.

nhol em Recife, para poder se pôr cada vez mais familiarizado com os *garantistas* ibero-americanos. Foi então quando tive a ideia de ligar para JULIO COMPARATO VÉLEZ, professor da *Universidad Nacional del Centro de la Província de Buenos Aires* (UNICEN) e organizador do Congresso de Azul, para pedir-lhe que MATEUS tivesse fala no evento, já que EDUARDO não poderia estar lá conosco. Sempre generoso com minhas solicitações, JULIO VÉLEZ acolheu de pronto o meu pedido. Em 2 de novembro de 2016, uma quarta-feira pela manhã, tomamos o voo para Buenos Aires e de lá seguimos de carro para a cidade de Azul, pelos cerca de 300 km entre a boa *Autopista* que sai da Capital Federal e algumas – não tão boas – *carreteras*.

Já em Azul MATEUS se viu imerso no amistoso "mundo processual garantista". Ali também estavam seus principais protagonistas, argentinos e estrangeiros, dentre eles JUAN MONTERO AROCA.

Como de costume em nossas estadas em Azul, MONTERO AROCA sempre me acompanhava como "caronista" nos deslocamentos dentro da cidade. Portanto, naquele novembro de 2016 éramos eu no volante, MONTERO AROCA no banco do passageiro e MATEUS no banco de trás. Eram idas e vindas com boas conversas, algumas risadas e troca de ideia sobre alguns temas *garantistas*, além de outros que, atualmente, são da suma preferência do ex-Ministro do Tribunal Superior de Justiça da Comunidade Valenciana, o Tango. Isso mesmo: Tango!

Além de ser um dos mais importantes processualistas do mundo, JUAN MONTERO AROCA é um especialista aficionado nesse estilo musical. Tem livros sobre o gênero publicados na América Latina e na Europa. É autor de uma série de letras de tango. Não por acaso, MONTERO é uma espécie de "embaixador" da *Academia Nacional de Tango de la República Argentina* lá na Espanha. A *Academia Nacional de Tango* foi criada pelo Decreto do Poder Executivo Nacional nª 1.235, de 28 de junho de 1990, e funciona ao lado do (ultra)*porteño* Café Tortoni, na Avenida de Mayo. Ambos, *Academia de Tango* e o Café Tortoni, são pontos de visitação obrigatória aos que passam por Buenos Aires. Aqueles que lá já estiveram sabem bem do que estou falando.

Numa dessas idas e vindas, já no horário do almoço, voltávamos de carro do *Colégio de Abogados de Azul*, onde se desenvolve o Congresso Garantista, para próximo do hotel em que sempre nos hospedamos, localizado defronte à *Plaza San Martín*. Iríamos almoçar ali por perto na *parrilla La Amistad*, um pequeno, mas agradável, restaurante onde estariam outros de nossos amigos. Ao nos aproximarmos do local de parada, num dos cruzamentos que cortam a praça *San Martín*, diminui a velocidade para que algumas moças, que também estavam no Congresso, pudessem cruzar sobre a faixa de pedestres. Quando elas viram que no carro estava JUAN MONTERO AROCA começaram a acenar para cumprimentar o professor espanhol, naqueles momentos em que a reverência e a emoção contagiam o discípulo diante de um grande mestre.

Como eu tenho boa proximidade com JUAN MONTERO, não me contive e gracejei: - *Maestro, a cena com essas meninas te cumprimentando não seria digna de um Tango?...* De chofre, genialmente ele me respondeu: - *Não, Glauco, seria digna de um Bolero! O Tango é para exprimir um amor perdido, que se foi; o Bolero exprime um amor presente, uma emoção que está sendo vivida! A cena, portanto, é digna de um Bolero...* Caímos em prazerosa gargalhada. Assim como eu, tenho convicção que MATEUS jamais se esquecerá desse momento.

Ao chegarmos no restaurante todas as mesas já estavam ocupadas. "Garantistas" por todos os lados. Claro que alguém convidou MONTERO AROCA para ter assento numa das mesas. Porém, o *caballero* espanhol se recusou, dizendo que aguardaria mais um pouco até que houvesse espaço para nós três. Minutos depois vagou uma mesa ao fundo do restaurante. MONTERO, MATEUS e eu almoçamos tranquilos e sem o normal assédio gerado pela presença do famoso professor europeu.

Nesse almoço "costurei" algo que, muito provavelmente, o amigo brasileiro que me acompanhava não poderia supor. Consegui com MONTERO AROCA que MATEUS pudesse passar uma temporada de estudos junto à Universidade de Valência (UV), da qual MONTERO recentemente havia se aposentado como Professor Catedrático. Pediu-me para que eu fizesse contato posterior com minha dileta amiga VIRGINIA PARDO IRANZO, para que ela providenciasse o necessário junto à Universidade espanhola. Dias depois contatei-me com VIRGINIA. Os trâmites burocráticos entre a Universidade daqui e a de lá se operacionalizaram.

Pouco depois, já no primeiro semestre de 2017, MATEUS COSTA PEREIRA embarcou para Espanha e lá passou uma temporada de três meses encapsulado na Universidade de Valência concluindo seus estudos de doutorado, tendo estado aos cuidados de VIRGINIA e do próprio MONTERO AROCA. Sem dúvida uma grande oportunidade que, segundo MATEUS, abriu-lhe os horizontes do próprio pensamento. Vale destacar que após complexo e disputado concurso público, no segundo semestre de 2017 foi publicado o Decreto Real que deu posse a VIRGINIA PARDO IRANZO como Professora Catedrática de Direito Processual da Universidade de Valência, cargo equivalente ao de Professor Titular das universidades públicas brasileiras. VIRGINIA, portanto, é a sucessora de JUAN MONTERO AROCA na Cátedra de direito processual da UV. Na prática, isso fez com que MATEUS tenha tido como preceptores duas autoridades máximas do mundo universitário europeu. Essa aventura acadêmica de MATEUS COSTA PEREIRA começou naquele almoço no pequeno restaurante *La Amistad*, localizado no interior da Província de Buenos Aires, e tudo graças ao GARANTISMO PROCESSUAL.[1304]

Penso tenha sido essa "pequena" história, ocorrida dentro da "grande" história que antecedeu ao seu *livro-tese*, que o pai de VALENTINA gostaria que eu contasse. Oxalá tenha sido fidedigno em meu relato.

## 3. UM LIVRO PARA A HISTÓRIA

Repito que não há isenção de minha parte em tudo o que aqui exponho. Feita a reafirmação, vaticino que MATEUS compôs um *livro para a história* das letras do GARANTISMO PROCESSUAL aqui no Brasil. Tenho presente que ele não é o primeiro a desconstruir o discurso *instrumentalista*. Por exemplo, ANDRÉ CORDEIRO LEAL já o fez em seu *Instrumentalidade do processo em crise*, várias vezes citado por MATEUS em sua tese. GEORGES ABBOUD é outro que, há tempo, captura sob críticas *desconstrutivas* à cantilena *instrumentalista*[1305]. Ambos, ANDRÉ e GEORGES – e tantos outros –, também são essencialmente *garantistas*, ainda que os fundamentos de seus discursos estejam ancorados em outras bases epistemológicas. Isso pouco importa. Quando digo que a obra de MATEUS se constitui num *livro para a história* é pelo fato deste trabalho acadêmico ter sido – salvo ignorância de minha parte – resultado da PRIMEIRA *tese de doutoramento* no país a demonstrar que o *modelo de processo* previsto em nossa Constituição submete-se ao GARANTISMO PROCESSUAL, e isso não é pouco!

---

**1304** A título de curiosidade, devo dizer que há registro fotográfico desse almoço, ocorrido em 3 de novembro de 2016. A foto está no perfil de MATEUS no Facebook, que a publicou, e no meu próprio, que fui por ele "marcado" na ocasião. Fica feita a menção *ad perpetuam rei memoriam*.

**1305** Cf., por exemplo, o seu *Processo constitucional brasileiro*, 2ª ed., São Paulo : Thomson Reuters Brasil (Ed. Revista dos Tribunais), 2018, pp. 234-257.

Comparada à senilidade caquética do discurso *instrumentalista-publicista-ativista* – o mesmo se diga em relação à ladainha *cooperativista*[1306] –, que ainda segue em pé insuflado por uma espécie nostálgica de *juridicidade-autoritária*, a temática *garantista* ainda é uma "criança". *Poderá* e *deverá* seguir sendo explorada por várias e multifacetadas perspectivas de análise. Não existe um único *garantismo*, ou um melhor *garantismo*, ou, ainda, um epistemologicamente mais adequado *garantismo*. A tese de MATEUS evidencia isso, tanto que faz menção a vários autores confessadamente *garantistas* que desenvolvem o seu pensamento percorrendo caminhos diversos na aparência, porém assemelhados na essência. Partem de um mesmo *ponto de indignação* (=instrumentalismo-ativismo-publicismo-inquisitivismo-solipsismo) para alcançarem um mesmo *porto de arribação* (=constitucionalidade-garantismo-liberdade-acusatoriedade-racionalidade decisional).

A propósito, vale destacar que a tese de MATUES menciona o pensamento de vários outros juristas que há muito tempo raciocinam com mente *garantista*, ainda que historicamente não sejam identificados como tal. E se historicamente como *garantistas* não puderam ser identificados, a culpa não se lhes pode ser atribuída. A responsabilidade por manter *sob o oculto* a existência e o ensinamento *garantista* entre nós deve ser tributada à *grande cultura* processual *instrumentalista-publicista*, que ao fim ao cabo foi apropriada pelo *ativismo judicial* como instrumento *pérfuro-contuso* que causa graves "lesões autoritárias" às GARANTIAS que nos são franqueadas pela Constituição. Só não as "matam" porque a seiva da constitucionalidade as quer vivas, para que o GARANTISMO PROCESSUAL possa nelas encontrar a sua razão de ser.

Alguns desses juristas brasileiros que sempre predicaram como se *garantistas* fossem – e estou certo de que o são! – têm nome e sobrenome. Há outros! Tomemos, porém, alguns nomes importantes por amostragem, todos referidos por MATEUS em sua tese: ARAKEN DE ASSIS, AROLDO PLÍNIO GONÇALVES, CALMON DE PASSOS, JOSÉ ALFREDO DE OLIVEIRA BARACHO, LENIO STRECK, NELSON NERY JR., RONALDO BRÊTAS DE CARVALHO DIAS, ROSEMIRO PEREIRA LEAL.

---

**1306** MATEUS também tece críticas ao *cooperativismo* derramado pelo *formalismo-valorativo*. Críticas lúcidas ao pensamento *cooperativista* também são feita por DIEGO CREVELIN e merecem ser examinadas. Cf. "O caráter mítico da cooperação processual", no *site* Empório do Direito, na Coluna da ABDPro.

Ainda que o contato com o pensamento destes Senhores acima mencionados seja meramente superficial e protocolar, em cada um deles identificaremos, em maior ou menor escala, críticas sérias a várias das posturas que sustentam o discurso *instrumentalista*.

Por exemplo, não há nada mais *garantista* do que a crítica feita por NELSON NERY JR. a certos posicionamentos (ultra)*instrumentalistas* voltados a justificar a possibilidade de "relativização" da coisa julgada por intermédio do processo jurisdicional, em total desprezo à correlata GARANTIA *esculpida em carrara* pelo inc. XXXVI do art. 5º da Constituição da República. Tudo começou a partir do hoje famoso voto-condutor de lavra do Min. JOSÉ DELGADO no REsp nº 240.712-SP, julgado em 15/02/2000 pela 1ª Turma do STJ. Por maioria de votos "relativizou-se" a coisa julgada. Era um caso de desapropriação e respectivos valores, originado da Fazenda Pública de São Paulo. Sem dúvida o caso encerrava uma teratologia, mas já estava sepultado sob a *coisa julgada*. Apesar disso, o *solipsismo* não-unânime do órgão colegiado "relativizou" a garantia constitucional. Não tardou para que *instrumentalistas* de nomeada viessem ao socorro da extravagante solução pretoriana, o que foi feito por intermédio da publicação de artigos doutrinários[1307]. NELSON NERY foi o primeiro processualista a se insurgir diante da *contra garantística* "relativização" dessa regra constitucionalmente fundamental.[1308]

Tudo isso para dizer que existe um *fio de ouro* que passa por dentro das posturas que tem o seu lugar de fala a partir do GARANTISMO, dando-lhe *unidade* conceitual. O GARANTISMO PROCESSUAL, antes de tudo, é uma *forma de pensar* e uma *atitude* pautada na Constituição e em sua simbiose com Tratados Internacionais que ajudam a conformar o *modelo de processo* vigente, que no caso brasileiro está funcionalmente identificado com o marco *garantista*, conforme descrito e comprovado por MATEUS em sua tese.

A melhor forma de pensar e atuar *garantisticamente* é a partir do exame *analítico* da Constituição. Deve-se garimpar em sua gramática e descobrir aquilo que ela prescreve ao nível das *garantias* que darão o perfil do fenômeno processual. O mesmo se diga em relação aos Tratados correlatos que incidem na ordem jurídica brasileira com *status* de garantia

---

**1307** Dentre eles o próprio CÂNDIDO DINAMARCO, cf. "Relativizar a coisa julgada", *RePro 109/9*, jan-mar 2003.

**1308** Cf. *Teoria Geral dos Recursos*, 6ª ed., São Paulo : Ed. Revista dos Tribunais, 2004, pp. 500-522.

fundamental, como é o caso do *Pacto de San José da Costa Rica*. Significa dizer que a atitude *garantista*, em cada um de nossos países, passa pela análise do regramento constitucional, que invariavelmente estabelece o *norte magnético* a orientar os *atos de fala* postulatórios ou decisórios nos quais cientistas e práticos deverão se pautar para a concretização *racional* e *realizacional* do labor GARANTISTA.

Tem razão a CARTA DE JUNDIAÍ[1309] quando afirma que o GARANTISMO PROCESSUAL consiste em comportamentos voltados a: (i) pensar o processo em suas dimensões *analítico-legal*, *semântico-conceitual* e *pragmático-jurisprudencial* como efetiva *garantia* do indivíduo e da sociedade perante a jurisdição; (ii) fazer com que a jurisdição seja exercida com base nas regras de *garantia* estabelecidas constitucionalmente (=devido processo, contraditório, ampla defesa, imparcialidade, impartialidade, acusatoriedade, liberdade, dispositividade, igualdade, segurança jurídica, separação de poderes, presunção de inocência etc); (iii) levar a sério o papel *contramajoritário* da Constituição e das garantias nela estabelecidas; (iv) racionalmente empreender, em caráter pedagógico, na dissuasão de posturas discursivas que contemplem soluções jurisdicionais *ex parte principis* reveladoras de arbítrio; (v) discorrer sobre o fenômeno processual a partir de um discurso concentricamente justificado na cláusula do *devido processo legal*, o que dissolve o argumento que faz do processo um *instrumento* a serviço do poder, reconduzindo-o à sua vocação de ser aquilo que constitucionalmente ele é, uma *instituição de garantia* (Eduardo Costa).

Portanto, "qualquer *postura racional* (plano das ideias) ou *realizacional* (plano prático) que rejeite a utilização do processo como ambiente *autoritário-volitivo-criativo* será uma postura de salvaguarda do processo como garantia. Portanto, uma postura consentânea com

---

**1309** A CARTA DE JUNDIAÍ é o primeiro *manifesto garantista* produzido no Brasil. Leva esse nome porque foi oficialmente lida e lançada no *I Colóquio Internacional de Jundiaí*, em 19 de agosto de 2017, realizado na *Faculdade de Direito Padre Anchieta* (FADIPA). Este *manifesto* representa as aspirações *garantistas* dos membros da *Associação Brasileira de Direito Processual* (ABDPro) e do Capítulo Brasil do *Instituto Panamericano de Derecho Procesal* (IPDP). A CARTA foi subscrita por juristas de praticamente TODOS os países ibero-americanos. O documento é de fácil acesso na *web*, podendo ser localizado no *site* CONJUR, por exemplo. Sem prejuízo, cf. "Carta de Jundiaí: pela compreensão e concretização do *garantismo processual*", em *RBDPro* 100/309, out-dez/2017.

o GARANTISMO PROCESSUAL e com todos os multifacetados valores constitucionais nos quais se encontra aninhado".[1310]

A tese de MATEUS está ligada a todos esses valores pelo *fio de ouro* que faz com que certas posturas possam ser identificadas como pertencentes aos domínios do GARANTISMO PROCESSUAL. Tudo o que li no livro posfaciado não deixa qualquer dúvida quanto a isso!

Mais: MATEUS prestou um relevante papel à dogmática do direito processual brasileiro ao chamar as coisas à ordem e, de forma muito clara, ter divisado que o GARANTISMO PROCESSUAL ao qual se refere nada tem a ver com "garantismo processual" – em minúscula e entre parênteses – referido por JOSÉ ROBERTO DOS SANTOS BEDAQUE em "Instrumentalismo e garantismo: visões opostas do fenômeno processual?"[1311], texto do ano de 2016 que foi várias vezes mencionado, sob crítica, na tese. Com o devido respeito, o "garantismo processual" do texto de BEDAQUE é qualquer coisa, menos GARANTISMO.

Devo dizer que a respectiva leitura causou-me profunda frustração. Ao ver aquele texto encartado numa coletânea titulada com o sintagma GARANTISMO PROCESSUAL, de imediato pensei ter surgido o "Segundo BEDAQUE" em substituição ao "Primeiro BEDAQUE", algo parecido com que se passou com o filósofo LUDWIG WITTGENSTEIN, que devido à mudança radical em seu posicionamento passou a ser citado, pelos autores que o estudam, como "Primeiro Wittgenstein", no que diz respeito aos seus escritos de juventude, e como "Segundo Wittgenstein", em relação à sua fase mais madura, quando se afastou de seu pensamento original.

Como ROBERTO BEDAQUE é um dos ilustres caudatários e difusores do pensamento *instrumentalista*, confesso que quando vi o nome da coletânea e o título de seu artigo nela encartado cheguei a acreditar que leria o "Segundo BEDAQUE". Enganei-me redondamente, daí a minha frustração. Não pode ser considerado *garantista* quem ensina que *"Pode-se afirmar, portanto, sem hesitação, serem os instrumentalistas também garantistas. Procuram apenas o ponto de equilibro entre valores igualmente importantes e amparados no plano constitucional"*[1312]. Se ti-

---

**1310** Cf. CARTA DE JUNDIAÍ, *idem*, p. 311.

**1311** Cf. na coletânea *Garantismo Processual – Garantia constitucionais aplicadas ao processo* (coords.: BEDAQUE, José Roberto dos Santos; CINTRA, Lia Carolina Batista; EID, Elie Pierre). Brasília: Gazeta Jurídica Editora, 2016, pp. 1-39.

**1312** Idem, ibidem, p. 20.

vermos presentes noções comezinhas de Lógica Formal, concluiremos que o argumento é *inválido*. Não apenas neste trecho citado, mas em todas as quase quarenta páginas do texto de BEDAQUE, não se descobre um único centímetro do *fio de ouro* a que metaforicamente me referi e que dá *substancialidade* à prédica discursiva que é própria do GARANTISMO PROCESSUAL. Mas isso é assunto que será tratado em outro momento.[1313]

A tese doutoral de MATEUS, agora vertida em livro, presta vários bons serviços científicos ao GARANTISMO PROCESSUAL no Brasil. Insisto no ponto. Daí o porquê de nele eu entrever os atributos que o farão um *livro para a história* do pensamento processual *garantista* no país.

A partir dele que venham outras teses doutorais, dissertações de mestrado, monografias de especialização, trabalhos de conclusão de curso nas Faculdades, além de textos e mais textos que auxiliem na compreensão e concretização do GARANTISMO PROCESSUAL entre nós, e que isso se faça tanto no plano discursivo *teórico* quanto no *prático*.

## 4. FECHAMENTO

A você, leitor aplicado, que concluiu a leitura do livro e que se animou em avançar por este posfácio, de ti eu me despeço, não sem antes agradecê-lo por sua atenção na leitura. A palavra final será dirigida exclusivamente a MATEUS.

*- Querido Mateus, a tua tese definitivamente não é para um "Tango". É integralmente digna de um "Bolero"! Ela exprime a cientificidade de uma paixão intelectual viva, que está e seguirá sendo vivida. A paixão que nos une e que une a toda uma geração de novos processualistas em torno da construção do GARANTISMO PROCESSUAL no Brasil, na qual você acaba de assentar mais uma pedra. A tese, portanto, é digna de um "Bolero"! Um sonoro e prazeroso "Bolero" para que outros possam ouvi-lo, senti-lo e apreendê-lo.*

*Parabéns! Receba o meu melhor abraço.*

Jundiaí, 07/janeiro/2019.

---

**1313** Após tomar conhecimento do texto de BEDAQUE, animei-me a escrever em caráter *propedêutico-explicativo*, até mesmo para que o neófito ou eventual recém iniciado na temática do GARANTISMO PROCESSUAL não se deixe impressionar pela prosa carismática do texto do Professor Titular da USP. Ainda em fase de elaboração, o meu texto está assim titulado "Um Segundo Bedaque *garantista*? Descobri que não!"

# REFERÊNCIAS BIBLIOGRÁFICAS

ABBOUD, Georges. *Discricionariedade administrativa e judicial:* o ato administrativo e a decisão judicial. São Paulo: RT, 2014.

————; LUNELLI, Guilherme. Ativismo judicial e instrumentalidade do processo. Diálogos entre discricionariedade e democracia. *Revista de Processo,* São Paulo, RT, vol. 242, p. 21- 47, abr. 2015.

————; OLIVEIRA, Rafael Tomaz de. Neoconstitucionalismo: vale a pena acreditar? *Constituição, Economia e Desenvolvimento:* Revista da Academia Brasileira de Direito Constitucional. Curitiba, v. 7, n. 12, p. 196-214, jan.-jun. 2015.

————; OLIVEIRA, Rafael Tomaz de. O dito e o não-dito sobre a instrumentalidade do processo: críticas e projeções a partir de uma exploração hermenêutica da teoria processual. *Revista de Processo,* São Paulo, RT, v. 166, versão digital, dez. 2008.

————; STRECK, Lenio. *O que é isto – o precedente judicial e as súmulas vinculantes?* Porto Alegre: Livraria do Advogado, 2013.

ABBOUD, Georges. *Processo constitucional brasileiro.* São Paulo: RT, 2016.

AGUIAR, Cynara Silde Mesquita Veloso de; COSTA, Fabrício Veiga; SOUZA, Maria Inês Rodrigues de; TEIXEIRA, Welington Luiz. "Processo, Ação e Jurisdição em Oskar von Bülow". In: *Estudos continuados de teoria do processo.* Porto Alegre: Síntese, 2005, v. IV.

AGUIAR, João Carlos Pestana de. *Comentários ao código de processo civil.* São Paulo: RT, 1974, v. 4.

ALMEIDA, Joaquim Canuto Mendes de. Estudo comparativo da oralidade civil e oralidade penal. *Revista da Faculdade de Direito da Universidade de São Paulo,* São Paulo, v. 36, n. 1-2, p. 148-159, 1941.

ALVES, Fernando de Brito; OLIVEIRA, Guilherme Fonseca de. Entre o esquema sujeito-objeto e o esquema sujeito-sujeito: considerações sobre um novo paradigma. *Revista de Estudos Constitucionais, Hermenêutica e Teoria do Direito,* Unisinos, São Leopoldo, v. 9, n. 2, p. 136-150, mai.-ago. 2017. Disponível em: <https://bit.ly/2shcSpJ>. Acesso em: 08 abr. 2018.

ALVES, Rafael Francisco *et. al.* Cândido Rangel Dinamarco e a instrumentalidade do processo: uma entrevista. In: *Cadernos Direito GV,* São Paulo, Direito GV, v. 7, n. 4, jul. 2010.

ALVIM, José Manoel de Arruda. Anotações sobre as perplexidades e os caminhos do processo civil contemporâneo – sua evolução ao lado do direito material. *Rev. Ciên. Jur. e Soc. da Unipar,* Umuarama. v. 11, n. 2, p. 521-543, jul./dez. 2008.

ALVIM NETTO, José Manoel de Arruda. Revisão dogmática do direito processual civil. Alguns aspectos decorrentes dessa reelaboração. *Revista do Instituto de Pesquisas e Estudos,* n. 3, jan.-mar. 1967. Disponível em: <https://bit.ly/2FtuuGa.> Acesso em: 10 set. 2018.

ANDOLINA, Ítalo Augusto. O papel do processo na atuação do ordenamento constitucional e transnacional. *Revista de Processo,* São Paulo, RT, v. 87, p. 63-69, jul.-set. 1997.

ARAGÃO, Egas Dirceu Moniz de. O processo civil no limiar do século XXI. *Revista dos Tribunais,* São Paulo, RT, v. 781, p. 51, nov. 2000.

ARAÚJO, Vandyck Nóbrega de. *Idéia de Sistema e de Ordenamento no Direito.* Porto Alegre: SAFE, 1986.

AROCA, Juan Montero. El activismo en el derecho procesal. *Revista Iberoamericana de Derecho Procesal,* Buenos Aires, ano 1, nº 2, p. 1018-1021, 2002.

———. *El derecho procesal en el siglo XX.* Valencia: Tirant lo Blanch, 2000.

———. El proceso civil en el siglo XXI: tutela y garantía. *Revista del Instituto Colombiano de Derecho Procesal,* v. 32, n. 32, 2006. Disponível em: <https://bit.ly/2ILoBrr >. Acesso em: 10 jun. 2016.

———. El proceso civil llamado "social" como instrumento de "justicia" autoritaria. In: *Proceso civil e ideología:* un prefacio, una sentencia, dos cartas y quince ensayos. Juan Montero Aroca (coord.). Valencia: Tirant lo Blanch, 2006.

———. *La paradoja procesal del siglo XXI:* los poderes del juez penal (libertad) frente a los poderes del juez civil (dinero). Valencia: Tirant lo Blanch, 2014.

———. *La prueba en el proceso civil.* 6. ed. Espanha: Thomson Reuters, 2011.

———. Los modelos procesales civiles en el inicio del siglo XXI: entre el garantismo y el totalitarismo. *Revista Brasileira de Direito Processual – RBDPro,* Belo Horizonte, ano 25, n. 100, p. 191-211, out./dez. 2017.

———. *Los principios políticos de la nueva Ley de Enjuiciamiento Civil:* los poderes del juez y la oralidad. Valencia: Tirant lo Blanch, 2001.

———. *Principios del proceso penal:* una explicación basada en la razón. Buenos Aires: Astrea, 2016.

———. Prova e verdade no processo civil: contributo para o esclarecimento da base ideológica de certas posições pretensamente técnicas. Trad. Glauco Gumerato Ramos. In: *Processo Civil nas tradições brasileira e iberoamericana.* Alexandre Freire, Lúcio Delfino, Pedro Miranda de Oliveira e Sérgio Luiz de Almeida Ribeiro (coords.). Florianópolis: Conceito, 2014.

———. Sobre el mito autoritario de la "buena fe procesal". In: *Proceso civil e ideología:* un prefacio, una sentencia, dos cartas y quince ensayos. Juan Montero Aroca (coord.). Valencia: Tirant lo Blanch, 2006.

————. *Sobre la imparcialidad del Juez y la incompatibilidad de funciones procesales:* el sentido de las reglas de que *quien instruye no puede luego juzgar* y de que *quien ha resuelto en la instancia no puede luego conocer del recurso.*Valencia: Tirant lo Blanch, 1999.

ASSIS, Araken de. *Processo civil brasileiro: parte geral; instituto fundamentais.* São Paulo: RT, 2015, v. II, t. 2.

AURELLI, Arlete Inês. A cooperação como alternativa ao antagonismo garantismo processual/ativismo judicial. *Revista Brasileira de Direito Processual – RBDPro,* Belo Horizonte, ano 23, n. 90, p. 73-85, abr./jun. 2015. Disponível em: <https://bit.ly/2ISUiyF>. Acesso em: 17 dez. 2017.

BAPTISTA, Bárbara Gomes Lupetti. A oralidade processual e a construção da verdade jurídica. *Revista da SJRJ,* Rio de Janeiro, n. 23, p. 131-160, 2008.

BARACHO, José Alfredo de Oliveira. *Processo constitucional.* Rio de Janeiro: Forense, 1984.

————. Processo e Constituição: o Devido Processo Legal. *Revista da Faculdade de Direito da Universidade Federal de Minas Gerais.* Belo Horizonte, n. 23-25, p. 59-103, 1982. Disponível em: <https://bit.ly/2xweJgg>. Acesso em: 13. fev. 2018.

BARBI, Celso Agrícola. *Comentários ao código de processo civil.* Rio de Janeiro: Forense, 1975, v. I, t. II.

————. Despacho saneador e julgamento do mérito. *Revista da Faculdade de Direito da Universidade Federal de Minas Gerais.* Belo Horizonte, n. 8-11, p. 148-158, 1971. Disponível em: <https://bit.ly/2QUzaL0>. Acesso em: 05 jan. 2017.

————. O processo cautelar no anteprojeto de Código de Processo Civil do Prof. Alfredo Buzaid. *Revista da Faculdade de Direito da Universidade Federal de Minas Gerais.* Belo Horizonte, n. 12, p. 32-45, 1972. Disponível em: <https://bit.ly/3dG87wM>. Acesso em: 30 mar. 2015.

————. Os poderes do juiz e a reforma do Código do Processo Civil. *Revista da Faculdade de Direito da Universidade Federal de Minas Gerais.* Belo Horizonte, n. 5, p. 169-179, 1965. Disponível em: <https://bit.ly/2J5R3Rj>. Acesso em: 12. fev. 2018

BARREIROS, Lorena Miranda Santos. *Fundamentos constitucionais do princípio da cooperação processual.* Salvador: JusPodivm, 2013.

BARRETO FILHO, Alberto Deodato Maia. Contraditório e Ampla Defesa. *Revista da Faculdade de Direito da Universidade Federal de Minas Gerais.* Belo Horizonte, n. 33, p. 125-128, 1991. Disponível em: <https://bit.ly/3byQw88>. Acesso em: 20 jun. 2015.

BEDAQUE, José Roberto dos Santos. *Direito e processo:* influência do direito material sobre o processo. 4. ed. São Paulo: Malheiros, 2006.

————. *Efetividade do processo e técnica processual.* São Paulo: Malheiros, 2006.

————. "Instrumentalismo e garantismo: visões opostas do fenômeno processual? In: *Garantismo processual:* garantias constitucionais aplicadas ao processo.

José Roberto dos Santos Bedaque, Lia Carolina Batista Cintra e Elie Pierre Eid (coords.). Brasília: Gazeta Jurídica, 2016.

————. *Poderes instrutórios do juiz.* 2. ed. São Paulo: RT, 1994.

BERNIÉ, Pablo Darío Villalba. "La disputa entre el activismo y el garantismo en el proceso civil ¿se justifican las grietas abiertas? In: *Neoprocessualismo, Constitucional-Supranacional-Oralidad, Mediación y Derechos Humanos.* XV Jornada internacional de derecho procesal. II Jornada internacional de derechos humanos. p. 189-215 (livro eletrônico). Disponível em: <https://bit.ly/2IqPgKh>.

BERTALANFFY, Ludwig von. *Teoria geral dos sistemas:* fundamentos, desenvolvimento e aplicações. 4. ed. Petrópolis: Vozes, 2009.

BITTENCOURT, C. A. Lucio. A oralidade no processo penal. *Revista Forense,* Rio de Janeiro, v. LXXIV, ano XXXV, fascículo 419, maio, p. 207-213, 1938.

BOBBIO, Norberto. "Prefácio". FERRAJOLI, Luigi. *Direito e Razão:* Teoria do Garantismo Penal. 3. ed. Ana Paula Zomer Sica, Fauzi Hassan Choukr, Juarez Tavares e Luiz Flávio Gomes (trads.). São Paulo: RT, 2002.

BONAVIDES, Paulo. *Do estado liberal ao estado social.* 5. ed. Belo Horizonte: Del Rey, 1993.

BONFIM, Edilson Mougenot. *Curso de processo penal.* 2. ed. rev., atual. e ampl. São Paulo: Saraiva, 2007.

BORGATTI NETO, Ricardo. *Paradigma mecanicista:* origem e fundamentos. São Paulo: Leopardo Editora, 2012.

BRUM, Guilherme Valle. A valoração da prova como ato político: notas sobre a (pretendida) sobrevivência do chamado "princípio do livre convencimento motivado" no Direito brasileiro. *Revista Brasileira de Direito Processual – RBDPro,* Belo Horizonte, ano 25, n. 100, p. 153-168, out./dez. 2017.

————. Réquiem para o livre convencimento motivado. *Empório do Direito,* Florianópolis. Disponível em: <https://bit.ly/2ISgede>. Acesso em: 02 set. 2016.

BUENO, Cassio Scarpinella. "Bases para um pensamento contemporâneo do direito processual civil". In: *Bases científicas para um renovado direito processual.* Brasília: IDBP, 2008, v. 1.

————. O "modelo constitucional do direito processual civil": um paradigma necessário de estudo do direito processual civil e algumas de suas aplicações. *Revista de Processo,* São Paulo, RT, v. 161, p. 261-270, jul. 2008.

BÜLOW, Oskar Von. *A teoria das exceções processuais e dos pressupostos processuais.* Trad. Ricardo Rodrigues Gama. Campinas: LZN Editora, 2005.

BUZAID, Alfredo. A influência de Liebman no direito processual civil brasileiro. *Revista de Processo,* São Paulo, RT, n. 27, jul.-set. 1982, p. 12-26.

————. *Estudos e Pareceres de Direito Processual Civil.* São Paulo: RT, 2002.

————. *Grandes processualistas.* São Paulo: Saraiva, 1982.

————. Processo e verdade no direito brasileiro. *Revista de Processo*, São Paulo, RT, vol. 47, jul.-set. 1987, p. 92-99.

CABRAL, Antonio do Passo. Imparcialidade e impartialidade. Por uma teoria sobre repartição e incompatibilidade de funções nos processos civil e penal. In: *Teoria do processo:* panorama mundial. Fredie Didier Jr. e Eduardo Ferreira Jordão (coords.). Salvador: JusPodivm, 2007, p. 99-124.

———. O contraditório como dever e a boa-fé processual objetiva. *Revista de Processo,* São Paulo, RT, vol. 126, ago. 2005, p. 59-81.

———. O processo como superego social: um estudo sobre os fins sociais da jurisdição. *Revista de Processo,* São Paulo, RT, vol. 115, mai.-jun. 2014, p. 345-374.

CÁCERES, Claudio Palavecino. "Doctrina del garantismo procesal". *Revista Chilena de Derecho del Trabajo y de la Seguridad Social,* Santiago, v. 2, n. 4, 2011, p. 167-170.

CÂMARA, Alexandre Freitas. "Bases teóricas para um novo código de processo civil". *In: Bases científicas para um renovado Direito Processual.* Athos Gusmão Carneiro e Petrônio Calmon (orgs.). São Paulo: Instituto Brasileiro de Direito Processual, 2008, v. 1, p. 09-24.

———. "Dimensão processual do devido processo constitucional". *In: Novo CPC doutrina selecionada:* parte geral. Lucas Buril de Macêdo, Ravi Peixoto e Alexandre Freire (orgs.). Salvador: JusPodivm, 2015, v. 1, p. 254-258.

CALAMANDREI, Piero. *Chiovenda. Lembrança de juristas.* Trad. Karina Andrea Fumberg de Pauletto. Campinas: LZN Editora, 2003.

———. *Instituciones de derecho procesal civil:* segun el nuevo codigo. Trad. Santiago Sentis Melendo. Buenos Aires: Ediciones Juridicas Europa-America, 1973, v. I.

———. *Introduccion al estudio sistematico de las providencias cautelares.* Trad. Santiago Sentis Melendo. Buenos Aires: Editorial Bibliografica Argentina, 1945.

———. "La relatività del concetto d'azione." *In: Studi sul processo civile.* Padova: Cedam, 1947, v. 5.

———. *Processo e Democracia.* 2. ed. Trad. Mauro Fonseca Andrade. Porto Alegre: Livraria do Advogado, 2018.

CALVINHO, Gustavo. "Cargas probatorias dinámicas: exotismo y magia que desnaturalizan la garantía del proceso civil." In: *Processo Civil nas tradições brasileira e iberoamericana.* Alexandre Freire, Lúcio Delfino, Pedro Miranda de Oliveira e Sérgio Luiz de Almeida Ribeiro (coords.). Florianópolis: Conceito, 2014.

———. *El proceso con derechos humanos:* método de debate y garantía frente al poder. Rosario: Universidad de Rosario, 2012.

CAMARGO, Margarida Lacombe; MOREIRA, Eduaro Ribeiro. Sistemas processuais penais à luz da Constituição. *Revista de Direito Constitucional e Internacional*, São Paulo, RT, v. 97, p. 73-91, set.-out. 2016.

CANTEROS, Fermín. Garantismo procesal vs activismo judicial. *Revista Brasileira de Direito Processual – RBDPro,* Belo Horizonte, ano 25, n. 99, p. 173-190, jul./set. 2017.

CAPPELLETTI, Mauro. Algunas reflexiones sobre el rol de los estudios procesales en la actualidad. *Revista de Processo,* São Paulo, RT, v. 64, p. 145-157, out.-dez., 1991.

————. Constitucionalismo moderno e o papel do Poder Judiciário na sociedade contemporânea. *Revista de Processo,* São Paulo, RT, v. 60, p. 110-117, out.-dez., 1990.

————. *El proceso civil en el derecho comparado.* Trad. Santiago Sentís Melendo. Buenos Aires: Ediciones Jurídicas Europa-America, 1973.

————. *Juízes legisladores?* Trad. Carlos Alberto Alvaro de Oliveira. Porto Alegre: Safe, 1993.

————. *La testimonianza della parte nel sistema dell'oralità:* contributo alla teoria della utilizzazione probatoria del sapere delle parti nel processo civile. Milano: Giuffrè, 1962, parte prima.

————. *Proceso, Ideologias, Sociedad.* Trad. Santiago Sentís Melendo e Tomás A. Banzhaf. Buenos Aires: Ediciones Juridicas Europa-America, 1974.

————; GARTH, Bryant. *Acesso à justiça.* Trad. Ellen Gracie Northfleet. Porto Alegre: Safe, 1988.

CARNACINI, Tito. "Tutela giurisdizionale e tecnica del processo." In: *Studi in onore di E. Redenti.* Milano: Giuffrè, 1951, v. II.

CARNELUTTI, Francesco. *Diritto e Processo.* Napoli: Morano Editore, 1958.

CARRATA, Antonio. *Funzione sociale e processo civile fra XX e XXI secolo.* Disponível em: <https://bit.ly/2GAVj9c>. Acesso em: 03 dez. 2017.

CARREIRA ALVIM, José Eduardo. *Teoria geral do processo.* 21. ed. Rio de Janeiro: Forense, 2018.

CARVALHO, Antonio. Precisamos falar sobre o instrumentalismo processual. *Empório do Direito,* Florianópolis, Coluna ABDPro. Disponível em: <https://bit.ly/2xgsG1M>. Acesso em: 11 out. 2017.

CARVALHO, Edgard de Assis. Edgar Morin, a dialogia de um Sapiens-demens. *Margem,* São Paulo, n° 16, p. 167-170, dez. 2002 (versão digital). Disponível em: <https://bit.ly/2IRuC5o>. Acesso em: 22 out. 2017.

CARVALHO, Luiz Antônio da Costa. O juiz no processo civil antigo e no atual. *Revista da Faculdade de Direito da Universidade Federal de Minas Gerais.* Belo Horizonte, v. 3, p. 180-184, 1951. Disponível em: <https://bit.ly/2IOduye>. Acesso em: 12 fev. 2018.

CASARA, Rubens R. R. A espetacularização do processo penal. *Revista Brasileira de Ciências Criminais - RBCCRIM,* São Paulo, RT, v. 122, ago. 2016.

————. O mito do livre convencimento motivado: dogmática processual vs. a tradição e o inconsciente. *Revista Direito & Diversidade.* Faculdades Integradas Hélio Alonso (Facha), Rio de Janeiro, n. 01. Disponível em: <https://bit.ly/2LwfQQ0>. Acesso em: 04 mai. 2018.

CASTILLO, Niceto Alcalá-Zamora Y. *Estudios de Teoría General e Historia del Proceso (1945-1972).* México: Universidad Nacional Autónoma de México, 1992, t. II.

————. Liberalismo y Autoritarismo en el proceso. *Boletín Mexicano de Derecho Comparado,* n. 2-3, 1968. Disponível em: <https://bit.ly/2JcXYvj>. Acesso em: 25 mar. 2018.

CASTRO, Carlos Roberto Siqueira. *O devido processo legal e os princípios da razoabilidade e proporcionalidade*. 3. ed. Rio de Janeiro: Forense, 2005.

CASTRO, Leonardo Prieto. *Derecho Procesal Civil*. Zaragoza: Librería General, 1949, t. I.

CASTRO FILHO, José Olympio de. Pelo princípio da imediata produção da prova. *Revista da Faculdade de Direito da Universidade Federal de Minas Gerais*. Belo Horizonte, n. 3, p. 64-79, 1963. Disponível em: <https://bit.ly/2J8ZPRt>. Acesso em: 12 fev. 2018.

CAVANI, Renzo. "Contra as nulidades-surpresa: o direito fundamental ao contraditório diante da nulidade processual." *Revista de Processo,* São Paulo, RT, v. 218, abr. 2013, versão digital.

CHIOVENDA, Giuseppe. *Instituições de direito processual civil:* a relação processual ordinária de cognição (continuação). Trad. J. Guimarães Menegale. 2. ed. São Paulo: Saraiva, 1942, v. 1.

————. *Instituições de direito processual civil:* a relação processual ordinária de cognição (continuação). Trad. J. Guimarães Menegale. São Paulo: Saraiva, 1945, v. 3.

————. *Principios de derecho procesal civil*. Trad. José Casáis y Santaló. Madrid: Editorial Reus, 1925, t. II.

————. Procedimento oral. Trad. Osvaldo Magon. *Revista Forense,* Rio de Janeiro, v. LXXIV, ano XXXV, fascículo 419, p. 171-194, 1938.

CHOUKR, Fauzi Hassan. A ordem constitucional e o processo penal. *Revista Brasileira de Ciências Criminais*, São Paulo, RT, v. 8, p. 57-68, out.-dez. 1994.

————. *Iniciação ao processo penal*. 2. ed. Florianópolis: Tirant lo Blanch, 2018.

CINTRA, Antonio Carlos de Araújo. *Comentários ao código de processo civil (arts. 332 a 475)*. Rio de Janeiro: Forense, 2001, v. IV.

CINTRA, Antonio Carlos de Araújo; DINAMARCO, Cândido Rangel; GRINOVER, Ada Pellegrini. *Teoria geral do processo*. 24. ed. São Paulo: Malheiros, 2008.

CIPRIANI, Franco. "El abogado y la verdad." In: *Proceso civil e ideología:* un prefacio, una sentencia, dos cartas y quince ensayos. Juan Montero Aroca (coord.). Valencia: Tirant lo Blanch, 2006.

————. "El proceso civil entre viejas ideologías y nuevos eslóganes." In: *Proceso civil e ideología:* un prefacio, una sentencia, dos cartas y quince ensayos. Juan Montero Aroca (coord.). Valencia: Tirant lo Blanch, 2006.

————. "El proceso civil italiano entre eficiencia y garantías." In: *Batallas por la justicia civil:* ensayos. Trad. Eugenia Ariano Deho. Lima: Cultural Cuzco, 2003, p. 125-126 (versão digital).

————. "El proceso civil italiano entre revisionistas y negacionistas." In: *Proceso civil e ideología:* un prefacio, una sentencia, dos cartas y quince ensayos. Juan Montero Aroca (coord.). Valencia: Tirant lo Blanch, 2006.

————. En el centenario del reglamento de Klein: el proceso civil entre libertad y autoridad. *Academia de Derecho*. Disponível em: <https://bit.ly/2rNMlRy>. Acesso em: 10 jan. 2017.

————. El autoritarismo procesal (y las pruebas documentales). *Revista Ius et Praxis,* año 13, nº 2, p. 45-56, 2007.

————. *Los orígenes del autoritarismo procesal:* el codice di procedura civile. Neuquén: Fundación para el desarollo de las Ciencias Jurídicas, 2013.

COMOGLIO, Luigi Paolo. "Questioni relevabili d'ufficio e contraddittorio". *Treccani (La Cultura Italiana).* Disponível em: <https://bit.ly/2wSoO6H>. Acesso em: 16 nov. 2013.

COPETTI NETO, Alfredo. *A democracia constitucional sob o olhar do garantismo.* Florianópolis: Empório do Direito, 2016.

COSTA, Alexandre Araújo; COSTA, Henrique Araújo. Instrumentalismo x Neoinstitucionalismo: uma avaliação das críticas neoinstitucionalistas à teoria da instrumentalidade do processo. *Revista Brasileira de Direito Processual - RBDPro,* Belo Horizonte, ano 18, n. 72, out./dez. 2010. Disponível em: <https://bit.ly/2KY5BTw>. Acesso em: 24 mar. 2017.

COSTA, Alexandre Araújo; COSTA, Henrique Araújo. Os testamentos ignorados de Ovídio Baptista e Calmon de Passos. *Revista de Processo*, São Paulo, RT, v. 192, p. 419-437, fev. 2011.

COSTA, Eduardo José da Fonseca. Algumas considerações sobre as iniciativas judiciais probatórias. *Revista Brasileira de Direito Processual – RBDPro*, Belo Horizonte, Ano 23, n. 90, p. 153-173, abr./jun. 2015.

————. A advocacia como garantia de liberdade dos jurisdicionados. *Empório do Direito,* Florianópolis, Coluna ABDPro, 09 mai. 2018. Disponível em: <https://bit.ly/2INePRI>. Acesso em: 10 mai. 2018.

————. A igualdade processual como problema normativo. *Empório do Direito,* Florianópolis, Coluna ABDPro, 23 mai. 2018. Disponível em: <https://bit.ly/2sit4H3>. Acesso em: 25 mai. 2018.

————. Breves meditações sobre o devido processo legal. *Empório do Direito,* Florianópolis, Coluna ABDPro, 10 jan. 2018. Disponível em: <https://bit.ly/2s-9w0GQ>. Acesso em: 10 jan. 2018.

————. Direito deve avançar sempre em meio à relação entre prova e verdade. *Revista Consultor Jurídico,* 20 dez. 2016. Disponível em: <https://bit.ly/2IPrCqQ>. Acesso em: 21 dez. 2016.

————. *Levando a imparcialidade a sério:* proposta de modelo interseccional entre direito processual, economia e psicologia (Tese de Doutorado). Pontifícia Universidade Católica de São Paulo (PUC-SP), São Paulo, 2016, 187 p.

————. Notas para uma garantística. *Empório do Direito,* Florianópolis, Coluna ABDPRo, 04 jul. 2018. Disponível em: <https://bit.ly/2KwcWxK>. Acesso em: 04 jul. 2018.

————. Presunção de inocência civil: algumas reflexões no contexto brasileiro. *Revista Brasileira de Direito Processual – RBDPro,* Belo Horizonte, ano 25, n. 100, p. 129-144, out./dez. 2017.

————. Processo como instituição de garantia. *Revista Consultor Jurídico*, 16 nov. 2016. Disponível em: <https://bit.ly/2LA5K0n>. Acesso em: 20 nov. 2016.

————. Sentença cautelar, cognição e coisa julgada: reflexões em homenagem à memória de Ovídio Baptista. *Revista de Processo*. São Paulo, RT, v. 36, n. 191, p. 357-376, jan. 2011.

————. "Uma espectografia ideológica do debate entre garantismo e ativismo." In: *Processo Civil nas tradições brasileira e iberoamericana*. Alexandre Freire, Lúcio Delfino, Pedro Miranda de Oliveira e Sérgio Luiz de Almeida Ribeiro (coords.). Florianópolis: Conceito, 2014, p. 173-181.

————; SOUSA, Diego Crevelin de. *Novo Código de Processo Civil Comentado*. Izabel Cristina Pinheiro Cardoso Pantaleão, Lúcio Grassi de Gouveia, Roberto P. Campos Gouveia Filho e Sérgio Luiz de Almeida Ribeiro (coords.). São Paulo: Lualri Editora, 2017, t. I.

————; PEREIRA, Mateus Costa. Processo não pode sufocar os direitos que nele são discutidos. *Revista Consultor Jurídico,* Coluna Opinião, 26 jul. 2017. Disponível em: <https://bit.ly/2IOky9R>. Acesso em: 20 ago. 2017.

COUTINHO, Jacinto Nelson de Miranda. "Glosas ao 'Verdade, Dúvida e Certeza', de Francesco Carnelutti. *Empório do Direito,* Leitura, Florianópolis. Disponível em: <https://bit.ly/2xKSUK5>. Acesso em: 18 fev. 2018.

————. Sistema acusatório: cada parte no lugar constitucionalmente demarcado. *Revista de informação legislativa,* v. 46, n. 183, p. 103-115, jul./set. 2009.

COUTURE, Eduardo J. *Estudios de Derecho Procesal Civil:* la Constitución y el proceso civil. Buenos Aires: Ediar Editores, 1948, t. I.

————. *Estudios de derecho procesal civil:* pruebas en materia civil. Buenos Aires: Ediar Editores, 1949, t. II.

————. *Fundamentos do direito processual civil.* Campinas: Red Livros, 1999.

————. *Trayectoria y destino del derecho procesal civil hispanoamericano.* Buenos Aires: Depalma, 1999.

CRAMER, Ronaldo. Capítulo 8 - O princípio da boa-fé objetiva no novo CPC. In: *Grandes temas do novo CPC, v. 8:* normas fundamentais. Alexandre Freire, Dierle Nunes e Fredie Didier Jr. (coords.). Salvador: JusPodivm, 2016.

CROSKEY, Sebastián Irún. *Derecho procesal e ideología:* Hegel y el origen de la escuela "moderna" de derecho procesal (o del "activismo judicial"). Neuquén: Fundación para el desarollo de la Ciencias Jurídicas, 2013.

————. "Derecho procesal e ideología: Hegel y el origen de la escuela 'moderna' de derecho procesal (o del 'activismo judicial')." In: *Processo Civil nas tradições brasileira e iberoamericana*. Alexandre Freire, Lúcio Delfino, Pedro Miranda de Oliveira e Sérgio Luiz de Almeida Ribeiro (coords.). Florianópolis: Conceito, 2014.

CUNHA, Leonardo José Carneiro da. "O processo civil no Estado Constitucional e os fundamentos do projeto do novo Código de Processo Civil brasileiro". *Revista do Processo,* São Paulo, v. 209, jul. 2012, p. 349-374.

————. "Princípio da primazia do julgamento de mérito". *Leonardocarneirodacunha. Opinião 49.* Disponível em <https://bit.ly/2wU65rC>. Acesso em: 01 jul. 2015.

DAMAŠKA, Mirjan R. *El derecho probatorio a la deriva.* Trad. Joan Picó i Junoy. Madri: Marcial Pons, 2015.

DEHO, Eugenia Ariano. "En los abismos de la "cultura" del proceso autoritario." In: *Proceso civil e ideología:* un prefacio, una sentencia, dos cartas y quince ensayos. Juan Montero Aroca (coord.). Valencia: Tirant lo Blanch, 2006.

————. *Problemas del proceso civil.* Lima: Jurista Editores, 2003.

DELFINO, Lúcio. A espetacularização do processo (uma preleção em família). *Empório do Direito,* Florianópolis, Coluna ABDPro, 01 nov. 2017. Disponível em: <https://bit.ly/2GTVgFL>. Acesso em: 02 nov. 2017.

————. Como construir uma interpretação garantista do processo jurisdicional? *Revista Brasileira de Direito Processual – RBDPro,* Belo Horizonte, ano 25, n. 98, abr./jun. 2017. Disponível em: <https://bit.ly/2IRlv17>. Acesso em: 18 jun. 2017.

————. Cooperação processual: Inconstitucionalidades e excessos argumentativos – Trafegando na contramão da doutrina. *Revista Brasileira de Direito Processual – RBDPro,* Belo Horizonte, ano 24, n. 93, p. 149-168, jan./mar. 2016.

DELFINO, Lúcio; LOBÃO, Amanda; RAMOS, Glauco Gumerato. "Comentários ao art. 1º." In: *Novo Código de Processo Civil comentado.* Izabel Cristina Pinheiro Cardoso Pantaleão, Lúcio Grassi de Gouveia, Roberto P. C. Gouveia Filho e Sérgio Luiz de Almeida Ribeiro (coords.). São Paulo: Lualri Editora, 2017, t. I.

DELFINO, Lúcio; NUNES, Dierle. Do dever judicial de análise de todo os argumentos (teses) suscitados no processo, a apreciação da prova e a *accountability.* In: *O fim do livre convencimento motivado.* Dierle Nunes, George Salomão Leite e Lenio Streck. Florianópolis: Tirant lo Blanch, 2018.

DENTI, Vittorio. Il ruolo del giudice nel processo civile tra vecchio e nuovo garantismo. *Rivista Trimestrale di Diritto e Procedura Civile,* Milano, v. 3, p. 726-740, set. 1984.

————. *La giustizia civile.* Bologna: Il Mulino, 2004.

DIAS, Ronaldo Brêtas de Carvalho. Novo Código de Processo Civil e processo constitucional. *Revista Brasileira de Direito Processual–RBDPro*, Belo Horizonte, ano 23, n. 92, out./dez. 2015. Disponível em: <https://bit.ly/2KXIV5E>. Acesso em: 30 mar. 2016.

————. Que é cooperação processual? *Revista Brasileira de Direito Processual – RBDPro,* Belo Horizonte, ano 25, n. 98, abr./jun. 2017. Disponível em: <https://bit.ly/2Jcc8g3>. Acesso em: 18 jun. 2017.

DIDIER JR., Fredie. *Curso de direito processual civil.* 17. ed. Salvador: JusPodivm, 2015, v. 1.

————. *Fundamentos do Princípio da Cooperação no Direito Processual Civil Português.* Coimbra: Coimbra Editora, 2010.

————. "1.1 Igualdade processual." *In: Comentários ao novo Código de Processo Civil.* Antonio do Passo Cabral e Ronaldo Cramer (coords.). Rio de Janeiro: Forense, 2015.

————; BRAGA, Paula Sarno; OLIVEIRA, Rafael de Alexandria. *Curso de direito processual civil.* 10. ed. Salvador: JusPodivm, 2015, v. 2.

————; NOGUEIRA, Pedro H. P. *Teoria dos fatos jurídicos processuais.* Salvador: JusPodivm, 2011.

DINAMARCO, Cândido Rangel. *A instrumentalidade do processo.* 12. ed. São Paulo: Malheiros, 2005.

————. *Instituições de direito processual civil.* 5. ed. São Paulo: Malheiros, 2005, v. I.

————. *Instituições de direito processual civil.* 4. ed. São Paulo: Malheiros, 2004, v. III.

————. Liebman e a cultura processual brasileira. *Revista de Processo,* São Paulo, RT, vol. 119, jan. 2005.

————. O novo Código de Processo Civil brasileiro e a ordem processual vigente. *Revista de Processo,* São Paulo, RT, v. 247, p. 63-103, set. 2015.

————. "Polêmicas do processo civil." In: *Doutrinas Essenciais de Processo Civil.* São Paulo: RT, 2011, v. 1.

————. Sobre o desenvolvimento da doutrina brasileira no processo civil. *Revista de Processo,* São Paulo, RT, vol. 27, jul. -set. 1982, p. 27-31.

DUARTE, Zulmar. Comentários ao art. 371 (itens 1 a 4). In: *Novo código de processo civil comentado.* Sérgio Luiz de Almeida Ribeiro, Roberto Campos Gouveia Filho, Izabel C. P. Cardoso Pantaleão e Lúcio Graci de Gouveia (coords.). São Paulo: Lualri Editora, t. II.

————. Integridade no exame da prova: o porquê você perdeu (o cumprimento pelo juiz do artigo 371 do Novo CPC). *Jota,* Brasília, Coluna Novo CPC. Disponível em: <https://bit.ly/2rRMzXC>. Acesso em: 04 mai. 2018.

————. O pragmatismo como ideologia do Novo CPC: ausência de norte do código na sua estruturação aumenta o grau de incerteza na sua compreensão. *Jota,* Brasília, Coluna Novo CPC. Disponível em: <https://bit.ly/2k59Kth>. Acesso em: 04 mai. 2018.

ECHANDÍA, Hernando Devis. Liberalización y socialización del proceso civil. *Revista Facultad de Derecho y Ciencias políticas,* Colômbia, Universidad Pontifícia Bolivariana, n. 46, p. 43-53, 1972.

————. *Teoria general de la prueba judicial.* Buenos Aires: Victor P. de Zavalía Editor, 1970, t. I.

ELGUETA, Ernesto Rifo. La verdad como un fin del proceso bajo una concepción garantista. *Revista Chilena del Derecho del Trabajo y de la Seguridad Social,* v. 07, n. 14, 2016, p. 39-49.

ESPÍNOLA FILHO, Eduardo. *Código de Processo Penal brasileiro anotado.* 3. ed. Rio de Janeiro: Borsoi, 1954, v. II.

ESTELLITA, Guilherme. O processo oral e sua adoção no Brasil. *Revista Forense,* Rio de Janeiro, v. LXXIV, ano XXXV, fascículo 419, maio, p. 245-246, 1938.

FABRÍCIO, Adroaldo Furtado. As novas necessidades do processo civil e os poderes do juiz. *Revista de Direito do Consumidor,* São Paulo, RT, v. 7, p. 30-36, jul.-set 1993.

———. Extinção do processo e mérito da causa. *Revista de Processo*, v. 58, abr.-jun., 1990, p. 07-32.

———. Justificação teórica dos procedimentos especiais. *Academia Brasileira de Direito Processual Civil.* Porto Alegre. Disponível em: <https://bit.ly/2PKWJmi>. Acesso em: 20 jan. 2015.

FARIA, Guilherme Henrique Lage. "Capítulo 11: Contraditório substancial e fundamentação das decisões no Novo CPC." In: *Grandes temas do novo CPC, v. 8*: normas fundamentais. Alexandre Freire, Dierle Nunes e Fredie Didier Jr. (coords.). Salvador: JusPodivm, 2016.

FARIA, Márcio Carvalho. A lealdade processual, o projeto de Novo Código de Processo Civil brasileiro e a experiência portuguesa. *Revista de Processo*, São Paulo, RT, v. 230, p. 369-396, abr. 2014.

FASCHING, Hans Walter. A posição dos princípios da oralidade e da imediação no processo civil moderno – descrita à luz de alguns ordenamentos processuais centro-europeus. Trad. Wanderlei de Paula Barreto. *Revista de Processo,* São Paulo, RT, v. 39, p. 27-34, jul.-set. 1985.

———. Evolución de las tendencias en el proceso civil moderno. *Boletín Mexicano de Derecho Comparado*, [S.l.], jan. 1975. ISSN 2448-4873. Disponível em: <https://bit.ly/2IPsqrO>. Acesso em: 26 mar. 2018.

———. O desenvolvimento do código de processo civil austríaco nos últimos 75 anos. Trad. Luiz Kubinszky e José Manoel Arruda Alvim. *Revista de Processo,* São Paulo, RT, v. 5, p. 115-127, jan.-mar. 1977.

———. Liberalización y socialización del proceso civil. *Boletín Mexicano de Derecho Comparado*, [S.l.], jan. 1972. ISSN 2448-4873. Disponível em: <https://bit.ly/2IRn0fL>. Acesso em: 26 mar. 2018.

FAVELA, José Ovalle. Sistemas jurídicos y políticos, proceso y sociedad. *Boletín Mexicano de Derecho Comparado*, [S.l.], jan. 1978. ISSN 2448-4873. Disponível em: <https://bit.ly/2Ly6raE>. Acesso em: 26 mar. 2018.

FAZZALARI, Elio. *Instituições de direito processual.* Trad. Elaine Nassif. Campinas: Bookseller, 2006.

FENOLL, Jordi Nieva. *La valoración de la prueba.* Barcelona: Marcial Pons, 2010.

———. Los problemas de la oralidad. *Justicia: revista de derecho procesal*, n. 1-2, p. 101-130, 2007.

FERNANDES, Antonio Scarance. *Processo Penal Constitucional.* 5. ed. São Paulo: RT, 2007.

———. *Teoria geral do procedimento e o procedimento no processo penal.* São Paulo: Revista dos Tribunais, 2005.

FERRAJOLI, Luigi. *Direito e Razão:* Teoria do Garantismo Penal. 3. ed. Ana Paula Zomer Sica, Fauzi Hassan Choukr, Juarez Tavares e Luiz Flávio Gomes (trads.). São Paulo: RT, 2002.

FERREIRA, Fábio Luiz Bragança. *A possibilidade de superação da discricionariedade judicial positivista pelo abandono do livre convencimento no CPC/2015.* Salvador: JusPodivm, 2018.

FERREIRA FILHO, Manoel Gonçalves. O Estado de Direito, o Judiciário e a Nova Constituição. *Revista de Direito Administrativo.* Rio de Janeiro, n. 160, p. 61-76, abr./jun. 1985.

FIGUEIRA JR., Joel Dias. A metodologia no exame do trinômio processual: pressupostos processuais, condições da ação e mérito da causa – o pensamento do Prof. Alfredo Buzaid. *Revista de Processo,* v. 72, 1993, out.-dez., p. 335-347.

————. *Comentários ao código de processo civil (arts. 270 a 281).* 2. ed. São Paulo: RT, 2007, v. 4, t. I.

————. *Comentários ao Código de Processo Civil (arts. 282 a 331).* 2. ed. São Paulo: RT, 2007, v. 4, t. II.

————. Homenagem póstuma a Alfredo Buzaid. *Revista de Processo,* São Paulo, RT, v. 71, p. 372-376, jul.-set. 1993.

FIX-ZAMUDIO, Héctor. El pensamiento de Eduardo J. Couture y el derecho constitucional procesal.*Boletín Mexicano de Derecho Comparado,* [S.l.], jan. 1977. Disponível em: <https://bit.ly/2C2ax8L>. Acesso em: 06 out. 2016.

FREITAS, José Lebre de. *Introdução ao processo civil:* conceito e princípios gerais à luz do novo código. 4. ed. Coimbra: Gestlegal, 2017.

GADAMER, Hans-Georg. *El giro hermenéutico.* Trad. Arturo Parada. 2. ed. Madrid: Ediciones Cátedra, 2001.

————. *Hermenêutica em retrospectiva:* a virada hermenêutica. Trad. Marcos Antônio Casanova. Petrópolis: Vozes, 2007, v. II.

————. *O problema da consciência histórica.* 3. ed. Trad. Paulo Cesar Duque Estrada. Pierre Fruchon (org.). Rio de Janeiro: FGV, 2012.

————. *Verdad y metodo.* 4. ed. Trad. Ana Agud Aparicio e Rafael de Agapito. Salamanca: Ediciones Sígueme, 1991, v. I.

————. *Verdad y metodo.* Trad. Manuel Olasagasti. Salamanca: Ediciones Sígueme, 1992, v. II.

GAJARDONI, Fernando da Fonseca. Breve estudo sobre a oralidade no processo civil romano. *Revista Jurídica Uniaraxá,* Centro Universitário Uniaraxá, v. 10, n. 9, 2006. Disponível em: <https://bit.ly/2DSySy3>. Acesso em: 04 jan. 2017.

————. *Flexibilização procedimental:* um novo enfoque para o estudo do procedimento em matéria processual. São Paulo: Atlas, 2008.

————. O livre convencimento motivado não acabou no novo CPC. *Jota,* Brasília, Coluna Novo CPC. Disponível em: <https://bit.ly/2wXnujb>. Acesso em: 19 mai. 2016.

GALINDO, Maíra Coelho Torres. *Processo cooperativo:* o contraditório dinâmico e a questão das decisões-surpresa. Curitiba: Juruá, 2015.

GÁLVEZ, Juan F. Monroy. *Teoría general del proceso.* 3. ed. Lima: Comunitas, 2009.

GARTH, Bryant. Franz Klein, Mauro Cappelletti y la misión de los cultores del Derecho Procesal Comparado. *Revista de la Facultad de Derecho,* Peru, Pontifícia Universidade Católica del Peru, n. 52, p. 555-563, 1999.

GIMÉNEZ, Ignacio Díez-Picazo. "Con motivo de la traducción al italiano de la obra del profesor Juan Montero Aroca sobre los principios políticos del proceso civil español." In: *Proceso civil e ideología:* un prefacio, una sentencia, dos cartas y quince ensayos. Juan Montero Aroca (coord.). Valencia: Tirant lo Blanch, 2006.

————. The principal innovations of Spain's recent civil procedure reform. In: *The reforms of civil procedure in comparative perspective:* an Internacional Conference dedicated to Mauro Cappelletti. Nicolò Trocker e Vincenzo Varano (coords.). Torino: Giappichelli Editore, 2005.

GODINHO, Robson Renault. A autonomia das partes e os poderes do juiz entre o privatismo e o publicismo do processo civil brasileiro. *Civil Procedure Review,* v. 4, n. 1, p. 36-86, jan.-abr., 2013.

————. *Negócios processuais sobre o ônus da prova no novo Código de Processo Civil (e-book).* São Paulo: RT, 2015.

————. Reflexões sobre os poderes instrutórios do juiz: o processo não cabe no "Leito de Procusto". *Revista de Processo,* São Paulo, RT, v. 235, p. 85-117, set. 2014.

GOLDSCHMIDT, James. *Principios generales del processo.* Buenos Aires: Ediciones Juridicas Europa-America, 1961.

GOLDSCHMIDT, Werner. *La imparcialidad como princípio básico del proceso* (La partialidad y la parcialidad). *Academia Virtual de Derecho.* Disponível em: <https://bit.ly/2wO6ICM>. Acesso em: 10 mar. 2018.

GOMES, Danilo Heber. *Ato processual (in)existente.* Curitiba: Juruá, 2013.

GOMES, Renata Nascimento; SIMIONI, Rafael Lazzarotto. Supremacia do interesse público: uma leitura no pensamento complexo de Edgar Morin. *Revista de Estudos Constitucionais, Hermenêutica e Teoria do Direito (RECHTD),* Unisinos, São Leopoldo, v. 6, n. 3, p. 268-276, out.-dez. 2014. Disponível em: <https://bit.ly/2GYfH4s>. Acesso em: 07 abr. 2018.

GOMES FILHO, Antônio Magalhães.*A motivação das decisões penais.* São Paulo: RT, 2001.

————. "Provas". *As reformas no processo penal:* as novas Leis de 2008 e os projetos de reforma. Maria Theresa Rocha de Assis Moura (coord.) São Paulo: Revista dos Tribunais, 2008.

GOMES NETO, José Mário Wanderley. *O acesso à justiça em Mauro Cappelletti:* análise teórica desta concepção como "movimento" de transformação das estruturas do processo civil brasileiro. Porto Alegre: Safe, 2005.

GONÇALVES, Aroldo Plínio. *Técnica processual e teoria do processo*. Rio de Janeiro: Aide, 1992.

GOUVEIA, Lúcio Grassi de. "A função legitimadora do princípio da cooperação intersubjetiva no processo civil brasileiro". *Revista de Processo,* São Paulo, v. 172, jun. 2009, p. 32-53.

————. "Cognição Processual Civil: atividade dialética e cooperação intersubjetiva na busca da verdade real." In: *Leituras complementares de processo civil.* Fredie Didier Jr. (org.). 7. ed. Salvador: JusPodivm, 2009.

————. O dever de cooperação dos juízes e tribunais com as partes: uma análise sob a ótica do direito comparado (Alemanha, Portugal e Brasil). *Revista da Escola Superior da Magistratura do Estado de Pernambuco.* Recife, Esmape, Ano 1, n. 01, jan.-jun., p. 247-273, 2000.

————; PEREIRA, Mateus Costa; ALVES, Pedro Spíndola Bezerra. *Fundamentação adequada:* da impossibilidade de projetar a sombra de nossos óculos sobre paisagens antigas e de acorrentar novas paisagens em sombras passadas. Revista Brasileira de Direito Processual – RBDPro, Belo Horizonte, ano 24, n. 95, p. 175-201, jul./set. 2016.

GOUVEIA, Mariana França. *Os poderes do juiz cível na acção declarativa:* em defesa de um processo civil ao serviço do cidadão. *Revista Julgar,* Lisboa, jan. 2007. Disponível em: <https://bit.ly/2LAeweJ>. Acesso em: 16 dez. 2017.

GOYARD-FABRE, Simone. *Os fundamentos da ordem jurídica.* Trad. Claudia Berliner. São Paulo: Martins Fontes, 2007.

GRADI, Marco. "Il principio del contraddittorio e la nulittà della sentenza della "terza via"". In: *Rivista di Diritto Processuale,* Milão, anno LXV (Seconda Serie), n. 4, luglio-agosto, 2010.

GRANDI, Dino. Exposición a la majestad del Rey Emperador del Ministro Guardasellos (Grandi). Presentada en la audiencia del 28 de octubre de 1940-XVIII para la aprobación del tecto del Código de procedimiento civil. Trad. Aixa Zlatar. In: *Códice de procedura civile con la relazione al Re:* a cura de Franco Cipriani, Daniele D'Delia e Gianpaolo Impagnatiello. Bari: Cacucci Editore, 1997.

GRECO, Leonardo. A verdade no Estado Democrático de Direito. *Revista do Instituto dos Advogados de São Paulo*, São Paulo, vol. 15, p. 340 - 346, jan.-jun. 2005.

————. Contraditório efetivo (art. 7º). *Revista Eletrônica de Direito Processual - REDP,* Rio de Janeiro, v. 15, jan.-jun. 2015, p. 299-310.

————. Limitações probatórias no processo civil. *Revista Eletrônica de Direito Processual - REDP,* Rio de Janeiro ,v. 4, n. 4, jul.-dez. 2009.

————. Publicismo e privatismo no processo civil. *Revista de Processo,* São Paulo, RT, vol. 164, p. 29-56, out. 2008.

GREGER, Reinhard. "Capítulo 12. Cooperação como princípio processual." In: *Grandes temas do novo CPC, v. 8:* normas fundamentais. Alexandre Freire, Dierle Nunes e Fredie Didier Jr. (coords.). Salvador: JusPodivm, 2016.

GRESTA, Roberta Maia. *Ação temática eleitoral:* proposta para a democratização dos procedimentos judiciais eleitorais coletivos (dissertação de mestrado). Belo Horizonte: Pontifícia Universidade Católica de Minas Gerais (PUC-MG), 2014, 259 p.

GRINOVER, Ada Pellegrini. As garantias constitucionais do processo nas ações coletivas. *Revista da Faculdade de Direito da Universidade de São Paulo,* São Paulo, v. 82, p. 180-197, 1987.

————. A iniciativa instrutória do juiz no processo penal acusatório. *Revista Brasileira de Ciências Criminais*, São Paulo, RT, v. 27, p. 71-79, jul.-set. 1999.

————. "Defesa contraditória, igualdade e 'par condicio' na ótica do processo de estrutura cooperatória." In: *Novas tendências do direito processual*. São Paulo: Forense Universitária, 1990.

————. Deformalização do processo e deformalização das controvérsias. *Revista de informação legislativa*, v. 25, n. 97, jan./mar. 1998. Disponível em: <https://bit.ly/2MMLdFu>. Acesso em: 17 jan. 2016.

————. "Direito de ação". In: *Doutrinas Essenciais de Processo Civil*. São Paulo: RT, 2011, v. 2.

————. *Direito processual civil*. 2. ed. São Paulo: Bushatsky, 1975.

————. Modernidade do direito processual brasileiro. *Revista da Faculdade de Direito da Universidade de São Paulo,* São Paulo, v. 88, p. 273-298, 1993.

————. O magistério de Enrico Tullio Liebman no Brasil. *Revista da Faculdade de Direito, Universidade de São Paulo*. São Paulo, v. 81, p. 98-102, jan. 1986. Disponível em: <https://bit.ly/2KvzOtR>. Acesso em: 25. set. 2018.

GRONDIN, Jean. *Hermenêutica*. Trad. Marcos Marciolino. São Paulo: Parábola Editorial, 2012.

GUEDES, Jefferson Carús. Direito processual social no Brasil: primeiras linhas. *Revista Latinoamericana de Derecho Social,* n. 2, enero-junio, 2006, p. 55-91.

————. *O princípio da oralidade:* procedimento por audiências no direito processual civil brasileiro. São Paulo: RT, 2003.

GUILLÉN, Víctor Fairén. *Teoría general del derecho procesal*. México: Universidad Nacional Autónoma de México, 1992.

GUIMARÃES, Luiz Machado. "A revisão do código de processo civil." In: *Estudos de direito processual civil*. Rio de Janeiro: Jurídica e Universitária, 1969, p. 141-158.

————. "Processo autoritário e regime liberal." In: *Estudos de direito processual civil*. Rio de Janeiro: Jurídica e Universitária, 1969, p. 128-136.

————. O Processo Oral e o Processo Escrito. *Revista Forense,* Rio de Janeiro, v. LXXIV, ano XXXV, fascículo 419, p. 160-167, 1938.

GURVITCH, M. A.. Principios de derecho procesal civil soviético. *Boletín Mexicano de Derecho Comparado*, [S.l.], jan. 1975. ISSN 2448-4873. Disponível em: <https://bit.ly/2L1WeSP>. Acesso em: 26 mar. 2018.

HAACK, Susan. Justice, truth, and proof: not so simple, after all. *Revista Brasileira de Direito Processual – RBDPro*, Belo Horizonte, ano 25, n. 99, p. 15-41, jul./set. 2017.

HACKMANN, Berenice Gonçalves. O complexo homem complexo. *Revista científica das Faculdades Integradas de Taquara – FACCAT*, vol. 3, n. 1, jan./abr. 2005 (versão digital). Disponível em: <https://bit.ly/2IQ8kAR>. Acesso em: 22 out. 2017.

HESSEN, Johannes. *Teoria do conhecimento.* Trad. João Vergílio Gallerani Cuter. São Paulo: Martins Fontes, 1999.

HOMMERDING, Adalberto Narciso. *Fundamentos para uma compreensão hermenêutica do processo civil.* Porto Alegre: Livraria do Advogado, 2007.

IRANZO, Virginia Pardo. La imparcialidad y los poderes del Juez según el Tribunal de Justicia de la Unión Europea. *Revista Latinoamericana de Derecho Procesal*, Buenos Aires, n. 5, dez. 2015.

JAPIASSU, Hilton. *O mito da neutralidade científica.* Rio de Janeiro: Imago Editora, 1975.

JARDIM, Afrânio Silva. *Direito Processual Penal.* 11. ed. rev. e atual. Rio de Janeiro: Forense, 2007.

JUNOY, Joan Picó I. *O juiz e a prova:* estudo da errônea recepção do brocardo *iudex iudicare debet secundum allegata et probata, non secundum conscientiam* e sua repercussão atual. Trad. Darci Guimarães Ribeiro. 2. ed. Porto Alegre: Livraria do Advogado, 2017.

———. "Prólogo". LLUCH, Xavier Abel. *Las reglas de la sana crítica.* Madrid: La Ley, 2015.

KANT, Immanuel. *Crítica da razão pura.* Trad. Manuela Pinto dos Santos e Alexandre Alfradique Morujão. 5. ed. Lisboa: Fundação Calouste Gulbenkian, 2001.

KHALED JR., Salah. A ambição de verdade e a permanência do autoritarismo processual penal. *Revista da EMERJ*, Rio de Janeiro, v. 18, n. 67, p. 340 - 355, jan. - fev. 2015.

KOCHEM, Ronaldo. "Capítulo 13: Introdução às razíes históricas do Princípio da Cooperação (*Kooperationsmaxime*)." In: *Grandes temas do novo CPC, v. 8:* normas fundamentais. Alexandre Freire, Dierle Nunes e Fredie Didier Jr. (coords.). Salvador: JusPodivm, 2016.

KUHN, Thomas S. *A estrutura das revoluções científicas.* Trad. Beatriz Vianna Boeira e Nelson Boeira. São Paulo: Perspectiva, 2007.

LACERDA, Galeno. *Despacho saneador.* 2. ed. Porto Alegre: Safe, 1985.

———. O código e o formalismo processual. *Revista da Faculdade de Direito da Universidade Federal do Paraná.* Curitiba, v. 21, n. 0, 1983. Disponível em: <https://bit.ly/2TDisj4>. Acesso em: 10 ago. 2018.

———. O código como um sistema de adequação do processo civil. *Revista do Instituto Dos Advogados do Rio Grande do Sul.* Porto Alegre, 1976. Comemorativa do Cinqüentenário.

————. Presença de Couture. *Revista da Faculdade de Direito da Universidade Federal do Rio Grande do Sul*. Porto Alegre, n. 4, 1958. Disponível em: <https://bit.ly/3avDND1>. Acesso em: 08 mar. 2016.

LARENZ, Karl. *Metodología de la ciencia del derecho*. Trad. Marcelino Rodríguez Molinero. 2. ed. Barcelona: Editorial Ariel, 1980.

LEAL, André Cordeiro. *Instrumentalidade do processo em crise*. Belo Horizonte: Mandamentos, 2008.

————. *O contraditório e a fundamentação das decisões jurisdicionais*. Belo Horizonte: Mandamentos, 2002.

————; THIBAU, Vinícius Lott. A dogmática processual e a exceção cotidiana. *Revista Brasileira de Direito Processual – RBDPro*, Belo Horizonte, ano 23, n. 92, p. 13-29, out./dez. 2015.

LEAL, Rosemiro Pereira. *Teoria geral do processo:* primeiros estudos. 2. ed. Porto Alegre: Síntese, 1999.

————. *Teoria processual da decisão jurídica*. São Paulo: Landy, 2002.

LEAL, Vitor Nunes. Ignorância rotina e chicana: os três maiores inimigos do processo oral. *Revista Forense,* Rio de Janeiro, v. LXXIV, ano XXXV, fascículo 419, maio, p. 251-253, 1938.

LIEBMAN, Enrico Tullio. "O despacho saneador e o julgamento de mérito." In: *Estudos sobre o processo civil brasileiro*. São Paulo: José Bushatsky, 1976.

LIMA, Marcellus Polastri. *Curso de processo penal*. 3. ed. Rio de Janeiro: Lumen Juris, 2006, v. 1.

LIMA, Maria Rosynete Oliveira. *Devido Processo Legal*. Porto Alegre: Sergio Antonio Fabris, 1999.

LLUCH, Xavier Abel. *Las reglas de la sana crítica*. Madrid: La Ley, 2015.

LOPES, José Reinaldo de Lima. *História da Justiça e do Processo no Brasil do Século XIX*. Curitiba: Juruá Editora, 2017.

LOPES Jr., Aury. *Direito processual penal:* e sua conformidade constitucional. 3. ed. Rio de Janeiro: Lumen Juris, 2008, v. 1.

LÓPEZ, Carlos Fuentes. *El racionalismo jurídico*. México: Universidad Nacional Autónoma de México, 2003.

LOSANO, Mario G. *Sistema e estrutura do direito:* das origens à escola histórica. Trad. Carlos Alberto Dastoli. São Paulo: Martins Fontes, 2008, v. 1.

MACHADO, Daniel Carneiro. "A visão tridimensional do contraditório e sua repercussão no dever de fundamentação das decisões no processo democrático". *Rev. SJFR*, Rio de Janeiro, v. 21, n. 41, p. 69-84, dez. 2014.

MADUREIRA, Claudio. *Fundamentos do novo processo civil brasileiro:* o processo civil do formalismo-valorativo. Belo Horizonte: Fórum, 2017.

MAJZOUB, Milene Chavez Goffar. *Juízos de Deus e Justiça Real no Direito Carolíngio:* estudo sobre a aplicação dos ordálios à época de Carlos Magno (768-814) (Dissertação de Mestrado). 2005. Universidade Estadual de Campinas, Campinas, 2005, 115 p.

MARINONI, Luiz Guilherme; ARENHART, Sérgio Cruz. *Processo cautelar.* São Paulo: RT, 2008, v. 4.

MARINONI, Luiz Guilherme; ARENHART, Sérgio Cruz. *Prova.* São Paulo: RT, 2009.

MARINONI, Luiz Guilherme. *Teoria geral do processo.* 2. ed. São Paulo: RT, 2007, v. 1.

MARTINS, Pedro Batista. *Comentários ao código de processo civil (arts. 106 a 181).* 2. ed. Rio de Janeiro: Forense, 1960, v. 1 e 2.

―――. Sôbre o Projéto de Codificação do Processo Civil e Comercial. *Revista Forense,* Rio de Janeiro, v. LXXIV, ano XXXV, fascículo 419, p. 168-170, 1938.

MARQUES, José Frederico. *Elementos de direito processual penal.* Campinas: Bookseller, 1998, v. 1.

―――. *Elementos de direito processual penal.* Rio de Janeiro: Forense, 1961, v. 2.

―――. *Instituições de direito processual civil.* 3. ed. Rio de Janeiro: Forense, 1966, v. I.

―――. *Instituições de direito processual civil.* 3. ed. Rio de Janeiro: Forense, 1967, v. III.

MECCARELLI, Massimo. "Chiovenda, Giuseppe." In: *Il Contributo italiano alla storia del Pensiero – Diritto (2012).* Disponível em: <https://bit.ly/2IrLYq6>. Acesso em: 03 dez. 2017.

MEDINA, José Miguel Garcia. *Curso de direito processual civil moderno.* 3. ed. São Paulo: RT, 2017.

MELENDO, Santiago Sentis. Couture y su obra procesal. *Revista de la Facultad de Derecho,* n. 16, p. 43-70, 1957. Disponível em: <https://bit.ly/2GWEzJB>. Acesso em: 25 mar. 2018.

―――. *Teoría y práctica del proceso:* ensayos de derecho procesal. Buenos Aires: Ediciones Juridicas Europa-America, 1958, v. II.

―――. *Teoría y práctica del proceso:* ensayos de derecho procesal. Buenos Aires: Ediciones Juridicas Europa-America, 1959, v. I.

MENDONÇA, Luís Correia de. *A cooperação processual na sombra do inquisitório.* Texto ainda inédito, gentilmente cedido pelo autor.

―――. José Alberto dos Reis: os primeiros anos de reacção contra o processo civil de inspiração individualista e liberal. *Revista da Ordem dos Advogados,* Portugal, v. III, ano 57, dez. 1997. Disponível em: <https://bit.ly/2La3BbB>. Acesso em: 22 jun. 2017.

―――. O pensamento de Franco Cipriani sobre a justiça civil. *Revista de Processo,* São Paulo, RT, v. 172, p. 55-120, jun. 2009.

―――. Vírus autoritário e processo civil. *Julgar.* v.1. janeiro-abril, 2007. Disponível em: <https://bit.ly/2xuWWGa>. Acesso em 12 nov. 2017.

―――. "80 anos de autoritarismo: uma leitura política do processo civil portu-guês". In: *Proceso civil e ideología:* un prefacio, una sentencia, dos cartas y quin-ce ensayos. Juan Montero Aroca (coord.). Valencia: Tirant lo Blanch, 2006.

MENGER, Anton. *El derecho civil y los pobres*. Madrid: Librería General de Victoriano Suárez, 1898.

MEROI, Andrea. Algunas prospectivas del proceso civil y garantismo. *Revista Latinoamericana de Derecho Procesal*, Buenos Aires, n. 5, dez. 2015.

————. *El principio de imparcialidad del juez (las opiniones precursoras de Werner Goldschmidt y los desarrollos actuales del tema)*. Texto gentilmente cedido pela autora.

————. Iura novit curia y decisión imparcial (Ponencia presentada al XIX Encuentro Panamericano de Derecho Procesal, Asunción del Paraguay, 16 y 17 de noviembre de 2006). *Revista Ius et Praxis*, año 13, n° 2 379. Disponível em: <https://bit.ly/2LGVaEO>. Acesso em: 08 set. 2016.

————. Problemas y límites de la oralidad en el proceso civil. *Revista de la Maestría en Derecho Procesal,* Peru, Pontifícia Universidad Católica del Peru, v. 3, n. 1, 2009. Disponível em: <https://bit.ly/2sfEyft>. Acesso em: 10 nov. 2017.

MERRYMAN, John Henry. *La tradición jurídica romano-canónica*. Trad. Eduardo Suárez. México: Fondo de Cultura Económica, 1989.

MESQUITA, Maíra de Carvalho Pereira. "Da proteção contra surpresa processual e o novo CPC". *In: Novo CPC doutrina selecionada:* parte geral. Lucas Buril de Macêdo, Ravi Peixoto e Alexandre Freire (orgs.). Salvador: JusPodivm, 2015, v. 1, p. 466-471.

MIRABETE, Julio Fabbrini. *Processo Penal.* 18. ed. São Paulo: Atlas, 2007.

MIRANDA, Francisco Cavalcanti Pontes de. *Comentários ao Código de Processo Civil.* 2. ed. Rio de Janeiro: Forense, 1958, t. III.

MITIDIERO, Daniel Francisco. A colaboração como Modelo e como Princípio no Processo Civil. *Revista de Processo Comparado,* São Paulo, v. 1, n. 2, p. 83-97, jul./dez. 2015.

————. As relações entre o processo civil e a Constituição na primeira metada do século XX e sua breve evolução na doutrina processual civil brasileira. *Revista dos Tribunais.* São Paulo, RT, vol. 915, p. 50-60, jan. 2012

————. *Colaboração no processo civil.* São Paulo: RT, 2009.

————. *Comentários ao código de processo civil.* São Paulo: Memória Jurídica, 2004, t. I.

————. *Elementos para uma Teoria Contemporânea do Processo Civil Brasileiro.* Porto Alegre: Livraria do Advogado, 2005.

————. O processualismo e a formação do Código Buzaid. *Revista de Processo,* São Paulo, RT, Ano XXXV, n. 183, maio 2010.

————. "1. A Multifuncionalidade do Direito Fundamental ao Contraditório e a Improcedência Liminar (art. 285-A, CPC): Resposta à Crítica de José Tesheiner. In: *Processo Civil e Estado Constitucional.* Porto Alegre: Livraria do Advogado, 2007.

MONTELEONE, Girolamo. "El actual debate sobre las "orientaciones publicísticas" del proceso civil." In: *Proceso civil e ideología:* un prefacio, una sentencia, dos cartas y quince ensayos. Juan Montero Aroca (coord.). Valencia: Tirant lo Blanch, 2006.

————. "Principios e ideologías del proceso civil: impresiones de un 'revisionista'." In: *Proceso civil e ideología:* un prefacio, una sentencia, dos cartas y quince ensayos. Juan Montero Aroca (coord.). Valencia: Tirant lo Blanch, 2006.

MORATO, Francisco. A oralidade. *Revista Forense,* Rio de Janeiro, v. LXXIV, ano XXXV, fascículo 419, maio, p. 141-148, 1938.

MOREIRA, José Carlos Barbosa. A função social do processo civil moderno e o papel do juiz e das partes na direção e na instrução do processo. *Revista de Processo,* São Paulo, RT, v. 37, p. 140-150, jan.-mar. 1985

————. "A influência do direito processual civil alemão em Portugal e no Brasil." In: *Temas de direito processual (quinta série).* São Paulo: Saraiva, 1994.

————. "Breves observaciones sobre algunas tendencias contemporáneas del proceso penal". In: *Temas de direito processual (sétima série).* São Paulo: Saraiva, 2001.

————. "Breves reflexiones sobre la iniciativa oficial en materia de prueba." In: *Temas de direito processual (terceira série).* São Paulo: Saraiva, 1984.

————. "Dimensiones sociales del proceso civil." In: *Temas de direito processual (quarta série).* São Paulo: Saraiva, 1989.

————. "Duelo e processo". In: *Temas de direito processual (oitava série).* São Paulo: Saraiva, 2004.

————. "Efetividade do processo e técnica processual." In: *Temas de direito processual (sexta série).* São Paulo: Saraiva, 1997.

————. "El neoprivatismo en el proceso civil." In: *Proceso civil e ideología:* un prefacio, una sentencia, dos cartas y quince ensayos. Juan Montero Aroca (coord.). Valencia: Tirant lo Blanch, 2006.

————. *Estudos sobre o novo código de processo civil.* Rio de Janeiro: Liber Juris, 1974.

————. "Julgamento e ônus da prova." In: *Temas de direito processual (segunda série).* 2. ed. São Paulo: Saraiva, 1988.

————. Miradas sobre o processo civil contemporâneo. *Revista de Processo,* São Paulo, RT, v. 79, p. 142-153, jul.-set. 1995.

————. Notas sobre as recentes reformas do processo civil francês. *Revista de Processo.* São Paulo, RT, v. 150, p. 59-69, ago. 2007.

————. O futuro da justiça: alguns mitos. *Revista de Processo,* São Paulo, RT, v. 99, p. 141-150, jul.-set. 2000.

————. "O problema da 'divisão do trabalho' entre juiz e partes: aspectos terminológicos." In: *Temas de direito processual (quarta série).* São Paulo: Saraiva, 1989.

————. "O processo civil brasileiro entre dois mundos". In: *Temas de direito processual (oitava série).* São Paulo: Saraiva, 2004.

————. O processo penal norte-americano e sua influência. *Revista de Processo,* São Paulo, RT, v. 103, p. 95-107, jul.-set. 2001.

————. "O processo, as partes e a sociedade." In: *Temas de direito processual (oitava série).* São Paulo: Saraiva, 2004.

————. "Os poderes do juiz na direção e na instrução do processo." In: *Temas de direito processual (quarta série)*. São Paulo: Saraiva, 1989.

————. Por um processo socialmente efetivo. *Revista de Processo*, São Paulo, RT, vol. 105, jan.-mar. 2002, p. 181-190.

————. "Privatização do processo?". In: *Temas de direito processual (sétima série)*. São Paulo: Saraiva, 2001.

————. "Processo civil e processo penal: mão e contramão?". In: *Temas de direito processual (sétima série)*. São Paulo: Saraiva, 2001.

————. "Reflexões sobre a imparcialidade do juiz." In: *Temas de direito processual (sétima série)*. São Paulo: Saraiva, 2001.

————. "Reformas processuais e poderes do juiz". In: *Temas de direito processual (oitava série)*. São Paulo: Saraiva, 2004.

————. "Sobre a multiplicidade de perspectivas no estudo do processo." In: *Temas de direito processual (quarta série)*. São Paulo: Saraiva, 1989.

————. Tutela sancionatória e tutela preventiva. *Revista da Faculdade de Direito da Universidade Federal do Paraná*. Curitiba, v. 19, n. 0, 1979. Disponível em: <https://bit.ly/2Bugj28>. Acesso em: 10 ago. 2018.

MOREIRA, Marclin Feliz. A crise dos paradigmas e a solução da Antropologia. *Revista Sinais*, Universidade Federal do Espírito Santo, v. 1, n. 01, abr. 2007. Disponível em: <https://bit.ly/2xFrHFf>. Acesso em: 17 mai. 2018.

MORIN, Edgar. *Amor, poesia, sabedoria*. Trad. Edgar de Assis Carvalho. 7. ed. Rio de Janeiro: Bertrand Brasil, 2005.

————. *Ciência com consciência*. Trad. Maria D. Alexandre. 8. ed. Rio de Janeiro: Bertrand Brasil, 2005.

————. *El paradigma perdido*: ensayo de bioantropologia. 7. ed. Trad. Doménec Bergada. Barcelona: Editorial Kairós, 2005.

————. *Introdução ao pensamento complexo*. Trad. Eliane Lisboa. 4. ed. Porto Alegre: Sulina, 2011.

————. *Meus demônios*. Trad. Leneide Duarte e Clarisse Meireles. 2. ed. Rio de Janeiro: Bertrand Brasil, 2000.

————. *O método 1*: a natureza da natureza. Trad. Juremir Machado da Silva. 3. ed. Porto Alegre: Sulina, 2005.

————. *O método 3*: o conhecimento do conhecimento. Trad. Juremir Machado da Silva. 3. ed. Porto Alegre: Sulina, 2005.

————. *O método 5*: a humanidade da humanidade. Trad. Juremir Machado da Silva. 3. ed. Porto Alegre: Sulina, 2005.

————. *Os sete saberes necessários à educação do futuro*. 6. ed. São Paulo: Cortez, 2002.

————. *Para sair do século XX*. Trad. Vera de Azambuja Harvey. Rio de Janeiro: Nova Fronteira, 1986.

————. Problemas de uma epistemologia complexa. *In: O problema epistemológico da complexidade*. Portugal: Publicações Europa América, 2002.

————; CIURANA, Emilio-Roger; MOTTA, Raúl Domingo. *Educar na era planetária:* o pensamento complexo como *Método* de aprendizagem no erro e na incerteza humana. Trad. Sandra Trabucco Valenzuela. São Paulo: Cortez Editora, 2003.

NAVES, Candido. *Impulso processual e poderes do juiz.* Belo Horizonte: Santa Maria, 1949.

NERY JR., Nelson. *Princípios do processo civil na Constituição Federal.* 8. ed. São Paulo: RT, 2004.

NUCCI, Guilherme de Souza. *Manual de processo penal e execução penal.* 3. Ed. rev., atual. e ampl. São Paulo: Editora Revista dos Tribunais, 2007.

NUNES, Dierle. *Comparticipação e policentrismo:* horizontes para a democratização processual civil (tese de doutorado). Belo Horizonte: PUC-MG, 2008.

————. Reformas processuais: estatalismo ou privatismo? Por um modelo comparticipativo. *Revista Brasileira de Direito Processual – RBDPro,* Belo Horizonte, ano 23, n. 90, p. 145-152, abr./jun. 2015.

————. What is left of Klein? Procedural reforms: statism ou privatism? For a co-participative model on the new Brazilian CPC. *Civil Procedure Review,* v.6, n.3: 35-52, sept.-dec., 2015.

————; BAHIA, Alexandre. Processo e República: uma relação necessária. *Revista Brasileira de Direito Processual – RBDPro,* Belo Horizonte, ano 22, n. 88, out./dez. 2014. Disponível em: <https://bit.ly/2sAlxV7>. Acesso em: 3 jan. 2018.

————; DELFINO, Lúcio. Novo CPC, o "caballo de Tróya" iura novit curia e o papel do juiz. *Revista Brasileira de Direito Processual – RBDPro,* Belo Horizonte, ano 22, n. 87, jul./set. 2014. Disponível em: <https://bit.ly/2JkwVuw>. Acesso em: 10 jul. 2017.

————; LACERDA, Rafaela. Precedentes: primeiras conexões com o princípio do contraditório como garantia de influência e não surpresa no CPC Projetado. *Revista Brasileira de Direito Processual – RBDPro,* Belo Horizonte, ano 21, n. 83, jul./set. 2013. Disponível em: <https://bit.ly/2JsePtV>. Acesso em: 3 jan. 2018.

OAKLEY, Hugo Botto. El Proceso: ¿Método de Debate o Juego Colaborativo? Su relación con la Imparcialidad Sicológica. *Revista Latinoamericana de Derecho Procesal,* Buenos Aires, n. 3, mai. 2015.

OLIU, Alejandro Abal. La congruencia en la perspectiva del garantismo procesal. *Revista Brasileira de Direito Processual – RBDPro,* Belo Horizonte, ano 25, n. 99, p. 43-71, jul./set. 2017.

OLIVEIRA, A. Gonçalves de. Oralidade e tradição. *Revista Forense,* Rio de Janeiro, v. LXXIV, ano XXXV, fascículo 419, maio, p. 223-225, 1938.

OLIVEIRA, Carlos Alberto Alvaro de. A Garantia do Contraditório. *Revista da Faculdade de Direito da UFRGS;* Porto Alegre, n. 15, jan. 2017. Disponível em: <https://bit.ly/2vZqls9>. Acesso em: 30 mar. 2017.

————. *Do formalismo no processo civil.* 2. ed. São Paulo: Saraiva, 2003.

————. *Mauro Cappelletti and the brazilian procedural law.* Disponível em: <https://bit.ly/2S7mxhA>. Acesso em: 03 dez. 2017.

————. "O formalismo-valorativo no confronto com o formalismo excessivo." In: *Teoria do processo:* panorama mundial. Fredie Didier Jr. e Eduardo Ferreira Jordão (coords.). Salvador: JusPodivm, 2007, p. 125-150.

————. O juiz e o princípio do contraditório. *Revista da Faculdade de Direito da UFRGS,* Porto Alegre, n. 9, p. 178-184, 1993.

————. Problemas atuais da libre apreciação da prova. *Revista da Faculdade de Direito da Universidade Federal do Rio Grande do Sul.* Porto Alegre, n. 17, 1999. Disponível em: <https://bit.ly/33Xinw0>. Acesso em: 16 out. 2018.

————. Processo civil brasileiro e codificação. *Revista de Processo,* São Paulo, v. 179, p. 261-272, jan. 2010.

————; MITIDIERO, Daniel Francisco. *Teoria geral do processo civil e parte geral do direito processual civil.* São Paulo: Atlas, 2010.

OLIVEIRA, Eduardo Andrade Ribeiro de. O novo Código de Processo Civil. *Revista de informação legislativa,* v. 10, n. 40, p. 57-64, out./dez. 1973.

OLIVEIRA, Eugênio Pacelli de. *Curso de Processo Penal.* 8. ed. Rio de Janeiro: Editora Lumen Juris, 2007.

OLIVEIRA, Manfredo Araújo de. *Reviravolta linguístico-pragmática na filosofia contemporânea.* São Paulo: Loyola, 1996.

OTEIZA, Eduardo. El debido proceso y su proyección sobre el proceso civil en América Latina. *Revista de Processo,* São Paulo, RT, ano 34, n. 173, p. 179-200, jul. 2009.

————. El juez ante la tensión entre libertad e igualdad. *Revista de derecho procesal,* 2002, número extraordinario.

PACHECO, José da Silva. *Evolução do processo civil brasileiro:* desde as origens até o advento do novo milênio. 2. ed. Rio de Janeiro: Renovar, 1999.

PALMER, Richard E. *Hermenêutica.* Trad. Maria Luisa Ribeiro Ferreira. Lisboa: Edições 70, 1999.

PASSOS, José Joaquim Calmon de. "Instrumentalidade do processo e devido processo legal". In: *Ensaios e artigos.* Salvador: JusPodivm, 2014, v. I.

PASQUALINI, Alexandre. *Hermenêutica e sistema jurídico:* uma introdução à interpretação sistemática do direito. Porto Alegre: Livraria do Advogado, 1999.

PEREIRA, Mateus Costa. A paridade de armas sob a óptica do garantismo processual. *Revista Brasileira de Direito Processual – RBDPro,* Belo Horizonte, ano 25, n. 98, p. 247-265, abr./jun. 2017.

————. A jurisdição no divã: sessão do dia 29 de novembro de 2017. *Empório do Direito,* Florianópolis, Coluna ABDPro, 29 nov. 2017. Disponível em: <https://bit.ly/2O2QMnD>. Acesso em: 29 nov. 2017.

————. *A teoria geral do processo e seu tripé fundamental:* racionalismo, pensamento sistemático e conceitualismo. Florianópolis: Tirant Lo Blanch, 2018.

————. Da Teoria "Geral" à Teoria "Unitária" do Processo (bases): um diálogo com Eduardo Costa, Igor Raatz e Natascha Anchieta; uma resposta a Fredie Didier

Jr.. *Revista Brasileira de Direito Processual (RBDPro)*. Belo Horizonte, Fórum, v. 105, p. 219-238, 2019.

———; FELICIANO, Ivna Cavalcanti; PINHEIRO, Larissa. Processo x Ideologia: um ensaio sobre os compromissos ideológicos do direito processual civil; em memória de Ovídio A. Baptista da Silva. *Revista de Processo*, São Paulo, RT, v. 246, p. 581- 603, ago. 2015.

———; SPÍNDOLA, Pedro B. Alves. Racionalismo e direito processual civil: do (curto)circuito formalista à circularidade hermenêutica; as sementes lançadas por Ovídio A. Baptista da Silva. In: *Processo, Hermenêutica e Efetividade dos Direitos I*. Alexandre Freire Pimentel, Fábio Túlio Barroso e Lúcio Grassi de Gouveia (orgs.). Recife: Appodi, 2015.

PEYRANO, Jorge W. Acerca de los "ismos" en materia procesal civil. *Themis: Revista de Derecho,* Peru, n. 58, p. 21-27, 2010. Disponível em: <https://bit.ly/2yO43rm>. Acesso em: 06 jan. 2018.

———. El cambio de paradigmas en material procesal civil. *Revista de Processo,* São Paulo, RT, v. 184, p. 154-162, jun. 2010.

———. El derecho procesal postmoderno. *Revista de Processo,* São Paulo, RT, v. 81, p. 141-145, jan.-mar. 1996.

PICARDI, Nicola. *Jurisdição e processo*. Org. e Rev. Técnico Trad. Carlos Alberto Alvaro de Oliveira. Rio de Janeiro: Forense, 2008.

———. Le riformi processuali i sociali di Franz Klein. *Historia et ius*: rivista di storia giuridica dell'età medievale e moderna, n. 2, 2002. Disponível em: <www. historiaetius.eu>. Acesso em: 10 jun. 2017.

PIMENTEL, Alexandre Freire. "Notas sobre a evolução da técnica e da teoria processual: das origens gregas ao advento do processo civil liberal." In: *História do processo*. Alexandre Freire Pimentel, Eduardo José da Fonseca Costa, Jaldemiro Rodrigues Ataide Jr. e Venceslau Tavares Costa Filho (coords.). São Paulo: Exegese, 2018.

———. "Prefácio". GOMES NETO, José Mário Wanderley. *O acesso à justiça em Mauro Cappelletti:* análise teórica desta concepção como "movimento" de transformação das estruturas do processo civil brasileiro. Porto Alegre: Safe, 2005.

PISANI, Andrea Proto. Público e Privado no Processo Civil na Itália. Trad. Myriam Filippis. *Revista da EMERJ*, v.4, n.16, p. 23-42, 2001. Disponível em: <https://bit.ly/2IAmrHh>. Acesso em: 20 jan. 2012.

PONTES DE MIRANDA, Francisco Cavalcante. *Comentários ao código de processo civil*. 2. ed. Rio de Janeiro: Forense, 1958.

PORTANOVA, Rui. *Princípios do processo civil*. 8. ed. Porto Alegre: Livraria do Advogado, 2013.

POSADA, Adolfo. "Estudio preliminar". MENGER, Anton. *El derecho civil y los pobres*. Madrid: Librería General de Victoriano Suárez, 1898.

POSADA, Giovanni F. Priori. La constitucionalización del derecho procesal. *Revista Iberoamericana de Derecho Procesal,* São Paulo, RT, v. 3, jan.-jun., 2016.

PRATA, Edson. *História do processo civil e sua projeção no direito moderno.* Rio de Janeiro: Forense, 1987.

————. *Processo de conhecimento.* São Paulo: Leud, 1989, v. 2.

RAGONE, Álvaro Pérez. El revisionismo garantista en el proceso civil a través de las ideas de Franz Klein y Adolf Wach. precisiones sobre eficiencia y derechos procesales. *Revista de Derecho de la Pontificia Universidad Católica de Valparaíso,* Valparaíso, Chile, 1º Semestre, p. 523-551, 2014.

RAATZ, Igor. *Autonomia privada e processo civil:* negócios jurídicos processuais, flexibilização procedimental e o direito à participação na construção do caso concreto. Salvador: JusPodivm, 2017.

————. A organização do processo civil pela ótica da teoria do Estado: a construção de um modelo de organização do processo para o Estado Democrático de Direito e o seu reflexo no projeto do CPC. *Revista Brasileira de Direito Processual–RBDPro,* Belo Horizonte, ano 19, n. 75, p. 97-126, jul./set. 2011.

————. Desvelando as bases do processualismo científico: ou de como a teoria do processo nasceu comprometida com o protagonismo judicial. *Empório do Direito,* Florianópolis, Coluna ABDPro. Disponível em: <https://bit.ly/2k5biU7>. Acesso em: 08 nov. 2017.

————; SANTANNA, Gustavo da Silva. "Elementos da História do Processo Civil Brasileiro: do Código de 1939 ao Código de 1973." *Revista Justiça e História,* Tribunal de Justiça do Rio Grande do Sul - TJRS, v. 9. n. 17. Disponível em: <https://bit.ly/2wT4aDC>. Acesso em: 01 jul. 2017.

RAMOS, Glauco Gumerato. Aspectos semânticos de uma contradição pragmática: ativismo judicial *versus* ampla defesa. O garantismo processual sob o enfoque da filosofia da linguagem. *Justicia,* Universidad Simón Bolívar, Barranquilla, n. 21, p. 38-46, jun. 2012.

————. Expectativas em torno do Novo CPC. Entre o ativismo judicial e o garantismo processual. *Revista Brasileira de Direito Processual–RBDPro,* Belo Horizonte, ano 23, n. 90, p. 213225, abr./jun. 2015. Disponível em: <https://bit.ly/2Lox5lv>. Acesso em: 28 jun. 2016.

RANGEL, Paulo. *Direito Processual Penal.* 13. ed. rev., atual. e ampl. Rio de Janeiro: Lumen Juris, 2007.

REALE, Miguel. *Filosofia do direito.* 20 ed. São Paulo: Saraiva, 2002.

REIS, José Alberto dos. A oralidade no processo civil português. *Revista Forense,* Rio de Janeiro, v. LXXIV, ano XXXV, fascículo 419, maio, p. 214-222, 1938.

REZENDE FILHO, Gabriel de. O novo código de processo civil. *Revista da Faculdade de Direito da Universidade de São Paulo,* São Paulo, v. 35, n. 3, p. 639-655, 1940.

RUGGIERO, Guido de. *La filosofia moderna:* L'età cartesiana. (Storia della filosofia). 4. ed. Bari: Laterza, 1948.

ROCHA, José Elias Dubard de. *Crise cognitiva do processo judicial.* Processualística Sistêmica I. Recife: Nossa Livraria, 2008.

ROCHA, José de Moura. *Estudos sôbre o processo civil.* Recife, Universidade Federal de Pernambuco, 1969, I.

———. *Estudos sobre processo civil.* Recife: Editora Universitária (UFPE), 1982, v. III.

———. Notas sobre a fixação da natureza da relação processual. *Revista de Processo,* São Paulo, RT, v. 46, p. 29-38, abr.-jun. 1987.

RODRIGUES, Horário Wanderlei; LAMY, Eduardo de Avelar. *Teoria geral do processo.* 3. ed. Rio de Janeiro: Elsevier, 2012.

ROSA, Alexandre Morais da. "Para entender o garantismo penal de Ferrajoli. *Empório do Direito,* Florianópolis. Disponível em: <https://bit.ly/2k8kXJN>. Acesso em: 06 jun. 2017.

ROSSI, Júlio Cesar. *Precedente à brasileira:* a jurisprudência vinculante no CPC e no Novo CPC. São Paulo: Atlas, 2015.

SALDANHA, Nelson Nogueira. "As ideias constitucionais em perspectiva histórica." In: *História do Direito e do Pensamento Jurídico em perspectiva.* Cláudio Brandão, Nelson Saldanha e Ricardo Freitas (orgs.). São Paulo: Atlas, 2012.

———. *Da teologia à metodologia:* secularização e crise no pensamento jurídico. Belo Horizonte: Del Rey, 1993.

———. Do maniqueísmo à tipologia: observações sobre atitudes metodológicas e ideológicas no pensamento social moderno. *Revista da Faculdade de Direito da Universidade Federal de Minas Gerais.* Belo Horizonte, v. 28, n. 23-25, 1982. Disponível em: <https://bit.ly/2DTxkUy>. Acesso em: 20. fev. 2016.

———. Estado, Jurisdição e Garantias: um capítulo de história constitucional. *Revista da Faculdade de Direito da Universidade de São Paulo,* São Paulo, v. 74, p. 139-152, 1979.

———. Estado, Jurisdição e Garantias: um capítulo de história constitucional. *Revista da Faculdade de Direito da Universidade de São Paulo,* São Paulo, v. 75, p. 53-65, 1980.

———. *Estudos de teoria do direito.* Belo Horizonte: Del Rey, 1994.

———. *Filosofia do direito.* 2. ed. rev. e ampl. Rio de Janeiro: Renovar, 2005.

———. *Formação da teoria constitucional.* Rio de Janeiro: Forense, 1983.

———. *Historicismo e Culturalismo.* Rio de Janeiro: Fundarpe, 1986.

———. *Ordem e hermenêutica.* 2. ed. Rio de Janeiro: Renovar, 2003.

———. *O Estado moderno e a separação de poderes.* São Paulo: Saraiva, 1987.

———. *O estado moderno e o constitucionalismo.* São Paulo: José Bushatsky, 1976.

———. O poder judiciário e a interpretação do Direito. *Revista da Faculdade de Direito da Universidade Federal de Minas Gerais.* Belo Horizonte, v. 31 (30/31), p. 47-59, 1987-1988.

———. "Sobre a teoria geral do direito civil." In: *História do Direito e do Pensamento Jurídico em perspectiva.* Cláudio Brandão, Nelson Saldanha e Ricardo Freitas (orgs.). São Paulo: Atlas, 2012.

————. Sobre o "Direito Civil Constitucional" (notas sobre a crise do Classicismo Jurídico). *Revista da Faculdade de Direito da Universidade Federal do Paraná.* Curitiba, v. 36, n. 0, 2001. Disponível em: <https://bit.ly/2r0MuQL>. Acesso em: 16 jul. 2015.

————. *Teológico, Metafísico e Positivo:* filosofia e epistemologia no ocidente moderno. Rio de Janeiro: Academia Brasileira de Letras, 2010.

————. *Velha e nova ciência do direito:* e outros estudos de teoria jurídica. Recife: Editora Universitária, 1974.

SANTOS, Boaventura de Sousa. *Introdução a uma ciência pós-moderna.* Rio de Janeiro: Graal, 1989.

————. *Um discurso sobre as ciências.* 5. ed. São Paulo: Cortez, 2008.

SANTOS, Moacyr Amaral. Contra o processo autoritário. *Revista da Faculdade de Direito da Universidade de São Paulo,* São Paulo, v. 54, n. 2, p. 212-229, 1959.

————. *Prova judiciária no cível e comercial.* 2. ed. São Paulo: Max Limonad, 1952, v. 1.

SCHMITZ, Leonard Ziesemer. Entre produzir provas e confirmar hipóteses: o risco do argumento da "busca da verdade real" na instrução e fundamentação das decisões. *Revista de Processo,* São Paulo, RT, v. 250, p. 91-117, dez. 2015.

————. *Fundamentação das decisões judiciais:* a crise na construção de respostas no processo civil. São Paulo: RT, 2015.

SICA, Heitor Vitor Mendonça. *Direito de Defesa e Tutela Jurisdicional:* estudo sobre a posição do réu no processo civil brasileiro (Tese de Doutorado). São Paulo: Faculdade de Direito da Universidade de São Paulo, 2008, 356 p.

————. Evolução legislativa da fase de saneamento e organização do processo. *Revista de Processo,* São Paulo, RT, v. 255, p. 435-460, mai. 2016.

————. Velhos e novos institutos fundamentais do direito processual civil. In: *Quarenta anos da teoria geral do processo no Brasil:* passado, presente e futuro. Camilo Zuffelato e Flávio Luiz Yarshell (orgs.). São Paulo: Malheiros, 2013,

————. III - Direito Processual Civil Espanhol. In: *Direito Processual Civil Europeu Contemporâneo.* José Rogério Cruz e Tucci (coord.). São Paulo: Lex Editora S.A., 2010.

SIDOU, J. M. Othon. *Processo civil comparado (histórico e contemporâneo):* à luz do Código de Processo civil brasileiro, modificado até 1996. Rio de Janeiro: Forense Universitária, 1997.

SIERRA, Humberto Briseño. *Compendio de Derecho Procesal.* México: Humanitas, 1989.

SILVA, Beclaute Oliveira. *A garantia fundamental à motivação da decisão judicial.* Salvador: JusPodivm, 2007.

————. "Verdade como objeto do negócio jurídico processual." In: *Novo CPC, Doutrina Selecionada, v. 3:* provas. Alexandre Freire, Lucas Buril de Macêdo e Ravi Peixoto (coords.). 2. ed. Salvador: JusPodivm, 2016.

SILVA, Carlos Augusto. *O Processo Civil como Estratégia de Poder:* reflexo da judicialização da política no Brasil. Rio de Janeiro: Renovar, 2004.

SILVA, Ovídio A. Baptista da. *A ação cautelar inominada no direito brasileiro.* Rio de Janeiro: Forense, 1991.

————. A "antecipação" da tutela na recente reforma processual. In: *Reforma do código de processo civil.* Sálvio Figueiredo Teixeira (coord.). São Paulo: Saraiva, 1996.

————. *Curso de processo civil.* 8. ed. Rio de Janeiro: Forense, 2008, v. 1, t. I.

————. *Curso de processo civil.* 6. ed. Rio de Janeiro: Forense, 2008, v. 1, t. II.

————. *Epistemologia das ciências culturais.* Porto Alegre: Verbo Jurídico, 2009.

————. *Jurisdição, direito material e processo.* Rio de Janeiro: Forense, 2008.

————. *Processo e ideologia:* o paradigma racionalista. 2. ed. Rio de Janeiro: Forense, 2006.

————; GOMES, Fábio Luiz. *Teoria geral do processo civil.* São Paulo: Revista dos Tribunais, 1997.

SILVEIRA, Marcelo Pichioli da. Processo e ideologia, de Ovídio Araújo Baptista da Silva. *Empório do Direito,* Florianópolis. Disponível em: <https://bit.ly/2k8l3B9>. Acesso em: 15 nov. 2017.

SOTELO, José Luis Vázquez. El proceso civil y su futuro. *Unirioja.* Disponível em: <https://bit.ly/2O2Dvvl>. Acesso em: 05 jan. 2018.

SOUSA, Diego Crevelin de. Interrogatório livre: o ornitorrinco (?) – inconstitucional (!) – do processo civil brasileiro. *Revista Brasileira de Direito Processual – RBDPro,* Belo Horizonte, ano 25, n. 100, p. 85-112, out./dez. 2017.

————. O caráter mítico da cooperação processual. *Empório do Direito,* Florianópolis. Coluna ABDPro, 06 dez. 2017. Disponível em: <https://bit.ly/2sbqVhe>. Acesso em: 11 fev. 2018.

SOUSA, Miguel Teixeira. *Omissão do dever de colaboração do Tribunal:* que consequências? Disponível em: <https://bit.ly/2wU7AWM>. Acesso em: 10 jan. 2017.

SPRUNG, Rainer. Os fundamentos do direito processual civil austríaco. *Revista de Processo,* São Paulo, RT, v. 17, jan.-mar. 2980, p. 138-149.

STEIN, Ernildo. "Gadamer e a consumação da hermenêutica." In: *Hermenêutica e Epistemologia:* 50 anos de verdade e método. Ernildo Stein e Lenio Streck (orgs.). Porto Alegre: Livraria do Advogado, 2011.

STRECK, Lenio Luiz. Bases para a compreensão da hermenêutica jurídica em tempos de superação do esquema sujeito-objeto. *Sequência,* Universidade Federal de Santa Catarina, Florianópolis, n. 54, p. 29-46, jul. 2007.

————. Contra o neoconstitucionalismo. *Constituição, Economia e Desenvolvimento:* Revista da Academia Brasileira de Direito Constitucional. Curitiba, n. 4, p. 9-27, jan.-jun. 2011.

————. *Dicionário de Hermenêutica:* quarenta temas fundamentais da Teoria do Direito à luz da Crítica Hermenêutica do Direito. Belo Horizonte: Letramento, 2017.

————. Dilema de dois juízes diante do fim do livre convencimento do CPC. In: *Coleção Novo CPC, doutrina selecionada:* provas. 2. ed. Salvador: JusPodivm, v. 3.

————. "Hermenêutica e decisão jurídica: questões epistemológicas." In: *Hermenêutica e Epistemologia:* 50 anos de verdade e método. Ernildo Stein e Lenio Streck (orgs.). Porto Alegre: Livraria do Advogado, 2011.

————. Livre convencimento é "álibi retórico" para juiz desrespeitar leis, diz Lenio Streck. *Consultor Jurídico – Conjur*, Interesses e Convicções. Disponível em: <https://bit.ly/2NGfv1C>. Acesso em: 27 ago. 2017.

————. O novo Código de Processo Civil (CPC) e as inovações hermenêuticas: o fim do livre convencimento e a adoção do integracionismo dworkiniano. *Revista de Informação Legislativa,* ano 52, n. 206, p. 33-51, abr./jun. 2015.

————. *O que é isto – decido conforme minha consciência?* Porto Alegre: Livraria do Advogado, 2010.

————. Processo judicial como Espelho da Realidade? Notas Hermenêuticas à Teoria da Verdade de Michele Taruffo. *Sequência,* Universidade Federal de Santa Catarina, Florianópolis, v. 37, n. 74, p. 115-136, 2016.

————. *Verdade e Consenso:* Constituição, Hermenêutica e Teorias Discursivas. 4. ed. São Paulo: Saraiva, 2012.

————; DELFINO, Lúcio; BARBA, Rafael Giorgio Dalla; LOPES, Ziel Ferreira. O "bom litigante"–Riscos da moralização do processo pelo dever de cooperação do novo CPC. *Revista Brasileira de Direito Processual–RBDPro*, Belo Horizonte, ano 23, n. 90, abr./jun. 2015. Disponível em: <https://bit.ly/2HfO1rB>. Acesso em: 30 mar. 2016.

————; DELFINO, Lúcio; LOPES, Ziel Ferreira. "Ainda sobre o livre convencimento: resistência dos tribunais ao novo CPC." In: *Novo CPC aplicado visto por processualistas.* Lúcio Delfino, Mirna Cianci e Teresa Arruda Alvim (coords.) São Paulo: RT, 2017.

————; MOTTA, Francisco José Borges. Um debate com (e sobre) o formalismo-valorativo de Daniel Mitidiero, ou "colaboração no processo civil" é um princípio? *Revista de Processo,* São Paulo, RT, v. 213, p. 13-34, nov. 2012.

————; RAATZ, Igor; DIETRICH, William Galle. Sobre um possível diálogo entre a crítica hermenêutica e a teoria dos standards probatórios: notas sobre a valoração probatória em tempos de intersubjetividade. *Novos Estudos Jurídicos,* Universidade do Vale do Itajaí, v. 22, n. 2, mai./ago. 2017 (versão eletrônica).

TARELLO, Giovanni. "Chiovenda, Giuseppe." In: *Dizionario Biografico degli Italiani - Volume 25 (1981).* Disponível em: <https://bit.ly/2kb4YKE>. Acesso em: 02 dez. 2017.

TARUFFO, Michele. Ideologie e teorie della giustizia civile. *Revista de Processo Comparado,* São Paulo, RT, v. 1, 2015, p. 293-304, jan.-jun. 2015.

————. *La giustizia civile in Italia dal '700 a oggi.* Bologna: Società editrice il Mulino, 1980.

————. O ônus como figura processual. *Revista Eletrônica de Direito Processual - REDP,* Rio de Janeiro, vol. XI, n. 11, p. 420-431, 2013.

————. *Processo civil comparado:* ensaios. Trad. Daniel Mitidiero, São Paulo, Marcial Pons, 2013.

————. *Uma simples verdade:* o juiz e a construção dos fatos. Trad. Vitor de Paula Ramos. São Paulo: Marcial Pons, 2012.

————. "Consideraciones sobre el proceso civil acusatorio." In: *Páginas sobre justicia civil.* Trad. Maximiliano Aramburo Calle. Madrid: Marcial Pons, 2009.

————. "Cultura y Proceso." In: *Páginas sobre justicia civil.* Trad. Maximiliano Aramburo Calle. Madrid: Marcial Pons, 2009.

TEIXEIRA, Sálvio de Figueiredo. A arbitragem no sistema jurídico brasileiro. *Revista Jurídica,* v. 1, n. 1, p. 26-31, jan. 1997.

————. A efetividade do processo e a reforma processual. Conferência proferida no "II Congresso Nacional de Direito Processual Civil", em Porto Alegre, RS, aos 17.8.93, em comemoração aos 20 anos do Código de Processo Civil. Disponível em: <https://bit.ly/2svg5Sy>. Acesso em: 18 nov. 2017.

————. O código de processo civil brasileiro: origens, inovação e crítica. *Revista da Faculdade de Direito da Universidade Federal de Minas Gerais.* Belo Horizonte, n. 17, p. 127-140, 1976. Disponível em: <https://bit.ly/2ND1Xjy>. Acesso em: 13 fev. 2018.

————. O processo civil na nova Constituição. *Revista da Faculdade de Direito da Universidade Federal de Minas Gerais.* Belo Horizonte, n. 32, p. 179-190, 1989. Disponível em: <https://bit.ly/2C6tb0K>. Acesso em: 13. fev. 2018.

THEODORO JR., Humberto. *Curso de direito processual civil.* 59. ed. Rio de Janeiro: Forense, 2018, v. 1.

THEODORO JR., Humberto *et al. Novo CPC:* fundamentos e sistematização. 2. ed. Rio de Janeiro: Forense, 2015.

THEODORO JR., Humberto; NUNES, Dierle J. Coelho. "O princípio do contraditório: tendências de mudança da sua aplicação". *Revista da Faculdade de Direito do Sul de Minas,* Pouso Alegre, v. 28, p. 177/206, jan./jun. 2009.

TORNAGHI, Hélio Bastos. *Curso de processo penal.* 10. ed. atual. São Paulo: Saraiva, 1997, v. 1.

TOURINHO FILHO, Fernando da Costa. *Processo Penal.* 30. ed. rev. e atual. São Paulo: Saraiva, 2008, v. 1.

TRINDADE, André Karam. Hermenêutica e jurisprudência: o controle das decisões judiciais e a revolução copernicana no Direito processual brasileiro. *Revista de Estudos Constitucionais, Hermenêutica e Teoria do Direito (RECHTD),* Unisinos, São Leopoldo, v. 7, n. 3, p. 243-252, 2015. Disponível em: <https://bit.ly/2rQ-dz9a>. Acesso em: 07 abr. 2018.

————. "Raízes do garantismo e o pensamento de Luigi Ferrajoli". *Consultor Jurídico - Conjur,* Diário de Classe. Disponível em: <https://bit.ly/2rPLhfH>. Acesso em: 10 out. 2015.

TROLLER, Alois. *Dos fundamentos do formalismo processual civil.* Trad. Carlos Alberto Alvaro de Oliveira. Porto Alegre: Safe, 2009.

TUCCI, José Rogério Cruz e. "Contra o processo autoritário." In: *O novo código de processo civil:* questões controvertidas. São Paulo: Atlas, 2015.

———. Espírito do processo civil moderno na obra de Rudolf Von Ihering. *Revista da Faculdade de Direito da Universidade de São Paulo*, São Paulo, v. 87, p. 23-36, 1992.

TUCCI, Rogério Lauria. Devido processo penal e alguns dos seus mais importantes corolários. *Revista da Faculdade de Direito da Universidade de São Paulo.* São Paulo, v. 88, p. 463-484, jan. 1993. Disponível em: <https://bit.ly/2AwnYLN>. Acesso em: 10 ago. 2018.

VALLEJO, José Antonio Silva. Los fundamentos científicos del Derecho Procesal. *Themis: Revista de Derecho,* Peru, n. 58, p. 24-35, 1989. Disponível em: <https://bit.ly/2y7yOHn>. Acesso em: 06 jan. 2016.

VASCONCELLOS, Maria José Esteves. *Pensamento sistêmico:* o novo paradigma da ciência. Campinas: Papirus, 2002.

VELLOSO, Adolfo Alvarado. El garantismo procesal. Conferencia pronunciada en el I *Congreso nacional de Derecho Procesal Garantista*, Azul, 4 y 5 de Noviembre de 1999. Disponível em: <https://bit.ly/2k9smZl>. Acesso em: 20 jan. 2016.

———. *La prueba judicial:* notas críticas sobre la confirmación procesal. Ciudad Autónoma de Buenos Aires: Astrea, 2015.

———. Proceso y República. Crítica a las tendencias actuales del Derecho Procesal. *Revista Latinoamericana de Derecho Procesal,* Buenos Aires, n. 1, ago. 2014.

———. Proceso y verdad. *Revista Brasileira de Direito Processual - RBDPro,* Belo Horizonte, ano 26, n. 103, p. 17-42, jul./set. 2018.

———. O garantismo processual. Trad. Glauco Gumerato Ramos. In: *Processo Civil nas tradições brasileira e iberoamericana.* Alexandre Freire, Lúcio Delfino, Pedro Miranda de Oliveira e Sérgio Luiz de Almeida Ribeiro (coords.). Florianópolis: Conceito, 2014.

———. *Teoría general del proceso:* el proceso judicial. Ciudad Autónoma de Buenos Aires: Astrea, 2015.

———; ALVARADO, Mariana. *Teoría general del proceso:* los sistemas de enjuiciamiento judicial. Ciudad Autónoma de Buenos Aires: Astrea, 2015.

VERDE, Giovanni. "Apostilla". In: *Proceso civil e ideología:* un prefacio, una sentencia, dos cartas y quince ensayos. Juan Montero Aroca (coord.). Valencia: Tirant lo Blanch, 2006.

VIDIGAL, Luís Eulálio de Bueno. Enrico Tullio Liebman e a processualística brasileira. *Revista de Processo,* São Paulo, RT, v. 43, jul.-set. 1986, p. 178-185.

———. Existe o direito de ação? *Revista da Faculdade de Direito da Universidade de São Paulo,* São Paulo, v. 62, n. 2, p. 73-80, 1967. Disponível em: <https://bit.ly/2S28s20>. Acesso em: 19 set. 2015.

———. O processo civil e a reforma constitucional. *Revista da Faculdade De Direito da Universidade de São Paulo.* São Paulo, v. 54, n. 2, p. 195-211, 1959. Disponível em: <https://bit.ly/2vWQV50>. Acesso em: 23 abr. 2017.

————. Pressupostos processuais e condições da ação. *Revista Da Faculdade de Direito da Universidade de São Paulo.* São Paulo, v. 62, n. 2, p. 63-72, 1966. Disponível em: <https://bit.ly/39rPFVb>. Acesso em: 28 ago. 2015.

VILANOVA, Lourival. *Causalidade e relação no direito.* 5. ed. São Paulo: Noeses, 2015.

VISHINSKI, Andrei. *A prova judicial no direito soviético:* com o estudo crítico dos atuais sistemas probatórios na teoria e na prática. Trad. Roberto Pereira de Vasconcelos. Rio de Janeiro: Editora Nacional de Direito Ltda., 1957.

WACH, Adolf. *Manual de derecho procesal civil.* Trad. Tomás A. Banzhaf. Buenos Aires: Ediciones Juridicas Europa-America, 1977, v. I.

WAMBIER, Teresa Arruda Alvim. A influência do contraditório na convicção do juiz: fundamentação da sentença e do acórdão. *Revista de Processo,* São Paulo, RT, v. 168, p. 53-65, fev. 2009.

WATANABE, Kazuo. *Controle jurisdicional:* princípio da inafastabilidade do controle jurisdicional no sistema jurídico brasileiro e Mandado de Segurança contra ato judicial. São Paulo: RT, 1980.

————. *Da cognição no processo civil.* São Paulo: RT, 1987.

————. Tutela antecipatória e tutela específica das obrigações de fazer e não fazer - arts. 273 e 461, CPC. *Revista de Direito do Consumidor.* São Paulo, RT, v. 19, p. 77-101, jul.-set. 1996.

ZANETI JR., Hermes. *Processo constitucional:* o modelo constitucional do processo civil. Rio de Janeiro: Lumen Juris, 2007.

————; GOMES, Camila de Magalhães. O processo coletivo e o formalismo-valorativo como nova fase metodológica do processo. *Revista de direitos difusos.* São Paulo, Instituto Brasileiro de Advocacia Pública, v. 53, ano XI, mar. 2011, p. 13-32.

ZARONI, Bruno Marzullo. A cultura jurídica processual civil na segunda metade do séc. XIX: uma análise à luz das obras de Francisco de Paula Baptista e Joaquim Ignácio de Ramalho. *Revista da Faculdade de Direito da UFG.* Goiânia, v. 38, n. 2, p. 13-40, jul.-dez. 2014. Disponível em: <https://bit.ly/2AeKifV>. Acesso em: 26 jul. 2018.

ZILLI, Marcos Alexandre Coelho. *A iniciativa instrutória do juiz no processo penal.* São Paulo: Editora Revista dos Tribunais, 2003.

ZUFELATO, Camilo. "Algumas reflexões acerca do compêndio de Paula Baptista com vistas ao CPC/2015." In: *História do processo.* Alexandre Freire Pimentel, Eduardo José da Fonseca Costa, Jaldemiro Rodrigues Ataide Jr. e Venceslau Tavares Costa Filho (coords.). São Paulo: Exegese, 2018.

- editoraletramento
- editoraletramento
- grupoletramento
- editoraletramento.com.br
- company/grupoeditorialletramento
- contato@editoraletramento.com.br

- casadodireito.com
- casadodireitoed
- casadodireito